国际承包工程概论

Introduction to International Contracting Works

吴文豪　编著

百花洲文艺出版社
BAIHUAZHOU LITERATURE AND ART PRESS

图书在版编目(CIP)数据

国际承包工程概论／吴文豪编著.—南昌:百花洲文艺出版社,2021.10
ISBN 978-7-5500-4426-5

Ⅰ.①国… Ⅱ.①吴… Ⅲ.①国际承包工程—概论 Ⅳ.①F746.18

中国版本图书馆 CIP 数据核字(2021)第 199788 号

国际承包工程概论
GUOJI CHENGBAO GONGCHENG GAILUN

吴文豪 编著

出 版 人	章华荣
责任编辑	余 茳 黄 莹
封面制作	胡红源
出版发行	百花洲文艺出版社
社 址	南昌市红谷滩区世贸路 898 号博能中心Ⅰ期 A 座 20 楼
邮 编	330038
经 销	全国新华书店
印 刷	江西千叶彩印有限公司
开 本	850mm×1168mm 1/32 印张 16
版 次	2021 年 10 月第 1 版
印 次	2021 年 12 月第 1 次印刷
字 数	359 千字
书 号	ISBN 978-7-5500-4426-5
定 价	48.00 元

赣版权登字 05-2021-368

谨以本书献给江西农业大学

南昌商学院建校廿周年

序

　　对外承包工程是伴随着改革开放逐步发展起来的一项重要对外投资合作业务。党的十八大以来，我国对外承包工程发展进入新阶段，对外承包工程的规模、效益和影响力与日俱增，已成为"一带一路"倡议的重要支撑、企业"走出去"的重要形式、国际产能合作的重要内容与有关国家共赢发展的重要实践。

　　当前，全球政治经济体系深刻重塑，百年未有之大变局继续演化。对外承包工程发展既存在难得的历史机遇，也面临诸多风险和挑战。在新形势下，整个行业迫切需要转型升级、实现可持续发展，广大企业也必须强化谋篇布局，提高创新和资源整合能力，做到科学有效决策。这些都离不开前沿理论的指导、专业知识的积淀以及与国际先进经验的对标。

　　应当看到，虽然我国对外承包工程人员的总体素质近年来有了快速提高，但在整体水平上与发达国家还有较大差距，复合型高水平管理人才依旧缺乏。大力培训行业紧缺人才，形成行业发展人才储备，是确保对外承包工程行业可持续发展的关键要素。

　　《国际承包工程概论》一书作者长期在对外承包工程业务一线工作，又在高校任教多年，既有丰富的"实战"经验，也有深厚的理论功底。书中汇集了国内外权威专家的理论观点，同时引用了大量鲜活的实例，既可作为高等学校的专业教材，也能作为企业培训的参考资料,不失为一本制作精良、内容丰富的对外承包工程业务工具书。

　　期待此书能为广大读者带来启迪和帮助,也愿大家携手努力,为我国对外承包工程事业的发展共谱新章。

　　　　　　　　　　　　　中国对外承包工程商会原会长

　　　　　　　　　　　　　刁春和

前　言

　　改革开放四十多年来,在国家"走出去"和"一带一路"倡议方针指引下,我国对外承包工程企业从小到大、从弱到强业务取得了长足的进步,对外工程合同额从 1979 年 3400 万美元发展到 2020 年 2555.4 亿美元,其间增长了 7500 倍,营业额 2020 年完成 1559.4 亿美元。对外承包工程企业由单纯的承包商已转变为基础设施的综合服务商,即由单纯承包转变为投资、融资、设计、采购、施工总承包、运营管理一体化的综合服务,与信息类高科技企业合作抢占"新基建"新机。智能化战略引领、模式创新、科技赋能、高质量可持续发展成为对外承包工程行业有识之士的共识。

　　据美国《工程新闻纪录(ENR)》2020 年 8 月公布的世界250 强大型国际承包商中,中国有 24 家企业上榜,2019 年国际承包工程营业额 4730.7 亿美元中国企业就占了 1200.05 亿美元,四分天下有其一。据 Frost&Sullivan 发表的分析报告《建筑的未来,全球,2030 年》,预计到 2030 年全球建筑支出将达到17.5 万亿美元,其中"一带一路"倡议下沿线主要区域的年均建筑市场空间就超过了 3 万亿美元,按我国四分之一市场占有率估算就有 7500 亿美元,有望成为中国国际承包工程企业业绩的新的增长点。

　　形势喜人,如何抓住这大好机遇乘势而上是摆在我们面前的重要课题。笔者以为人才是关键,企业管理是突破口,科技创新是不竭的动力。只有抓住现有管理人员的教育培训和后备人才的教育培养才是硬道理。出于这个目的笔者根据在江西农业大学南昌商学院教学研究的教案和在中国江西国际经济技术合作公司长期一线工作的心得体会编写了这本书籍。

本文构思时意欲突出两个特点,一是对国际承包工程业务作全景式的描述,既涉及涉外工程的招投标,合同谈判和签约,又涉及工程项目的经营管理和施工管理的方方面面,最后谈及对外承包工程企业的企业管理。让有关管理者和专业人士只需查阅一本书就能获得所需的知识和信息,感到方便。二是接地气,密切联系对外承包工程企业的工作实际和工作实践,语言力求平实、易懂。主观愿望如此,由于本人水平有限,恐难尽如人意。

本书的对象,是我国有涉外业务的建筑企业、设计单位、监理公司和国际承包工程公司的中高层管理人员和专业人士。本书亦可作为高等院校的建筑专业、工程管理专业和国际经贸专业的教学用书。

本书共分十六章,第一章概述,第二章至第五章是项目的招标和投标,第六章至第八章谈合同条款和合同谈判、签约,以及银行保函和保险。第九章至第十五章主谈项目的经营管理、施工管理、风险管理和施工索赔,第十六章关于对外承包工程企业的企业管理。本书汇编了国际承包工程行业的众多先行者、专家学者的心得体会和研究成果。特别要指出的是天津大学管理工程系何伯森教授所著《国际工程招标与投标》和中国水利电力对外工程公司梁鑑教授所著《国际工程施工经营管理》对本书的帮助最大,还有对外经济贸易大学雷胜强、许文凯编著的《国际承包工程实务》亦有启发帮助。有一句话说得很形象生动"我们所做的一切都是站在巨人的肩上"。

八冶集团湖北分公司王平平经理提供了工程量清单中单价分析的实例,中国江西国际经济技术合作公司承包工程公司吴锦枫参与了写作大纲的讨论并翻译了本书目录,在此一并表示感谢。

　　最后特别指出,中国对外承包工程商会老会长刁春和及江西省对外投资商会会长徐国建同志对书编写给予很大关怀和帮助;江西农业大学南昌商学院提供教学实践的机会;没有他们就没有成书条件,感恩所有提供过帮助的同人们。

目　录

Table of Contents

1. Development history of China's international engineering contracting
2. Current situation and characteristics of China's International Engineering Contracting
3. Management of International Engineering Contracting Business in China

Section Ⅴ: Process of International Engineering Contracting

Chapter 2 International Engineering Contracting Bidding

Section Ⅰ: International Engineering Bidding Process

1. The three parties involved in the international engineering bidding process
2. The brewing process of international engineering bidding
3. The process of international engineering bidding

Section Ⅱ: International Engineering Bidding Methods

1. International open tender
2. Invitation to tender
3. Negotiated bidding
4. Other bidding methods

Section Ⅲ: Types of International Engineering Contract

1. Lump sum contract
2. Unit price contract
3. Cost-plus-award contract

Section Ⅳ: Preparatory Work before Bidding

1. Setting up bidding agency
2. Preparation of bidding documents
3. Formulation of the base price

Section Ⅴ: Tender Notice

1. The content of tender notice
2. The way of tender notice
3. The rules for the publication of tender notice

Chapter 5 Bidding Strategies and Bidding Skills

Chapter 6 International Project Contract Terms, Negotiating and Signing Contract

2. Rights of the contractor under the FIDIC clauses

3. Limitations on the powers of the owner and the engineer

Section Ⅳ : What the Contractor Should Do for FIDIC Clauses

1. Timely collection of legal evidence

2. Timely exercise of legal rights

3. Strictly perform the contract, avoiding and correcting the violation timely

4. Adhere to their legal rights and interests

5. Applying FIDIC clauses to solve the outstanding issues in the contract

Section Ⅴ : Contract Negotiation

1. The purpose of negotiation

2. Preparation for negotiation

3. The guiding ideology of negotiation and the use of skills

4. Matters to be noted in the negotiation

Section Ⅵ : Signing of Contract Agreement

Chapter 7 Bank Guarantee

Section Ⅰ : Definition, Nature and Role of Bank Guarantee

1. Definition of bank guarantee

2. The role of bank guarantee

3. The nature of bank guarantee

Section Ⅱ : The Main Contents of Bank Guarantee

Section Ⅲ : Types of Bank Guarantee

1. Bid bond

2. Performance bond

3. Advance payment guarantee

4. Project maintenance guarantee

5. Tariff bond for imported materials of duty-free projects

Section Ⅳ : Handling the Relevant Procedures of the Bank Guarantee

Section Ⅴ : Issues that Should be Paid Attention to When Issuing a Bank Guarantee

Chapter 8 Insurance of International Engineering Contracting

Chapter 9 Management of International Contracting Projects

3. Responsibilities of each position in the project manager department

Section Ⅳ: Domestic Corresponding Project Service Team System

Section Ⅴ: Handling of Internal and External Relations of the Project Manager Department and Requesting Reporting System

1. The project manager department internal and external relations handling
2. The project manager's request reporting system

Section Ⅵ: Incentive and restraint mechanism

1. Strengthen performance appraisal, rewards, and punishments for project managers
2. Project bidding incentives, implement the method of awarding meritorious personnel for new development projects

Section Ⅶ: Disbandment of the Project Manager Department

1. Requirements for the dissolution of the project manager department
2. Procedures and aftermath of the dissolution of the project manager department

Chapter 10 Construction Management of Contracted Projects

Section Ⅰ: Construction Schedule

1. The importance of construction schedule
2. The relationship between construction schedule and cost
3. Preparation of construction schedule
4. Preparation of a comprehensive construction plan

Section Ⅱ: Construction Technology Management

1. The content of the tender involving construction technology
2. Technical management measures of the contractor

Section Ⅲ: Construction Quality Management

1. Implementation of total quality management
2. Project quality control cycle
3. Objectives of quality management

Chapter 11 Financial Management of International Engineering Contracting Projects

2. Bank in international payment

3. Collection payment method

4. Letter of credit payment method

5. Other payment methods

6. Project settlement

Section IV : Financial Statements and Analysis of Financial Statements for Contracted Works

1. Balance sheet

2. Income statement

3. Financial statement analysis

Chapter 12 Material Management of International Engineering Contracting Projects

Section I : Supply of Construction Materials

1. Material planning

2. Preparation of material supply

3. Implementation of material supply work

4. Warehousing and delivery of materials

Section II : Integrity Measures of Material Procurement

1. Vignette

2. Why we should face up to the illegal and irregular behaviors in the procurement of engineering materials

3. Plugging loopholes, leading the right way, advocating legal and compliant procurement behavior of engineering materials

4. Establish a good atmosphere of integrity and honesty

5. reward front-line personnel who save money in material procurement

6. Punish violations of regulations and laws

Section III : Management of Construction Equipment

1. Supply of construction equipment

2. On-site management of construction equipment

Section IV : Selection and Depreciation of construction equipment

Chapter 13 Contract Management, Contract Disputes and its Solutions for International Contracting Projects

2. The main content of contract dispute

3. Ways to resolve contract disputes

Chapter 14 Construction Claims

Section I : Reasons for Construction Claims

1. Definition of construction claims

2. Reasons for Construction Claims

3. Classification of Construction Claims

Section II : Basic Concepts of Construction Claims and Common Claim Issues

1. The basic concept of construction claims

2. Common claim issues in contract construction

Section III : Claims Clauses that can be Invoked by Contractors in the International General Contract Clauses

1. Construction claims clause in FIDIC contract clauses

2. Analysis of claim clauses that can be invoked by contractors

Section IV : The Key to Success or Failure of Construction Claims

1. The key to successful construction claims

2. Issues to note in construction claims

Section V : Claims Procedure

1. Make a claim

2. Submission of claim information

3. Propose a meeting for negotiation and settlement

4. Invite intermediaries to mediate

5. Submit to arbitration or litigation

Section VI : Compilation of Claim Documents

1. Contents of the claim report

2. Key points of the claim report

Section VII: Claims Valuation Method

1. Components of claim costs

2. Valuation methods of claims

Chapter 15 Risk Management of International Contracting

Chapter 16 Construction of International Engineering Contracting Companies

1. Definition and content of corporate culture
2. Role and characteristics of corporate culture
3. Corporate culture construction of international engineering contracting companies

Section II : Establishment of Reward and Punishment system

Section III : Refined Management to Produce Benefits

1. Basic meaning
2. Refined management of international engineering contracting enterprises

Section IV : Pursue the Social Benefits of the Country Where the Project is Located, and Create a Harmonious Business Environment for the Contracted Project

1. Social responsibility of foreign contracted engineering enterprises
2. Significance of corporate social responsibility

第一章　国际承包工程概述

国际承包工程是狭义的国际经济技术合作,是一项程序相当复杂包括专业相当广泛的综合性工程活动与商业交易,现今在世界范围被广泛采用,引起各国普遍重视。本章拟就国际承包工程的定义、内容、特点、理论、它的形成与发展,该项活动的基本程序以及我国在这方面的现状和发展前景作简要介绍。

第一节　国际承包工程定义及其涵盖范围

一、国际承包工程

国际承包工程是一项综合性工程活动与商业交易,它通过国际的招标、投标、议标或其他协商途径,由具有法人地位和相应资质的承包人和业主之间,按照一定的价格和条件签订承包合同,承包人提供自己的技术、管理知识、劳务、资本、设备材料等按合同规定的条件组织项目实施,和从事其他相关的经济、技术活动,按质、按量、按期完成工程项目。项目经业主验收合格后根据合同规定的价格和支付条件收取各项成本费及应得利润的一种国际经济合作方式。国际承包工程涉及的当事人主要有工程项目的所有人(即业主或发包人)、承包商和咨询工程师(简称工程师),业主主要负责提供工程建造所需的资金和条件,而承包商则负责工程项目的建造、安装,工程所需设备和原材料的采购,以及提供技术等。工程师受雇于业主,执行业主与工程师所订协议中规定的各项任务(如可行性研究、设计和监理等)。具体来说工程业主它可以是政府部门,投资的企业或企业集团,也可以有银行或财团参与。承包商可以是从事外经业务的公司、建筑企业、设备制造商、专业公司拥有管理经验和技术诀窍的也参与其中。咨询工程师有设计院所、研究单位、设计师、估算师,专门监理和协调管理施工的监理工程师等。

承包工程从管理范围来看,涉及机会研究与决策、投标报价、谈判签约、施工计划编制、技术交底与协调、人事组织管理、财务管理、质量监督、进度与成本控制、利益分配、安全保障、变更索赔,风险管理和争端处理的经济法律问题。因此说国际承包工程是一项涉及范围广泛的系统工程,必须要学习好、掌握好、控制好。

二、国际承包工程理论

国际承包工程理论起源于西莫尔 1987 年运用英国经济学家邓宁于 1981 年提出的对外直接投资的折衷理论,和 1989 年安德里克做出的类似分析,他们提出建筑企业进入国际承包工程领域必须拥有三种优势,即:

(一)跨国建筑企业的所有权优势,所有权优势由以下三种优势决定。

1.产业特定优势。建筑业的最终产品是不可移动的,承包商必须面对特定地点的特定需求去生产,这特定需求取决于业主对该产品的使用方式与地点,这种需求千差万别,因此多采用竞标方式选择承包商。

2.企业特定优势。即企业核心竞争力,它主要反映在企业的声誉、规模、技术水平、融资能力和管理水平等。

3.国家特定优势。这是因企业国籍而产生的优势。

(1)国内建筑市场的规模和性质。

(2)本国建筑产品在国际经营状况中所处的位置。

(3)国家政府的支持。包括贷款、税收的直接支持和发展本国技术先进规模强大的工业,与工程所在国建立良好的国与国关系。

(二)跨国建筑企业的内部优势。1989年安德尔克认为,在国际建筑业中,促使企业内部化的主要因素是东道国管理技能市场具有不完全性。跨国公司建筑业所涉及的是生产人员的流动而非最终产品的流动。企业通过外部市场进行人员流动往往会引起较高的成本,如预先评价人员素质的信息成本和用人不当带来的失策成本。而在公司内部进行人员移动则有以下好处:可以有效地在企业内部对人员进行培训。对实行严格移民控制和劳动力市场不发达的发展中国家管理人员的流动是很困难的,而内部化的优势在很大程度上突破了这些限制。跨国建筑业可根据国际建筑市场的需要,合理调度自己内部的管理人员和技术人员,从而实现人力资源的优化配置,取得全球化经营效益最大化的结果,发挥其内部化的优势。

(三)跨国建筑业的区位优势

一般选择东道国的市场主要考虑对方对建筑的需求,国际组织对其援助的规模,东道国的政策、法律、法规是否有利于承包商的进入;承包商的所在国与东道国之间政治、经济、文化联系是否密切;还有东道国的劳力是否便宜;建筑基础材料是否充足且价位合适;汇率、物价是否稳定;具备或基本具备这一切,跨国建筑业进入就是适宜的,也即是具有区位优势。

三、国际承包工程涵盖的范围、特点及意义

国际承包工程涵盖的范围是十分广泛的。几乎涉及国民经济的所有部门,在生产与生活的各个领域都有承包业务。既有成套项目,也有单项工程,或者单项服务。承包工程按结构分成两大类:一是“劳动密集型”的工程,二是“技术密集型”的工程,前者如房建、公路桥梁、港口、矿山、水利设施、供水工程、环境保

护工程等,后者如海底隧道,卫星光导通信工程。电子、航空、核电站、海水淡化等成套要求较高科学技术水平的项目。我国现既可承揽"劳动密集型"项目,也可承揽"技术密集型"项目,这是我国承包工程业界的一大进步。

承包工程按工程性质可分为三类:

1. 房屋建筑工程。包括居住类和非居住类两大类。前者如民房,多元化城市住房,花园小区或公寓等。后者如学校,政府各部门办公大楼,商业大楼,医院,体育场及剧院等。

2. 土木建筑工程。主要为公路、桥梁、铁路、港口、机场、水利水电设施、输油管道、供水、污水处理等。

3. 工业建筑工程。主要为基础工业和制造业工程。前者为发电厂、输变电线路、炼油厂冶炼厂,后者如各种制造工厂、金属加工厂、电子工厂、建材和轻纺工业的工厂等。

上述三类工程各有自己最为常用的合同形式,这将在以后相应章节中介绍。

承包工程的内容根据其工程性质,规模、范围、技术而确定,各项工程各不相同,但有其共性的部分。

(一)工程项目包含的主要内容

1. 工程设计:其中包括初步设计,技术设计和施工图设计。初步设计一般包括:设计的依据、指导思想、建设规模、产品方案,主要设备选型及配置,主要建筑物、构筑物、公用、辅助设施,主要材料需求概数及经济技术指标,工程总概算。此设计应满足主要设备、材料的订货,计算造价和总价,编制施工组织设计。技术设计应提出较详细的设备清单和主要材料清单,编制修正后的总概算以及根据工程特点和需要设计的技术图纸和文件。本阶段的设计应满足设计方案中重大技术问题的解决和有关试验、设备制造等方面的要求。施工图设计应提出详细、完备的设备和材料清单,以及完整的供施工使用的图纸。应满足:设备、材料的购置和非标设备的制作、施工图预算的编制,施工计划的编制和指导施工,验收工程等。

2. 提供技术。包含工程项目所需的专利发明和专有技术的许可证。

3. 供应机器设备。一般由承包商供应和安装工程项目所需的设备。

4. 供应材料、能源和动力。工程所需的材料、能源和动力可由承包商或业主分别提供。

5. 施工与安装。包括派遣工人和技术人员,提供施工机械。由承包商承担。

6. 培训人员。为工程保质保量按进度完工和工厂竣工后正常生产、维护和管理,由承包商负责培训工人和管理人员。

7. 试运营和维修。工程完工后要试用和试运行一段时间,以发现和处理设备试运行中发生的故障。

8. 资金的筹措。通常由业主负责,也可采用 BOT 的方式由承包商融资,以后用运营后的收入来偿还给承包商。承包商要能开出各种银行保函和提供垫付的资金。

(二)国际承包工程的主要特点

1. 差异性大

由于东道国国别不同和工程项目的性质、规模,要求不同,因此,施工条件、施工组织,施工方法工艺,技术也各不相同。

2. 综合性强

工程包括的内容多且复杂。业主和出资人众多又关系到东道国政治、经济、文化的影响,工程涉及工程、科学技术、经济、金融、保险、进出口贸易、管理和法律等众多领域,要求承包商有较强的综合能力和广博知识。

3. 风险大

国际承包工程一般工期长。承包商在实施过程中,会受到各种条件的制约与影响,其中很多情况是承包商自己无法估计和控制的。这就使得这项活动潜伏着较大的风险。一是项目所在国政局变动,政策、法律、法规变化;二是汇率变动、货币贬值、物价上涨,工资水平提高,都会影响到项目的经济效益。因此,签订一项国际承包工程合同时,对可能构成和造成风险的各种因素,进行认真分析研究,在合同中尽量订立避免与转移风险的条款。

4. 合同金额大、竞争激烈

各承包商在材料、设备供应、技术、人员工资都各有所长。因此,承包商要充分利用自己的优势,才能在强手如林的国际承包工程商的队伍中脱颖而出。

5. 多元性

工程在实施过程中,要涉及多方面的当事人与关系人。业主方面有咨询公司、业主代表、工程师;承包商方面有合作方、分包商、材料、设备供应商等;还有居于业主与承包商中间的银行和保险公司一类的担保人,债权人和关系人。工程大的话要涉及几十个单位与公司,签署上百份的合同,承包商都要承担一定的责任和义务,承包商不仅要处理好与业主、工程师的关系,还要处理好与工程有关的方方面面的关系。

6. 履约过程的连续性

施工的过程就是承包合同的履行过程,一环扣一环,一环出问题会影响工程项目继续进行,像工程项目的质量确认,进度确认,贯穿于施工过程的始终。

7. 合作范围广

国际承包工程合作方包括东道国有关政府部门、世界银行,国际货币基金组织等国际金融组织，有关分包商、供应商公司、企业、商业银行、保险公司、海关、船运、会计师事务所、律师事务所等方面，关系都很重要，都要处理好，既有生产领域合作，也有流通领域合作，更有上层建筑领域合作等等。

（三）国际承包工程的意义

对于业主通过在国际范围的公开招标，使业主相对承包商占据主动地位，可以在众多参与投标的承包商中进行充分的选择，选择那些管理、技术、质量、施工经验、信誉、成交条件等各方面综合起来对自己最有利的承包商中标。从而在价格、质量、工期、服务等方面都能满足自己的要求，实现最佳效益。对承包商而言，通过国际投标承建国外工程，可以带动资本、技术、设备材料、劳务的输出，为承包商和其国家带来经济效益。同时，一个有社会责任感的承包商通过其承包工程的活动给东道国的国家和民众带来实实在在的社会效益，提高承包商的国家和企业自身在东道国的影响和声誉。为增进两国之间的友谊和全面经济技术合作做出贡献。一个成功实施的工程就是耸立在东道国人民心中的一座丰碑。国际承包工程是一件造福承包工程国和东道国两国人民的大好事。好事我们一定要做好它。

第二节　国际承包工程方式

国际承包工程有多种方式，但归纳一下大致可以分为以下六种方式。

一、总包

总包是指从投标报价、谈判、签订合同到组织合同实施直至完成工程的全部过程，其中包括整个工程的对内和对外转包与分包，均由承包商对业主（发包人）负全部责任。采用这种承包方式签署的承包合同也称为总包合同。这是目前国际承包工程活动中使用最多的一种承包方式。

二、独立承包

独立承包是指由一家承包商单独承揽某一工程项目。这种承包形式适用于规模较小,技术要求不太复杂的工程项目,独立承包的承包商必须具有较雄厚的资金和技术实力。

三、分包

分包是指业主把一个复杂的工程项目分成若干个子项或几部分,分别发包给几个承包商,各承包商分别对业主负责。在整个工程项目建设中,由业主或业主委托工程师,或委托某个承包商负责各分包工程的组织与协调工作。在分包条件下,业主分别与各承包商签订的承包合同叫作分包合同或分项合同。

四、二包

二包是指总承包商或分包的承包商将自己所包的工程的一部分转包给其他承包商。二包商不与业主发生合同关系,只对总包商或分包商负责,但总包商或分包商选择的二包商必须征得业主的同意。总包商或分包商与二包商签订的合同叫作二包合同。一般说来,总包商或分包商总是把适合自己干的,利润高的,风险小的子项目留下来,而把利润较低,施工难度大而且自己又不擅长、风险较大的子项目转包出去,业主一般不允许转包出去的工程销售额超过工程总价值的50%。

五、联合承包

联合承包是指由几个承包商组成一个投标联合体共同承揽某一个工程项目,各承包商分别负责工程项目的某一部分,他们共同对业主负责的一种承包形式。联合承包一般适用于规模较大或高新技术的项目,联合体成员之间要签订合作协议,联合体成员的资质在投标书中要有体现。

六、合作承包

合作承包是指两个或两个以上承包商,事先达成合作承包的协议,各自参加某项工程项目的投标,不论哪家公司中标,都按协议共同完成工程项目的建设,对外则由中标的那家承包商与业主签约,这是内部合作行为,内外有别。

第三节　国际承包工程市场及其特点

2020 年,正当国际承包工程市场连年繁荣之时,一场席卷全球的新冠病毒疫情来临,造成自 20 世纪 30 年代以来最为严重的经济衰退。国际承包商们遭遇了多年未遇的重大挑战,经济持续低迷、信贷紧缩,石油价格跳水,工程被迫停工,订单不断减少,企业大量裁员。据商务部统计,2020 年 1 月至 7 月,中国对外承包工程业务完成营业额为 699 亿美元,同比下降 13.5%。新签合同额为 1217.5 亿美元,同比增长 0.9%。由于全球疫情迎来第二波冲击,未来一段时期国际承包工程市场仍充满不确定性,给我国对外承包企业带来巨大挑战,企业转型升级势在必行。

一、国别市场

美国:据美国商务部经济分析局的数据显示,2018 年,美国建筑业增加值达到 8391 亿美元,占 GDP 比重 4.1%,较 2017 年增长 6.16%。在基础设施方面,联邦高速公路建设欠账较多。拜登政府上台,有意大幅度增加对公路、交通、电力、通讯等基础设施的投入,计划投入 2.25 万亿美元,作为与中国竞争举措之一。通讯领域大幅增加对 5G 设施的投入,把中国华为排除在外。电力改造项目迫在眉睫,这次得克萨斯大面积停电,暴露出电力基础设施陈旧老化,需全面升级设备。能源价格的上升使得铁路特别是高铁的吸引力变大,铁路建设市场前景乐观。美国的非住宅建筑以及建筑市场回暖。据美国商务部经济分析局统计,2018 年美国建筑业增加值为 8391 亿美元,建筑业产值估计在 4.2 万亿美元左右,是一个很大的市场。现今美国政府和议会将中国视为"战略竞争对手",敌视和遏制我国。中国企业参与美国基础设施的建设将遭遇很大困难,必须针对性采用新的战略和措施。目前法国万喜集团、西班牙 ACS 集团在美国建筑市场最为活跃。

欧洲:2010 年 – 2018 年,欧盟 28 国建筑业增加值保持增长态势。2018 年,欧盟建筑业增加值达到 7777.97 亿欧元,同比增长 6.4%。2010 – 2018 年,欧盟 28 国建筑业增加值占欧盟GDP 比重呈现先减少后回升的态势。2018 年,欧盟建筑业增加值占欧盟 GDP 比重为 4.89%。建筑业就业人数为 1534 万人(以上资料来源于欧盟统计局,由前瞻产业研究院整理)。中国对外承包工程企业在中东欧 12 国的营业额近年来呈上升趋势,具可期望的前景,典型的项目像匈牙利到塞尔维亚的高速铁路等,欧洲建筑业营业额占全球比例约为 23% 左右。

中东:中东阿拉伯国家一直是国际承包工程的主要市场,近年来出现迅猛增长的势头,每年工程总额达千亿美元以上。

石油化工、电力、通信工程、住房、交通、供水和污水处理等基础设施工程等都列入国家发展计划,项目多,投资大,规模大,竞争激烈。

从目前看,中东及北非市场在世界上最具有商机,是前景良好的热点市场。

中东阿拉伯承包工程市场的特点

1. 严密保护当地人。

外国承包企业,必须与有资格的当地承包商建立联合体,合资企业(他们控股),转包或分包以及委托当地承包商代理等间接方式参与承包工程竞标。

2. 英美标准和技术规范占据主导地位。

3. 相对优惠的资金支付条件。

中东承包市场是现汇支付为主的市场,资金充裕,合同进度款基本有保障。

4. 业主的强势合同地位。

业主对设备材料选用和指定分包进行控制,往往通过 FID-IC 条款中的特殊条款弱化自己的责任和合同执行过程中的配合及赔偿责任。当地法律明显保护本国的业主,使承包商从一开始即处于合同的不利地位。

5. 激烈的市场竞争。

利润空间普遍受到严重挤压,中资企业同质化影响明显,只能以低价竞标,蕴藏着巨大经营风险。

6. 国际化的项目监管体制。

中东国家普遍引入西方项目监管体制,采取设计咨询。国际竞争招标,西方监理、专业认证等一系列国际规范化的项目监管体制。如果中方企业素质不高,管理不到位,往往要付出巨大的成本。

7. 中方劳务人员的用工许可和入境签证受到严格限制。

8. 合同价格低是普遍现象。

9. 很少有预付款、汇率和物价调整。

10. 中东阿拉伯国家特殊的文化,索赔难。

11. 气候炎热、干燥,中国工人不适应。

据牛津经济研究院预计 2016 年－2030 年中东及北非地区建筑业累计产值达 25.65 万亿美元,年均 1.71 万亿美元,也是一个极具潜力的建筑业市场。

非洲:非洲是全球经济最不发达的地区,是承包工程发包额最少的地区之一,也是我国承包工程企业的传统市场。近来非洲经济得到快速发展,GDP 年增长率达到 6% 以上,国际社会对非援助力度不减,这次新冠疫情对非洲影响相对较小,可以预计今后非洲基础设施建筑工程市场仍具潜力,值得我们继续关注并努力开发。据非盟提供数据,2012 年-2020 年非洲基础设施发展计划的优先行动计划中,涉及基础设施建设总投资规模达 679 亿美元,其中交通运输 254 亿美元,能源投资 403 亿美元。据普华永道《2025 年大型项目和基础设施支出》预测:到 2025 年非洲道路预期支出 2000 亿美元,年均增长 8.2%。港口预期支出 250 亿美元,年均增 7.8%。铁路预期支出 780 亿美元,年均增 8%。机场预期支出 70 亿美元,年均增长 7.1%,中国的对外承包工程企业应该从中找到自己的位置。

"一带一路"倡议国家

加入"一带一路"倡议的国家有 65 个,人口 46 亿,经济总量 21 万亿美元。"一带一路"倡议是"丝绸之路经济带"和"21 世纪海上丝绸之路"的简称,它充分依靠中国与"一带一路"倡议沿线国家的双多边合作机制,借助区域合作平台,积极发展与沿线国家的经济合作伙伴关系,共同打造政治互信、经济融合、文化包容的利益共同体,人类命运共同体和责任共同体。它是我国对外开放的战略,是重大的国策,对外承包工程企业要投身到"一带一路"倡议的建设中去。

2020 年受新冠疫情持续蔓延、民粹主义和冷战思维等外部因素的影响,我国对外承包工程业务完成营业额 1559.4 亿美元,同比下降 9.81%。我国在"一带一路"倡议沿线国家完成营业额 911.2 亿美元,同比下降 7%,占同期总额的 58.43%。2020 年我国对外承包工程新签合同额为 2555.4 亿美元,同比下降1.8%,在"一带一路"倡议沿线国家新签合同额1414.6亿美元,同比下降8.67%,占同期我国对外承包工程新签合同额的55.36%。可以看出新冠病毒蔓延对"一带一路"倡议沿线的承包工程业务今后几年的影响还要大一些,我们必须找出对策予以应对,企业通过"业务发展国外、国内双循环,创新发展新模式,推进投资、建设、营运一体化,强化合规经营、属地化经营,拓展具有进入当地市场的第三方合作"等措施实现疫情后的新发展。

二、行业市场

国际承包工程市场按行业划分主要有交通、建筑、石油天然气、电力、通讯、计算机和智能化改造,其中前四项为主要行业,据ENR(国际工程新闻周刊)统计,国际承包商250强企业2019年国际承包工程营业总收入为4731亿美元,其中交通、建筑、油气、电力四大领域营业收入之和为3896亿美元,占总收入的82.35%。可见这四个领域之重。2019年交通行业营业收入为1466亿美元,占比为30.98%;建筑为1235亿美元,占比为26.10%;油气为709亿美元,占比为14.99%;电力为486亿美元,占比为10.27%。

交通行业:

自2017年以来维持在1500亿美元的营业收入水平,尽管有所下滑,但预计在未来一段时间内,仍是国际承包市场的主要构成。估计由于拜登政府新的加大基础设施建设的政策,美国的交通建设投入会在今后几年持续增长,但由于美国朝野对我国采取敌视态度,在美国目前开展经营活动的中国承包商很少,困难但有待今后改观。中国交建、西班牙ACS、法国万喜集团分列前三强。中国铁建、中国中铁分别列第八、第十位。

建筑行业:

建筑行业五年来保持在 1200 亿美元营业收入的水平,今后预计不会有大的增长但也能维持较大体量。中国的承包商应在这一领域拓展市场的占有份额,前三强的国际承包商分别是西班牙 ACS、德国豪赫蒂夫、中国建筑。

石油天然气:

油气作为第三大市场,营业收入连续 5 年下滑,累计跌幅超过 33%,下行趋势明显。油气行业相对稳定性最低,也是我国承包商表现相对最弱的行业。我国油气相关承包商处于产业链中低端和弱势的地位,短期估计难改变其状况。德希尼布、派特法、西班牙 TECNICAS 分列承包商前三位。中石油位列第六。

电力:

电力五年来维持在 500 亿美元营业收入的水平,由于巴黎气候协议的要求,煤油发电受到限制、光伏发电、风电、水力发电等可再生能源发电方兴未艾,成为今后的电力发展方向,我国承包商要尽快适应这一变化。中国电建、法国万喜、中国能建分列电力建设承包商前三,国机集团、中国中元列第五、第六位。

通信行业:

英国品牌评估机构 Brand Finance 发布《Telecoms 150 2020》年度报告,列出全球十大最有价值和十大最强大的电信基础设施品牌。

1. 华为(Huawei)　　　　中国　650.84 亿美元

2. 思科(Cisco)　　　　　美国　233.22 亿美元

3. 诺基亚(Nokia)　　　　芬兰　 99.05 亿美元

4. 高通　　　　　　　　　美国　 71.58 亿美元

5. 中兴(ZTE)　　　　　　中国　 43.57 亿美元

6. 爱立信　　　　　　　　瑞典　 27.83 亿美元

7. 康宁　　　　　　　　　美国　 21.66 亿美元

8. 中天科技(ZTT)　　　　中国　　13.8 亿美元

9. 亨通集团(HENGTONG)　中国　　11.27 亿美元

10. 瞻博网络　　　　　　　美国　　9.48 亿美元

近年来,中国华为受到美国政府的封杀,业务受到很大影响,遇到很大困难,但华为人不屈不挠2020年仍雄踞全球第一。我们相信在度过未来几年的低潮后,华为公司仍会东山再起,在世界通讯承包商中勇立船头。

三、国际承包工程市场的特点

自20世纪50年代后期至2020年,各国承包商数量不断增加,加上2008年发生的国际金融危机所导致的发包数量减少,以及各国对本国承包市场出现的保护主义,国际承包工程市场出现以下特点:

1. 竞争激烈,风险增大

由于国际承包市场上承包商数量逐年增多,近年发包数目减少,僧多粥少,形成激烈的竞争态势,压价竞争成为主要手段。当压价到不能承担时,风险就大大增加,有的承包商为了夺标,甚至采用低于成本价格投标,指望中标后采取索赔手段挽回损失,一相情愿,往往碰得头破血流,实不可取。

2. 国际、国内两个市场一肩挑,行业发展双循环

由于国际承包工程竞争日趋激烈,难以获利,再加上国际承包工程不确定因素更多,风险更大,许多承包商重新把目光投向本国承包市场,利用本国政府的保护,力图在本国的承包工程市场获利。

3. 各国的工程保护主义盛行

很多国家为了扶持本国产业的发展,保护本国利益和承包企业,自上世纪80年代以来,采取了一系列的工程保护主义的措施,主要有:

（1）规定外国公司必须与当地公司联营合资甚至规定当地公司要占50%以上股份，或雇用当地代理人才能取得承包资格。这在中东各国极为普遍,迫使国际承包公司当地化,给经营管理造成极大困难,所得利润有一大块要奉送给当地政府和当地人。

（2）限制国际承包商的承包范围。如金额小技术不复杂的项目禁止外国公司涉足。

（3）规定必须主要使用当地劳工。如伊朗一般不准外国劳工进入,约旦要求外国公司必预先雇用60%当地工人,也门规定所需人员的90%雇用当地工人,赞比亚外劳与本国人员比例为1:4。

（4）给予当地公司以各种优惠待遇

一般要求本国公司投标享受7.5%～15%的价格优惠,以中东地区为甚,沙特在标书中明确,发包方首先考虑本国公司,其次是与外国合资的公司,再其次是沙特人代理的外国公司,还有如把大项目分为几个小项目发包,控制劳务人员的入境签证,颁发劳动许可证,限制外来劳务人员的居留时间等等。

（5）设置障碍,给承包工程活动带来困难

如伊拉克规定施工进口设备要交纳相当税金一至二倍的押金,待到工程竣工得到"清白证书"后归还,往往在竣工后还要经过一二年。

4.带资投标、延期支付和实物支付的做法日益普遍。

带资投标实质就是发包人向投标人融资,这成为是否可参加投标的必要条件,融资的优惠条件也成为评标的标准之一。中东国家用石油支付工程款也较为常见。

5. 承包工程项目由劳动密集型向技术,资本密集型转变。

随着科学技术的迅猛发展和经济规模不断扩大,出现了许多高新技术项目和大型、超大型项目,这就使原先的单纯土建项目向出口技术和成套设备的大型项目转化,对今天的承包商的资格和实力提出了更高的要求。

四、新时期背景下的国际承包工程市场的发展趋势预测

国际承包工程行业本身就具有周期长、风险大的特点,近期又赶上全球金融危机和新冠疫情,真是屋漏又遇连夜雨,前途堪忧是必然的。

(一)资金短缺导致项目数量和规模缩水

石油价格下滑,导致作为财政收入重要来源的石油收入大幅度缩减,中东地区的建筑投资面临资金短缺的风险。不过,多年来高油价带来的大量外资储备和财政盈利仍将保障中东、西亚等石油输出国的建筑业增长。

而非洲经济基础薄弱,新冠疫情导致欧美投资减少,外汇收入下滑,发达国家对非援助下降,非洲国家建设资金短缺情况加剧。预计未来几年(2020年起),其国际承包工程市场将维持现状甚至略有下降。

(二)房建市场下行而基础设施市场向上行

房地产市场出现泡沫是导致许多国家陷入经济困境的原因之一。受收紧信贷,需求萎缩,竞争加剧等因素的影响,房屋建筑市场不容乐观。

对应金融危机引发的经济衰退,各国普遍采取加大公共投资的措施来刺激经济发展。因此,铁路、公路、机场、港口、电力、通讯等项目在今后一段时间仍会有发展。

中东和西非主要产油国加速了产业结构的调整步伐,加快基础能源建设和石油化工程项目的建设,同时发展电力、通信和供水重点行业全面推进基础设施建设。

（三）承包商面临诸多风险

首先，承包商面临的汇率风险加剧，金融危机发生以来，多国汇率出现波动，对以不同币种结算的项目的冲击很大。而美元贬值使得部分国家和地区通货膨胀严重，是否继续采用与美元挂钩的汇率制度在 G20 会议上已成为讨论的话题，改革现行汇率制度势在必行，这只是在什么时候，以什么方式进行的问题。

其次，承包工程项目规模大，所需的资金量大，资金链易断裂是多数承包工程企业所面临的难题。金融危机造成业主资金不足，业主拖欠工程款项引起法律纠纷增多，新项目开展难度加大。金融危机致使银行、房地产业面临巨大风险，股市市值大幅缩水，企业融资能力大大降低，这一切都增大未来几年业主经营承包工程项目的风险。

再次，建筑材料和能源价格变化带来风险。给承包商确定成本，控制项目风险带来不确定性。

（四）危机中孕育着调整，调整中产生机遇

事物都有两面性，一方面危机带来风险、困难，另一方面危机中孕育着机遇，有识之士善于在危机中发现机遇，不断调整自己战略与策略，不断发现承包工程的新的专业，新的有潜质的市场，提高企业和管理人员的素质，企业的业绩会有新的提高与发展，这正是风雨之后见彩虹更加美丽。

第四节　中国国际承包工程发展综述

一、中国国际承包工程发展历程

中国的国际承包工程事业是在 20 世纪 70 年代后期兴起的。

首先,世界经济稳定发展和国际承包工程市场的繁荣为中国国际承包工程事业的兴起提供了外部条件。20 世纪 60 年代以后,独立了的非洲国家着手恢复并发展本国的经济,随着投资的增加以及资源的开发利用,经济有了迅速的发展。这些国家的经济转机使他们具备了接受国际工程承包商开展业务的客观基础。1973 年 – 1974 年和1979 年 – 1980 年国际石油价格两次大幅度攀升,使得阿拉伯石油输出国的外汇收入急剧增长。有了巨额的资金作后盾,这些国家开始进行大规模的经济建设,由于本国劳动力短缺,技术力量匮乏,许多项目尤其是石油加工和基础设施项目必须由国外的承包工程公司来进行,因此大批的从事国际承包工程的承包商进入了中东地区,中国也加入了其中。

其外,中国自身的状况也为国际承包工程事业的兴起奠定了基础,中国的劳动力资源丰富,拥有几乎涵盖各行各业的工程施工和建筑力量。从 20 世纪 50 年代末开始,中国主要向非洲的国家提供了经济援助,其中包括帮助他们的农业、工业和基础设施建设项目。从 1978 年开始,随着国内外政治经济形势的变化,在继续开展经援项目的同时,中国的援外企业应他们的要求,帮助他们建设一些自筹资金的发展项目,当时主要是参照援外项目的做法进行的为数不多,规模有限的项目,但由于中国公司参加了这些项目的建设与服务,积累了在国外施工和提供技术服务的宝贵经验,为以后的中国国际承包工程事业兴起准备了内部条件。

1978 年底至 1979 年 4 月中国先后批准组建了拥有对外承包工程权的中国建筑二程总公司、中国公路桥梁建设总公司和中国土木建筑工程公司,加上原有的中国成套设备进出口集团公司共四家公司开展对外承包工程业务。1979 年至 1982 年四年间又组建了 27 家,从事对外承包工程的公司,他们在五大洲 45 个国家共签订了 755 项承包劳务合同,总金额达 11.96 亿美元。

1980 年至 1982 年,西方资本主义国家陷入了自二次世界大战以来最严重的经济危机,广大发展中国家也受严重影响。石油价格出现连续下跌,两伊战事持续不断,使海湾地区的经济发展受到严重影响。非洲国家也得受经济危机的影响,又遭受严重的干旱,一些国家的 GDP 连续四年出现负增长,拉丁美洲国家也未能幸免。世界经济的不景气,使得国际合同额自 1983 年起大幅度下降。这一时期,竞争愈发激烈,带资承包,延期付款和实物支付成为一些业主采用的发包方式,这一切对刚踏入这一领域的中国公司无疑是一次严峻考验,中国的国际承包工程事业陷入了停滞徘徊阶段。

在此情况下,政府有关部门和从事承包工程业务的公司开始总结经验教训,研究所面临的新情况、新问题,针对面临不同的情况,积极采取措施,努力开拓业务。经营活动中,采取薄利多销,确保质量,树立和维护信誉,增强在国际承包工程市场上的竞争力。在经营方式上,因地制宜,灵活多样,讲究实效,开始接受以实物支付工程款的项目;在经营地域上,保住原有市场,努力开拓新市场。在承包项目上,根据当时条件和经验主要承揽中小型工程,加速了资金周转,降低了项目风险,提高了经济效益。在不懈努力之下,经历了起伏和波动之后,开始走出了困境。20 世纪 90 年代初期,在经历了经济调整之后,以邓小平解放思想为主旋律的"南方谈话"为指针,中国的对外开放进入了全面、快速发展新阶段,对外承包工程事业迎来了春天。1991 年到 1995 年的"八五"期间新签合同 6.6 万份,合同额 347 亿美元,比"七五"增长 2.4 倍,完成营业额 225 亿美元,增长了 2.1

倍。合同额和营业额分别以年均增长 30% 和 28.7% 的速率发展。由于有了对付第一波经济危机的经验,1997 年亚洲金融风暴后,尽管国际经济形势严峻,但国际承包工程的合同额、营业额的增长速度保持了较高水平,合同额、营业额先于 1996 年、1998 年突破了 100 亿美元大关,中国的国际承包工程事业跃上了一个新台阶。

20 世纪 90 年代,中国国际承包工程市场多元化战略初见成效,从事外经业务的公司在实业化、国际化、集团化和多元化方面取得可喜的进步,整体实力不断增强,其影响也在不断扩大。继 1994 年和 1995 年中国有 23 家公司跻身美国《工程新闻纪录》(ENR) 杂志评选的世界 225 家最大承包商行列之后,1996 年为 27 家,2000 年为 34 家,2001 年为 39 家,2002 年增加到了 43 家, 2004 年增加到 47 家,2008 年增加到 50 家。而且一些颇具实力的中国国际承包工程公司在世界 225 强的排名逐年上升。如中国建筑工程总公司 1997 年排第 42 位,1998 年排第 24 位,2000 年升至第 19 位,2004 年排第 17 位。而新入选的中昊海外建设工程有限公司在 2008 年排到全球最大 225 家国际承包工程商的第 14 位。2020 年 3 家中国企业进入榜单前 10 强,中国交建列第 4 位,中国电力列第 7 位,中国建筑列第 8 位,74 家中国企业进入全球 250 强。

二、中国国际承包工程的现状与特点

中国的对外承包工程事业从 20 世纪 70 年代末起步,经过 40 年的发展历程,至今得到了迅速发展。中国的国际承包工程业务遍及世界 190 多个国家和地区,承包工程合同额在 20 世纪 80 年代初只有区区几千万美元,而 2020 年新签合同额 2555.4 亿美元。中国公司从事的业务范围十分广泛,涉及建筑、石化、电力、交通、通讯、水利、冶金、有色金属等多个领域,承包工程方式也从当初的单纯劳务承包发展到从勘察设计、施工、设备采购、材料进口等工程总承包方式以及竣工后的经营管理。中国加入世贸以后,中国企业进入国际承包工程市场的环境与条件有所改善,能赢得更多机遇,获得进一步的发展。从 ENR 上榜企业国际营业总额来看,目前我国国际承包工程营业额已排全球第一位,占 250 家上榜企业国际营业总额的 25.4%,比上年提升 1 个百分点。对外承包工程业务还有很大的市场开拓潜力。

综合分析我国目前国际承包工程发展现状,其特点有以下几点:

1. 对外承包工程业务发展速度较快。

2020 年,中国对外承包工程保持平稳新签合同额 2555.4 亿美元,完成营业额 1559.4 亿美元。对外劳务合作派出各类劳务人员 30.1 万人,12 月末在外各类劳务人员 62.3 万人。对比 1997 年中国对外承包工程 3400 万美元的全年合同额。2020 年增长了 7515 倍。

2015 年 –2020 年中国对外承包工程情况

表 1 – 4

年份	新签合同额 (亿美元)	同比增长(%)	完成营业额 (亿美元)	同比增长(%)
2015	2100.7		1540.7	
2016	2440.1	16.19	1594.2	3.47
2017	2652.8	8.72	1685.9	5.75
2018	2418	– 8.85	1690.4	0.27
2019	2602.5	7.63	1729	2.28
2020	2555.4	– 1.81	1559.4	– 9.81

资料来源:商务部

2. 项目规模不断扩大,特大项目继续增加。

2019 年中国化学工程集团有限公司与俄罗斯签下了波罗的海化工综合体项目,合同金额为 134 亿美元,创下了全球最大乙烯一体化项目、全球石化领域单个合同额最大项目、中国企业签订合同额最大项目三项纪录。中化工集团也由此在全球 250 家承包商排名由第 27 位提升至第 18 位,首次进入 20 强。

从完成营业额来看,华为公司承建的法国、巴西和泰国电信项目是 2019 年中国企业完成营业额最大的三个项目,营业额分别是 11.3 亿美元、10.4 亿美元和 8.7 亿美元。印尼的雅万高铁项目、中老铁路、中国与巴基斯坦的中巴走廊铁路都是近年来中国企业在国外拿到的特大型项目,项目规模达到几十亿甚至上百亿美元,目前项目正在建设,大力推进当中。

3. 行业趋于多样化,技术含量日益提高。

一方面是行业领域拓宽,矿产业、冶金、移动通信、飞机制造等行业项目填补空白或数量增加;另一方面,我国具有核心竞争力的企业深度参与全产业链的承包工程,显示出强有力的竞争力。例如在电力工程领域,葛洲坝集团与中国机械设备进出口公司承担造价 15 亿美元的巴基斯坦最大水电工程项目——尼鲁姆杰鲁姆项目;东方电气在印度连续获得多宁电力工程项目;在通信领域,华为、中兴通信在发达国家和发展中国家拿到了几十个大项目,大唐电信承揽尼日利亚城市的无线通信;在冶金领域,中钢集团在印度连续中标大型钢厂的钢结构工程,在土耳其承建土耳其钢厂连铸、连轧工程总承包项目;在石油工程领域,中国石油天然气集团公司中标承建该领域在海外最大工程项目——阿布扎比原油管线项目 EPC 总承包项目,这对提升中国石油在中东国家的形象和影响力、促进与中东国家在油气领域的全面合作具有重大的战略意义。从专业领域营业额分布来看,房建仍位居第一,占 25% 的份额,交通运输占 16.7% 位居第二,而电力工业占 15.3% 位居第三。

4.市场多元化战略已见成效,项目分布的国别与地区更广。

近年来,我国承揽的对外承包工程的项目已遍布全球 190 多个国家和地区,2019 年中国已有 76 家进入全球最大 250 家国际承包工程公司。据中国商务年鉴 2020 年资料显示,这 76 家公司国外营业额 2019 年已达 1189.67 亿美元,占全球 250 强总额的 24.4%;其中中东营业额为 171.44 亿美元,占全球 250 强总额的 21.2%;亚洲营业额为 519.87 亿美元,占总额的 40.8%。非洲营业额为 365.67 亿美元,占总额的 60%;欧洲营业额为 42.39 亿美元,占总额的 3.9%;美国营业额为 17.01 亿美元,占总额的 2.7%;加拿大营业额为 0.96 亿美元,占总额的 0.6%;拉美/加勒比营业额为 72.33 亿美元,占总额的 24.3%。从上述数据来看非洲所占比例最高达到 60.9%,亚洲次之,所占比例 40.8%。可是,欧洲、美国、加拿大比例只占百分之二、三,甚至更低。这说明这些地区开拓市场困难很大,但同时也说明这些国家承包工程市场潜力更大,值得我们着力开发。

5.深化国际合作,实现共同发展。

2008 年,我国国际承包工程企业探索与国际知名企业合作,从工程分包到成立联合体,共同投标和实施项目,努力做到互利双赢。例如中国水电集团与法国阿尔斯通签订战略合作协议;中国化学工程公司与韩国现代工程公司合作,北方重工与韩国三星工程公司合作承建韩国现代制铁钢厂项目等等。开展与世界知名承包商合作对于我们开拓欧美等发达国家的承包工程市场具有非凡的意义。

6.采用 BOT、EPC、PPP 方式承包工程取得进展。业务升级上台阶。

BOT 是国际承包工程的重要方式,由于融资、担保、保险手续复杂,法律关系交错,多年来我们想涉足但未有实际进展。但BOT下可以分散风险,经营得法可获得稳定可观收入 令人向往。2008年中国水电集团以特许经营方式投资柬埔寨甘再水电站项目,经过一年努力完成项目融资过程。中国进出口银行和中国出口信用保险公司联合为项目公司提供融资,使之成为我国首个真正意义上的BOT项目。

另一种模式的尝试就是由中国水利电力对外公司承建的哈萨克斯坦玛伊纳水电站的EPC总承包项目。项目总投资3.3亿美元,其中1.3亿美元由哈萨克斯坦开发银行承担,其余2亿美元由中国国家开发银行提供,该项目对中哈经济合作以及上海合作组织银行联合体的合作与发展都具有重要意义。

7.2020年新冠疫情的影响开始显现。

2020年以来,人们谈论最多的是新冠病毒的蔓延,对经济影响及其对策。这场危机已经带来严重后果,世界范围金融市场环境恶化,信贷冻结,股市动荡股价下跌,汇率和物价大幅波动,国家投资活动大量减少,世界贸易总额下降,经济明显进入下行轨道。虽然我国国际承包工程业务在2020年继续保持强劲势头,但是危机的影响已经开始显现出来:一是企业的汇兑损失加大。金融动荡加剧了我国企业主要签约币种美元和欧元的汇率变化,美元继续走软,欧元自2009年年底开始贬值。给我国国际承包工程企业造成的汇兑损失严重,有的企业汇兑损失已达到1亿元人民币。二是项目拖欠现象增多。正在执行的部分项目已出现工程款支付延迟的现象,对工期产生影响,还有部分业主提出了带资、融资的要求。三是新项目开始减少,许多国家的基本建设投资放缓。还有些国家的业主因资金无法落实而不得不暂缓甚至取消项目。

三、中国国际承包工程业务的管理

（一）基本原则和政策

"平等互利、讲求实效、形式多样、共同发展和守约、保质、薄利、重义"是中国开展对外经济技术合作的一贯原则和基本立场。

国家鼓励开展对外承包工程业务并带动国产设备和材料的出口，支持有实力的实体企业走向国际市场，对有实力有条件的大型企业承揽技术含量高，能带动国产设备与材料出口、劳务输出的总承包项目提供政策支持。

（二）管理体制

中国的国际承包工程业务由商务部归口管理，负责宏观指导和联合监管，各部门、各省、自治区、直辖市、计划单列市的商务（厅、局）按国家规定分别负责本部门、本地区国际承包工程业务的管理。

中国驻外使（领）馆经商处（室）对中国在驻在国开展的承包工程业务负有指导、协调、监督检查和提供服务的责任。

中国对外承包工程商会和中国国际工程咨询协会作为自律性的行业组织，其职责是为会员公司提供指导、咨询、服务，并协助政府主管部门做好企业间的协调与企业自律工作，维护在国外的经营秩序，保障会员公司的权益。

（三）管理政策与措施

到目前，中国政府已对国际承包工程业务的管理搭建了较为健全和完善的管理框架，具体包括：综合性政策、监管政策、服务、保障措施和促进政策。

1. 对外承包工程综合性政策

（1）2018 年 9 月 1 日，《对外承包工程管理条例》正式实施，《条例》强调了国家鼓励与支持对外承包工程的发展，确定了业务发展的目标是不断提高质量和水平,并对各有关部门制定和完善相关促进政策措施提出了总体要求。

《条例》对企业遵守项目所在国法律、信守合同、尊重当地风俗、注重环境保护、杜绝恶性竞争和商业贿赂、保证项目工程质量、重视安全生产和安全防护,加强外派劳务人员的管理。保障劳务人员合法权益等均作出明确规定。同时,《条例》还明确规定由商务部负责国际承包工程业务的总体监督与管理,国务院有关部门在各自的职责范围内负责与此项业务有关的管理工作,建设部负责组织协调建设企业参与对外承包工程,各地方商务厅(局)负责本地区内的对外承包工程业务的业务监督管理,有关商会协会制定行业规范,充分发挥协调和自律作用。《条例》为规范企业的经营行为,实现行业健康发展,提高对外承包工程的质量和水平提供了有力的法律保障和政策支持。

在《条例》基础上商务部下发了《关于贯彻落实(对外承包工程管理条例)的意见》。商务部将按《条例》规定,制定出台对外承包工程资格管理办法、工程质量和安全生产管理规定、项目情况报送制度、项目投(议)标许可管理规定、工程项下劳务管理规定等配套规章,进一步健全和完善对外承包工程管理体系;并会同有关部门和各省级商务主管部门,制定和完善促进对外承包工程发展的政策措施,建立、健全对外承包工程服务体系和风险保障机制,建立信息收集,通报制度,不断提高便利化的服务水平。

(2)商务部等 19 部门于 2019 年 8 月 29 日发布《关于促进对外承包工程高质量发展的指导意见》。为在共建"一带一路"倡议引领下,面对当前复杂多变的国际环境,促进对外承包工程高质量发展提出了二十条指导意见。

意见指出要充分认识对外承包工程发展的重要意义,把对外承包工程纳入推进"一带一路"倡议、"走出去"工作的大局中统筹考虑。各部委要在各自职责范围内,采取有指针对性的措施,扎实推进对外承包工程发展。商务主管部门要统筹协调,会同有关部门和单位建立健全工作机制,完善管理制度和政策措施,及时研究解决重大问题,确保促进对外承包工程高质量发展取得实效。

(3)商务部、财政部、人民银行于2003年共同出台的带资承包意见,为我国金融企业支持承包工程企业以带资承包方式参与国际承包工程市场竞争提供了指导性意见。

带资承包已成为国际承包工程市场上的普遍做法和发展趋势,参与决定是否拿得到项目。由于资金短缺未能实现带资承包,中国企业丧失了许多获得大项目的机会。为解决此问题2003年3月商务部联合财政部、中国人民银行出台了《关于支持我国企业带资承包国外工程的若干意见》,提出了支持的项目类型和企业应具备的条件,要求政策性银行和商业性金融机构制定具体办法,支持企业开拓国际市场,继续加强对带资承包各种实现形式的研究,在充分利用政策性银行、保险公司对承包工程各种融资支持手段的同时,进一步鼓励发挥商业银行的融资主渠道作用,鼓励境外直接融资在进一步优化信贷条件、扩大信贷对承包工程的支持规模的同时,大胆尝试以BOT及其衍生形式或带资方式拓展业务,"投建营一体化"推动中国国际承包工程业务的发展。

2. 对国际承包工程的监管政策

对国际承包工程业务的监管经历了由审批核准向"放管服"改革的过渡过程,不再实行经营资格核准和"资格证书"年审制度、投议标许可制度。

(1)完善管理机制。落实《对外承包工程管理条例》,加强对外承包工程管理的统筹协调,完善国务院有关部门宏观指导和联合监管、地方政府属地管理、行业组织(商会)协调自律、与项目所在国政府密切协作的管理体系,形成职责清晰,协同有效、约束有力的工作机制,打造良好的制度环境和政策环境。

(2)改革监管方式。进一步深化对外承包工程"放管服"改革,建立"备案 + 负面清单"管理方式减少政府核准范围和环节。完善对外承包工程违法违规行为处罚规定,加强事中事后监管,强化统计分析和运行监测,用好重点检查和"双随机、一公开"抽查,加大对外承包工程行政执法力度,对违法违规行为实施联合惩戒,维护公平竞争和市场秩序。

(3)督促企业合规经营。推动企业增强合规管理能力,规范经营行为,在项目招投标、合同履约、劳工权益保护、环境保护等关键环节严格遵守我国和项目所在国法律法规、国际规则和法律,自觉抵制商业贿赂,严禁项目外派人员参加赌博活动。推进对外经济合作信用体系建设,完善对外承包工程失信行为认定和信息记录规定,督促企业守法诚信经营。

(4)强化风险防范。构建综合性风险防控体系和突发事件应急处置机制,完善境外企业和对外投资联络服务平台,及时分析、研判和预警境外政治、经济、社会、安全、舆论等领域重大风险。督促企业完善安全管理制度、落实风险防范措施,提升突发事件处置能力。做好预防性领事保护,保障我境外企业和人员的安全和合法权益。

(5)对外承包工程质量安全监管制度。主要依据原外经贸部与建设部联合发文的《关于印发〈关于对外承包工程质量安全问题处理的有关规定〉的通知》,出现重大和严重质量安全事故的,必须在事故发生的 24 小时之内向驻外使领馆经商务处报告;经商务处应向建设部报告并抄告商务部,对造成恶劣影响的,两部委组织联合调查组开展调查、处理。

(6)驻外经商处一线监管制度。所有中国企业进入某国(地区)市场开展对外承包工程业务,应首先向该国的我国使领馆经商处登记报备、汇报工作。

(7)充分发挥对外承包工程商会在企业监管中的作用。健全自律体系,促进企业间合作,避免无序竞争和恶性竞争,维护行业整体利益。

(8)统计制度。企业根据《统计法》和商务部的规定要求,按月对本企业的对外承包工程业务进行统计,统计所报数据必须真实、准确、及时,为有关部门的监管提供事实依据。

3. 服务保障措施

(1)加强规划和引导。与相关国家政府和区域性组织共同做好对外承包工程合作的顶层设计和规划引导。对接当地经济社会发展战略、具体合作需求以及优买优卖贷款和对外援助的使用,聚焦基础设施联通、产业促进、民生改善、绿色发展等主要领域,共同商定合作规划、政策措施、重点项目,由国家进出口银行和财政部提供优惠贷款,支持我国对外承包工程企业业务的开展,提高对外承包工程合作的科学性和有效性。

(2)打造良好外部环境。推进多双边政府间协调机制建设,与重点国家和区域性组织成立对外承包工程合作工作组等交流平台,加强沟通协调,解决问题、推进合作,商签或更新自贸区、投资保护、基础设施合作、避免双重征税等协议,打造透明、稳定、可预期的合作环境。

(3)增强金融服务能力。鼓励金融机构创新和丰富服务对外承包工程发展的金融产品和投融资模式,提供更优质的融资融智融信服务。鼓励符合条件的企业通过发行股票、债券等直接融资方式募集资金用于开展对外承包工程。完善出口信用保险政策,出口信用保险公司发挥风险分担和融资促进作用,拓展人民币结算和人民币金融产品在对外承包工程领域的运用。

(4)为鼓励外经贸企业走出去参与"一带一路"倡议和国际产能合作,促进我国对外投资合作高质量发展,国家财政部和商务部设立外经贸发展专项资金。支持对外投资合作转型升级;支持对外劳务扶贫;支持建设对外投资合作平台;支持企业防范海外经营风险。其中对属建设运营一体化、投建营一体化项目或者推动中国技术和标准"走出去"的项目,给予每个项目10万至80万元补贴,支持企业开拓国际市场,对参加政府举办境外促进活动发生的国际旅费和食宿费用,给予不超过实际费用70%的支持,以10万元为限。对企业海外承包工程项目投保特定合同保险、买方违约保险给予实际投保费用不超过70%的支持,单个企业最高支持金额不超过80万元。上述支持方向单个企业享受资金支持总额不超过人民币650万元。

(5)对外承包工程保函风险专项资金

为进一步扩大对外承包工程的规模,解决企业开立保函资金困难的问题,经国务院批准原外经贸部、财政部联合下发《关于印发〈对外承包工程保函风险专项资金管理暂行办法〉的通知》,设立保函风险资金,对符合规定的工程项目开具投标保函、履约保函、预付款保函提供担保、垫支赔款。

(6)对外承包工程项目贷款贴息

为了支持对外承包工程业务的开展,自2001年起,由中央财政安排部分资金,给工程项目的流动贷款予以贴息。对符合条件的项目流动资金贷款予以1个百分点的年贴息,以支持企业带动国产设备材料出口和开拓国际市场。

(7)出口信贷和出口信用保险

外经企业可直接向银行申请使用出口信贷开展对外承包工

程业务和成套设备出口。对外经企业对外承揽合同金额在1亿美元以上(含1亿美元),需由国家提供出口信贷及出口信用保险的大型和成套设备出口及对外承包工程项目可向国家进出口银行和中国出口信用保险公司申请大型出口信贷及出口信用保险。

(8)中小企业国际市场开拓资金

符合条件(上年度出口额海关统计数在1500万美元以下)的外经企业从事新兴国际市场开拓,参加境外投议标等活动时,可以申请使用中小企业国际市场开拓基金。

(9)援外优惠贷款

中国企业在受援国承揽带动国产成套设备和机电产品出口的合作项目,可申请使用援外优惠贷款。

(10)援外合资合作项目基金

中国企业在受援国承揽符合基金使用条件的经济合作项目,可申请使用该基金。

(11)两优贷款

两优贷款是中国援外优惠贷款和优惠出口买方信贷的简称,是中国政府给予发展中国家政府的优惠性资金安排。国家进出口银行和国家开发银行是承办机制。

①援外优惠贷款:由我国政府指定金融机构对外提供的具有政府援助性质、含有赠予成分的中长期低息贷款;

②优惠出口买方信贷:为配合国家政治、外交需要,推动与重点国家与地区的经贸合作,采用出口买方信贷形式对外提供的具有一定优惠条件的特定贷款。期限一般为15年 - 20年,固定利率为2% ~3% 。"双优"贷款为主权债务,由项目主权级机构直接作为借款人或者由项目国政府指定机构为借款人,由项目国主权机构担保(主权机构:指财政部或中央银行)。中国

进出口银行是双优贷款的唯一承办银行。

我国对外承包企业可以推动两优项目（特别是优买项目）的立项、可行性研究、落地、最后获得优买项目的实施，是对外承包工程的企业开拓市场开拓业务的一条重要的新方式、新渠道。

（12）完善公共信息和便利化服务。丰富各类公共服务产品，加强政策宣传解读，及时提供有关国家营商环境、项目合作需求等信息，定期发布行业发展报告。在人员出入境、货物通关、税收、本外币结算等方面，为企业和人员提供更加精准有效的便利化服务。

（13）充分发挥行业组织的作用。支持对外承包工程商会、境外中资企业商会发展，健全自律体系，促进企业间合作，避免恶性竞争，维护行业整体利益；提供培训、会展等专业化服务，搭建平台，帮助企业开拓国际市场，在政府、企业和国外同业组织间发挥桥梁纽带和行业支持作用，积极主动参与国际规则和标准制定，推动标准和资格互认。

（14）强化人才支撑和智库建设。支持各类人才进入对外承包工程行业，引进国外人才，打造具有国际化经营管理能力的人才队伍。创新人才培养机制，鼓励高等院校设置对外承包工程专业，培养具有国际化视野人才。支持对外承包工程行业智库建设，加强行业的研究，为政府和企业提供决策咨询和智力支撑，鼓励发表专著和研究报告。

（15）加强综合性专业服务。支持我国的国际商事仲裁机构和法院在对外承包工程争端解决中发挥更大作用。引导企业运用多元化纠纷解决机制，依法妥善化解和解决对外承包工程领域的各类事端。鼓励我国法律咨询、投资顾问、工程质量安全监理、造价咨询、风险管理、会计和税务等中介机构加快与国际接轨步伐，为我国对外承包工程发展提供更加专业的服务。

第五节　国际承包工程的流程

　　一般国际承包工程从邀请承包商参加资格预审开始到工程保修期结束颁发最后竣工证书分为 26 步,编者结合 FIDIC 框图详细介绍了招标投标全过程和工程施工全过程。

对投标者资格预审的推荐过程

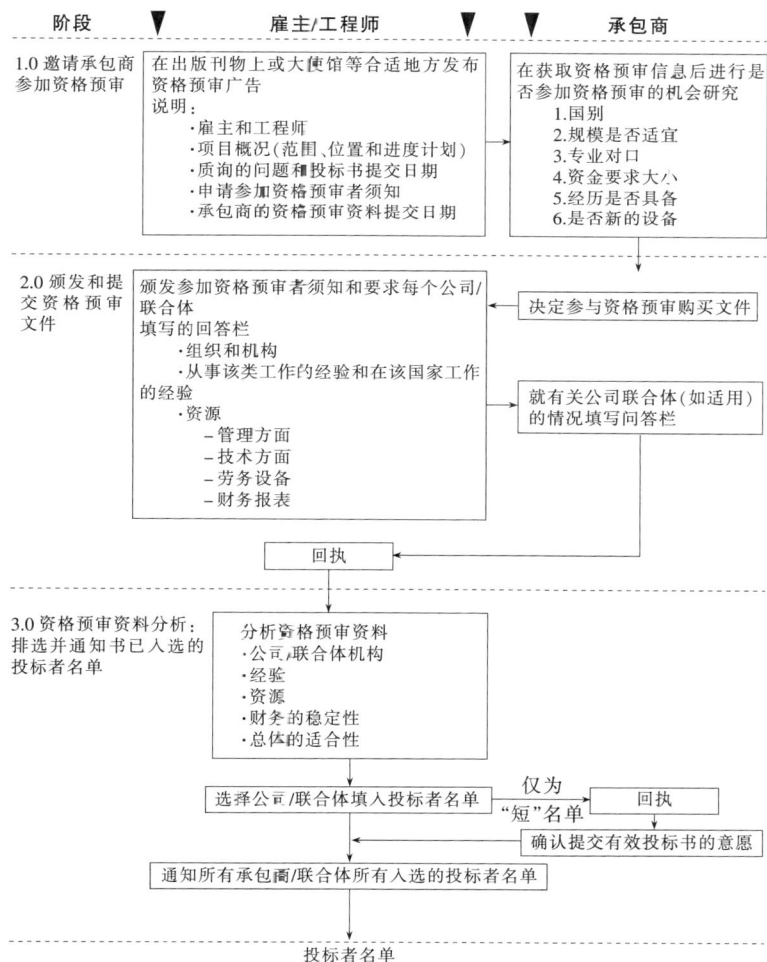

| 阶段 | ▼ | 雇主/工程师 | ▼ ▼ | 承包商 |

1.0 邀请承包商参加资格预审

在出版刊物上或大使馆等合适地方发布资格预审广告
说明：
· 雇主和工程师
· 项目概况(范围、位置和进度计划)
· 质询的问题和投标书提交日期
· 申请参加资格预审者须知
· 承包商的资格预审资料提交日期

在获取资格预审信息后进行是否参加资格预审的机会研究
1. 国别
2. 规模是否适宜
3. 专业对口
4. 资金要求大小
5. 经历是否具备
6. 是否新的设备

2.0 颁发和提交资格预审文件

颁发参加资格预审者须知和要求每个公司/联合体填写的回答栏
· 组织和机构
· 从事该类工作的经验和在该国家工作的经验
· 资源
　－管理方面
　－技术方面
　－劳务设备
　－财务报表

决定参与资格预审购买文件

就有关公司联合体(如适用)的情况填写问答栏

回执

3.0 资格预审资料分析：排选并通知书已入选的投标者名单

分析资格预审资料
· 公司/联合体机构
· 经验
· 资源
· 财务的稳定性
· 总体的适合性

选择公司/联合体填入投标者名单

仅为"短"名单

回执

确认提交有效投标书的意愿

通知所有承包商/联合体所有入选的投标者名单

投标者名单

图 1-1　程序流程图(一)

得到投标的推荐程序

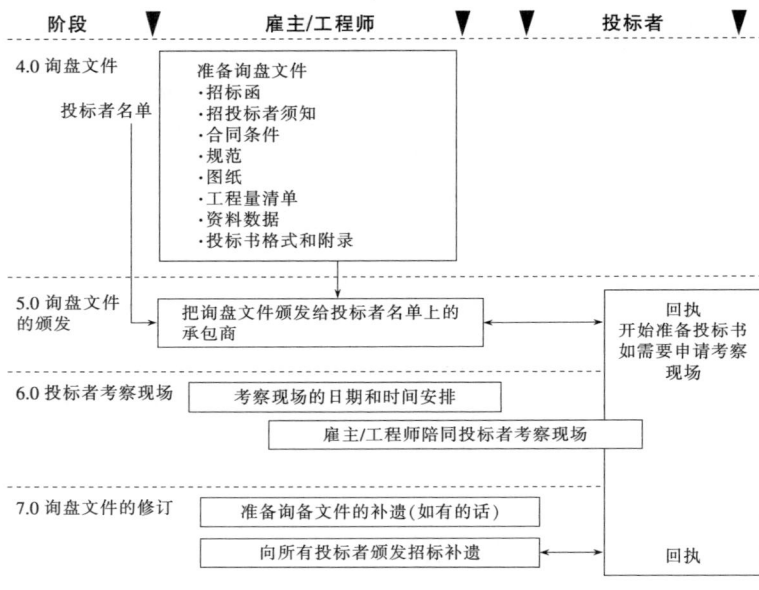

阶 段 ▼	雇主/工程师 ▼ ▼	投标者 ▼

4.0 询盘文件

投标者名单

> 准备询盘文件
> ·招标函
> ·招投标者须知
> ·合同条件
> ·规范
> ·图纸
> ·工程量清单
> ·资料数据
> ·投标书格式和附录

5.0 询盘文件的颁发

> 把询盘文件颁发给投标者名单上的承包商

> 回执
> 开始准备投标书
> 如需要申请考察现场

6.0 投标者考察现场

> 考察现场的日期和时间安排

> 雇主/工程师陪同投标者考察现场

7.0 询盘文件的修订

> 准备询备文件的补遗(如有的话)

> 向所有投标者颁发招标补遗

> 回执

图 1-1　程序流程图(二)

得到投标的推荐程序（续）

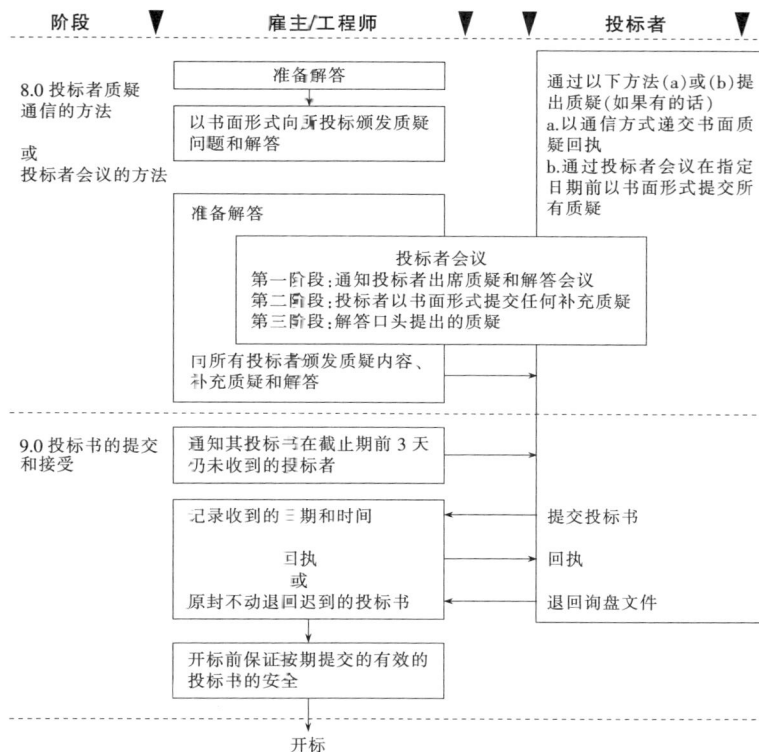

阶段 ▼	雇主/工程师 ▼ ▼	投标者 ▼
8.0 投标者质疑通信的方法 或 投标者会议的方法	准备解答 以书面形式向所有投标颁发质疑问题和解答	通过以下方法(a)或(b)提出质疑(如果有的话) a.以通信方式递交书面质疑回执 b.通过投标者会议在指定日期前以书面形式提交所有质疑

准备解答

投标者会议
第一阶段:通知投标者出席质疑和解答会议
第二阶段:投标者以书面形式提交任何补充质疑
第三阶段:解答口头提出的质疑

向所有投标者颁发质疑内容、补充质疑和解答

9.0 投标书的提交和接受	通知其投标书在截止期前 3 天乃未收到的投标者	
	记录收到的日期和时间	提交投标书
	回执 或 原封不动退回迟到的投标书	回执 退回询盘文件
	开标前保证按期提交的有效的投标书的安全	

开标

图 1-1　程序流程图（三）

开标和评标的推荐程序

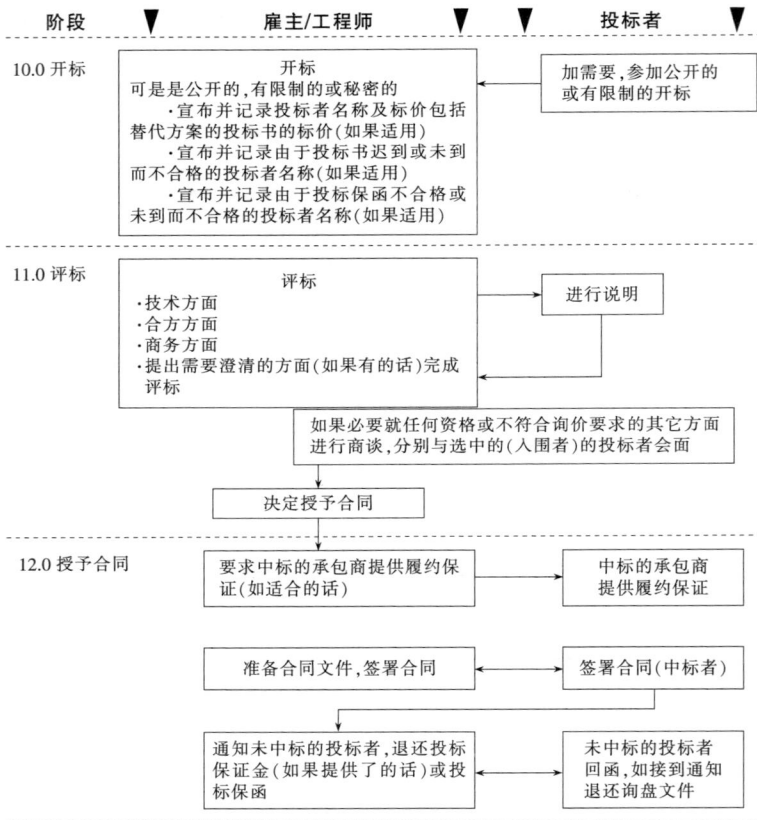

阶段 ▼	雇主/工程师 ▼ ▼	投标者 ▼

10.0 开标

开标
可是是公开的,有限制的或秘密的
·宣布并记录投标者名称及标价包括
替代方案的投标书的标价(如果适用)
·宣布并记录由于投标书迟到或未到
而不合格的投标者名称(如果适用)
·宣布并记录由于投标保函不合格或
未到而不合格的投标者名称(如果适用)

← 加需要,参加公开的
或有限制的开标

11.0 评标

评标
·技术方面
·合方方面
·商务方面
·提出需要澄清的方面(如果有的话)完成
评标

→ 进行说明 ←

如果必要就任何资格或不符合询价要求的其它方面
进行商谈,分别与选中的(入围者)的投标者会面

决定授予合同

12.0 授予合同

要求中标的承包商提供履约保
证(如适合的话)

中标的承包商
提供履约保证

准备合同文件,签署合同

签署合同(中标者)

通知未中标的投标者,退还投标
保证金(如果提供了的话)或投
标保函

未中标的投标者
回函,如接到通知
退还询盘文件

图1-1 程序流程图(四)

开工前的准备的推荐程序

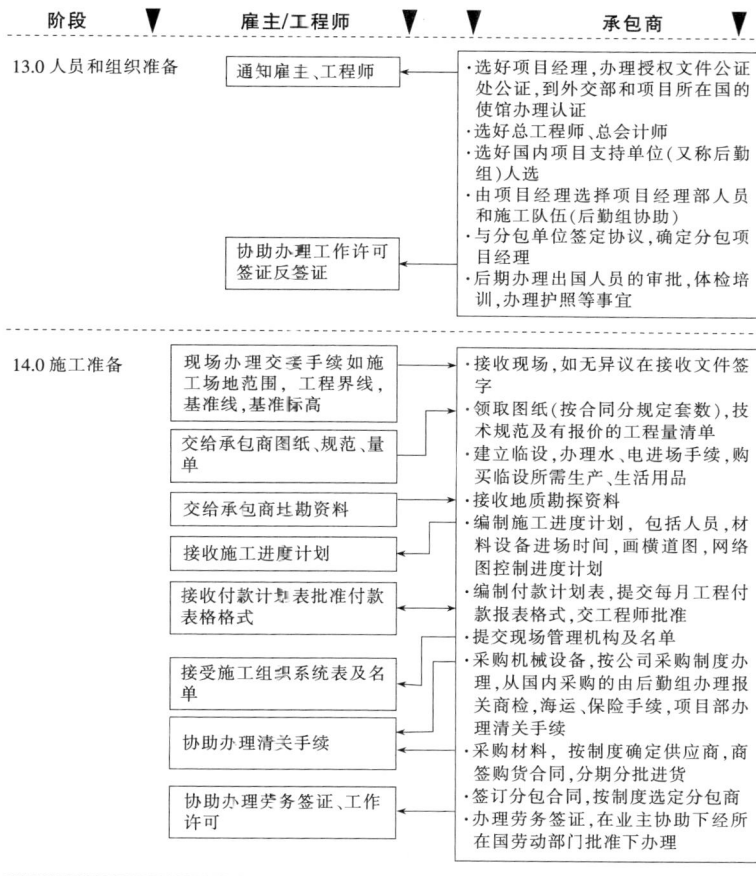

阶　段 ▼	雇主/工程师 ▼ ▼	承包商 ▼

13.0 人员和组织准备

雇主/工程师：
- 通知雇主、工程师
- 协助办理工作许可签证反签证

承包商：
- 选好项目经理,办理授权文件公证处公证,到外交部和项目所在国的使馆办理认证
- 选好总工程师、总会计师
- 选好国内项目支持单位(又称后勤组)人选
- 由项目经理选择项目经理部人员和施工队伍(后勤组协助)
- 与分包单位签定协议,确定分包项目经理
- 后期办理出国人员的审批,体检培训,办理护照等事宜

14.0 施工准备

雇主/工程师：
- 现场办理交接手续如施工场地范围,工程界线,基准线,基准标高
- 交给承包商图纸、规范、量单
- 交给承包商址勘资料
- 接收施工进度计划
- 接收付款计划表批准付款表格格式
- 接受施工组织系统表及名单
- 协助办理清关手续
- 协助办理劳务签证、工作许可

承包商：
- 接收现场,如无异议在接收文件签字
- 领取图纸(按合同分规定套数),技术规范及有报价的工程量清单
- 建立临设,办理水、电进场手续,购买临设所需生产、生活用品
- 接收地质勘探资料
- 编制施工进度计划,包括人员,材料设备进场时间,画横道图,网络图控制进度计划
- 编制付款计划表,提交每月工程付款报表格式,交工程师批准
- 提交现场管理机构及名单
- 采购机械设备,按公司采购制度办理,从国内采购的由后勤组办理报关商检,海运、保险手续,项目部办理清关手续
- 采购材料,按制度确定供应商,商签购货合同,分期分批进货
- 签订分包合同,按制度选定分包商
- 办理劳务签证,在业主协助下经所在国劳动部门批准下办理

图 1-1　程序流程图(五)

开工前的准备的推荐程序（续）

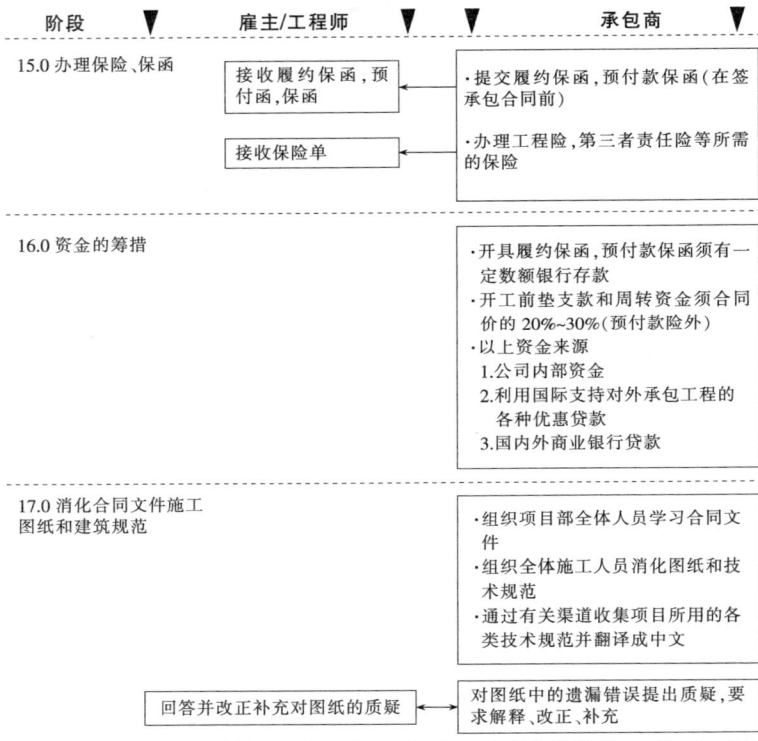

阶　段 ▼	雇主/工程师 ▼ ▼	承包商 ▼

15.0 办理保险、保函

接收履约保函，预付函，保函 ← ·提交履约保函，预付款保函（在签承包合同前）

接收保险单 ← ·办理工程险，第三者责任险等所需的保险

16.0 资金的筹措

·开具履约保函，预付款保函须有一定数额银行存款
·开工前垫支款和周转资金须合同价的 20%~30%（预付款险外）
·以上资金来源
1.公司内部资金
2.利用国际支持对外承包工程的各种优惠贷款
3.国内外商业银行贷款

17.0 消化合同文件施工图纸和建筑规范

·组织项目部全体人员学习合同文件
·组织全体施工人员消化图纸和技术规范
·通过有关渠道收集项目所用的各类技术规范并翻译成中文

回答并改正补充对图纸的质疑 ← 对图纸中的遗漏错误提出质疑，要求解释、改正、补充

图 1-1　程序流程图（六）

施工中工作程序

阶段	▼ 业主	▼ 工程师	▼ ▼ 承包商
18.0 施工中的程序	·选定业主代表，任命和撤换工程师并书面通知承包商。 ·解决工程用地征用手续以及移民等事宜。 ·批准承包商转包部分工程，批准履约保证和承保人，批准承包商提交的保险单。 ·及时向承包商预付有关款项，如工程预付款，每月的月结算，最终结算款。 ·为承包商开证明信，以便为承包商办理海关、税收等有关手续。 ·主持解决合同中的纠纷，合同条款必要的变动与修改。 ·及时签发工程变更命令，并确定这些变更的单价和总价。 ·批准工程师上报的工程延期报告。 ·对承包商的信用函及外给予答复。 ·负责编制向上级及外资贷款单位送报财务年度用款计划，财务结算及各种统计报表等。 ·协助承包商解决物质供应、材料供应运输等问题。 ·负责组成验收委员会进行整个工程或局部工程的初步验收和最终竣工验收，并签发有关证书。 ·承包商违约，业主有权终止合同并授权其他人去完成合同。	全面负责对工程的监督、管理和检查协调各承包商关系，对合同解释和说明处理矛盾，以确保合同圆满执行。 ·进度控制，监督检查承包商的施工进度，审查施工组织设计，施工方案和施工进度实施计划，并监督实施督促承包商按期完成工程，主动处理工期延长问题或接受承包商的申请处理有关工期延长问题，审批承包商报送各分部的施工方案、特殊技术措施和安全措施。必要时发出停工令和复工令并处理由此而引起的问题。 ·负责图纸的解释、变更和说明发出图纸变更令，提供新的补充图纸现场解决设计问题，处理因图纸供应不及时或修改引起的工期延长索赔的问题。 ·监督承包商按图纸规范，施工要求施工及时检查工程质量，特点是基础工程隐蔽工程，指定试验单位批准试验结果，签发给收合格证书。 ·严格检查材料，设备质量，批准检查定货单位，检验单位，并抽查。 ·审核承包商每月提供的工程量表及月结算的财务报表，处理价格调整问题并签署当月支付款，报业主支付。 ·人员考核，项目经理须经工程师批准，可撤换项目经理和其它人员、工人。 ·审批承包商要求将各类物品进出海关的报告，向业主提出要求办理通关手续的公函。 ·工程师应纪录施工日记和质量检查纪录，整理自己的工程档案。 ·签发合同规定的各类证书报表。 ·定期向业主提供工程情况报告，工程变更报告，以便业主签发变更令。 ·协调业主与承包商的各种矛盾，处理各类违约的问题。 ·处理施工中的各种意外事件引起的问题。	·每月的施工进度计划报工程师批准。 ·每周工程师召开会议上汇报程进展及存在问题，提出解决问题的办法经工程师批准。 ·负责施工放样及测量，测量原始数据及图纸均需经工程师检查并签字批准，承包商应对数据和图纸正确性负责。 ·按要求进行有关现场及实验室实验。所有试验成果须报工程师审核批准。 ·制定施工安全措施，经工程师批准实验。 ·每月报送进、出场机械设备数量和型号，报送材料进场量和耗用量以及报送进出场人员数。 ·制定各种有效措施保证工程质量，提出有关质量检查办法的建议，经工程师批准执行。 ·负责施工机械的维护、保养和检修。 ·对施工的有关工序，填写评细的施工报表，及时要求工程师审核确认。 ·根据合同规定或工程师的要求，进行部分永久工程的设计或绘制施工详图，报工程师批准后实施。 ·按所有国政府有关部门、业主或工程师的要求，及时报送各类报表，办理各种手续。 ·订购材料之前，或将材料样品送工程师审核，或送工程师指定的实验室。试验成果报工程师审核批准，对进场材料要随时抽样检验材料质量。 ·按图纸、规范和合同条款管理分包商，配合公司总部财务部门在施工中期进行效益审计，发现亏损苗头，分析原因立即采取措施纠正。

图 1-1　程序流程图（七）

变更和索赔的程序

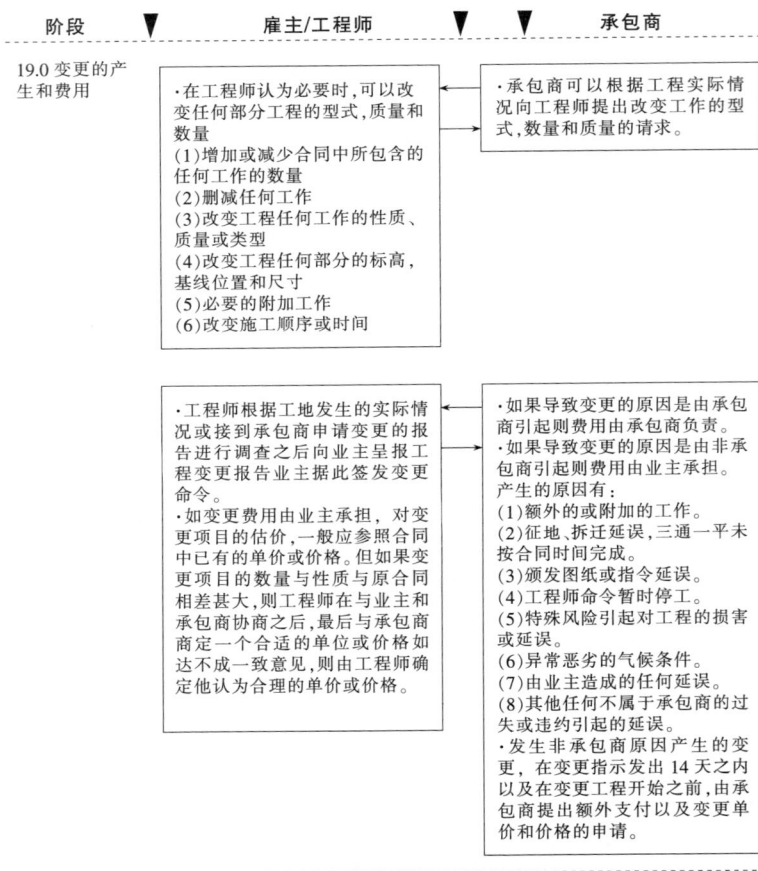

阶 段	▼	雇主/工程师	▼	▼	承包商

19.0 变更的产生和费用

・在工程师认为必要时,可以改变任何部分工程的型式,质量和数量
(1)增加或减少合同中所包含的任何工作的数量
(2)删减任何工作
(3)改变工程任何工作的性质、质量或类型
(4)改变工程任何部分的标高,基线位置和尺寸
(5)必要的附加工作
(6)改变施工顺序或时间

・承包商可以根据工程实际情况向工程师提出改变工作的型式,数量和质量的请求。

・工程师根据工地发生的实际情况或接到承包商申请变更的报告进行调查之后向业主呈报工程变更报告业主据此签发变更命令。
・如变更费用由业主承担,对变更项目的估价,一般应参照合同中已有的单价或价格。但如果变更项目的数量与性质与原合同相差甚大,则工程师在与业主和承包商协商之后,最后与承包商商定一个合适的单位或价格如达不成一致意见,则由工程师确定他认为合理的单价或价格。

・如果导致变更的原因是由承包商引起则费用由承包商负责。
・如果导致变更的原因是由非承包商引起则费用由业主承担。产生的原因有:
(1)额外的或附加的工作。
(2)征地、拆迁延误,三通一平未按合同时间完成。
(3)颁发图纸或指令延误。
(4)工程师命令暂时停工。
(5)特殊风险引起对工程的损害或延误。
(6)异常恶劣的气候条件。
(7)由业主造成的任何延误。
(8)其他任何不属于承包商的过失或违约引起的延误。
・发生非承包商原因产生的变更,在变更指示发出 14 天之内以及在变更工程开始之前,由承包商提出额外支付以及变更单价和价格的申请。

图 1-1 变更产生原因及处理程序(八)

变更和索赔的程序（续）

阶段 ▼	雇主/工程师 ▼ ▼	承包商 ▼
20.0 索赔的产生和程序	·索赔可以得到的费用包括（指承包商）： 1.由于右边原因产生的劳务费增加额 2.同上理由产生的材料费的增加 3.增加的设备费 4.分包商向总包商索赔产生的分包费 5.加大保险产生的保险费 6.索赔原因产生的增加的管理费 7.延长保函的费用 8.延期支付所导致的银行利息	·导致索赔的原因如下： 1.自然条件 施工中所遇到的自然条件比合同描述的更为恶劣，如地质、水文地下管线、地下建筑物 2.工程变数 ①业主将本居于承包商的工程量转到其它承包商去做承包商可获得工程准备费和管理费的索赔。②工程质量变更，工程师提出更高的质量要求或为此故意施延下达上述变更命令。 3.不可抗力风险，如自然灾害造成的额外费用、战争、罢工、暴乱造成的各类损失。 4.工程的暂停和终止，只要暂停的命令不是因为承包商的原因，可以延长工期并索赔额外增加的工资和管理费等。合同终止是由于遇到意外情况或业主的原因，可得到相应的补偿。 5.工期延误，非承包商的原因和责任而延误工期增加额外开支，承包商有权得到补偿。 6. 货币贬值在合同中订有货币贬值补偿条款。 7.物价上涨，凡订有价格上涨补偿条款，当物价上涨超过规定的百分比时，按价格调整公式予以补偿。 8.施延支付工程款项，由此产生的延误工期或利息损失，由业主负担。 ·索赔的程序 1.提出索赔要求，在索赔事件发生后28天之内分别向业主和工程师发出索赔通知。 2.提交索赔报告，在发出索赔通知之后28天之内提交正式索赔报告，包括索赔的各项费用及总金额，并附有各种依据。 3.索赔谈判，组成一个强有力的谈判队伍，必须要时聘请有名望的索赔专家参加，据理力争 4.索赔调解，可以由第三方进行调解：一种是幕后调解，另一种是在双方自愿基础上，请一位双方都能接受的中间人进行调解。 5.工程师的决定调解无效后，承包商以书面形式提请工程师作出决定，在收到此申诉书的84天之内作出处理决定，双方在收到处理决定7天之内，如有不服可申请诉讼或仲裁。 6.仲裁或诉讼，仲裁应是在双方同意的机构收到仲裁通知后的56天内作出，诉讼或仲裁的结果。

图 1-1　变更产生原因及处理程序（九）

工程开工竣工和维修期

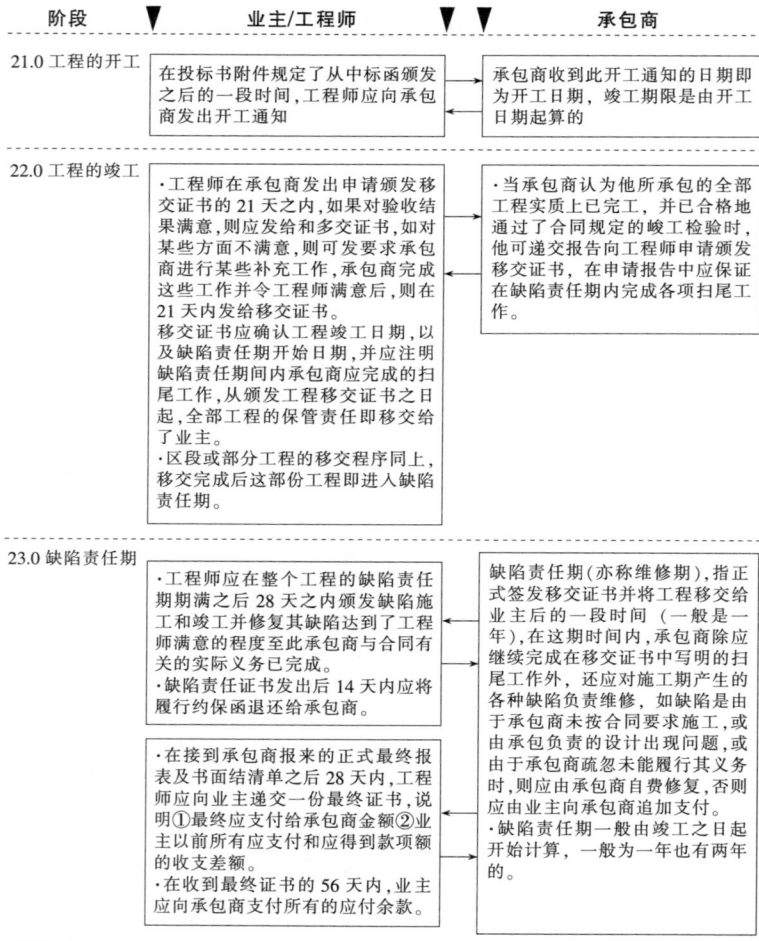

阶段 ▼	业主/工程师 ▼ ▼	承包商
21.0 工程的开工	在投标书附件规定了从中标函颁发之后的一段时间,工程师应向承包商发出开工通知	承包商收到此开工通知的日期即为开工日期,竣工期限是由开工日期起算的
22.0 工程的竣工	·工程师在承包商发出申请颁发移交证书的 21 天之内,如果对验收结果满意,则应发给和多交证书,如对某些方面不满意,则可发要求承包商进行某些补充工作,承包商完成这些工作并令工程师满意后,则在 21 天内发给移交证书。 移交证书应确认工程竣工日期,以及缺陷责任期开始日期,并应注明缺陷责任期间内承包商应完成的扫尾工作,从颁发工程移交证书之日起,全部工程的保管责任即移交给了业主。 ·区段或部分工程的移交程序同上,移交完成后这部份工程即进入缺陷责任期。	·当承包商认为他所承包的全部工程实质上已完工,并已合格地通过了合同规定的峻工检验时,他可递交报告向工程师申请颁发移交证书,在申请报告中应保证在缺陷责任期内完成各项扫尾工作。
23.0 缺陷责任期	·工程师应在整个工程的缺陷责任期满之后 28 天之内颁发缺陷施工和竣工并修复其缺陷达到了工程师满意的程度至此承包商与合同有关的实际义务已完成。 ·缺陷责任证书发出后 14 天内应将履行约保函退还给承包商。 ·在接到承包商报来的正式最终报表及书面结清单之后 28 天内,工程师应向业主递交一份最终证书,说明①最终应支付给承包商金额②业主以前所有应支付和应得到款项额的收支差额。 ·在收到最终证书的 56 天内,业主应向承包商支付所有的应付余款。	缺陷责任期(亦称维修期),指正式签发移交证书并将工程移交给业主后的一段时间（一般是一年）,在这期间内,承包商除应继续完成在移交证书中写明的扫尾工作外,还应对施工期产生的各种缺陷负责维修,如缺陷是由于承包商未按合同要求施工,或由承包负责的设计出现问题,或由于承包商疏忽未能履行其义务时,则应由承包商自费修复,否则应由业主向承包商追加支付。 ·缺陷责任期一般由竣工之日起开始计算,一般为一年也有两年的。

图 1-1 竣工、维修期的工作程序（十）

工程各有关报表和工程的款支付

阶段	业主/工程师	承包商

24.0 月报表

・工程师审核承包商的月报表(包括工程量表和月结算财务报表),签署当月的支付款金额及时报业主审核并在工程签字后 28 天内支付。

・承包商应按规定格式向工程师递交一式六份月报表,每份均由承包商代表签字,说明自己认为到月底得到的款项。
应包括:
1.已实施工程价值。
2.临时工程计日工的价值。
3.预付款(如有的话)。
4.按价格调整公式得到的价格补偿
5.按合同应得到的其它款项应扣除,相应部分的已得到的预付款和质保金,此两项一般有 15%。
在颁发移交证书时将一半的质保金退给承包商,另一半在保修期满后退还给承包商。

25.0 竣工报表

・工程师应根据对竣工工程量的核算,对承包商其它支付要求的审核,确定工程竣工报表的支付金额,签署后报业主批准支付。

・在颁发整个工程的移交证书之后 84 天内,承包商应向工程师送交一份竣工报表并附有证明文件(据工程师规定的格式编写),竣工报表应包括:
1. 到移交证书注明的日期为止,完成全部工作的最终价值。
2.索赔款项(如有的话)。
3.承包商认为根据合同应支付给他的估算总额(第 1 项加第 2 项)

26.0 最终报表书面结清单

・工程师对承包商提出的最终报表草案与承包商磋商达成一致意见后,则承包商可向工程师提交正式的最终报表。

・工程师收到最终报表和书面结清单后 28 天内向业主提交一份最终证书在提交业主 56 天内,业主向承包商付清所欠的款项。

・在颁发缺陷责任证书后 56 天内,承包商向工程师提交一份最终报表的草案,以及按工程师要求提交有关资料,该草案包含:
1.根据合同所完成的全部工作的价值。
2.承包商认为根据合同认为应支付给他的其它款项。
・在工程师认可后向其提出正式的最终报表,同时向业主提供一份书面的结清单,进一步证实最终报表中最终应支付给承包商的总金额。

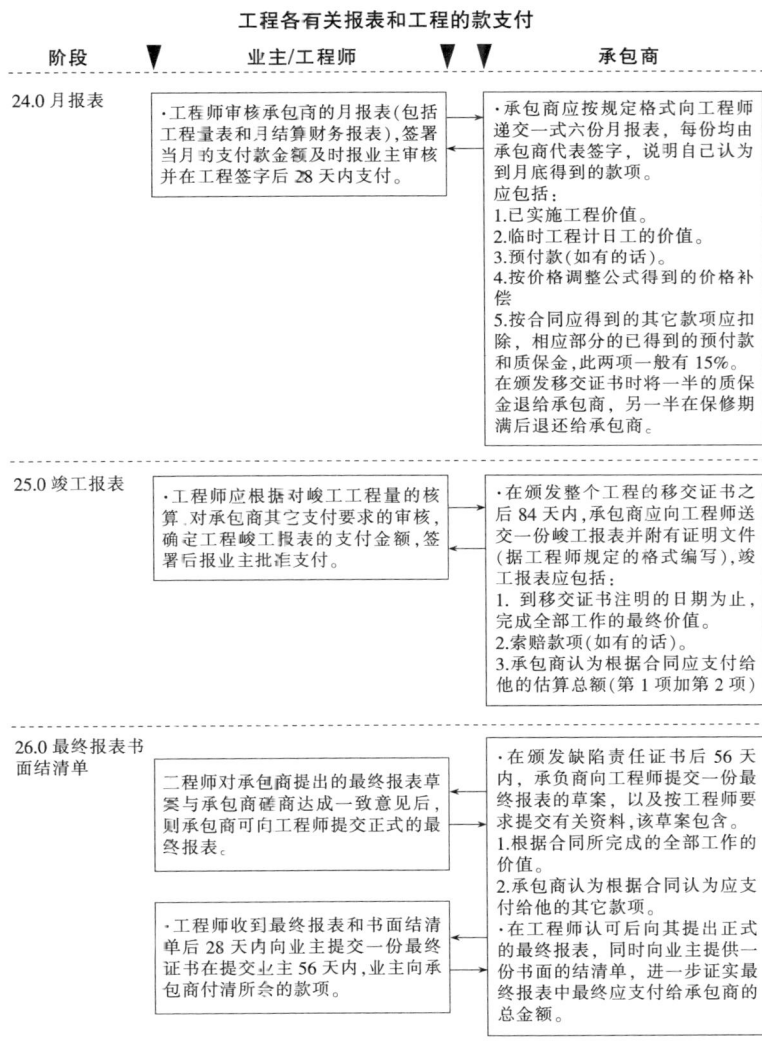

图 1−1 报表和工程款支付的程序(十一)

第二章 国际承包工程招标

国际工程项目的实施普遍采用招标的办法来选择技术、设备、质量、工期和价格等方面对业主最有利的承包商。在国际上，不仅工程采用招标方式竞争，其他如规划、可行性研究、设计、设备、材料和物资的采购，甚至劳务和管理等，都可采取招标的方法。本章就招标的过程、招标的方式、合同的类型、前期准备工作、招标文件的编制、招标公告和资格预审进行介绍。

第一节 国际工程招标过程

一、国际工程招投标过程涉及的当事人

国际承包工程合同实施过程中，一般有三个当事人，即业主（Owner）、承包商（Contractor）和工程师（Engineer）。

业主指建设单位，也称为雇主。业主是建设项目的提出和组织论证立项者，负责项目的资金筹集和组织实施，是项目的产权所有者，担当业主的有政府部门、公司或个人。

雇主（Employer）、委托人（Client）、出资人（Promoter）在合同中均可视为业主。

承包商受雇于业主，是指参与雇主发起的投标活动，中标后直接与业主签订合同，负责实施和完成合同中规定的各项任务（如施工、设备采购安装和调试、人员培训、甚至经营管理一段时间），从业主处获取报酬的公司。

分承包商是指那些直接与承包商签订合同分担一部分承包合同中的任务的公司。业主和工程师不直接管理分包商，有事

通过承包商去处理。

工程师即指咨询工程师或监理工程师。工程师受雇于业主,执行业主与工程师所签协议中规定的各项任务(如机会研究、可行性研究、设计、工程监理),协议书中规定了工程师的权限范围。

业主与承包商存在着合同关系,业主与工程师也存在着合同关系,双方的权利和义务均包含在各自的合同之中。在工程项目实施过程中,工程师按照他与业主间的合同赋予他的权限对承包商的工作实行监督和管理,但工程师与承包商之间没有合同关系,他是处于业主和承包商之外的独立的第三人。因此,他在业主和承包商之间,有时充任调解人甚至是仲裁人。这些是 FIDIC 合同条款的基本精神和特点。

二、国际工程招标的酝酿阶段

一般文献和论著论述招标过程的第一个阶段就是准备招标文件,与之对应的投标的第一个阶段就是决定投标、购买标书。我们长期从事国际承包工程业务的实践总结出,承包商为了提高投标的中标率,应该将投标阵地前移至招标的酝酿阶段,提前接触项目的有关信息,提前与业主和设计咨询单位接触,未雨绸缪,往往会取得近水楼台先得月的效果,一个国际招标的工程往往在准备招标文件的前二至三年就启动了,酝酿阶段有如以下几个分阶段:制定国家的长期发展战略和规划、制定年度建设计划或企业根据自身的发展战略提出工程项目的建设意向,在此基础上进行投资机会研究提出项目建议书,接着进行初步可行性研究和可行性研究,产生投资的决策;建立项目的执行机构、筹集资金,确定项目实施时间表;提出设计任务书交设计咨询公司设计;分别完成工艺设计(如项目需要的话)、土建设计(分为初步设计、技术设计和施工图设计三步骤);最后才是咨询公司编制招标文件。显而易见,承包商在酝酿阶段就介入拟建项目,就可以比别人更加掌握项目的信息,为投标做好更充分的资产、技术和公关的准备。

(一)机会研究阶段

机会研究,是对某一产业部门、某一地区或某一项目的投资机会研究。

对一个项目进行机会研究,就是要通过初步的调查研究、探讨建设该项目的必要性和可能性,该阶段的成果是编写出项目建议书。机会研究可多由该国政府的有关部门做,也可由其他委托咨询公司做;可以由企业自己做,也可以由工程承包商主动为业主做,将业主的项目设想转化为项目建议书,提供给相关的企业,引起他们的兴趣,进而提出做可行性研究的要求,证明该项目的技术可行性和经济上的可做性,促其下决心投资建设该项目,该工程公司获得此项目的概率自然是很大的。

(二)可行性研究阶段

为了保证投资决策的正确性,在机会研究的基础上还需要进行可行性研究、大型建设项目分为三个层次进行,即初步可行性研究,辅助研究和可行性研究。

1.初步可行性研究

该研究是对所有的价格、费用、资金运用和营利性进行估算,对项目建议书进行鉴别和估价。判断项目建议书是否可行,有无必要进行可行性研究,有无必要与金融单位接触探讨资金解决途径。

2.辅助研究

(1)市场研究

包括对市场需求、渗透的调查和预测。

(2)原材料供应研究

包括价格、供应状况

（3）厂地或项目地址选择

（4）确定企业规模

（5）设备的选择包括价格和设备的技术经济性能

（6）环境影响评估和水、电、气的保障供应

3.可行性研究

它是在初步可行性研究的基础上的进一步研究，是对项目全面的技术经济论证，为投资决策提供扎实的依据，数据准确、调查广泛深入，进行详细精确的计算，对多种实施方案进行比较，选出更优秀、更切合实际的方案。

在可行性研究中要进行市场需求研究分析，技术分析和财务状况的分析，对项目可盈利率作各相关因素的敏感性分析。

可行性研究完毕，提供可行性研究报告给业主，供其决策参考和项目实施。

三、国际工程招标的过程

招标是业主就拟建工程编制招标文件，发布招标广告或信函邀请承包商购买招标文件，参与投标的过程。

对于技术复杂的大型国际工程项目，业主发售招标文件分两步进行，第一步由业主在报刊上或其他场合发布某工程招标的资格预审广告，在广告中要说明工程项目概况、资格预审材料提交日期，投标书提交日期以及工程的工期要求等。对该工程有兴趣的承包商就会去购买资格预审文件，按要求填好资格预审材料交给业主，经业主对所有送交材料的承包商进行审核之后，通知那些被认为是有能力完成工程项目的承包商前来购买招标文件。

招标文件一般也是由咨询公司协助业主编制完成，其中包括投标邀请函、投标者须知、合同条件、技术规范、图纸、工程量

清单(BQ 表)投标书格式及附件补充资料表、合同格式和各种保函格式。参与购买标书的承包商先仔细阅读研究招标文件,根据自身条件和公司的业务发展战略和策略,进行投标机会研究。如果决定投标,则派人到工程现场踏勘,参加业主召开的标前会议,根据招标文件,制定施工组织方案,计算工程单价和汇总价、编制投标书等并按规定日期送达业主处。

一般在规定的时间由业主在所有投标者参加的场合公开开标,记录投标价格和审查投标保函有效性,然后转入背靠背的评标,评标由业主、工程师和邀请的专家组成的评标组进行,从技术、商务等方面对所有合格投标者逐一进行评议并量化打分,对2-3 名的入围者提问、商谈,最后确定中标者。中标结果不仅通知中标者,也应通知所有未中标者。中标者与业主谈判后,递交了履约保函并签署了承包合同,转入实施阶段,招标阶段也就结束。

国际工程招标过程流程图请见图 1-1 程序流程图(一)至(四)。

第二节　国际工程招标方式

国际市场的招标方式一般分为四种类型:国际公开招标、邀请招标、议标、其他招标方式。

一、国际公开招标

国际公开招标(International Open Bidding)是一种无限竞争性招标,采用这种方式招标人通过公共媒介(报纸、杂志)刊登招标广告,所有合格的承包商均有机会购买资格预审材料或直接购买招标文件(资格预审与投标一并进行),参加资格预审,资审合格者均可购买招标文件进行投标。

这种方式可以为一切有能力的承包商提供一个平等竞争的平台,业主可以选择一个比较理想的承包商,它既有丰富的工程经验、人才设备,又有足够的财力,能够提供一个合理的相对较低的报价,有利于业主降低工程造价,获得最为有利的成交条件。

国际公开招标是目前世界上最为普遍的招标方式,凡利用世界银行(即国际复兴银行和国际开发协会)贷款兴建的项目都必须采用这种公开招标方式,即 ICB 方式。世界银行认为采用 ICB 方式能够实现"三E"原则,即效率、经济、公平;也可以在价格、质量、工期和施工条件等各方面都满足自己的要求。

国际公开招标的另一个特点是公开各承包商报价使招标过程接受公共监督,使得大家觉得公平合理。该方式的缺点是工作量很大,费用不菲。

国际公开招标适用于以下的情况:

(一)按资金来源划分

1.由世界银行提供贷款的工程项目;

2.由联合国多边援助机构,如国际工业发展组织和地区性金融机构,如亚洲开发银行、亚洲基础设施投资银行,提供援助性贷款的工程项目;

3.由某些国家的基金会和政府提供资助的项目;

4.由国际财团或多家金融机构投资的工程项目;

5.两国或两国以上合资兴建的工程项目;

6.由承包商带资承包或延期付款的工程项目;

7.实物偿付的工程项目;

8.发包国自筹资金,但自己无能力实施的工程项目。

(二)按工程性质划分

1.大型的土木工程,如水坝、电站、高速公路等;

2. 施工难度大,发包国无力实施的项目,如海底隧道等;

3. 跨越国界的工程。

二、邀请招标

邀请招标是一种有限竞争性招标,他对参加投标的人选有一定的限制,限制的条件和内容各有差异,包括两种方式:

(一)一般限制性招标

其具体做法与国际公开招标相似,必须在报刊上刊登广告,只是必须注明是有限招标和对投标人的限制范围。

(二)特邀招标

特邀招标,一般不在报刊上刊登广告,而是根据招标人的经验、相关资料或咨询公司提供承包商名单。如果是世行资助项目,招标人要征得资助机构同意,向被认为是有能力和信誉的承包商发出邀请。经过对应邀人进行资格预审后,通知其提出报价,递交投标书。此种方式手续简便、节省时间和招标费用。缺点是可能会漏掉一些适合参加投标的公司。

邀请招标适用以下情况:

1. 工程量不大,投标商数量不多或对工程有特殊要求的项目。

2. 某些大而复杂的专业性很强的工程项目,可能投标者很少,采用公开竞标方式耗时费钱,为了节省时间和费用,又获得好的报价就采取邀请投标的方式。

3. 由于工期紧迫或保密原因不宜公开招标的项目。

4. 工程规模太大,中小公司无力担当,邀请几家大公司投标。

5. 工程项目招标通知发出后投标商数目不足 3 家,招标人只得再邀请少数公司投标。

三、议标

议标亦称谈判招标,属于一种非竞争性的招标。发包单位同时与 2 - 3 家公司进行谈判,最后无约束地将合同授予其中一家,而无须优先将合同授予最低报价者。

议标承包商不用出具投标保函,也无须在一定时间内对其报价负责,议标竞争者少,成交可能性大。发包者可以因几家参加竞争承包商急于拿标的心理而获得自己理想的成交条件

有一个耐人寻味的现象,世界最著名的实力强大的承包商通过议标而取得的合同占其总合同额的大多数。由此可见,声誉和品牌的作用是巨大的。

参加议标而未获标的承包商不得向发包者索要议标产生的开支和索赔损失。

议标在以下情况时采取:

1. 已为业主实施过类似项目且为业主满意的承包商被业主邀请参加议标,或原承揽工程项目的扩建部分。

2. 经援国提供资助的项目大多采用与其推荐的承包公司议标方式签署合同。

3. 属于研究、试验或实验及有待完善的项目的承包合同。

4. 项目已付诸招标,但无中标者,业主可通过议标寻找合作者。

5. 项目太小。

6. 时间紧迫来不及竞争招标。

7. 由于保密不能公开招标。

四、其他招标方式

(一)两段式招标

两段式招标实质是无限竞争性招标和有限竞争性招标的结合。第一阶段按公开招标方式进行招标,开标并评标后,确定几

家入围者(报价低各方面条件好的承包商)进行第二次报价,然后再确定中标者。

这种招标方式适用于:

1.招标工程内容尚在考虑之中,需要在第一阶段招标中博采众议,进行评价,选出最优方案,然后再在第二阶段邀请被选中方案的投标人做第二阶段报价。

2.一次招标不成功,没有一家的报价在标底以下,只好在若干家报价较低者中寻求他们的第二次报价。

(二)资金来源国公开招标

由于资金来源属于某一地区的组织,例如阿拉伯基金、沙特发展基金、亚洲开发银行、非洲发展银行,限制只有属于该组织成员国的承包商才能参加投标。

(三)排他性招标

在出口信贷或双边贷款条件下,贷款国要求借款国在其贷款工程发包时排除第三国的承包商。或者直接由贷款国组织发包进行招标,然后由借款国与中标的承包商签约。例如,我国的经援项目等。

(四)分项招标

对于技术复杂、工程投资大的项目,业主将其分解为若干个相互联系的子项目,分别而又同时进行独立招标。

(五)转包招标

大型项目招标结束后,中标人在业主同意下将不大于工程额50%的部分工程组织招标,将其分包出去,从而形成二次甚至三次招标。中标的总承包商仍然对分包出去的工程向业主负责。

以上招标方式主要为政府工程或国际金融机构贷款的工程项目所采用。私人公司可借鉴上述的招标方式,为节省招标费用,他们大多采用邀请招标或议标方式。

第三节　国际承包工程的合同类型

合同的形式与分类方法有许多,可以按合同支付方式、合同管理以及合同的内容来分类。本节主要按合同支付方式分类介绍,一般分为总价合同、单价合同和成本加利润合同三种。

一、总价合同

总价合同也称总价固定合同。这种合同要求投标者按照招标文件的要求报一个总价,据此完成招标文件中所规定的全部项目。采用总价合同,对业主比较简单,评标时易于确定报价最低的承包商,业主按合同规定的方式付款,在施工过程中可集中精力控制工程质量和进度。采用这种合同方式应满足以下三个条件:

1.业主必须在标书中详细而全面地准备好图纸(一般要施工详图)和各项说明,以便投标者能准确计算工程量。

2.工程风险不大、技术不复杂、工程量不大、工期不长。

3.在合同条件允许范围内给承包商以方便。因为总价合同对承包商存在一定风险;如物价、汇率波动,气候,地质条件出现恶劣情况以及其他意外情况,因此承包商在报价时应考虑加上一定比例的风险金;另一方面业主也应接受承包商提出的合理的风险金,这样,才能招来合格的有竞争力的承包商。

总价合同一般有四种:

(一)固定总价合同(Firm Lump Sum),承包商以准确的设计图纸及说明为基础,并考虑一定的风险率,图纸不变则总价固定,图纸、质量要求、工期变则总价也要变。这种合同承包商承担较大风险,将为许多不可见因素付出代价,因此报价一般较高。

（二）调价总价合同,在合同中有条款规定由于物价上涨超过一定比率时,合同总价应作相应调整,承包商不承担物价上涨所造成的风险。

（三）固定工程量总价合同。业主要求投标书按单价合同办法分别填报分项工程单价,从而计算出工程总价,据之签订合同,工程项目全部完工后,根据合同总价付款给承包商。

如果设计变更或增加新项目,则用合同中已确定的单价来计算调整后的总价,这种方式适用于工程量变化不大的项目。

这种方式对业主有利,一是便于业主了解承包商的标价是如何来的,可以在谈判时压价;二是在物价上涨时,增加的新项目仍用已有的单价,风险由承包商承担。

（四）管理费总价合同。业主雇用某管理公司的专家管理工程项目的施工和协调,由业主付给一笔总的管理费用,此合同要明确管理工作的范畴。

对于上述四种总价合同,投标者必须报出各单项工程的价格。在合同执行过程中,小的单项工程,在完工后一次支付。大的单项工程则按施工过程分阶段支付,有的也可按完成工程量的百分比支付。

二、单价合同

当准备发包工程项目的内容和设计指标不能准确确定时,或是工程量可能会有出入时,则常采用单价合同的形式。我们参与的投标项目百分之九十以上的都是采用这种合同形式。

单价合同分为以下三种形式:

（一）估计工程量单价合同。业主委托咨询公司按分项列出工程量表及估算的工程量,承包商投标时在工程量表中计算后填入各项的单价,然后汇总计算出合同总价作为报价。在合同实施,每月结账时,按实际完成的工程量乘上报出的单价结算每项工程的款项。工程全部完工后以竣工图最终结算工程的总价款。

相当一部分合同规定,当某一单项工程的工程量比招标书上列出的工程量相差一定百分比(如±30%)时,按合同中列出的调价公式调整单价。

这种合同对双方来说风险都不大,故为单价合同中最常见的一种方式。

(二)纯单价合同。在设计单位来不及提供施工详图,或虽有施工图但不能比较准确地给出工程量时采用这种合同。招标文件只给出各分项工程的工作项目清单、工程范围及必要说明,而不提供工程量,承包商只要给出各项的单价即可,将来施工时按实际完成工程量计价。甚至可由业主提出单价,双方磋商后确定最后的承包单价。

(三)单价与包干混合式合同。此单价合同为基础,但对其中某些不易计算工程量的分项工程(如施工便道、导流渠、设备安装调试)采用包干办法,报出包干价,与单价合同的分项价格汇总形成合同的总价格。

对于包干报价的分项,合同中规定,在开工后数周内,由承包商向工程师递交一份包干项目分析表,在分析表中将包干项目分成若干个子项,列出每个子项的合理价格,该分析表经工程师批准后即可成为包干项目的价格支付依据。

单价合同可以减少招标准备工作,缩短招标准备时间,鼓励承包商提高各分项的二效从节约成本中获取利润,而业主按工程量表开支,结算程序比较简单。

三、成本加酬金合同

成本加酬金合同即业主向承包商支付实际工程成本中的直

接费,按协议规定的方式支付管理费和利润的一种合同方式,对工程内容及其技术经济指标尚未完全确定的工程,或是全新的工程,以及施工风险很大的工程可采用这种合同。其缺点是业主对工程总造价不易控制不利于激发承包商努力控制成本,因为是按成本的一定比例提取管理费和利润,成本越高,承包商拿到的管理费和利润也就越高。

成本中的直接费一般包括人工费、材料费和设备台班费。

此种合同有多种形式,现择其要而介绍之:

(1)成本加固定酬金合同。依据双方同意的估算成本,考虑一笔固定数目的酬金作为项目的管理费和利润,对直接费则实报实销。

如果设计变更或增加新项目,直接费超过原定估算成本的10%时,固定的酬金则要增加。

业主在工程成本难于估准,可能变化较大情况下,愿意采用此种合同方式。有时也采用分几个阶段谈判付给固定酬金。

此方式虽然也不能鼓励承包商关心降低成本,但为了尽快得到酬金,承包商会努力缩短工期,有时业主会根据工期,质量和节约成本的情况,给承包商另加奖金。

(2)成本加定比例费用的合同。工种成本中的直接费加一定比例的报酬费,比例由双方商定。

此方式报酬费随直接费增加而加大,不利于缩短工期和降低成本,故而采用较少。

(3)成本加奖金合同。奖金是根据报价书中成本概算约定的。合同中对成本概算规定了一个底线(约为工程成本概算的60% ~75%)和一个顶线(约为工程成本概算的110% ~135%)在顶线之下完成工程可得到奖金,超过顶线超出部分按一定比例处罚金,如果成本控制在底线之下,则加大奖金的幅度。

当招标前设计图纸、规范准备不够充分,不能据以确定合同价格,而仅能确定一个成本的概算值时,可采用此合同方式。

(4)成本加固定奖合同。订合同时,双方协商一定固定奖金金额。施工完成后,业主付给承包商的直接成本(包括人工和材料涨价部分)、管理费加利润,最大不得超过成本加固定奖金金额。

这种合同适合设计已达到一定深度,工程内容、任务和范围都已确定的项目。

(5)工时及材料支付合同,用一个综合的工时费率,包括基本工资、保险费、纳税费用、工具、监督管理、现场及办公室各项开支以及利润等,材料则以实际支付费用为准支付。

这种形式一般用于招标聘请专家或管理者。

上述各种不同支付方式合同的采用,主要根据发包时设计文件的准备状况来定。选用何种方式是业主发包策略和发包计划的重要组成部分。

一般来说,完成施工详细设计阶段业主选用总价合同;完成初步设计阶段业主选用单价合同;完成规划设计阶段(又称概念设计、方案设计)业主选用成本加酬金合同。

第四节　招标前的准备工作

一、设置招标机构

许多国家成立政府管理的招标委员会作为招标的组织机构,如赞比亚、科威特有中央招标委员会,菲律宾有项目采购委员会,他们统管所有政府工程的公开招标,由各政府部门的代表组成。下设秘书处,评审承包商的资格。

专业技术部负责挑选参加评审的专家,编制招标文件,评标,提出推荐承包商的名单和意见。而招标委员会对评审报告和推荐意见作裁决决定,一般获 2/3 以上的委员多数通过,即可授标或报世行、非行、亚洲开发银行和亚投行批准(贷款银行)。

招标机构的另一种形式是成立临时招标委员会,一般按项目的隶属部门,由政府批准临时组织的招标委员会主持和承办招标工作。该委员会发布招标通知,对投标人进行资格预审,组织专家评审标书,提供评审报告和推荐意见,由项目的主管部门的领导或董事会,常委会作最后裁决和授标。

招标机构还有一种形式是委托咨询公司招标,主管部门仅监督和最后审定招标结果,作最后授标决定。

私营项目的招标多由公司的董事会组织招标小组或专门委员会,或委托相关咨询公司进行招标。

国际金融组织的贷款项目,除了要求借贷国组织招标委员会公开招标外,该组织还派专员对招标工作进行监督,或直接参与招标文件的编审,投标人的资格预审、投标书的评审等工作。

二、编制招标文件

招标文件一般由招标单位编制,也可以委托咨询公司或设计公司承担。招标文件是招标单位向承包人提出任务、条件、要求的综合性文件,包括了投标人编制报价单所需的全部资料和要求,包括工程的范围、特征及各种有关的技术经济资料。招标文件包括投标人须知、投标书及附件、投标保证书、一般合同条件和特殊合同条件、技术规范和规定、图纸及设计资料附件、工程量清单、协议书等。

(一)投标人须知

投标者须知是招标人对投标人在编制投标书及如何投标方面给予的指导、说明。

1. 投标人须知的主要内容

工程项目的简述,介绍工程的性质、范围,资金来源、报价的计算基础,合格投标国籍、使用语言,招标文件费,现场勘察等。还有如招标文件的各部分名称,招标文件的解释和修正.投标书送达的日期、地点、份数、截止日期和时间,递交方式及信封书面格式,有关投标文件的要求及如何准备投标的说明以及投标书的说明、证明材料如:

投标保函;

完成工程的计划;

工程实施方案;

施工组织机构、各主要负责人及其简历;

对及时完成施工有影响的一些重大事件进度表;

劳动力安排曲线图;

拟采用的施工方式及进度说明。

2.“投标人须知”中规定的注意事项

(1)说明投标书应如何封装。规定投标人不能在投标文件中附有先决条件或保留,否则以废标论处。

(2)规定的语种。不得随意修改,若必须修改,应由授权人在修改处签章,标书每页都应有投标人签章。

(3)投标人如有施工比较方案,应附有填好的工程量清单,供工程师选择使用。若使用两种货币支付,应规定货币兑换率,一般规定采用投标截止日之前28天该国中央银行所采用兑换率,此兑换率适用于合同整个执行期。

(4)对投标保函金额、形式、时间作出规定。投标有效期自投标截止日起若干天内,投标人不得撤回投标,否则没收投标保函。

(5)规定招标人有权接受最低标或任何投标、而无须解释。

(6)投标人须知中的内容通常不构成合同的内容,不具法律效力。

（二）投标书及其附件

投标书是由投标人代表所签署的一项投标文件。是对承发包双方的有约束力的合同的一个组成部分,其主要内容包括:

1. 投标人确认已勘察了工地现场、审阅了图纸、技术规范、工程量清单及合同条款等材料,愿意承担该工程。

2. 投标人确认投标书附件为投标书的组成部分。

3. 投标人确认接到开工令若干天内开工,并在合同规定期内竣工。

4. 投标人确认一旦投标被接受,将按业主要求提交履约保函(金额一般为合同金额的 10%)。

5. 投标人同意招标文件规定的投标有效期,在此期间对其投标负责。

6. 投标人对招标人提出的某些义务和责任要求的理解和确认。

投标书附件内容一般为,总工期、违约罚金总额、保险最低极限、履约保函;开工命令与开工日期的间隔、工程维护期、质量保留金的比例及期限;外汇转移比例、支付货币以及货币兑换率等报价内容,签发最后验收后的付款期以及投标书格式等。

（三）投标保函(附保函范本)

（四）一般合同条件和特殊合同条件

合同条件是招标文件重要组成部分,规定了业主和承包商的权利、责任和义务、工程师的权限等项内容。合同一经双方签订,就具有法律效力。

合同条件不能违背缔约各方国家的法律。投标人必须吃透合同条件,招标人提出的合同条件不能苛刻,应依据 FIDIC 国际咨询工程师联合会合同条件拟就。

（五）规范和规定

规范和规定是招标文件的一个非常重要的组成部分,每一个工程项目都必须严格遵守招标文件提出的规范和规定。这是获得合格工程的保证。承包人必须按照招标文件提出的规范和规定编写投标书和确定投标方案。

招标文件中的规范和规定,用文字和图表说明工程技术内容的特点和要求,详细描述了施工对象、材料的工艺特点和对机器设备、材料、施工安装工艺,规定了它们的技术质量要求,还对工程各部分的工序、施工方法和应向承包人提供的设施作出规定。

招标文件的规范与规定,由总体规定和技术规范两部分组成。

1.总体规定

总体规定阐述了合司的性质,规定承包人应提供的设施和服务以及业主应提供的设施,如水、电、通讯的供应、器材、仓库、生活设施等。规定了承包商的责任、执行法令的程序和执行特殊检查工作的程序,还规定了承包商采购材料和设备的责任以及购、运及维修此种设备零部件的程序等。

2.技术规范

它阐明对工程的详细要求,与施工图一道组成工程所必需的完整的技术文件,详细说明施工所需材料、设备和施工应达到的技术标准和要求:这些标准和要求应符合国际通用并认可的各类标准。例如,国际通用的英国 BS（国家标准）、美国 ANSIC（美国国家标准协会标准）、德国 DiN（国家标准）、NF（法国国家标准）、JIS（日本工业标准）,以及工程所在国订立的标准等。在采用上述标准时,一般应在招标文件中作如下规定,投标人若采用与招标文件规定的标准同等或质量更高的标准亦可予以接受。目前,我国国家标准尚未被国外工程技术文件广泛采用也未在制定相应国际标准时取得话语权(高铁项目、部分第三代移动通信工程除外)。因此,国家标准档案馆、相关部委标准部门开展上述国际通用标准的收集、翻译、研究、存档就十分重要。承包工程商会牵头我国承包商交流工程标准的信息资料,组织标准的翻译、出版也是一件十分有益的工作。

技术标准对材料和设备应详述实际使用的要求,如型号、规格、尺寸、质量,性能以及配套件要求等。一般应避免引用"品牌"或"目录编号",如果必须引用时应允许投标人选用质量和性能与引用的"品牌"或"目录编号"相同的甚至更优的材料或设备。技术规范不允许承包商做任何修改或降低技术标准的代用,否则会影响工程质量。同时还要注意技术规范和施工图纸衔接,不能抵触,相互矛盾。

为了详细说明对工程的技术要求,需把整个工程分解成若干个专业分部工程,并分别加以说明其用料和做工。以房建工程为例,典型的分部有:

第一组:场地工作

第二组:混凝土工程

第三组:砖石工程

第四组:钢结构制作及其他工程

第五组:木工工程

第六组:屋面、金属薄板等

第七组:门窗及玻璃

第八组:装修

第九组:特殊零件

第十组:水暖卫生

第十一组:电气工程

（六）图纸及设计资料附件

由于工程项目的具体情况不同,所以配备图纸的数量也不同。其数量多少与设计的深度和合同的形式有密切关系。以常见的单价合同为例,设计处于基本设计阶段,设计须提供较详细的设备清单,较详细的材料清单;工程概预算必需的图纸和修正后的总概算。深度应满足解决设计方案中的重大技术问题;有关试验方面的要求和有关设备制造方面的要求。

（七）工程量表

工程量表主要适用于单价合同的工程招投标中,它是一份只有工程数量而没有单价的预算表,投标人的工作就是在该表逐项填列单价;求得与该表提供的分项工程量的乘积,最后累加得出投标总价。工程量表还有"暂定金额",有的没有工程量,只需填入单价,供实际结算时使用(如土方工程中的淤泥、岩石等工程量难以确定的子项)有的没有工程量而只需填金额总额。

国际承包工程在实施过程中难免出现工程量的变更,因此承包商要做好施工日志,保存好工程师验收工程量的凭证,按月填报工程量结算清单。在工程全部完成时以竣工图最终结算工程的总价格,且以不超过合同总价的 ±20% 为限,如果是维修合同则以 ±50% 为限。

（八）合同协议书

协议书是由业主与承包商双方共同签署的,确定双方在工程实施期间所应承担的责任、义务和权利的共同协议。

协议书的组成部分包括:投标人须知,投标书和附件,合同条款,技术规范,工程量清单(已填报价格),图纸、招标人授标书,承包人对业主支付各项费用应承担的义务,业主对承包人完成本项目应承担的义务等等。

(九)项目执行进度表

该表是指工程项目的分阶段进度时间表,它既是工程师检查工程进度的根据,也是业主支付工程款的主要依据。

三、制定标底

招标单位在制定了工程说明书,刊登招标广告后即可着手准备合同价格,即俗称的标底。

制定标底实质上就是编制项目概算。标底价格是指招标单位对工程总造价的期望值,也是评定投标的依据。标底直接关系到招标单位的经济利益,也直接影响到投标单位的中标率和项目的成交,因此标底的确定应该实事求是,公平合理,兼顾业主和承包商的利益。影响标底的因素有很多,确定标底要考虑项目所在地的自然条件、工程量大小、技术复杂程度、工期、材料、设备价格和质量要求程度等因素,标底要有一定的浮动幅度。

常用的确定标底的方法有两种:

1. 浮动法

根据国际通用的定额、取费标准和材料预算价格为依据,考虑到市场价格浮动因素,确定标底时可以向上或向下浮动一定比例,比例一经确定不得更改。

2. 综合法

对于复杂的大型工程,确定标底时考虑的因素很多,往往采用综合法。综合技术、经济因素,材料和设备价格的浮动因素,以及业主和承包商的利益因素进行综合定量分析,最终确定标底。

业主确定标底与承包商计算标价的思路大致相同的。即:标底 = 设计确定需要的材料、设备费 + 合理定额基础上的人工费 + 合理调度的机械台班费 + 合理水平的管理费 + 合理利润。

合理利润是指业主允许承包商在该项工程中可赚到的钱，它受下面三个因素影响：银行利率、机会成本、风险费率。

这三个因素综合的比率大小主要视市场供求关系而定，竞争激烈则比率小，否则比率增大。

招标项目的标底是招标单位的"绝密"资料，应严格保密不得向外人泄漏，否则泄密者应负法律责任。但在实际生活中，泄漏标底的情况并不鲜见。如发现泄漏标底并掌握证据可提请业主重新招标，以公平对待每一位投标者。

第五节　招标公告

凡采用公开招标的发包人，在进行国际招标前应在国内外发布招标公告，以保证有承包资格的承包人都能获得投标参与竞争的机会。

一、投标公告的内容

1. 项目的名称；2. 项目的地点；3. 项目内容的概述；4. 工程范围；5. 项目资金的来源；6. 费用支付方式；7. 购买标书的地点和时间；8. 购买标书的价格；9. 有关招标事项的咨询人等。

二、招标公告的方式

（一）招标通知，由招标人将公开招标信息通告各有关国家的政府部门。

（二）招标广告，即招标人将公开招标的公告通过广告的形式在当地主要报章、杂志网站上发表出来。

三、招标公告的发布规则

（一）招标通知所涉及的项目如果是世行贷款项目应发送世行会员国中与项目所在国有外交关系的各国和瑞士、中国台湾地区。通常是发到这些国家和地区拟进行邀请的各承包商驻项目所在国的代表处或各有关国家派驻当地的商务代表。

（二）招标广告的发布如果是世行贷款项目，一般要求在联合国"发展论坛"上或项目所在国一两家报纸上刊登广告即可。因此关注那些刊登此类广告的报纸就尤为重要，经常跑项目所在国政府的招标委员会可以无遗漏地获取招标信息。如果是大型的、专业技术性强的项目，世行还要求在国际广泛发行的、有名的技术杂志、报纸或世行网站上发布招标广告，如《华尔街日报》、《承包商报》（美国承包商联合会出版）、《建筑导报》及《工程新闻》等。中东一些国家还常常在国外如伦敦、巴黎、瑞士的主要报刊上刊登，我国的承包工程商会也有招标信息专刊发表。

一般采用"国际有限招标"和"议标"方式进行招标时采用招标通知方式，而采用"公开招标"和"两阶段招标"方式时则刊登招标广告。一般来说从开始发售标书到投标截止，其时间间隔不应少于45天，大型项目不少于90天，以便承包商有充足时间进行标前现场踏勘和计算标价，制作标书。因此，发出招标通知和招标广告一般应在发售标书两周前进行，也就是投标截止期限前60天或105天发出。

招标文件的发售应尽量做到公平对待每一个投标人。在招标公告中规定发售标书的时间、地点、价格，由投标人代表携带委托书或证明信在标书发售处购买。这样每个投标人从拿到标书到投标截止时间大致是相等的。有的招标人规定中持人的招标书在工程竣工时交回，未中标的投标人在退还投标保函时交回招标文件。

第六节　资格预审

在国际公开性招标项目中，业主都需要对投标人进行资格预审,只是有的在招标前单独进行,有的与招标活动一并进行。下面就资格预审的概念及目的,内容和评审方法逐一介绍。

一、资格预审的概念及目的

资格预审是国际公开招标前的一项重要工作。它是指对所有愿意承揽招标项目的投标人在投标前就其财务状况、技术能力、工作经验、人员情况、拥有设备和公司信誉等方面事先进行全面综合审查的过程,以确保投标人均具备承包该项工程能力的承包商。

在国际承包工程市场上,承包商能否夺标首先要通过资格预审这一关,承包工程不同于商品贸易,无论从成交的价格方面,还是从承包内容方面都比商品贸易要复杂得多。还有参与投标的承包商人多手杂,难免混入一些不合格的投标人。因此,业主在招标前,对投标人的资格、信誉和能力等方向进行认真的审查,防止上当受骗或工程无法按质按量如期完成就显得十分重要。

资格审查的基本目的是为业主提供必要的信息资料,以便对承包商进行合理的挑选。资格审查主要是从法律、技术、资金实力、信誉等方向对承包商的资格进行审查,包括承包商的财务能力、机械设备条件、技术水平、施工经验、公司信誉及法律资格等各方面的情况。一个大型国际工程,申请报名的投标者多则几十家甚至上百家,业主通过资格预审筛掉一批不合格的承包商,一方面可以保证投标的质量,另一方面也为正确选择中标者提供了条件,节省招标开支缩短了评标时间。对于淘汰者而言也未尝不是一件好事,可节省他们投标的花销和投标时间,让他们去寻找更适合于他们的招标项目。

招标人对投标人的资格预审通常采取两种方式:即招标前预审和招标后开标前预审。有的国家还规定在开标后,正式选标前再复审一次;还有的国家在开标后对报价较低的投标人进行资格后审,后审的内容与预审的内容是一样的。

资格预审的第一项工作就是发预审通知或在招标通知中一并说明。通常业主都是通过新闻广告渠道或报纸的广告栏发出资格预审通知,通知中写明发包方,工程的地点,工程目的,资金来源,要求送审的材料内容、寄送方式和截止日期以及投标认可申请的递交方式等。

承包商在阅读资格预审通知后,应立即去指定地点申请参加资格预审并购买预审文件,一般要求承包商当面购取,特别情况可邮购资格预审文件,但应寄去投标认可申请表和汇去购预审文件的款项。

二、资格预审的内容

首先要求参加预审的承包商必须符合规定的基本条件,不同国家有不同要求,同一国家不同项目也有不同要求。如科威特、阿曼、阿联酋要求承包商在当地有正式注册的代理人,而阿尔及利亚则禁止使用中间人。有的招标项目对承包商有国别和等级要求,而有的则不分本国与别国,大公司和小公司。要根据项目所在国的法律和项目情况确定基本条件,资格预审的基本内容通常有以下八个方面:

1. 一般性资料

公司的名称、国别、性质、注册地址和电话、传真号码以及法定代表人名称、公司注册的年份、注册资本、公司等级并附有营业执照副本复印件。如果与其他公司联合投标,还需要填报合作者的上述情况。

2. 财务情况

主要是近三年来公司经营情况,附上近三年的资产负债平衡表、损益表等,重点说明总资产、流动资产、总负债和流动负债,并填报主要开户银行的名称、地址和联系方式,为衡量公司当前资金使用和近期收益,还需填报在建项目的合同金额,已完成部分占总合同额的百分比。

3. 工程项目的情况

列表说明近五年内实施的各类工程的名称、性质、规模、起止时间、施工地点、业主名称和国别,主要工程技术人员名字和职务、职称,与本招标项目类似的工程需单独列表,以证明投标者实施同类项目的能力。

为证明上述资料的真实性还应包括该项目业主提供的证明材料等。

4. 施工机械设备

列表填写投标者拥有的实施此项目的施工机械设备的名称,规格和数量,购置的时间和使用年限,注明是现有、新购或租赁。

5. 工程技术人员情况

要求介绍承包商领导成员和技术负责人的姓名、年龄、学历、业务经历,及介绍该公司各类技术人员的数量和资历。承包商还须填报拟在本项目中负责的管理人员和技术人员的姓名、年龄、学历和业务经历。还要求列出拟定的现场管理机构结构和职能。

有的国家还要求承包商列出使用当地工人的数量与占项目总人数的比例。

6. 工程的转包和分包计划

对专业门类广泛、技术比较复杂项目,招标人要求承包商填写拟转包或分包的计划,即那些分项工程打算委托给哪些专业公司实施,介绍这些工程公司的名称、地址、国别和从事此项工程的经历或介绍打算招标确定分包者的方法和标准。

7. 介绍承包商能力的证明材料和照片、视频材料

除提供投标人简介外,还要求提供参加过类似工程的施工照片,并附上这些项目的竣工合格证书。

8. 有关的法律文件

(1)投标意向声明,投标人必须提供要求参与该项目投标的声明,签署声明该公司业已履行税收、法律、强制保险诸方面义务的誓言。

(2)投标人商业登记注册文件或营业执照,上述材料须经公证部门公证。

(3)许可证明复印件,如果投标人处于法律清算状态,则须提供业主方面负责人预先签发的投标许可证明书的复印件。

(4)协议书和联合投标认可申请,如果是两家或两家以上承包商联合投标,则应推选出其中一家作为共同委托人,该共同委托人需得到业主认可。因此,联合投标的承包公司必须起草一份协议书和联合投标认可申请,由该联合体成员公司的法定代表人签字后随资格预审材料一并上交。

三、资格预审文件的评审

资格预审第一步先审查投标人的法律资格,研究其是否进行了法律上的登记注册,其提交的法律方面的文件是否符合要求,向有关部门了解该承包商是否履行了纳税、守法、缴纳强制性保险费的义务,了解其是否属于被禁投标的公司之列等等。第二步,从投标人的财务能力、技术资格和施工经验等方面对其进行资格评审。

但由于项目具体条件不同,施工条件有差异,招标的方法也不同,因此资格预审的内容、评价重点、评审的方法也不同。评审工作通常是由业主组织资格预审委员会单方面秘密进行,它有权决定淘汰它认为不合格的承包商,而无须告之淘汰的理由。

通常采用填写"资格预审调查表"进行资格预审,如业主认为有
必要可同时采用现场调查承包商方式进行。由于评审工作比较
复杂,因此国际通用"分项评分法",对承包商的承揽项目能力
进行定量分析,即对资格预审的内容按其在工程完成中所起作
用的大小和承包商的能力表现确定评分的标准,将其每项内容
的得分进行累加得到该承包商资格预审的得分,达到或超过规
定分数线的承包商即为资格预审合格。

　　招标人通常将投标资格的内容分为三组:财务能力,技术资
格,施工经验。

　　而后根据项目的特点和上述三项因素在该项工程中的重要
程度来分配它们的得分比例。通常比例是4:3:3,也有的工程施
工难度大,技术复杂而采用3:3:4的。

　　为了使评价更准确,业主还需将上述三种因素划分为更细
的小组。

　　1.财务能力

　　一般从承包收入、投标能力、可获取信贷资金三个方面评
价,也有的用资本变现率、营利性比率、资本结合率、资产收益
率、运营资本收益率等五个指标来考核。现分别解释如下

　　① 承包收入:指承包公司的年总收入减去非承包收入减去
其他非承包收入,反映公司承包工程的运营规模。

　　② 投标能力:通常用净资产值乘以5,或流动资产值乘以
10,减去在建工程合同中未完工程价值来确定。因为按工程进
度付款的项目如有10%的预付款加上15%～20%的自筹款作
为流动资金,就可以维持工程用款的需要。承包商以净资产为
抵押,从银行可贷得净资产75%左右的款项($(1÷15\%)×75\%
=5$),这就是以"净资产乘以5",作为投标能力的依据,"流动资
产值乘以10"则是因为有良好信誉的公司可将流动资金存入银

行可获得其 2 倍以上的存款冻结限额贷款,这样他就可以承担相当于其自身流动资金 10 倍以上的工程项目。

流动资金 ×2 = 项目合同额 ×20%

项目合同额 =(流动资金 ×2)÷0.2 = 10 倍流动资金。

计算实际投标能力,应减去尚在建工程的未完工部分的合同额,因为在建工程也需要占用流动资金。

可获得的信贷:是表明公司以其信誉可动用的财务能力。

变现率:指承包商流动资产和流动负债的比率。该比率过小,公司有可能无力偿还欠债;比率过大则说明财务管理不善,通常为(2.6~3.5)之间。

资产利润率:指税前利润与净流动资产的比率,它反映企业的经营成果,比率大于 8 较为理想。

运营资本收益率:指税前利润与投入资本的比率,它也是评价公司经营水平的指标之一,一般为资产收益率的 0.5 倍。应投入资本一般为净流动资产的 2 倍。

2. 技术资格

现场管理:现场管理能力是保证工程实施的重要因素。可以用现场管理结构安排是否适宜,现场管理人员的素质(资历和经验),现场管理机构得到授权情况等来衡量。

关键技术人员:数量、专业组成和胜任能力来审查。

转包工程:从承包商自建与转包份额的比例来分析。

机械设备:从承包商的自有设备数量、型号、规格以及可用于本项目的机械设备能力和设备寿命状态来评价。

3. 施工经验

一般施工经验,包括承包商的国际施工经验,近 5 年来对类似项目的施工经验,在各种情形下的施工经验和关于检验与质量管理的经验。

特殊施工经验:是指承包商对质量要求严格、施工难度较大又是项目关键部分的工程的施工经验。

通过仔细、慎重的研究,进行量化的评分,加总。资格预审委员会从参加资格审查的承包商中挑选出他认为合格的承包商参加投标,其余则被淘汰。预选通过的比例随业主和项目的不同而不同,没有一定之规。

资格预审结束后,评审委员会立即向所有参加资审的承包商发出合格或不合格的通知,通常以特快专递寄出。淘汰者无须说明原因也无权查询原因,对合格者除告知其资审通过外还需告知购买标书的地点和截止日期以及投标书的截止投标的日期。

如果资审合格者不足三家,资格预审委员可以再另外邀请若干家公司在三天内报送资格预审资料,该委员会将于8天之内给予答复(节假日除外),资审合格者的报价投标期限从预审答复期起顺延至少20天。

4.资格后审

对于技术不是特别复杂、工程量不大、涉及专业不多的工程项目,为了缩短招标的时间早日开工,大多不预先进行资格评审,而是采用资格后审。目前公开招标的项目大多数采用的是资格后审。

资格后审即在投标书中包括了资格预审的内容,投标者在报送的投标书中的前半部分即为资格预审的增报材料。评标委员会先组织专人对投标者进行资格审查,对合格者再进行评标、对不合格者淘汰不予评标。

资格后审的内容与前面所述的资格预审的内容基本相同。即:

1.投标者的组织机构

（1）公司名称：

地址：

电话号码：

传真号码：

网址和电子邮箱

（2）公司简介

（3）总包商的工作年限（分国外、国内）

（4）作过分包商的经历（分国外、国内）

（5）该项目拟联营的公司的名称和地址（如果有的话）－是否是母公司/子公司/其他公司。

（6）如果是子公司，其母公司的名称。

（7）在项目所在国联营公司的名称和地址。

（8）附公司的组织机构图表，包括经理和关键人员的职务。

2.财务报表

（1）资本：法定股本；已缴股本。

（2）过去五年每年和今年承担的建筑工程量，如下表

年份	今年	过去一年	过去二年	过去三年	过去四年	过去五年
国内						
国外						

（3）手中拿到的合同金额

（4）附一份公司前五年的账目（损益表、资产负债表）

（5）能够提供本公司资信情况的银行名称和地址。

3.人员情况

（1）人员数量：　　技术人员：　　管理人员：

（2）拟定的项目经理

姓名：　　　　职务：　　　工作经历：

（3）项目主要工作人员的资料

姓名：　　　　　拟定职务：　　工作简历－在本公司－在外公司

负责的主要工程(类型和金额)

同项目有关的语言能力

4. 设备情况

主要设备一览表

承担该项目的设备清单(已有、拟新购、拟租赁)

5. 其他情况

(1)如打算将一部分工程分包出去,则提供该部分的工程类型,分包商的名称和地址,财务状况和工作经验

(2)分包商的设施(仅与本合同相关的部分)

　　概况：

　　说明：

　　地点：

　　能力：

　　年生产量：

6. 施工经验

(1)列出曾承担与本项目类似的项目所在国

(2)列出在本项目所在国的经验和经历。

(3)填写过去五年中完成的有关项目的表格,包括业主名称、项目名称、地点、类型、监理工程师名称、合同额、起止日期、公司承担该项目的合同额占比,业主的评价。

(4)填写正在施工中的全部项目的表格,包括:业主名称、监理工程师名称、工程地点和项目名称、分公司承担该项目的合同额占比、合同额、已完成的合同额、完成的百分比、计划完成的时间。

第七节　开标、评标和定标

一、开标

所谓开标是指在投标文件规定的时间和地点,在全部投标人在场情况下将各家的投标书,所列的标价当众予以宣布并记录在案,所有投标人均可了解各家的标价,当然也就了解标价的排行情况,开标会同时宣布各家投标保函的有效性和保函金额。

（一）开标方式

国际招标的开标方式有两种:

1. 公开开标

将开标时间、地点在相关的报纸上公布,通知所有投标人参加,公开宣布各家的标底。凡国际公开招标项目必须公开开标。

2. 秘密开标

由招标单位和咨询工程师秘密进行,有时邀请政府代表和公证人员参加。这主要用于非公开招标的项目。

（二）开标的程序

开标应在招标广告或招标邀请书中规定的时间和地点进行。公开招标的项目,由招标委员会主持开标会。参加会议的招标委员会成员要符合法定人数,还有投标者代表及邀请与会监督开标过程的贤达人士。

开标应在招标单位指定的会议室或大厅举行,最好备有音响设备和显示设备。宣布开标后,先由公证人检查标书的密封是否完好,拆开标书后宣读承包商的名称 投标项目和报价金额,有的还宣读投标保函的金额并审查投标保函的有效性。宣读时并做好书面记录和语音记录。与会的投标人可以记录各家报价金额以此来了解最低标价和标价的排序情况并确认自己的名次,以备日后分析投标对手的报价趋势与策略。投标人不准查阅标书,开标后任何人不得更改标书,但可以对招标委员会提出的问题做出澄清和解释。会议最后由各家代表在报价记录上签名确认。

开标会议上,除宣布违章的废标外,其他标书进入标书评审阶段,等待评审最终结果。如果投标人不足 3 家,可在宣布招标失败以后择机再次进行。

(三)对迟到标书的处理

对未按规定时间送达的投标书,原则上批为废标,予以原封退回。但如果这种延误并非投标人的过失(如由于自然灾害造成的邮局中断等)而接受这种迟到的投标书也不会使该投标人得到任何好处时,招标委员会也可在研究后同意该迟到标书为有效标书而进入下一道程序。当然迟到不能迟于开标会召开的时间。

二、评标

评标即对投标人的投标书进行评定打分,编写评价报告并确定 2 - 3 家投标人作为中标候选人,推荐给业主供其从中选择一家作为中标人。评标是由业主秘密进行的,通常需要几个月甚至上年的时间。评标一般是由招标委员会聘请咨询公司和有关的专家进行。评标委员必须遵守评标纪律,坚持准确、公平合理的原则,违规者受罚甚至受法律制裁。评价的过程大致分为三个步骤:第一,审查投标书,初步筛选确定合格的标书,淘汰不合格的标书,以节省评标的时间和精力。第二,对基本合格的标书进行技术评审和商务评审,通过打分评出投标者的排序表。第三,通过评价比较和澄清投标书中的问题,选定 3 家左右的中标候选人供招标委员会确定中标者,进入签约谈判。下面分别介绍。

（一）审查投标书

这是对所有投标书的初步审查，即确定投标书的合格性。

评审标书是否合格主要根据招标文件的要求，审查以下的内容：

1. 投标书的有效性。投标人是否已经通过资格预审？是否在开标截止日前递交标书，标书的外封和内封是否符合要求，并盖有招标委员会印记？是否按要求提供了投标保函？

2. 投标书的完整性。是否包括招标之间要求递交全部文件？只有齐备的标书才能被认为是合格的标书。

3. 投标书与招标文件的一致性，即投标书必须完全应答招标文件的每一项要求，不得有一点修改和附加条件，如果投标人有任何修改或建议，只能在完全答应招标书要求的前提下以附件的形式另行提出自己的建议。

4. 报价计算是否正确。总报价与分项报价是否相符、准确，是否有遗漏和添加？

5. 只有符合上述要求的标书才能认为是合格标书，否则，将列入废标而遭淘汰。

（二）技术评审和商务评审

在进行技术评审和商务评审之前，要建立相应的评价组织，评价组织通常包括：

评价技术的工程技术专家；

评价施工组织设计的施工工程师；

评价计划安排和施工进度计划的计划工程师；

评价价格、定额、支付条款及其他财会资料的财会人员；

评价商务、法律条款的商务法律专家；

评价投标文件内容的合同专家：

评标小组组长一般安排一正二副，二副其中一位是技术专家,另一位是商务专家。评标小组从技术、商务、法律、施工管理等方面对每份报价提出的费用予以分析评价,在此基础上将全部投标加以比较。在评标后,招标者认为最有利的投标应是经济效益最高的合理低价标,而不是报价最低的标。世行项目一般授予最低价标因此注意不要犯漏项等算标差错。

1. 技术评价

(1)招标文件是否包括了招标文件要求提交的各项技术文件,且与招标文件的技术说明、图纸是否一致?

(2)施工进度计划是否能满足业主的要求,是否科学、严谨和切实可行?

(3)施工管理方案是否合理,采取什么措施保证施工进度?

(4)施工数量和质量控制程序是否合理可行?保证质量的管理措施是否可行?

(5)承包人提供的材料、设备能否满足招标文件的要求?

(6)对关键二包人,就其能力和经验进一步审查?

(7)投标文件对招标文件有何建议?研究其建议的可行性、技术经济价值,可否采纳该建议和如何采纳建议。

2. 商务评价

(1)审查全部报价数据计算的正确性,与标底比较,发现有较大差异之处,分析其原因,评价其合理性;

(2)分析报价构成的合理性,机械台班和工人计日工资,以及增加材料单价的合理性;

(3)看投标人是否采取严重的不平衡报价法过大地提高前期工程的付款要求;

(4)投标人对支付条件有何要求或给予业主何种优惠条件?包括支付币种比例,外汇货币种类、换汇率多少,延期付款的付款的利息要求等;

(5)资金流量表的合理性及所列数字的依据;

(6)分析投标人在调价方式运用时采用的基价、指数的合理性;

(7)对投标人的财务能力,融资能力和资信度进一步审查,并审查保函可否接受;

(8)对投标人提出的财务和付款方面的建议进行分析,估计其对业主的利弊,特别是接受财务方面建议的可能风险。

(三)澄清标书中的问题和比价,提出授标候选人名单。

在选出几位入围者之后,招标委员会同意评标小组分别约见他们,要求其澄清一些评标过程发现的问题,如要求投标人补充报价计算细节资料,对某些报价过高的子项工程单价分析表及技术方案建议提供进一步说明;或补充其选用设备的技术数据、说明书等。评审人员在约见投标人澄清问题时,不得透露任何评标情况,也不讨论标价的增减和变更问题。

比价是对各家标书进行了打分之后,评标小组对各家报价书在统一的基础上进行比较,比价不仅仅是比各家标价的高低,同时也要比以下数据:

1. 工程竣工期限和材料、设备的交货期;

2. 工程竣工投产后的运营成本;

3. 所提供设备的效能和互换性;

4. 对设备维修服务以及所需零配件的供应情况;

5. 所提出的施工方法的可靠性;

6. 对外汇要求支付的比例;

7. 是否与东道国的公司联合投标;

对上述的比价因素,要将其量化按统一条件换算成数字,要填写单价表和综合表,逐项进行评比、登记。评比后选定第一中标候选人,第二、第三中标候选人。

比价的步骤分为三步：

第一步从合格投标书中取出两个标价最低的投标及价格，取其平均值，称其为"平均标准"，然后将超过平均价格 20% 的投标予以排除。

第二步按照标准的"比价表"的要求列出投标范围中每项价格因素。然后将各家的报价书按表中的各项因素一一填写，这样就可以在同一基础上衡量各家的报价费用，并按照前述的七项依据进行比较。

下面介绍一种常用比价表格式。

表 4 比价表

序号	项目	投标人					
		A	B	C	D	E	........N
1	标价（当地币）						
2	标价（折合成美元）						
3	额比项目的估价						
4	对主要资格审查项目估价						
5	对计算技术上的校核调整额						
6	总计						
7	排名表						
8	与最低标价相差						

第三步，在第二次筛选的基础上，选出三个最理想的投标，作为中标候选人，并排出第一、第二、第三名。

（四）编写评价报告

评价报告是由评标小组做出的，它作为评标委员会定标的依据，评价报告通常由三部分组成：

1.介绍总结评标情况，含投标的规模概述、邀请投标人的名册，或对公开招标而言，列出购买招标文件的公司名称；列出投标人的名称,授予合同的推荐意见。

2.对每份投标书的技术经济分析。

3.作为分析依据的各种计算明细表等资料。

本阶段的关键工作有三项:

1.对每份投标书做一、二页纸的评价摘要,列出需要进一步
洽谈的问题及评标小组对此份投标书的评价意见。

2.准备总的推荐意见。

3.将全部有关评价的详细资料按一定顺序加以整理附于评
价报告之后。

评标小组在送呈招标委员会评价报告时,还应口头汇报,解
答相关询问,提供定标的所需论据,然后准备和拟定的中标人就
评标过程中的有关问题进一步谈判。

评标小组在经过仔细分析研究以后,确定2-3名投标人作
为中标候选人,并书面通知他们作好答辩准备和进行答辩的时
间、地点。

三、定标

定标就是决定中标人并授予合同。定标通常以投标评价报
告及其推荐意见为依据。定标由评标委员会做出,对于公司评
标委员会由公司董事会成员及专家组成,对于政府评标委员会
由政府有关部门领导及有关专家组成。如果是世行等国际金融
组织的项目,还要获得贷款的金融组织的许可。

在定标前评标委员会还应就评价报告中列出的,需要进一
步商谈的问题与投标人进行谈判。定标阶段需完成的工作有:

(一)定标前的谈判

在定标前业主希望与前几名的投标人分别议标,特别是与
入围的第一名商议,看看他们是否可以进一步降价及在工期、质
量、服务方面提供更优的条件。通过评标,业主发现某些投标书

中的建议,如局部更改设计,更改工艺,更改技术条件和标准也许是可取的,希望中标的承包商也能采纳,因此需要讨论采纳这些建议后导致的价格变更。

承包商也愿意参加这样的讨论,一是争取业主采纳自己在标书中的建议,澄清招标书中含糊之处,争取改善合同条件,利用业主同意变更为自己争得更为有利的价格。因此议标谈判是改变投标人地位,也是招标人进一步压低标价争取最佳发包条件的有力手段。

议标谈判由业主安排进行,确定需讨论的问题,谈判日程安排,议标谈判一般需 3~6 个月时间。谈判时双方的商务、技术、法律方面专家和领导参加。谈判既是招标单位为确定中标人而进行最后一次考查,又是投标人为中标最后努力的机会,通过讨论使双方对合同条款技术要求,施工方案与计划达成一致意见,为最后签订合同做准备。

谈判得出的一致意见要以书面形式记载下来,文字准确、内容完整、双方代表对每一页签字确认,该文件是修改合同的依据。

若业主在投标有效期不能做出授标决定,业主应通知入围的投标人,请他们延长投标保函的有效期。这时,投标人可保留因延期决标而调整合同价格的权利。

业主也可分别在与几位中标候选人就商务、技术、法律问题谈判之后,要求他们第二次报价,以便最后确定中标人。这最终报价是以议标谈判所达成的一致意见为依据的。

(二)定标和中标通知书

定标谈判结束,招标委员会就应定下中标者,及第一候补者和第二候补者。

一般选择总价最低的投标人为中标人,因为他的评分总是最高的(标价的权重一般取 0.7)但如果第一低标的标价太低,低于第二、第三低标超过 20%,这就要慎重了,这会给工程正常施工带来风险。招标人可以将标授给第二低价标,而不要作任何解释。

确定中标人后,业主应立即向中标人发出"授标通知书"(用传真和信函),内容是告知其已中标,签订合同的时间和地点。对未中标的承包商也应该同时给予通知,只需说明"标已授予××公司"即可,并退还投标保函。

如果中标者不能按期签约,又未能提出足够理由申请延期签约,那么将被视为违约而取消中标资格没收投标保函,甚至给予永远取消该公司在该国的投标权。在此情况下招标委员会可将标授给第一,第二候补人或择机重新招标。

(三)废标

在以下情况下,招标者可拒绝全部投标。被称为废标,需注意以下几点:

(1)最低标超过标底 20% 以上;

(2)所有投标书均未按招标文件编写;

(3)投标者少于三家。

出现废标,招标者应研究发生废标原因,重新审查招标文件,只有在对招标文件的规定规范或其他条件重新审定,找到原因并予修改后,才能重新招标。

四、签订合同

在国际竞争性招标中,招标书中已草拟了合同书和一般合同条件、特殊合同条件。加上承包商提交并为招标人接收的投标书一块构成了承发包双方的承包工程的契约,对双方均有法律约束力。签约的合同文件由招标单位准备。

(一)规定的合同文件

它包括投标者须知、合同一般条件和特殊条件、技术规范和规定、投标书及附件、填报的工程量清单、图纸及附件等。还包括单价分析表、发包人提供的器材清单（如果有的话）、施工进度表、合同协调程序，以及合同协议书和履约保函等。

当合同文件出现矛盾时的一般处理程序如下：

1. 合同协议和合同条件优先于其他合同文件；

2. 条款正文优先于附件与附录，有抵触时以条款为准；

3. 图纸优先于规定和规范；后续图纸优先于以前的图纸；

4. 在以工程量清单为基础的合同中，工程量清单优先于图纸和规范；

5. 合同协调程序如与合同条件发生抵触时，合同条件优先；

上述的优先次序最好在合同文件明确规定以获得法律依据。

（二）合同的签章与批准

上述所有的合同文件必须由合同双方的法定代表人的授权人签字，并加盖公章方能生效。

合同文件的每一页也须授权人签字，合同的批准手续按签字地国家法律规定办理。

上述签章、批准手续办理后合同即具法律效力，招标工作到此结束。投标中标人以承包商身份转入施工准备阶段。

第三章 投标

第一节 投标的程序

投标一般从承包商做出参加该项目投标开始,到将正式投标文件递交给业主结束。这一阶段一般只给二个月时间,时间紧迫,工作量大,需要投标人认真计划。投标一般包括以下程序:

一、承包商在获取招标信息后,进行机会研究做出参加投标的决定;

二、填写资格预审材料;

三、购买招标文件(资格审查通过后);

四、组织投标班子和投标决策班子;

五、到东道国现场考察和投标前调查和询价;

六、寻找和选择投标的咨询单位和介绍人;

七、研究招标文件,复核工程量,起草施工方案和施工组织设计;

八、计算标价,填工程量清单;

九、编制投标文件;

十、办理投标保函;

十一、递交投标文件。

下面分别介绍程序的各个部分。

第二节　投标的前期准备工作

一、决定参加投标

决定参加海外工程投标,对承包商来说是一项重大决策。承包商对该项工程的业主缺乏了解,对工程所在地区和国家感到陌生。

必须根据投标的费用、中标的可能性、完成此项工程的把握和获利的可能来决定是否参与投标。

初期评估发生在获悉有这么一个项目,关心的问题有:

(1)拟建工程的真正可能性如何? 何时兴建?

(2)工程在何处?

(3)本公司对该项目的施工是否熟悉?

(4)资金来源?

(5)有哪些竞争者关心此项目? 他们是谁?

(6)是否熟悉该项目的业主?

(7)工期有多长? 投资有多大? 在这个新的地区承揽并实施此项目开支有多大? 是否合算?

(8)该项目的风险有多大? 是否可以控制?

初期评估要回答的主要问题是该项目是否实在,资金是否有保障,我们是否干得了。

进一步需要了解的问题有:

(1)业主的名称;

(2)监理工程师的名称;

(3)工程所在地;

(4)工程概况;

(5)工程概算;

（6）指定分包商的情况；

（7）拟采用合同的格式；

（8）拟采用的修正工程量清单的程序；

（9）开工日期；

（10）完工日期；

（11）出售招标文件的时间；

（12）投标截止时间；

（13）投标保函金额；

（14）与合同有关的特殊条款。

做出参与投标与否的己方条件：

（1）本公司在手的工程的合同额、营业额；

（2）本公司的资金来源、融资能力；

（3）承担该工程所需资源的供应能力；

（4）本公司所能承接工程的类型；

（5）本公司承接工程的国别；

（6）中间人或代理商的情况；

（7）营业额的计划指标；

（8）注册资本金额；

（9）计划利润指标；

（10）实现营业额指标所需新签合同额；

在知己知彼的基础上做出以下判断：

（1）判定本公司是否有足够的资源和经验来承揽该项工程；

（2）判定业主的资信和资金来源的可靠性；

（3）判定合同的风险和要求承包商承担的风险；

（4）判定该工程是否和本公司的发展规划、在手工程量和营业额相适应。

如果判定的结果是肯定的,则承包商可决定参与投标。

二、办理工程所在国的注册手续

外来的承包商进入东道国开展承包工程活动,有的国家要求按当地规定办理注册手续,取得合法地位。只是有的要求在投标之前,有的要求在中标后再办理注册手续。

在东道国注册,必须提交规定的文件,大致有以下诸项:

1.公司章程,包括性质(独资、合伙、合作社、有限责任公司或股份有限公司)、宗旨、资本、业务范围、组织机构,总公司所在地等;

2.由法定部门颁发的营业执照;

3.在世界各地分支机构的清单;

4.董事会或负责人名单;

5.在当地注册的分支机构名称和地址;

6.企业法定代表人签署的当地分支机构负责人委任状;

7.东道国业主与申请注册企业签订的承包工程合同或授标通知书。

三、选择代理人

以阿拉伯地区的国家为代表,承包工程实行代理制度,外国承包商进入该国必须通过合法的代理人。代理人实际上是为外国承包商提供综合服务的咨询机构,有的是个人开业的咨询工程师,有的是公司或合伙企业。其服务的主要内容有:

1.协助外国承包商参加本地招标项目投标资格预审和购买招标文件;

2.协助办理外国人出入境签证、居留证、工作准证;

3.为外国公司介绍本地合作对象和办理注册手续;

4.提供当地法律、法规的咨询;

5.提供当地市场信息和有关商业活动知识;

6. 协助办理工程项目有关设备、材料和物资的进出口手续；

7. 疏通与当地政府官员的关系。

挑选代理人的条件：

1. 有相关的业务知识和工作经验；

2. 资信可靠,诚实守信；

3. 活动能力强,有政治背景,有较强人脉关系；

4. 信息灵通；

一旦找到合适代理人,就应及时签订代理合同,授予委托书。

代理合同的内容主要有：

1. 代理的业务范围和主要职责；

2. 代理活动的有效期；

3. 代理费用和支付方法；

4. 活动经费管理办法。

代理费用一般为工程项目合同价的 1% 至 3% ,视工程项目大小和代理工作难易程度而定。通常工程项目小、代理业务难度大给的代理费率大,反之则小,代理费一般是不中标不付给,且随工程进度款到账按费率支付,首次可以支付多一些,对贡献特别大的可付给特别酬金。

代理人授权证书参考格式如下：

中华人民共和国××公司

授权委托书

　　本公司委托××先生(住址：_____)为本公司在××国的注册代理人,授权他代表本公司注册并办理一切必要的手续,并为此同官方有关部门进行交涉。

　　本委托书的有效期自签字之日起至取得上述注册

证书之日止。

×××公司

总经理×××（签章）

年　月　日

委托书须经有关方面认证方能生效。

四、东道国情况的调研

调查研究是指对工程所在国的政治、经济法律、自然环境等对投标和履约有影响的各种因素，业主和监理工程师的资信和工程项目的具体情况等进行深入细致的了解和分析，主要围绕下述诸方面。

1. 经济条件

（1）东道国的经济发展情况和自然资源状况；

（2）外汇储备状况及工程款支付能力；

（3）能源供应、交通和通讯状况；

（4）科技水平和人员的知识、能力状况。

2. 政治状况

（1）东道国的政治体制；

（2）政局稳定与否，有无发生动乱的历史和可能性；

（3）与周边邻国的关系，有无发生冲突和战争的可能；

（4）与我国的关系，对中国公司和中国公民是否友好；

（5）与欧美国家的关系，是否获得支援或制裁。

3. 法律方面

（1）与承包活动有关的商法、公司法、合同法、建筑法、劳动法、税法、金融法、外汇管制法、诉讼与仲裁程序等；

（2）民法和刑法；

（3）移民法和外国人入境管理办法。

4. 社会情况

（1）当地人的风俗习惯；

（2）居民的宗教信仰；

（3）民族与部落间的关系；

（4）工会是否强大并介入劳资关系；

（5）社会治安状况。

5. 自然条件

（1）东道国的地理位置和地形、地貌；

（2）气象情况，包括温度和旱、雨季划分等；

（3）地震、泥石流、洪水、台风、海啸等自然灾害情况。

6. 市场情况

（1）建筑材料如水泥、钢筋、石料、木材等，施工机械，汽油、柴油燃料，电力，水和生活物资的供应状况和价格水准，政府分布的物价指数历史状况和今后变化趋势的预测；

（2）劳务市场情况，包括工人资源丰裕与否，技术水平、工效水平、工资水平，劳动保护的规定，保险、福利的规定，对使用当地工人比例的规定；

（3）外汇汇率的历史变化情况、当今水平和今后变化趋势预测；

（4）当地银行包括外资银行的贷款利率；

（5）东道国的本国其他承包商和外国承包商的经营和生存状况；

获得上述资料可通过调查、查阅官方网站、出版资料，研究报告和当地期刊、报纸。

7. 业主情况

（1）业主的资信情况，支付能力和支付状况；

（2）履约态度，履行合同是否认真，讲究诚信，是否是有一

定灵活性(对待承包商的困难);

(3)业主经营现状,是否有破产、倒闭风险;

(4)对实施本合同态度是否急迫;

(5)是否易于沟通,协商共事。

8.该工程项目情况

(1)工程性质、规模、发包范围;

(2)工程的技术难度和复杂程度,对材料性能、设备和工人技术水平的要求;

(3)工期;

(4)项目所在地的气象,水文资料;

(5)工地的地形、地质、地下水、运输、供水、供电、通信状况;

(6)项目资金来源;

(7)对购买器材和雇佣工人有无限制;

(8)对本地承包商和外国承包商有无差别待遇;

(9)工程款支付方式,外汇所占比率;

(10)监理工程师的国籍、资历、职业道德、工作作风及是否易于共事;

(11)税收情况,是否预扣税款,占付款中的比例等。

以上情况通过业主、咨询公司和中介公司等各种渠道获得。

五、寻找国内外合作伙伴并签订合作协议

(一)寻找国内合作伙伴

由于资金、专业、风险诸项原因承包商在获取有关招标信息之后会在国内寻找合作伙伴,以便优势互补,风险共担,利益共享共同承揽国外承包工程项目。合作方式一般有:

1.双方共同出资,共同实施工程项目。由对外签约方开具各类保函,参与合作方对对外签约方开具反担保函,前期垫资款

由双方根据出资比例出具,共同组成项目经理部按照双方认可的规章制度和决策程序实施经营管理,项目结束后损益按双方出资比例分配。此种合作方式一般适用于国际商务能力强的公司与专业技术强的公司合作。只要双方本着平等互利、优势互补的精神合作,成功概率是比较大的。关键是在国内众多的专业公司找出专业强、有资金实力,具有良好职业精神和合作态度的合作对象。

2. 由实力强的国际承包商参与竞标获得项目之后,或与选择好的合作伙伴共同做标中标之后,由签约方扣除应收的管理费和利润之后交给合作方全面实施该项目,对外交涉、合同管理,工程款结算催收、工程变更、索赔司法诉讼由对外签约方负责,工程实施由合作方负责,合作方对签约方开具反担保函,并自行垫付工程进行中所需的资金。这在我国中央企业承揽的国外大型工程项目中多见,这也是一种优势互补的合作方式。

3. 由我国有对外承包工程经营权的公司自行承揽了国外工程项目之后,将工程的劳务总体包给国内有施工经验和能力的建筑公司,后者一般是有技术、有管理经验、有专业技术队伍,而资金实力相对薄弱的公司,他仅对分包的劳务部分合同额开具反担保函。这种合作方式的难点在于如何调动合作方为项目的总体效益竭尽全力,签约方与合作方在工程实施过程中有大量需协调、沟通的工作。

4. 将工程专业性强的部分转包给合作方,一般选择合作伙伴采用公开竞标方式或议标方式,这种合作方式常见且成熟。

(二)寻找国外合作伙伴

国外合作伙伴分为两类,一类是代理和中介,另一类是合作投标和实施项目的当地承包商。

1. 代理和中介

①先前已介绍过的,像在中东地区法律规定外国公司在当地投标、承揽项目必须要通过本国的代理商进行。

②为了熟悉当地情况,建立广泛的人脉,扩大自身的影响,使公司在投标竞标中居于有利的位置,一般都在当地寻找有经验、有能力、有关系、活动能力强、诚信可靠的中介人和代理人。一般按以下的路线,先在当地有社会地位、有影响力的华侨、华人,中资企业找有工程招标信息的人,通过他再找当地有实力,有关系,有活动能力的人作公司的中介人,签订中介协议,提供必要经费,按中标金额付给一定比例的中介费。只要我们严格履行协议,有诚信,就不难在当地打开局面。给中方介绍人和给当地代理人的酬金要分别付给。以免当地代理人的酬金被中方介绍人侵吞,而不再与我们合作的情况发生。

2. 寻找当地合伙投标人

①由于世界银行给受援国政府的承包公司7.5%的报价优惠,如果外国公司与当地公司联合投标可享受7.5%的优惠,因此,促使我们与当地公司合作。

②目前世界上多数国家都程度不同奉行保护主义,要求外国公司与本国公司合作,将其作为授标的前提。

③对于一些技术简单,获利单薄的分项工程交给当地公司去做于己于人都有利。

对于上述情况选择当地的合伙承包公司要深入了解该公司的资信情况,人、财、物的条件,实施工程的履历和能力,诚信记录及其在该国的社会地位和如果政府更迭对其影响等。

④业主指定的分包商或合伙承包商,与之签署合同时要保护自己的基本利益不受损害。与之以分包工程或合伙承包工程是为了承揽到工程,是利益交换,不能丢失自己的底线。

⑤在某些国家承揽工程的合伙企业,本地企业所占股份要

占51%以上,而实际要找这样一个合伙企业在当地是难上加难的,为此我们找的一些合作者并不实际投入资金、人力和设备,只是帮助我们获得投标的资格,运用他的影响力获取项目,解决企业遇到的问题,维护合伙企业的利益。对于此类合伙人和公司,我们在协议中明确给他们一定比例酬金并付诸实施。选择此类合作者主要着眼于其政治地位、社会关系和活动能力。

六、组建投标班子

投标班子分两个层次,一个是制作标书的小组。它由两部分人员组成:一部分是由工程技术人员组成。他们的任务是做施工方案或施工组织设计,他们熟悉施工工艺,有着编制施工组织设计的经验。另一部分是由概预算人员组成,其主要任务是为算标搜集相应价格、基础数据,对工程量清单中列举的工程量对照图纸进行复核,对招标文件中的合同条件进行认真推敲,对技术标准进行分析,根据工程定额进行每一项单价分析,算出单价;最后汇总出工程总报价。物资采购人员按照招标文件汇总所需要的工程机械、设备、建筑材料清单,然后确定产地、品种、型号、规格、性能和价格,供算标使用。做标小组负责人汇总,衔接以上各方面的工作,审核报价数据,最终提供标书草稿给决策班子评审、定稿。这份初稿应保证所提供数据有充分依据,实事求是,准确可靠。

投标班子的第二个层次是决策班子,即成立评标委员会,它由公司领导层、各部门领导和各专业的专家组成,他们主要从宏观、战略上把握算标的指导思想,对东道国政治、经济、财政的风险进行把握。厘清做标的思路,确定利润率和不可预见费率,检查是否存在疏漏和错误,最后确定报价。

七、开具投标保函

投标保函亦称投标担保书,是由经业主认可的一家银行或保险公司为投标人向招标单位出具的一种保单,保证投标人在中标后与业主签署承包工程合约,如拒不签约,由担保银行或保险公司向招标者支付保函所列明的担保金额,而无须投标人同意。开具的银行或保险公司有三类:

1. 投标者国家经招标者认可的银行;

2. 招标者国家经招标者认可的银行;

3. 投标者通过其本国银行为其出面委托招标者认可的银行或保险公司向招标者开具投标保函。

我国的承包商应争取招标者认可的中国银行开具保函,这是因为我国政府对参与国际承包工程的公司在开具保函方面有支持政策,国家担保通过我国的银行给予企业一定的授信额度,而不需要全额存入担保金额的存款。另外我国银行开具保函的手续费比较低廉,特别是与国外的国际知名银行相比。改革开放这些年来,我国银行在国际上信誉日益提高,已为大多数国家的业主所接受。

投标保函应与投标书一道在招标截止期之前交至招标通告中所规定的收件人。

投标保函一般为咨询公司标底的 1% ~ 2% ,由招标人指定金额。很明显,我们可以通过此金额反推咨询公司的标底值,供我们确定标价时参考。当然,也有的业主要求承包商按照自己标价的 1% 或 2% 开具投标保函,让你无从揣测他的标底值。

八、现场踏勘

按照招标书的注明或业主书面通知,业主会统一组织投标者去施工现场踏勘。在踏勘时招标者会对项目作一公开说明,并现场就某一投标者疑问作公开释疑,因此,参加统一组织的现场踏勘对投标者来说是十分重要的。按照国际惯例投标人提出报价单一般被认为是在现场踏勘的基础上编制出来的,一旦报价报出之后,投标人就无权因为现场勘察不周,情况不了解而提出修改投标,调整报价或给予补偿等要求。

现场踏勘既是投标人的权利,又是投标人的义务和责任,因此投标人必须参加招标人统一组织的现场踏勘会,至少自己要到现场作一番考察和了解,带上DV、相机等设备是必需的。

现场勘察费用由投标人自理。

现场勘察主要了解以下几方面:

(一)工程与工地方面

1. 工程的性质及其他与工程有关的情况;

2. 是否允许分包或转包,招标人是否有推荐的工程队伍;

3. 工地周围的障碍物拆除等准备工作及三通一平情况;

4. 机器、设备、材料及土方运入运出是否方便,是否要修便道,倒土点离工地有多远;

5. 临设安排的地点及其与施工现场的距离;

6. 工地周围的治安情况;

7. 可能发生的纠纷、事故和风险情况。

(二)地理环境方面

1. 工地及附近的地形、地貌、水文、土壤地质情况;

2. 工地及附近的气象情况,如最高、最低气温,雨季和旱季的划分,年降雨量和日最大降水量及排水状况,泥石流等地质灾害情况,冻土层厚度,各季的风向、风速等。

3. 风雪和积雪厚度情况,冰雹、霜冻情况;

4. 地震、飓风、海啸情况;

5. 自然地理条件对于施工和运输可能产生的影响;

6. 当地粮食,肉食、蔬菜、食用水供应情况。

(三)经济情况

1. 当地石料、沙、土等施工用料供应情况的价格水平,施工

用水采集和供应情况,当地水泥、木材、钢筋供应情况、供应地和价格;

2.当地生活用品供应情况及价格;

3.实施工程所需设备,材料的供应来源,可能性、质量及价格或租赁价格;

4.砂石地材可否有自行开采可能性及特许费征收情况;

5.当地运输情况、车辆租赁情况、运费水平、汽车零配件供应情况、油料供应情况及价格;

6.工地附近港口、铁路、机场的装卸设施能力和价格水平;

7.水陆空运输情况及价格水平;

8.工地当地的劳务技术水平、工效和工资水平等。

（四）政治方面

1.项目所在地的政治形势是否稳定,有无战争、暴乱、政变、恐怖事件,民族冲突和部落骚乱的可能;

2.与邻国是否有战事和封锁边界的可能;

3.项目所在国和当地人民对我国政治态度如何,有无排斥、对立、歧视现象,当地有无凶杀、绑架、抢劫等恶性案件。

（五）法律方面

1.当地宪法、商法和投资法中与我方承包工程有关的规定,特别是外汇兑换和利润汇出有无限制;

2.项目所在国劳动法,民法、保险法等涉及当地劳工的待遇、保护和雇用、辞退等方面的规定;

3.与商事主体之间发生的买卖、承揽、租赁、信贷、保险、运输、保管行为的法律规定以及权利主体、法律行为、代理、时效,诉讼赔偿等方面规定;

4.有关建筑法、公司法、环境保护法、价格管理法、合同法、会计法、金融法及经济仲裁等方面的法律规定,英联邦国家法律

有很大统一性,便于我们尽快掌握与熟悉它;

5. 有关我国劳务人员进入项目国,设备材料的进口,运输以及施工机具的进口和使用;进口关税的缴纳和退税的规定和银行保函使用等方面的规定。

第三节　项目资金的筹集

"兵马未动,粮草先行"在中标通知获得之时甚至在此之前承包商就要计划如何筹集项目所需的资金,首先要回答的是究竟要准备多少资金。

一、资金的需求量

这个问题的回答比较复杂,影响答案的因素有:业主支付多少预付款;银行贷款的抵押条件;银行开具各种保函是否要抵押金,要多大比例;设备是否准备租赁;设备、材料供应商和分包商是否可以垫资;项目是房建还是路桥抑或其他的专业;本国政府是否提供优惠贷款等等。通常,承包一项工程需要考虑以下几方面支出:

1. 为开具履约保函和预付款保函,银行所需冻结的资金。有的企业银行需全额抵押,有的企业银行需冻结保函金额的30%,有的企业银行在其给予的授信额度之内无须抵押金。这主要视银行对企业的资信评级来定,资信好的企业可用其信誉担保而无须资金抵押。

履约保函和预付款保函一般分别为承包公司总额的10%。

2. 实施合同标的工程所需资金,在施工高峰期一般需约占合同总额的20%～35%。

3. 银行开具保函须支付开具保函的手续费。一般中国的银行每季收取保额的3‰。

上述三项资金需求总额可用以下的公式表示：

$$S = A \times B \times C + A \times D + A \times B \times E \times F$$

其中：

S. 所需资金总额

A. 合同总额

B. 各种保函所占合同百分比之和

C. 开具保函所需抵押金的比例

D. 资金使用高峰期所需资金占合同总额的比例

E. 每季保函手续费占保函额的比例

F. 保函有效期的季度数

举例：一项工程合同额为 2 亿美元，两种保函（履约、预付款保函）占合同额比例之和为 20%，开具保函的抵押比例为 30%，该公司的授信额度已使用完毕，施工用款高峰期所需资金为合同额的25%，每季开具保函手续费为保函金额的3‰合同期为3年

则实施该合同工程所需资金总额为：

$$
\begin{aligned}
S &= 20000 \times 0.2 \times 0.3 + 20000 \times 0.25 + 20000 \times 0.2 \times 0.003 \\
&\quad \times 3 \times 4 \\
&= 1200 + 5000 + 144 \\
&= 6344（万美元）
\end{aligned}
$$

如果承包商筹资能力达不到上述数额时，资金将会影响项目顺利实施，严重的话资金链断裂将会使项目无法实施下去，后果不堪设想。因此承包商在投标时就要考虑自己财力和融资能力是否能胜任该工程。

二、筹集项目资金的渠道

1. 业主支付的预付款；

2. 承包商自有资金；

3. 借贷;

4. 融资性的设备租赁;

5. 材料供应商、分包商垫资;

6. 与有资金实力的公司联合承包。

以下重点研究借贷的途径。

(一)利用国家促进对外承包工程的政策

1. 国家为扩大对外承包工程的规模,对符合规定的工程项目开具的投标保函、履约保函提供担保、垫支赔款。

2. 国家对工程项目的流动贷款予以 1 个百分点的年贴息。

3. 国家对合同金额占 1 亿美元以上提供出口信贷及出口信用保险。

4. 我国援外工程项目,可申请使用援外优惠贷款。

5. 对在受援国承揽符合条件的经济合作项目,可申请使用援外合资合作项目基金。

6. 对符合条件的企业,投保中长期出口信用保险和海外投资保险给予保费一定比例资助。

7. 对符合上年度出口额在 1500 万美元以下的外经企业,参加境外投标、市场开拓的费用国家利用中小企业国际市场开拓资金给予一定比例的资助。

随着国家财力的充裕,日后还会不断给予我国承包企业以资金的支持、承包企业应不断关注并积极争取获得上述的资助。

(二)利用商业贷款

这种贷款属于纯商业性,只需经济或资产抵押,银行出具担保或承包商以自身信誉担保就可以获取,利息偏高。

承包商通常采用以下贷款方式:

1. 抵押贷款。承包商以其在该银行的存款或不动产或机械设备作抵押,抵押金与贷款额的比例可以是 10% 至 100% 不等。

采用抵押贷款办法,有以下优点:

①可以少存多借;

②承包商可以保存自己原存货币并取得相应的利息;

③可以避免货币兑换的汇率损失和货币贬值所造成的风险,如以存的美元抵押借贷当地货币的话。

2.透支贷款

所谓透支贷款,是指承包公司从存款的当地银行借取一定数量的当地货币或外币,用以购买材料和设备。一旦收到每月的工程进度款,立即归还信银行。这种贷款随借随还,银行只按公司账号的赤字余额逐日计息,尽管贷款利率高,但赤字时大时小,计息时间不长,因此付出的利息并不高。

通常,获得透支贷款须由一家可为承包商担保的银行或金融机构出具透支担保保函,保函必须规定透支的最高金额及担保有效期。如果提供透支贷款的银行就是承包商在当地开户支付行,信誉较好,取得了银行的信任,也可以在不出具担保函的情况下取得贷款。

透支贷款适合在工程所在国的银行使用,既能解决工程用款的应急要求,又可医借还都是同一货币避免了汇兑损失。

3.保函贷款

这种办法适用于美元等硬通货支付的延期付款项目,承包商利用开出的银行付款保函作抵押,向外国银行借取中短期贷款。

这种延期付款保函一般业主是政府部门,开证行为其国家商业银行,通常视为政府担保。贷款行一般为发达国家的银行,要求承包商有良好的信誉,在提交付款保函的同时,还必须附加一份履约保函或签署一份补偿协议。这种借贷的利率一般很高,使用时还应注意这一点。

（三）信贷

承包工程的材料设备费一般占工程费用的50%,解决材料设备所需资金通常采用信贷办法。

信贷包括卖方信贷和买方信贷。

卖方信贷由材料设备的制造商从本国银行取得信贷,将利息计入材料和设备的报价中,与承包商签订延期付款的协议。

买方信贷是材料设备的卖方的银行通过买方的担保银行向买方提供贷款,仅用于向卖方支付材料和设备款,利息由买方直接通过其银行支付。

采用信贷可减轻承包商在工程初期和中期的资金筹措压力,信贷支付利息,增加设备和材料的费用开支,扩大工程成本,可减少工程所得税的支出。

（四）租赁

对于筹措资金有困难,自有资金不足;对于新进入的一个市场承揽的工程规模不大又无把握拿到后续项目,租赁一些价格昂贵但使用时间不长的设备机具是可取的。特别是工程以高比例的当地货币支付工程款,在这种条件下,采用租赁办法是上策。不过,租赁费用常常很高,设备机具需求量大且使用期长,采用租赁就不一定适合。

第四节　编制标书

一、校核工程量、编制施工组织设计

（一）翻译招标书

一项大型工程参与做标的专业和人员都较多,而参与决策的各层领导也较多,他们的英语水平也参差不齐,为了使大家对招标文件有一个标准准确的认识,最好安排英语和专业俱佳的人员将英文文本翻译成中文,打印供各专业人员使用并将其归档留存,投标书的中文本也安排专人翻成英文,一份规范的漂亮的英文投标书也会给评标人员深刻的良好印象。看似不重要的事情做好了也会在关键时刻得分。但是从买来招标书到投递投标书时间一般至多二个月,如果走上面的程序就一定要把各段时间安排好,并将翻译、收集资料,现场踏勘算标,做施工组织设计,开投标保函等各项工作穿插进行。

(二)分析招标文件。招标文件是投标的主要依据,因此应该仔细地分析研究,研究的重点应是投标者须知,特殊条款,设计图纸、工程描述和工程量清单上,安排专人或小组研究并查找文件所提及的国际或某国的技术规范,弄清有哪些特殊的要求,最好每次投标之后把翻译和搜集的技术规范整理归档,今后遇到类似的技术标准时就方便快捷得多。

(三)校核工程量。对于招标文件中的工程量清单,一定要进行校准核对,因为这直接影响到投标技巧的运用并进而影响到中标的机会。因为,投标者在核准了工程量之后,对某些工程量标小了的,可以提高单价,面对另一些单项工程量标大了的,可以降低单价,这样总报价做得不大,而中标后却可以结算出较大的款项。

如发现工程量有重大出入的,特别是漏项的,必要时可找业主核对,要求业主认可,并给予更正。这对总价固定合同,尤为重要。

(四)编制施工组织设计(或称施工计划),这项工作对投标报价影响很大。

在投标过程中,须编制施工组织设计。但也可编制全面的施工计划,其深度和范围不及施工组织设计,中标后,再编制施工组织设计。

施工计划的内容,一般包括施工方案和施工方法、施工进度、施工机械、材料、设备和劳动力计划,以及临时设施。制定施工计划的依据是设计图纸,复核后的工程量,开工、竣工日期,调查获得的材料、设备和人工的价格。编制的原则是在保证工期和质量的前提下,如何使成本最低,利润最大化。

1. 选择和确定施工工艺和施工方法

根据工程类型,研究可以采用的施工工艺和方法。对于一般的土方,混凝土、房建、水利工程,一般选择本企业熟悉和常用的施工方法,努力节省开支,保证工期。

对于大型复杂工程则要考虑几种施工方案,综合比较,找出投入少,工效高,省工省时的施工方案。如隧道工程,则要进行地质资料分析,确定开挖的方法,是采用掘进机,钻孔放炮,还是用最先进的盾构机,以及支洞、斜井、竖井的方法,确定它们的数量、位置、出渣方法、通风管道等。

2. 选择施工设备和设施

这项工作一般与上一项工作同时进行,在工程估价中要不断对采用不同的施工设备和施工设施进行比较。比如是利用下场设备还是新添设备,在国内采购还是当地采购欧美设备,是买设备还是租赁设备,还要确定设备的名称、型号、规格、数量、价格,数量要确定使用数量和备用数量,还要考虑配套的辅助设施、备品备件和修配设备的机具。特殊的,专用的设备在一个合同期内全部折旧掉。

3. 编制施工进度计划

编制施工进度计划要紧密结合施工工艺、施工方案和施工方法,要考虑选定的设备和设施的施工能力和工效。施工进度计划应提出各单项工程完成的时间和工作量。施工进度计划是网络图还是横道图表述,根据招标文件的要求而定。一般在投标阶段,用横道图即可。

二、确定利润和风险准备金

利润和风险准备金加起来称为盈余,利润对投标者而言就是计划赚取的利润,而项目风险费对承包商来说是个未定数,只能根据项目风险大小预估一个比例数作为风险准备金。如果预估风险并未全部发生,则风险准备金有盈余,就可以与计划的利润数加在一起成为利润。如果风险准备金准备不足,则只能拿预定的利润数来弥补;实际的利润就会比计划的利润要小甚至可能为负数,即出现了亏损;那就要公司总部来承担该项目的亏损了。对于技术不复杂、项目所在国不是初次进入的,风险准备金可定为工程总成本的 3% ~5%;而利润随市场情况往往变化很大,可能为 5% 至 50% 甚至更高;对于初进入的市场为了能拿到标,在投价中计划的利润可定为工程总价的 1% ~3%,这样盈余可考虑为 4% ~8%。而对于竞争不激烈、技术成熟、管理难度不大、与业主关系和监理关系融洽的项目,计划利润数可考虑 15% 甚至更高,这样盈余就取工程总价的 18% ~20%。在考虑报出的标价时,经验往往发生很大的作用。

上述选择和采用的利润率主要是根据各种需要来规定的,这些需求可以归纳如下:

1. 支付给公司股东们自有资金的红利;

2. 公司发展需要留存的资金;

3. 应付的贷款利息(这里我们将其列入利润中开支);

4. 预计的公司缴纳的税金。

可以看出我们在这考虑的是项目的毛利润率。根据对这些因素的考虑,可以确定出最低利润率,现举例说明如下:

某承包工程公司基础数据如下。

公司自有资本:2000 万美元

公司借贷资本:1500 万美元

贷款利率:6%

计划股东分红比例:10%

计划留存利润:30%

公司缴纳税金,35%

营业额/资本比率的目标值:8

则,所需的最低利润额 P 为:

P = 贷款利息 + 留存利润 + 应缴纳的公司税 + 股东的分红

$= 0.06 \times 15,000,000 + 0.3P + 0.35(P - 0.06 \times 15,000,000) + 0.1 \times 30,000,000$

$= 900,000 + 0.3P + 0.35P - 315,000 + 3,000,000$

即 $0.35 P = 3,585,000$

得 $P = 10,242,857$(美元)

校核:

公司税 $= 0.35(10,242,857 - 0.06 \times 15,000,000)$

$= 3,210,000$(美元)

留存利润 $= 0.3 \times 10,242,857 = 3,072,857$(美元)

贷款利息 $= 0.06 \times 15,000,000 = 900,000$(美元)

红利 $= 0.1 \times 30,000,000 = 3,000,000$(美元)

总利润 $= 3,270,000 + 3,072,857 + 900,000 + 3,000,000$

$= 10,242,857$(美元)

如果要达到取值为 8 的营业额/资本比率,则营业额

$= 8 \times 45,000,000 = 360,000,000$(美元)

所以利润率为:

$$\frac{10,242,857}{360,000,000} = 2.85\%$$

三、计算单价和汇总表

在投标报价中,要按照工程量清单(BQ 表)中的格式填写

报价价格,一般是按各细分的分项填写单价和分项的总价。这种报价方式有别于中国的投标报价方法中将直接费、间接费、各种措施费、利润分别计算的方法,而是按单价报价、应该说这种报价是有其优越性的,一是便于业主分析总价的构成,对承包商的报价作比较,也便于工程量变更时总价作相应的合理的调整。笔者认为中国国内投标报价方法应与国际接轨,国内国外的报价方法统一起来。

(一)计算单价按照单价法每一项分项工程的单位价格,应由以下几部分构成。

人工费——分项工程的用工量(工日)×每工日单价;

材料费——分项工程材料消耗量×单位材料价格;

台班费——分项工程所需台班数×台班单价

间接费——按间接费与直接费的比率分别摊入各分项工程的单价中;

利润——按工程利润率摊入各分项工程的单价中。

(1)工、料、机的价格。

1)人工单价(即工价),是指工人每个工作日的平均工资。

a. 中国工人工资:包括基本工资、津贴、派遣费、动员费

b. 当地工人工资:包括基本工资、福利,保险开支等,还应适当乘以预计的工资增长率。

2)材料和设备基价,应当全部换算成到达施工现场的价格。至于一些在施工过程中配合使用的辅料、零星材料,为了计算方便,在工程单价计算时,可加上一定百分比(即基价的1%~5%)即可。

3)施工设备的台班费,包括设备折旧费,司机工资、燃油费,维修费。设备折旧费可将设备到达现场的购置费分摊到设备的理论寿命中去,理论寿命第一年分摊的购置费的40%,第

二年 30%,第三年 20%,第四年 10%。

(2)工程定额的选用,即单位工程的人工定额、材料消耗定额,施工机械台班定额的选用。国外工程不能简单套用国内相关部门、省份的建筑定额,但可以参考国内相应定额,考虑国外工程的具体情况作修正。影响工程定额的因素主要有:中外方施工人员的技术水平和管理水平,机械化程度的高低,施工技术条件,施工中业主和监理的协调与配合,工艺路线和方法,材料的可加工性与可装配性,自然条件的影响等等。

一般都调高国内的定额,考虑的因素有以下几条:

1)一般来说,从国内派往国外的管理人员技术人员和施工人员都经过择优录用,其采用工艺先进,工人的技术水平和熟练程度高于国内平均水平,因此劳动效率一般高于国内工程。用的当地工人从事技术要求不太高的工种由于他们的体魄强壮,往往劳动效率也很高,像自卸车司机和反铲司机出的活强过中国工人。当然也有不如中国工人的方面,因此制定工程定额要分别情况区别对待。

2)国外工程施工的机械化程度一般较高,采用设备比较先进,因而生产效率高。

3)国外工程使用的材料,可以要求供货商所供材料货品达到直接用于工程的状态,从而可以减少再加工和辅助劳动的工时。例如砂石料,可以要求砂石供应商按工程所需砂石规格供货到现场,从而减少现场筛选、粉碎、冲洗等工序。

4)国外施工的组织管理比较科学、严密,工时利用率比国内要高。而且,国内由于传统习惯的影响,一般制定的工程定额都倾向于保守,留有较大的余地。因此,适当提高定额是可能的。国外施工也有降低工效的因素必须考虑;

5)我国工人初到国外,对国外的技术标准、材料性能和工艺不熟悉,因此,初到的一至三个月工效较低,这点在制定定额时要考虑一个修正系数。

6)国外工程的监理制度往往执行欧美的一套极为严格,工序间的质检频繁,都要求监理工程师签字认可,如果不能适应,将严重影响工作效率,在制定定额时要作相应考虑。

7)有些国家自然条件和气候恶劣,像中东室外温度奇高,也会影响我国工人的工作效率,在定额制定和计算工期时必须考虑进去。

(3)间接费。国际承包工程间接费一般约占总报价的20%~30%,对投标价格的竞争力影响很大,下节将详述。

有了上述的人工、材料和机械设备的基础价格,制定了适合所在国的本公司的工程定额就可计算出单价中的直接费。再计算出工程总的间接费,确定工程利润和风险的比率。就可确定间接费与直接费的比率,这样,就可以对量单的每个工程单项做单价分析,算出每个单项工程的单价来。

(二)汇总工程总价,确定投标价格

前面计算出的工程单价,乘上工程量,再加上工程量清单中单列项目费用,即可得出工程总价。这时得出的工程总价还不能作为投标价格填写进投标书中去,一个有经验的投标人还要根据多年国际投标的经验或通过掌握的"标底"以及参与竞标的对手的做标习惯做出的可能的标价进行比较,往往有差距,这时就要分析产生差距的原因,如组成总价的各部分费用的比例是否合理,对基础数据的选用是否有偏差,是否有漏项或重复计算,在找出原因后必须对汇总出的工程总价做相应的调整。

确定投标价格应当做好对工程的盈亏预测,盈亏预测可用多种方法从多个角度比较进行,如把工程的全部人工费、材料费、机械台班费、间接费分别汇总,计算出各种费用占总价的比例,看是否在正常范围之内;也可算出平方米造价,和以往已实施的类似工程相比,看是否偏高或偏低,还可以把采用的工、料、机单价,分项工程的单价和间接费构成与以往的中标并实施的项目逐项对照,看看是否有不合理的偏差,从而找出漏项或重复计算的项目;还可在分析基础上看看有没有采取措施可以降低成本增加盈利的可能,如采用新工艺、新设备、新材料,科学合理调配人力、设备、节省材料消耗等。

争取中标往往要对利润率、风险准备金率做出合理的选择,坚持既能中标,又要有利可图或至少不能做赔本买卖的事。第一次进入的国家或专业,可以微利甚至保本夺标,着眼于第二个乃至今后源源不断的项目来获利,进不了这个市场盈利只能成为空话。但亏本的事决不能做,重大的失误往往要打垮一个企业。

四、标价评审及定稿

为了投标决策的正确,必须坚持投标决策过程的科学与民主。投标小组在初步确定标价之后要交公司的投标评审委员会评审,评审委员会的组成有:公司领导、财务部门、人事部门负责人、总师室主任,兄弟子公司和分公司经理及公司资深高级工程师和高级经济师。评审会先由投标小组汇报施工组织设计,工、料、机三块取费的标准和依据,利润率和不可预见费的选取,间接费的构成以及做标的策略与措施;然后由评审委员们提出问题和咨询意见、建议;最后由评审委员会主任归纳大家的修改意见、责成投标小组修改上报。最终报价经公司主管领导签字批准,作为投标的标价报出。

五、编制投标文件

承包商在做出投标的价格之后,按招标书文件的要求正确填写,配齐所有投标文件,制作成正确、完整、精美的报价书,按招标者要求封装、标示,在规定的投标日期和时间之前送达指定的收件人。投标文件除工程量清单之外,还有一份重要文件就是投标书。文中要表明投标者完全愿意按招标文件中的规定承担工程的施工、建成、移交和维修任务;并注明自己的报价总额;确定投标者接受的开工日期和施工期限;确认在授标后,愿意提供履约保函其金额符合招标文件规定等。

承包商如觉得必要可提供一份降价声明,表明在编写完投标书之后考虑到与业主长期真诚合作的愿望,决定按投标书报出的总价无条件地降低某一百分比,总价降到多少金额(用大写和阿拉伯数字两种写法),并愿意以这一降低后的价格签订合同。

如果招标文件允许替代方案,且承包商又有能力并制定了替代方案,替代方案主要是就工程的设计和施工工艺做出相应的修改,而设计目标、指标不变,承包商在投标书中可详细介绍替代方案和其优点,并明确指出如果业主采用替代方案,可降低或增加相应的标价,并说明愿意在评价阶段,与业主进一步讨论,使方案和价格更为合理。

总之,上述的文件使得业主和咨询工程师看出承包商的水平和诚意,对这份投标书和承包商印象深刻,加大获取标的的权重。

工程量清单原件每项空格须填上单价和分项总价,每页均有小计,最后一页有汇总价。在认真审核后,签字确认。

原招标文件的合同条件,技术说明和图纸每页须由投标责任人签字并一同交回,表明投标者已详细阅读,并承认了这些文件。

投标保函按招标书所附的格式由承包商的开户银行开出,可用单独信封密封,这样,在投标书中附一份复印件在上面注明原件密封在专用信封内,与本投标文件一并递交。

投标书要注意下述事项:

(1)投标文件的每一空格都必须填写。

(2)填报文件应当反复审校,保证分项和汇总计算,大写和小写均无错误。

(3)递交的全部文件均须签字,如有修改须在修改处签字。

(4)用打字方式填写,或用钢等正楷书写。

(5)投标文件应当保持整洁,纸张规范,统一字迹清楚,装帧精美。

(6)按规定对投标文件进行分装和密封,按规定的时间一次递交。

总之,避免发生由于工作疏漏造成投标书无效或损害承包商事件发生。

六、递交标书

在买到标书至投标截止期一般只有二个月左右的时间。从翻译、阅读研究、计算标价、做施工组织设计、评审定价、制作翻译投标书时间往往很紧,如果在国内制作标书还要加上邮寄时间。因此,要详细做出投标书编制计划,根据截止时间倒排编出上述各项工作的起止期,国内编制的标书最后由主要投标人员亲自将标书带往国外递交。这样一来可保证不误时,二来在国外可根据现场情况做出相应修改,报国内领导批准后递交业主。

第四章 算标

第一节 国际承包工程价格的构成

工程报价等于工程成本加上暂定金额,总承包商的管理费(如果是分包商的话)和盈余,用图 4 - 1 来表示国际承包工程项目报价的构成更加简洁明了。

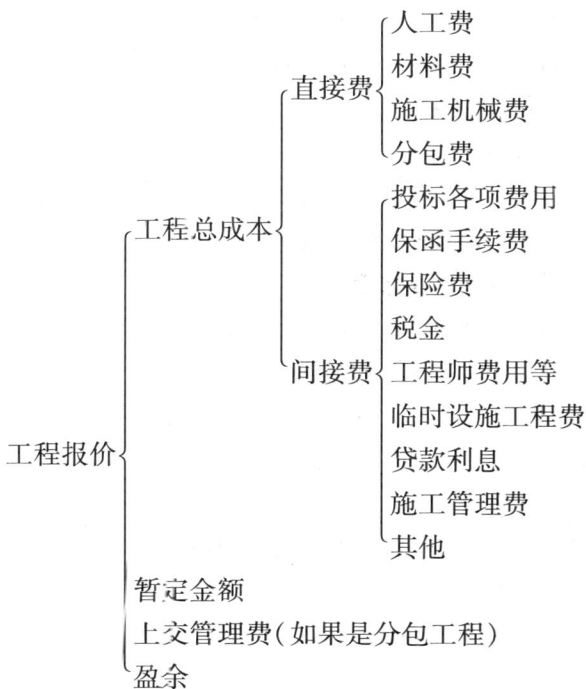

图 4 - 1 国际承包工程项目报价构成

下面分项详细说明。

第二节　报价须遵循的原则、依据和影响

一、报价必须坚持的原则

1. 根据承包方式考虑报价内容,根据工程量清单开列项目逐项计算单价。

2. 以招标文件列明的关于双方经济责任的划分作为考虑确定报价费用内容的基础。

3. 充分利用现场考察调研成果和价格行情资料。

4. 以施工方案、技术水平作为报价计算的基本条件。

5. 报价计算方法要简明适用,处理问题要有理有据。

二、报价的依据

以业主招标文件中的合同条件,图纸、技术标准和技术规范、工程性质和范围为依据,根据有关定额,价格资料和取费费率,计算和汇总承包该工程项目的总价。

三、影响报价的因素

工程范围和性质、技术规范和要求,工期、工程所有国的自然环境和社会经济环境,拟采用的施工方案,进度计划以及工、料、机的基础价格,各种管理费等间接费用,暂定金额和盈余的选取,以上皆为影响报价的因素。

第三节　报价步骤

不论采取何种报价方法,大致都按照图 4 - 2 所示的报价步骤进行。

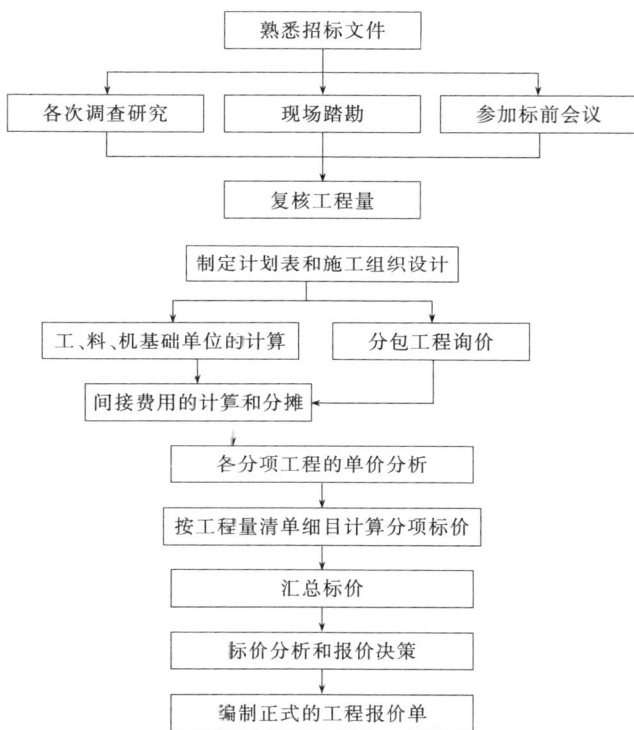

图4-2　报价操作步骤

第四节　投标报价的各项费用计算

承包商在研究了招标文件,在现场进行了考察,对相关的市场进行了调查和询价,就进入费用计算阶段。其基本内容包括计算人工、材料、机械台班的基本单价,根据选定的定额计算分项工程直接费,再计算间接费,并确定比率系数,就可以转入单价分析阶段。

一、人工单价的计算

这里是指国内派出工人和当地雇用工人平均工资单价的计算。一般来说,在分别计算出这两类工人的工资单价后,再考虑工效比和用工比,就可确定在工程总用工量中这两类工人完成工日所占的比重。进而用加权平均的方法算出平均工资单价。这里有两个概念即用工比和工效比需要定义:

$$用工比 = \frac{雇用国内或当地工人数目}{雇用工人总数目}$$

$$工效比 = \frac{当地工人的工效}{国内工人的工效}$$

就有

平均工资单价 = 国内派出工人工资单价×国内派出工人用工比 + 当地雇用工人工资单价×当地工人用工比÷工效比

国内派出工人工资单价计算如下:

国内派出工人工资单价 = 国内工人出国期间总费用/(出国人员人数×出国天数)

工人出国期间的费用包括从工人出国准备到回国休整结束后的全部费用。主要包括:

1. 国内派出工人工资总额(包括回国休假期间发放的国内工资)

2. 派出人员的企业收取的管理费

3. 置装费

4. 国内旅费(包括出返国及回国休假期间发生的国内旅费)

5. 国际旅费(包括出返国及回国休假期间发生的国际旅费)

6. 国外伙食费补助

7. 艰苦地区津贴

8. 人身意外险的保险费和个人所得税税金

9. 办理护照、签证、健康证明、免疫证明的费用。

毫无疑问,工人在国外时间越长,工人工资单价就越低。

出国工作期限确定后,扣除出国工作期间的节假日(包括中国的和东道国的)、病假和因天气影响的停工日,就可得出出国工作天数,进而算出国内派出工人的工资单价。

当地雇用工人工资单价,应包括下列费用:

1. 各工种日加权平均工资

2. 带薪法定假日、休息日工资(如有的话)

3. 夜班费、平常日加班工资(如有的话)

4. 按当地法律由雇主支付的税金、保险费

5. 招募费和解雇时须支付的补偿金

6. 工伤事故应付的赔偿金、医疗费

7. 上下班交通费

8. 午餐伙食补助费用(为了提高下午的工效可免费提供当地工人午餐)。

以上各项以第一项为基础,根据经验乘上个大于 1 的系数,管理得法此系数可以缩小。

根据以往工程的实践,人工费大约占到总价的 20% ~ 30%,高于国内工程的比率,确定一个合适的、有竞争力的工资单价,对于中标是十分重要的。

二、材料、设备(永久性设备)单价的计算

国际承包工程中材料、设备的供应有三条渠道,即当地采购、国内采购和第三国采购。当地主要采购沙石、水泥、商品混凝土、木材等。国内采购,第三国采购主要采购钢材、建材、设备等,究竟从何处采购主要根据材料,设备的功能、质量,价格,供

货条件和当地的法律法规来确定。采购者应多方询价,货比三家,收集材料设备的样本、参数、证书、样品等,最后择优选用。在投标阶段要求供货商作价格承诺书,一旦中标采用他的材料或设备就按承诺价格执行。

1. 当地采购的材料、设备单价计算。如果供货商送货到工地,直接采用他的报价作为材料设备单价;如果不负责送货则采用下列公式计算:

材料、设备单价 = 市场价 + 运杂费 + 运输保管损耗

2. 中国国内或第三国采购,可用以下公式计算:

材料、设备单价 = FOB 价 + 海运费 + 保险费 + 港口装卸费 + 提货手续费 + 清关费 + 商检费 + 关税 + 其他附加税 + 陆路运输费 + 陆路保险费 + 临时仓储费 + 采购发生的旅差费等 + 运输保管损耗 + 其他费用。

中国国内的钢材、建材、设备价格有竞争力,再加上国家对国际承包工程业务带动材料设备出口在出口税收、信贷等方面有优惠政策。因此,一般上述材料设备从国内采购。

三、机械台班单价计算

国外承包工程施工机械有两条途径解决。一是自行购买,二是如果施工机械使用率不高就租赁设备。如是后者,台班单价就采用调查所得的市场租赁价格;如是自行购买设备,台班单价计算方法如下:

台班单价 = (基本折旧费 + 安装拆卸移动费 + 维修费 + 保险费)/设备总台班数 + 机上人工费 + 燃料动力费

1. 基本折旧费 = (机械原值 - 余值) × 折旧率

"余值"是指设备折旧完后的残值,可以考虑为零。

"折旧率"可根据工作年限长短确定,一年工期的折旧率为 40%,二年的为 70%,三年的为 90%,四年的为 100%。后续工

程可能性不大的,一次折完。因此,不计算大修费用。

2.设备总台班数,即折旧期限内机械工作总台班数。一般工作饱满的可按每年200台~250台班计算。

3.安装拆卸费、设备移动费。根据施工方案按可能发生的费用计算。

4.维修费,参照国内的定额估算,包括维修,配件、工具和辅助材料消耗。

5.保险费,指施工机械设备保险费。

6.燃料动力费,按消耗定额乘上当地燃料动力基价计算。

7.机上人工费,按操作工日基价乘以操作人员数目计算。

四、分项工程的直接费

在计算了人工、材料、设备和机械台班的基本单价,并根据施工工艺、人工技能、施工机械工效和材料消耗水平确定单位分项工程中工、料、机的消耗定额,就可算出工程量清单中的每一项分项工程的直接费。

在确定工、料、机消耗定额时,要根据国外工程的具体情况,参照国内有关部门或地方相同或相似的分项工程消耗定额,在测试或实践过的基础上作相应的修改,在取得经验之后可制定出企业在该国承包工程实用的消耗定额用以指导相应的投标计算活动。该定额成熟之后可稳定一段时间,在情况发生较大变化之后再作修正。

计算分项工程的直接费,还需要注意:

1.要注意把业主在工程量清单中未列出的工作内容而实际工程施工时又必不可少的项目及其单价补充上去。如砌筑、框架混凝土工程都需要脚手架工程,投标者就应把脚手架工程的单价加到上述工程的直接费中去,不可遗漏。

2.市场价格波动大时,采用的施工工艺不同时,设备更新更先进的型号时,工人技术水平、工效提高较大时,直接费要做相应调整。

将各分项工程的直接费用相加就得到整个工程的直接费,这在以后标价计算时要用上。

五、间接费

国际承包工程间接费的项目多、费率变化大,整个标价的高低与间接费的取费水平有很大的关系。在计算间接费之前,应注意研究招标文件是否单列了有关费用,如拆迁费、临时道路费、保险费等,如果列了就不要再计入间接费。下面把一般工程可能发生的间接费用分述如下:

(一)投标期间开支费用

1.购买招标书的费用及快递费用。

2.投标期间差旅费,指派人到工程所在地进行现场勘察、投标、参加开标会的机票、车票、食宿补助费、通讯费等。

3.标书编制费,包括投标组在编制标书过程中发生的人工费、办公费(包括复印费、通讯费、翻译费、纸张费、装订费、办公用品等开支)。

以上费用由于有现成数据,可参照此前发生过的费用据实计算。

(二)保函手续费

国际承包工程须出具投标保函、履约保函、预付款保函和维修保函。银行在为承包商出具这些保函时每本须按保函金额的1%~5%收取手续费,不足一年按一年计。由于会发生保函期延长的事宜,承包商须向银行申请延长保函期不足一个季度的按一个季度收取保函手续费。确定了开具保函银行,保函金额和保函期间,就可算出保函手续费。

(三)保险费

承包工程的保险项目一般有工程保险、第三者责任险、人身意外险、材料设备运输保险、施工机械险等,上述的最后三项保险的费用已计入工、料、机的单价。

1. 工程保险。为了保证在工程建设期间,对因自然灾害和意外事故给工程造成破坏的损失能够得到补偿,一般招标文件要求承包商购买工程保险。可以向国内保险公司也可向国际上有信誉的保险公司投保,投保额度按总标价计,保险费一般为总标价的 1%。

2. 第三者责任保险。在工程建设过程中可能对第三者造成财产损失和人身伤害,为免除和降低对承包商的赔偿责任,应投保第三者责任险,一般的招标文件都规定了第三者责任险的投保额度。

保险费 = 投保额度 × 保险费率

3. 人身意外险,在工程建设过程中也有可能对施工的中方人员或外方人员造成伤害,为了保障对受伤害人员的治疗和赔偿,减少承包商的赔偿责任,中国和东道国的有关法律都规定为施工人员购买人身意外险,保险费计入间接费中(如在人工费中计入了,此处不重复计算)。

(四)税金

不同国家对外国承包商课税项目和税率各不相同,常见的课税项目有:1. 所得税 2. 营业税 3. 合同税 4. 产业税 5. 地方税 6. 社会福利税 7. 社会安全税 8. 养路和车辆牌照税。关税已计入材料、设备的直接费中。

上进各种税收中,以利润所有税、营业税的税率较高,有的国家利得税高达利润的 33%,营业税达营业额的 5%。

为了征税的方便有的国家由业主代缴代扣营业额的 7.5%,以后结算时再多退少补,退是几乎不可能的。

有的国家对世行项目等外援项目免征关税等税收,这些也往往是先征后退,免税必须在合同中说明并获东道国有关方面认可。

(五)业务费

这部分费用包括监理工程师费、代理人佣金、法律顾问费。

1. 监理工程师费。监理工程师是受业主之托,负责工程监理和处理有关问题,监理工程师费用是指承包商为监理工程师创造工作、生活条件而开支的费用。主要包括办公用品、办公和居住用房(包括全部设施和用具)、交通车辆等费用。一般招标文件会明确注明具体开支项目,投标者可照章计算并在工程量清单中把这笔费用单列。

2. 代理人佣金。承包商为了投标和承揽项目往往会聘请代理人,付给代理人佣金。这笔佣金可计入业务费算到间接费中。

3. 法律顾问费,承包商往往需要雇用当地法律顾问,以指导涉及当地法律的工作。承包商一般为法律顾问支付固定月工资,并为法律诉讼事项支付诉讼标的一定比例的律师费。

(六)临时设施费

临时设施费包括全部生产、生活和办公设施、施工区内的道路、围墙及水、电、通信设施等。以上各项如果在工程量清单上未单独列出,则应在做施工组织设计时提出,并一一列项计算,并汇总进间接费中去。同国内临时设施相比,住房、仓库面积可适当减少,因国外工人不考虑住房,材料一般由供应商送到施工现场,现到现用,但住房标准略高于国内标准。

(七)贷款利息

承包商支付贷款利息发生在以下两种情况:一是项目的开始阶段,业主支付的预付款还不足以支付承包商前期的启动资金和垫付款;二是在项目运行之中,业主的工程款未能及时到位,占用银行部分贷款,在作价时需要将这笔贷款的银行利息计算在间接费用内。

（八）项目管理费

这部分费用的项目多、费用大,可能占到总报价的10%左右,在报价时而且容易漏项,因此需格外小心,支付费用的项目包括:

1.项目部管理人员和后勤支持人员的工资。这部分人员的工资标准由公司制定,岗位由公司定,人数应从严控制。

2.办公费。包括打字、复印、通信设备、传真、电话、网络通信费、文具纸张、水电费等。

3.旅差交通费。指人员出差、探亲、回国述职发生的差旅费和国内工资、福利费等。

4.医疗费。包括全部人员在施工期内除医疗保险支付之外的医药费。

5.劳动保护费。赈置工地劳保用品,如防护网、隔离罩的费用。项目部人员的个人劳保用品也计入此项。

6.生活用品购置费。如卧具、餐具、炊具、家具等。伙食补助也应计算在内。

7.固定资产购置费。这是指办公、生活用车、空调、冰箱、彩电等。

8.交际费。从投标开始到竣工都会发生这笔费用。包括餐饮费、礼品费、外方人员访问中国的接待费等,一般以总价的1%左右计入。

9.处理风险应急事件的准备金。现在在国外会发生偷盗、抢劫、人身伤亡,重大疾病等重大事件,善后处理会发生一笔费用,应考虑准备一定费用。

六、分包费

有时由于项目规模和涉及专业的考虑,承包商在征得业主同意后将其一部分工程分包出去。在投标报价时,有两种方法处理:一是将分包商的报价列入直接费,在考虑间接费时包括对分包商的管理费,这部分的直接费要加上从总间接费中分摊的部分;二是将直接费、间接费、分包费平行列支,间接费不考虑分包商给承包商的管理费,而分包费包括应向承包商缴纳的管理费。不管上述哪种方法,分包商的缴纳管理费不应遗漏,一般缴纳管理费占分包商报价的 10% ~ 15%。

除了上述的分包方式外,还有两种国际惯用的分包方式。一种是由业主将部分工程分包出去,由一家主承包商提供必要的工作条件(如供水、供电、交通)以及协调施工进度等。这时主承包商可向业主或次承包商收取一定的管理费。次承包商分担了主承包商的部分项目管理费。

还有一种即"指定的分包商"。这里在招标书中由业主或工程师指定分包商,由他们提供材料、设备或工程服务。这类分包商的费用经工程师批准在"暂定金额"中支付。

分包管理费指在施工过程中对分包商管理所需的费用。而分包商使用承包商的设施,如使用承包商的施工机械(如混凝土拌和机、碎石机等)、生活设施(食堂、卫生站)、办公设施、实验室、仓库、水电动力,则应另行支付费用。

七、公司本部盈余、管理费

公司本部管理费是公司对项目部收取的管理费,据统计约为工程总成本的 2% ~ 5%。

盈余包含项目利润和风险费。项目利润就是投标者计入标价计划获取的利润。风险费是投标者应对不可见风险预留的准备金。如果预计的风险没有发生或没有全部发生,则风险费有剩余;剩余的风险金和计划的利润加在一起就是实际利润。如果风险费估计不足,则只有用计划利润来弥补;如果亏损得厉害,甚至不能向公司交纳管理费还要公司来承担亏损。据统计资料表明,风险费约为工程总成本的4%~6%;投标时,应根据工程的性质、规模及环境,对风险进行评估、逐项分析后确定一个合适的百分比。

国际承包工程市场竞争激烈,为了打入一个市场,根据国际工程项目低价中标特点,一般采取保本微利的原则,计划利润定在总成本的5%左右,盈余定在9%~11%之间甚至更低。

八、暂定金额

暂定金额(Provisional Sums)又称待定金额或备用金。这是业主招标文件明确规定了数额的一笔金额,是业主为项目筹集资金时准备的一笔备用金,以备不时之需。承包商在计算标价时应将此暂定金额加上去作为总报价报上去,但承包商一般无权使用这笔资金,只有在变更令发生和索赔成功时,经工程师签字才能部分或全部地动用它,当然也可能不动用它。

九、确定工程单价

有了前面所述的分项工程的工、料、机相加的基础单价,乘上工程量清单标明的分项工程数量,得到分项工程的直接费,汇总后得到整个工程的直接费。前面已算出整个间接费总额,就可得出工程总成本。用公司本部管理费和盈余的取费率,可算出这两项费用总金额,再加上间接费总额得到广义间接费总额,用它除以直接费,就可确定项目广义间接费与直接费的比率。有了它就可以利用各分项工程的直接费算出各项分项工程分摊的广义间接费,直接费与分摊的广义间接费相加就得到各分项工程的单价,填入工程量清单就可计算各分项工程报价和工程总报价。以上采用的是间接费平均摊入,根据报价策略还可采取早期摊入和递减摊入法,这只是加快资金回收回避或减少风险的技巧而已。

第五节　单价分析

现时的国际承包工程签署的大多是单价合同,报量计价都是以各分项工程的单价为依据。报出的单价不仅影响中标与否而且直接决定项目实施后盈利与否。因此,投标前对各分项工程进行价格分析是必要的。

一、单价分析的概念与方法

单价分析(Breakdown of Prices)也称为单价分解,就是对工程量清单上所列项目须报出的单价进行分析、计算和确定,也即通过计算各分项工程单位工程的直接费和分摊的间接费,盈余和公司总部管理费之后得出各分项工程的单价。

有的招标书要求投标者对部分项目要提供单价分析表,即使有的招标书不要求报单价分析表,但投标者除去对自己有经验的、有把握的分项项目外,必须对工程量大的、对工程成本起决定作用的、没有经验的和特殊的项目进行单价分析,以使投标报价建立在一个可靠的基础上。

(一)单价分析的步骤和方法。

单价分析一般列表进行,这里是先介绍各项费用的计算。

1. 直接费 A,包括

(1)人工费 a_1,分为普工、技工和班长三项,也可不分。根据人工定额可求出完成此分项工程的所需的工时数,乘以每工时的单价就可得到完成该分项单位工程的人工费。每工时人工费单价的分项计算前面已有叙述。

(2)材料费 a_2,根据定额可确定分项单位工程所需材料品种和数量,乘上材料单价就得到单位工程的材料费 a_2。

(3)台班费 a_3,根据定额表可求出分项单位工程所需的各种施工机械的台时,乘上各种机械台时的单价,相加就可得出分项单位工程的台班费 a_3。

直接费 $a = a_1 + a_2 + a_3$

该分项工程的直接费 $A = a \cdot q$

该工程直接费 $A = \sum_{i=1}^{n} a_i q_i +$ 永久设备费

注:永久设备费含招标书中要求安装的永久设备的购置费、运输费、安装费、调试费以及备件费。

2. 间接费 B. 间接费的详细计算按照前一节列举的全部间接费项目的总和 $\sum_{i=1}^{m} b_i$ 求得,与所有单项工程的直接费总和 A 相比,求得间接费比率系数 I

$$I = \frac{B}{A}$$

一个有经验的承包商亦可以根据本公司过去在某一国家承包工程的经验,直接确定一个间接费比率系数,然后用 I 乘上直接费 A,求得分项单位工程分摊的间接费 B。

$$B = IA$$

3. 该分项单位工程成本 $\omega = A + B = A(1 + I)$

4. 利润、风险费和总部管理费率 j

$$C = \omega j$$

C 为分项单位工程的盈余,管理费

一般国外工程 j 取 $12\% \sim 21\%$,取这个数据要根据自身,竞争对手和工程条件的具体情况而定,为了进入该市场可取其下限,以使报价具有竞争性。

5. 分项单位工程的单价 u

$$u = \omega + C = (1 + j)\omega = A(1 + Ⅰ)(1 + j)$$

6. 各分项工程报价为 uq，q 为分项工程的数量。

7. 工程总报价 U

$$U = \sum_{i=1}^{n} u_i q_i + 分包工程费用 + 暂定金额$$

其中分包工程费用、暂定金额见前面所述。

二、单价分析案例

本案例为埃塞俄比亚社保大楼混凝土单价分析。

（一）当地材料的考察

埃塞俄比亚国家私人企业社保大楼工程位于首都亚的斯亚贝巴市区内。混凝土的组成主要是水泥、水、细骨料、粗骨料、需要时掺外加剂和矿物混合材料，按适当比例配合，经过均匀拌制、密实成形及养护硬化而成的人工石材。埃塞俄比亚当地有本国水泥厂和外资水泥厂，生产各级别的普通硅酸盐水泥，当地有河砂和机制砂生产，有碎石厂，有粉质减水剂出售。混凝土成本主要由人工费、材料费、施工机械使用费及税金等组成，其中材料费占混凝土成本比重最大，约占 40% ~ 60%。

（二）对原材料取样进行物理和化学实验；

对当地原材料水泥、砂、碎石、自来水、减水剂、泵送剂等在监理和业主代表的监督下取样送至业主认可的第三方实验室进行检测，并出具合法的检测报告。

（三）混凝土试配报告

根据实验室出具的原材料实验报告，在业主、监理指定的实验室进行混凝土强度的试配工作，从强度 C10 – C45 每个级别的混凝土进行试配，并出具最合理的混凝土配合比。以 C30 强度的混凝土为例：

C30 混凝土配合比

当地实验室配合比	混凝土水灰比 %	含砂率 %	坍落度 cm	1 立方米混凝土材料用量(kg)					混凝土密度 kg/m³	备注
				水泥	砂	石	水	外加剂		
	0.47	39	160	377	706	1151	166	3.3		2380	

（四）混凝土价格组成

1. 直接费用

直接费用包含人工费、材料费和施工机械使用费。其中人工费是指混凝土施工中人工各项开支所产生的费用，一般由基本工资、辅助工资和工资附加费组成。材料费用是指混凝土施工中水泥、砂石、掺合料等材料费用。施工机械费用是指混凝土施工中，机械折旧费、维修费和燃料等费用。

2. 其他直接费用

为了保证混凝土搅拌，需要做好防雨、保温和排水等工作。如在冬季，雨季施工时间，需要以保证混凝土质量为前提，增加相关防范措施，这些措施所产生的人工及机械使用等费用，均属于其他直接费用。另外在夜间施工时，需要增加现场照明费用。其他如施工使用费用、检测费用、定位测量费用、场地清理费用等，也均属于其他直接费用。

3. 临时设施费及现场管理费

在工程施工现场，因为施工需要，会产生较多临时设施，这些设施的建设、维修、拆除等均需要费用。由于施工需要，现场需要供风、供电、供水、通信等设施，这些临时设施所消耗的费用为临时设施费。也会产生现场管理费用，它包含管理人员的基本工资、辅助工资、工资附加费等。另外现场管理人员所产生的办公费用、水费、电费、取暖及降温费用等，均属于现场管理费用。

（五）混凝土材料供应及价格

1. 水泥:埃塞国家水泥厂,德尔巴水泥厂的普通硅酸盐 42.5 型号水泥价格为 3050 比尔/每吨。

2. 河砂、中粗砂:当地的河砂、中粗砂供应充足,交通方便,质量有保障,其综合单价为 455 比尔/每立方。

3. 碎石:碎石分布在亚的斯亚贝巴的郊区,交通运输方便,资源丰富,其综合价格为 437 比尔/每立方。

4. 减水剂、泵送剂:当地市场供应充足,主要是进口品牌,其综合价格是 45 比尔/公斤。

5. 自来水:当地供应价为 36 比尔/吨。

6. 电力:2.15 比尔/千瓦·小时。

7. 土工布:当地有充足供应。30.3 比尔/平方米。

(六)混凝土的其他费用

1. 人工费:当地劳务充足,价格便宜,但工效低下。根据测算,每 3 个当地工人相当于国内一个工人的工效,每立方米混凝土需当地普工 2.13 个工日,技术工 1.74 个工日,普工当地工人每工日单价 180 比尔,技术工当地工人每日单价 300 比尔。

2. 上级管理费及盈余:根据埃塞俄比亚当地情况测算,当地货币贬值快,平均每年政府确认的贬值率大约为 10%。埃塞当地条件差,物资匮乏,公司总部管理费开支相对较大,综合考虑取 10%。项目利润加风险金取 15%,三项合并综合考虑盈余取 35%。

3. 项目间接费取项目直接费的 30%。

4. 台班费含设备折旧费和设备维修费。搅拌站设备按最低现场配置设计,有配料机。双锥反转出料搅拌机、地泵、混凝土布料机和装载机共投入 150 万元人民币,折合当地币(2017 年初汇率为 1 元 = 3.8 比尔)570 万比尔,五年摊销完,每年摊销 114 万比尔。本工程从开工到竣工历时 4 年,共浇筑混凝土 3

万立方,摊销到每立方混凝土为 114 万 ×4÷3 万 = 152 比尔/立方米,根据统计四年的维修费摊到每立方混凝土为 8 比尔/立方米,合计每立方混凝土台班费为 170 比尔。

5. 运输费用:现场搅拌混凝土,采用拖式地泵车输送至各层平台,不考虑该项费用。

6. 税金,埃塞俄比亚政府收取 15% 的增值税。

7. 根据上述各项费用计算框架柱混凝土浇筑单价(见下表)

混凝土价格之组价测算:

框架柱混凝土浇筑单价分析表

框架柱	C30 混凝土	总工程量	1000m³		
	费用说明	单位	数量	单位(比尔)	合计(比尔)
人工	普工	工日	2124.9	180	382482.00
	技工	工日	1738.8	300	521640.00
	碎石	m³	1151	437	502987.00
材料	水泥	t	377	3050	1149850.00
	中(粗)砂	m³	706	455	321230.00
	外加剂	kg	3300	45	148500.00
	土工布	m²	91.2	30.3	2763.36
	水	m³	166	36	5976.00
	电	kW·h	2146.6	17	36492.20
机械	混凝土搅拌站维修,折旧折合计算	m³	1000	170	170000.00
	直接费				3241920.56
	间接费 30%				972576.17
	工程总费用				4214496.73
	公司总部管理费及盈余 35%				1475073.85
	总计(不含税)				5689570.58
	总计(含 15% 增值税)				6543006.17
C30 框架柱混凝土含税单价 = 6543006.17/1000 = 6543 比尔/m³					
备注 1:人工费,材料费参照湖北省 2018 年费用定额					
备注 2:埃塞人工效率暂按中国人工效率的 1/3 计算。					

第六节　投标报价计算案例

本案例主要介绍投标报价步骤和方法,文中计算数字,无参考、引用和论证价值。

一、工程简介

非洲某国某市建一垃圾填埋场,包括两个大型垃圾处理堆放坑,七个污水处理结构池,中间用马路相连,工程南边紧靠一条公路,其他三面相邻为森林及部落,工程附属设施包括管理用房,磅房、磅秤、门卫室、植草皮、围栏等。

工程场地面积约 245000m²,其中各污水池及坑约占总面积的四分之一,二个垃圾坑落在地势较高处,七个污水池位于山坡下。临时建筑在场区马路的对面。

工期为一年,质量目标确保合格工程,争创优良工程。

土方工程的施工方法主要采用挖机和推土机,主要挖方工作量约 12 万方,填方为 3 万方。

工程主要使用的物资材料有砂石、卵石、土工布、水泥、钢筋、金属构件,磅秤等。

二、招标文件概要

非洲发展银行投资,国际公开招标,英国咨询工程师,FIDIC土木工程施工合同条件,BS 技术规范。

三、现场调查

该国政治稳定,盛产黄金、可可和木材,是非洲西部较为发达的国家。该国沿海平原属热带雨林气候,北部高原地区属热带草原气候。4 月至 9 月为雨季,11 月至次年 4 月为旱季。西南部平均年降雨量 2180 毫米,北部地区为 1000 毫米,矿产资源丰富,主要矿产有黄金、钻石、铝矾土、锰矿、铁矿、红柱石、石英砂和高岭土。

四、复核工程量

对照图纸复核招标文件工程量表中的工程量,基本无出入。

五、制定施工规划

1. 主要是土方和钢筋混凝土工程量,土方 8 万方,粘土 53000 平方,钢筋 18000 公斤,混凝土 800 立方,道路 7.2 公里,水电管线长 6 公里,地面清理 20 公顷。七个污水池底部铺无纺布。由于施工主要是采用挖掘机、推土机、自卸汽车、平地机,压路机,技术并不复杂,故决定工程全部自己干,不分包工程。当地有一批刚下场的韩国公司修公路项目下场设备,故决定不购置设备,设备全部租韩国公司的,且租赁费低廉。

由于该国商品混凝土比较发达,且价格较低,采用购买方式,可省去建搅拌站和相应操作和管理人员。

该国劳工比较充裕,能吃苦、技术合格、价格低,除班组长等骨干工人外全部雇用当地工人。

六、计算工、料、机单价

1. 人工单价,按中、外工人 1:10 配备工人,当地熟练工人每月工资 250 元 – 300 元不等,机械手工资 500 元左右(计入台班费)。考虑到施工期(12 个月)工资上升系数 10%,招募费、保险费、各类规定的费用和津贴、劳动保护等,再增加一个 15% 的系数,故工日基价为:

普工 250 × 1.25 ÷ 22 = 14.20 元/工日(人民币)

按照施工进度计划计算用工数,折成熟练工 180 人。

2. 材料单价。根据考察,钢筋、无纺布、铸铁件需要从中国进口,其他建材都可从当地市场采购,统一转换成以人民币计算的施工现场价格,分项列出材料单价表。

3. 施工机械台班单价。

由于设备全部从韩国公司租赁

台班单价 = 韩方要价 × (1 + 0.1(管理费)) + 操作手日工资 + 燃油动力费

其中:燃油动力费 = 设备额定功率 × 燃料额定消耗 × 油耗利用系数 × 燃油单价

七、计算分项工程直接费

算出了人工、材料、设备台班费单价后,在采用国内定额基础上调高一个系数,人工定额考虑当地工人技术水平、工作效率可调高百分之三十至五十,设备台班费可不调或少调。这主要根据公司以往在该国经验确定。

八、分包价格计算

本项目有铺草皮等项目等分包给当地部落,价格是分包商实际报价乘上管理系数 1.1。

九、计算间接费

1. 投标开支费用,包括:购招标书费用 50 美元;投标差旅费,共四十人次,每人次在外平均天数 20 天,每人次含机票约 16000 元,标书编制费 20000 元,小计 180000 元。

2. 保函手续费。招标文件规定,投标保函为投标报价的 2%;履约保函为合同价的 10%(15 个月),预付款保函为合同价 20%,维修保函为合同价的 5%(12 个月),合同价为 1000 万元人民币,银行开保函手续费每年为 0.4%,保函手续费总值为 $10,000,000 × (2\% × 0.5 + 10\% × 1.25 + 20\% × 1.25 × 0.5 + 5\% × 1) × 0.4\% = 12,400$ 元

3. 保险费。投保工程一切险和第三者责任险,当地保险费率为 0.24%。$(10,000,000 + 1,000,000) × 0.24\% = 26,400$ 元

4. 合同税,利得税(预扣)

$10,000,000 × (3.3\% + 7\%) = 1,030,000$ 元

5. 经营业务费,包括:

(1)代理佣金。按合司签订的代理合同条款支付合同总价的 6%,应支付 10,000,000×6% =600,000 元

(2)业主和咨询工程师费用:

建现场办公室,

50×3,000 =150,000 元

现场人员 2 名,平均每人每月开销

10,000 元(包括加里费、办公费、水电、汽油费等)

10,000×2×12 =240,000 元

(3)法律顾问费。聘请常年法律顾问一名每月支付 6,000元。出庭费按诉讼标的 10% 付费。

6,000×12 =72,000 元

6. 临时设施费。临时设施包括住房、办公室、食堂、会议室等,共需 150 平方,每平方造价 600 元

150×600 =90,000 元

仓库,工棚 1,000m²,每平方造价 100 元

1,000×100 =100,000 元

7. 贷款利息。

本项目无银行贷款,向总部借款约 100 万元,利息计入总部管理费中。

十、施工管理费

1. 管理人员工资,共六人

经理 1 人:月薪 12,450 元(含工资、加班费。现场津贴,以下同)。

副经理 1 人:月薪 10,790 元。

总工 1 人:月薪 10,790 元。

会计 1 人:月薪 9,960 元。

材料兼采购 1 人:月薪 9,130 元。

出纳兼测量 1 人:月薪 9,130 元。

合计:(12,450 + 10,790 + 10,790 + 9,960 + 2 × 9,130)× 12 = 747,000 元。

2.人员其他费用

置装费,每人 1,000 元。

往返机票,每人 15,000 元。

签证费,每人 300 元。

入境手续费,包括体检、劳动合同、劳工居住证等,每人 600 元,护照费每人 35 元。

小计:(1,000 + 15,000 + 300 + 600 + 35)× 6 = 101,610 元

3.办公费,包括各种办公用品,如日常文具、信封、纸张等,共计 6,000 元。

4.通信、水电费,共计 47,000 元。

5.差旅交通费,共计 50,000 元。

6.医疗费,每人按 100 美元计。

100 × 6 × 8.3 = 4,980 元。

7.劳动保护,包括工作服、鞋。每人按 30 美元计。

30 × 6 × 8.3 = 1,494 元

8.生活用品购置费。包括炊具、卧具、冰箱,卫生用品等共计 39,000 元。

9.固定资产使用费。折旧费率取 0.5,维修费率取 0.2。

(1)旧四轮驱动匹卡一辆,10,000 美元购入。

10,000 × 0.7 × 8.3 = 58,100(元)

(2)生活和管理设施,包括复印机、计算机、空调、办公桌椅、电视机、录像机、照相机等共计 35,500 元。

10.交际费,取合同总价的 1%

$10,000,000 \times 1\% = 100,000$ 元.

小计:施工管理费 $1,190,684$ 元

综合以上,计算出直接费 $A = 9,743,532.92$ 元。

间接费 $B = 3,691,484$ 元

得出间接费率 $I = \dfrac{B}{A} = \dfrac{3,691,484}{9,743,532.92} = 37.89\%$ 。

十一、上级管理费

上级管理费,按公司规定上缴 4% ,即 $400,000$ 元。

十二、盈余

盈余 = 不可预见费 + 预期利润。

为了进入该国市场,该项目风险又不是很大,取盈余为 5% (一般可取 $10\% \sim 15\%$)。

十三、单价分析

对工程量清单的每一个单项算出单项的直接费 A,加上分摊的间接费 bA,两者相加后,再加上分雄的不可预见费和预期利润,总部管理费,得出上报的单价,然后进行单价分析,主要看采用的定额是否合乎实际,算出的单价是否符合当地情况,是否有竞争力。

十四、汇总投标价

将上述的工程量清单中的单项汇总,即可得出总标价的初稿。用这个总价再复算各项间接费的待摊费用,如保险费率、佣金、税收、利息、不可预见费和预期利润是否合适,如不合适,对待摊比例进行调整,进而进行单价和总价的调整。

十五、标价决策

为使报价科学民主决策,报价小组要整理出供决策者使用的工程标价构成表(见表 4 - 1),向决策机构汇报时,对材料取费、人工费取费、台班费取费情况和竞争对手历史报价表现进行

分析,以便最终把上报价格确定下来。

工程标价构成表

表4－1

工程量清单汇总 概览摘要	金额(人民币)
A 表:一般项目	333,658.22
D 表:拆除和清除	125,701.98
E 表:土方工程	2,736,455.59
F 表:混凝土工程	137,907.4
G 表:混凝土辅助设备	79,876.1
H 表:预制混凝土	11,301.13
I 表:管道工程	679,998.09
J 表:管道与阀门	10,138.14
K 表:排水洪	341,444.68
L 表:额外挖掘工程	74,538.54
N 表:杂件金属制品	18,109.09
R 表:道路及辅路	4,156,373.32
U 表:砖瓦工程、砌块工程和石造建筑	2,840.69
X 表:杂项	697,901.65
建筑物总计	748,407.99
电气工程总计	41,607.62
表格合计　　　　　　　　　　　　(A)	9,743,532.92
暂定金额　　　　　　　　　　　　(B)	395,381.82
扣除暂定金额后金额　　(C)=(A)-(B)	9,348,151.11
不可预见费　　　　　　　　(C)的5%	467,407.56
和预期利润　　　　　　　　(C)的10%	934,815.11
计日工:人工费　　　　　　　　　(E)	11,858.59
计日工:材料费　　　　　　　　　(F)	281,367.96
计日工:台班费　　　　　　　　　(G)	365,753.34
净标价　　(H)=(A)+(D)+(E)+(F)+(G)	11,704,735.08
调减价　　　　　　　　　　　　(I)	2,751,214.10

中标价	(J) = (H) - (I)	8,953.521.38

备注:(D)为不可预见费加预期利润。

第五章　投标策略和作价技巧

第一节　投标的策略

国际承包工程市场竞争激烈,一个项目发标往往招来十几家甚至几十家承包商参与投标。发达国家承包商经验丰富,技术先进,财力充裕,人才济济;当地承包商占地利优势,投标成本低,人脉广,情况熟,受当地政府和政策的支持,得到合法和不合法的保护。在此环境下又加上众多国内同行参与竞标,甚至窝里斗使得我们在国外中标概率低,因此,制定清晰的公司战略,组织强有力的投标班子,采取行之有效的投标策略和作标技巧就显得尤为重要,值得认真研究与分析。

一、投标策略运用应考虑的条件

兵法上说"知己知彼,百战不殆",我们投标时策略的运用也应了解自己公司的实力和状况。同时也要了解对手的情况,这个对手既包括业主的情况也包括参与竞标的其他承包公司的情况,比如2000年前后在赞比亚国内有一家公司屡次投出比第二标低百分之十几的标,后来我们知道这家公司参与投标就干脆放弃,因为与这个公司竞标既浪费金钱又浪费时间和精力。

(1)考虑自身企业的条件,企业的战略布局和长期目标。

先看企业自身的人力、财力和物力状态,已经做过的项目,正在实施的项目和是否符合自己的战略规划和布局,确定是否投标和采用什么方式投标,一般方式有:自营、联合、分包。自营方式一般用于自身力量足够,专业熟悉,风险不大的项目;联合方式适用于大型、专业性强、风险较大的项目；分包方式适用于量大利润薄、技术不复杂的项目，分包方一般与本公司有多年合作历史，有良好的合作关系。做标时配合默契可报出有竞争力的标价来，合作共赢。此方式在本公司人力处于瓶颈状态时特别适用。

为了打入新市场时可采用保本微利的策略，但不要做亏本标，新市场做亏本标的风险容易放大。

（2）了解业主的情况和历来的做法。

世行、非发行、亚行、亚投行项目的业主一般是各国政府部门，这种项目资金大多有保障，各国政府配套资金一般占项目总资金的百分之三十至百分之五十。还要看支付货币的种类，是美元还是当地货币或者两者兼而有之，各占多大比例。当然是美元比重大好，这样可以规避货币贬值的风险，非洲国家货币一年贬值百分之十几是常见的，有的国家贬值一倍甚至几倍，货币贬值的索赔是很艰难的。所以我们要争取美元支付、人民币支付甚至用石油、木材、金属矿产实物支付，尽量避免或少用当地货币，在承包合同中明确货币的贬值补偿计算公式来克服支付货币的贬值带来的损失。实在避不了货币的贬值，那就在标价中把贬值预期损失做到成本中去，或者不接工期长的项目，争取项目允许提前交付等。对私人筹资的项目，则必须要求业主有足够存款或资金来源可靠，否则只能在项目实施中有多少付款干多少活，切不可拿自己的钱贴上去。

业主要求技术先进质量上乘的标价可高一些，要求工期偏紧的标价可高一些。

（3）摸清购买标书的各个承包商的情况和习惯做标方法。

参与竞标的承包商是我们投标竞价的对手，知彼就是知晓他们，遇到欧美发达国家承包商他们的技术标得分会高，因此我们在经济标即标价上压价一些,使得我们总得分不逊于他们。遇到发展中国家承包商,我们把技术方案做先进、完备一些,采用新技术、新工艺、新设备、新材料,即使我们是第二标、第三标也有可能中标。我们在埃塞俄比亚的新戈煤田勘探项目就以数字地图先进技术虽然是第三标最后也中了标。遇到不要命的做超低标的公司我们不与他们硬碰,规避他,如果是中国公司我们可请求大使馆经商处进行协调,以免在中国公司内部自相残杀。把利益都给了业主把亏损留给了自己。方法一是不管谁中标都分包一部分给其他公司,方法二是这次大家保甲上,下次保乙上,轮流做庄,肥水不流外人田。但此做法一是标价要在业主预期范围内,二是内部协调仅限于内部,一定做到内外有别。

(4)吃透标书、现场踏勘、澄清问题。

仔细阅读标书,搜集数据,查找各种技术标准,一定要实地踏勘施工现场获取一手的数据和资料,然后在此基础上向业主要求澄清问题,提问后业主会将所提问题及答案向所有投标者公布,因此要注意:

1)对招标文件中出现的错误而又对投标者有利之处或含糊不清对承包者有利之处不要提出澄清,将未来的有利之处收入囊中。

2)不让其他投标者从我方提问中摸到我所思所想和我方技术方案之底细。

3)对做标必须弄明白的合同条件,工程范围,招标文件与图纸相互矛盾之处、技术规范不明确等,需业主进行澄清和解释,所有提问和澄清均须书面做成。

4)投标价编好后,是否合理正确逼近中标,应采用工程报价宏观审核指标进行分析判断。

5)编制施工进度表是否合理会影响工程竣工时间,须注意以下几点：

①施工准备阶段，关键是掌握好设备进场时间，如果在东道国没有现成设备或租不到相应设备，则须安排好本国或外国的采购，算入设备制造期和运输期、通关时间等，一般避免等待时间太久都采用临时当地租用方法过渡。

②设计好工序流程，编制好流程图，控制关键节点的完成时间，并行交叉进行缩短工期提高运行效率。还要把雨季、汛期、严酷气候、施工场地狭窄受限等影响工期的不利因素考虑进去。留有一定的余地。

③工程接近尾声，诸工种、诸施工单位集中施工，相互交叉、干扰，争人力、争场地争设备麻烦事不断，需科学调度安排，有条不紊地把事情做好，集中统一指挥调度十分重要。

④工期编制中要把竣工验收期考虑进去，这其中有小修小补的工作，要留有一定时间。

（5）要注意工程量清单表中各个子项工程的关键词的含义和工作内容，避免结算时与监理工程师产生争执。

（6）选择好分包商。

分包商的使用如运用得当，可以降低成本分散风险，作者体会应该做到以下两点。一是本着互惠互利，合作共赢的理念去共事。二是找熟悉的共事多年的合作伙伴，这样可以配合默契减少磨合的时间与成本。

选择分包商可在投标中选择也可在中标后选择，中标后选择一般要经监理工程师批准，但也可选择隐形的分包商，要求它在施工期内不能亮明自己的身份。中标后选择由于总包商的管理费扣除后分包商获利空间减少了，找分包商就不容易。

投标过程中找也有二种方式：一种是确定一家资信好合作过多次的分包商为合作伙伴，由它对分包部分的工程进行合理合规报价,归纳进总标书后统一对外报价,中标后扣除总包商管理费就是分包商所得,这种方式在投标前双方签订协议书,分包商须向总包商开投标保函、履约保函及预付款保函等,双方利益与风险一开始就捆绑在一起,成为命运共同体。第二种方式是总包商找几家分包商分别就分包项目报价,为自己的对外报价找到依据,中标后从这几家分包商中选择一家作分包商,此时再签分包协议。在签协议之前双方都有自由选择权但都承担相应风险(抬高或压低分包价)。

在有成熟诚信分包商的情况下,我们建议采用投标前选择分包商一同参加投标报价的方式。

二、投标的技巧运用

投标报价的根本是采集准确数据,采用先进技术和工艺,运用正确的计算方法求出工程成本进而确定工程报价,而投标技巧运用是为了让业主接受我方的报价并让我方获取最大的利益。没有前面的基础,只片面强调投标技巧,那是舍本逐末达不到投标报价的根本目的。下面介绍在正确计算标价基础上如何运用投标的技巧。

(1)根据项目特点选择报价的策略

分析招标项目的总体特点、工程的类别、施工条件、自身的优势和劣势选择报价策略。

1)高价策略的运用

①本公司品牌价值高;②施工环境恶劣;③技术密集、专业程度复杂要求高;④碍于业主邀请而自身又不愿承揽的项目;⑤隐避工程完工后无法复核工程量;⑥业主工期要求急迫的;⑦竞标对手少;⑧竞标对手为发达国家的公司;⑨支付当地币,⑩有拖欠支付历史的。

2)低价策略的运用

①施工简单且工程量大的工程;②公司欲进入的新市场,出于战略考量报价低;③公司做了前期工程,欲接后续工程的;④在该国有闲置的工程设备和富余的建筑材料;⑤有充裕的熟悉的劳力资源;⑥竞争对手多且竞争力强;⑦工期宽裕的;⑧美元等硬通货币支付的;⑨当地币支付比例低的。

（2）不平衡报价法（Unbalanced Bids），又称前重后轻法（Front Loaded），它是指工程总报价算出后,调整工程量单个子项的单价,使得工程前期多收工程款,而后期则少收工程款,总报价维持不变以利于中标,而资金回收快,经济效益好,降低了风险。具体采取以下的做法：

1)对工程前期施工的项目（如开办费,临设、基础工程、土方开挖、拆迁等）单价可以报高一些,后期施工项目（如设备安装、装修、暖通空调、园林等）可适当降低单价。

2)经过自己复核图纸发现某项子工程工程量报少了,预计此项工程今后工程量会有增加,则此项单价可以报高一些,今后结算此项的利润就会增加,反之,量单上的工程量报多了的,单价就可以降低一些,总价可以降低,中标概率增加,而实际利润并没有减多少。

3)设计图纸未明确,估计明确后工程量要增加的,可以提高单价。工程内容没说清楚估计工程量可以减少的,则可降低一些单价。

4)暂定项目。又叫任意项目或选择项目,是由业主决定是否实施的项目。业主规定暂定项目总金额,由我们报出各项子工程的单价,如果分析让我们做的可能性大,则单价可以报高一些,以便今后从暂定金额中多拿到一些钱,如果可能性低或有可能让别人做,则报低一些,使得报价单好看一些。

不平衡报价的升降幅度要掌握好,宽严有度,一般控制在百分之十的范围内,太离谱会引起业主和评标人员警惕,要求就此项单价作一个单价分析,引起不必要的麻烦,得分降低甚至要求降价等。

(3)计日工的报价

一般可稍报高一些。如果标书的计日工表中有一个"名义工程量"时但要谨慎,有可能计入总报价,影响中标。

(4)多方案报价法

在吃透标书和业主意图的基础上,先按标书要求作一个报价。另外,再向业主和咨询公司提出建议,对设计或技术规范作一修改,然后提出新的报价。可作如下陈述:"如图纸(或技术规范或条款)作如下修改,我们总报价可以降低至……"。报一个较低的价,吸引业主,让他认真研究我们新方案,以至于采用我们方案。中国某公司在承揽加纳首都排水渠时,建议将渠的横断面由梯形改为矩形,面积不变但施工难度降低,标价下调、工期缩短、达到了双赢的效果。

(5)增加建议方案(Alternatives),有时业主在招标文件中规定,可以提一个建议方案。这是发挥我们主观能动性,展示公司实力提高影响力的大好机会。我们一般不要放过这个大好机会,提出更优的设计和工艺,最好为业主所采纳,当然工程也就落在我们手上。在增加建议方案时,不要把方案做得太具体,保留方案的关键要点,以免业主将新方案交给他意中的承包商,而我们为他人作嫁衣裳。建议方案要深入细致、成熟可行,以免为业主采纳后漏洞百出。

(6)出具降价声明法

时至今日,经济谍战无处不在,不良商家利用线人或高科技手段,网络侵入手段窃取们的最终报价。因此,我们可以先按正常程序做出报价和制作标书。在临近标书截止期前一天,分析投标竞争态势,由核心层研究是否对标价做出调整,如果答案是肯定的,立即制作一份降低声明,明确标价降低百分之几,附在标书的正本之内,因为这有很大突然性,会使对手措手不及。运用此策略必须对最终报价有足够把握,否则有可能无功而返或招来亏损。

中标后可以根据不平衡报价法对单价做出调整,以保证总价降低的幅度。

(7)战略考虑法

有的公司从长远战略考虑,不考虑一城一地得失,做出亏损标志在必得,往往他的报价很低,不是一般公司会采用的。采用此法必须资信良好,财力充足,技术可行,在与业主答辩中也要让业主相信会实施好该项目,否则在受各方质疑情况下业主也不一定会选中。

遇到这种公司的第二标、第三标公司,则从资信、技术方案、施工组织设计入手力争反败为胜。

(8)群狼围标法

在竞标方众多情况下,为避免竞相杀价,让业主坐收渔利,几家可能入围实力雄厚的公司事前协调立场不做超低价,力保其中一家中标,中标后将该工程分为几块,各承担一部分或商量轮流保庄中标,利益均沾。此现象违规但不鲜见,被业主查实要上黑名单,有关公司几年不得买标书投标。

(9)费用分摊灵活处置法

对于大型分期建设的工程,如地铁、公路、市政建设工程等,在第一期工程投标时,可将施工设备的折旧费、间接费多分一部分到第二期去,少计成本确保第一期工程中标,而第二期工程投标由于有第一期工程资质、经验建立的信誉,即使多摊一些费用也容易中标。第二期或第二个项目遥遥无期时不便采用。

（10）设备、材料询价方法

设备、材料费用在报价中占到一半，因此询到准确价格十分重要。

1）询价先问市场价，再直接向生产商或一级供应商询价。确定价格后，请对方出具正式报价单，以确保中标后有确切的有保障的供货价格。

2）各国货币的汇率一直在变，选择货币贬值国家采购当地设备材料，这样对项目利润影响会小一些。

3）建材和汽柴油价格一直波动，调查近三年的价格和变化趋势，作出趋势预计（未来三年的），取其平均值用到成本核算中去。

（11）单价分析表中的人工费、设备台班费的报价考虑。

业主有时在确定暂定项目的人工费和台班费时会采用承包商做的单价分析表，因此提供给业主的单价分析表中的人工费和设备台班费可以取高一些，以确保在暂定项目中的利益。材料费相对可低一些，因为在计算暂定项目费用时，材料费按市场采购价计算。

三、辅助中标手段

承包商中标与否主要取决于标价和技术标的得分，但还有其他一些手段对中标有辅助性的作用，他们主要有：

（1）投其所好许以各种好处。事实证明投标报价时许以各种优惠条件是行之有效的手段之一。比如主动提出提前竣工，提供低息贷款，实物支付，赠给下场的施工设备，免费转让新技术，无偿使用专利，免费培训该项目的管理人员和技术人员等等，均是打动业主给予授标的辅助手段。

（2）聘请当地投标活动的代理人。这也是对辅助中标有效的手段，他们可以起到中介作用沟通承包商与业主的关系，有着不可取代的作用。他们也是我们投标组的助手,收集信息、数据,提供咨询意见。给他们的报酬与取得的成效挂钩,促使他们一心一意向着我们。

(3)与当地公司联合投标,阿联酋等中东国家规定必须与当地公司联合投标,而且他们占股达到百分之五十一以上,实际上他们什么都不做,干拿好处费而已。与当地公司联合投标有利于打破地区保护主义,有利于享受当地政府的优惠政策,有利于疏通与政府官员关系,俗话说"强龙也斗不过地头蛇。"

(4)与欧美等发达国家承包公司联合投标。我方人工成本低,他们的技术、设备先进,对于技术密集型的项目两者结合可以优势互补,一加一大于二取得共赢的结果,业主往往也欢迎两者组成联合体投标,但双方的权、责、利的划分要订立完备的合同协议。

(5)争取政府的支持。有的项目上升到优买优卖贷款的层面,少不了驻外使领馆、经商处参与支持,有的还获得外交部、商务部领导甚至是国家领寻人出访时的支持与推动,这主要是指我国政府提供贷款的大型与特大型项目。

(6)台前幕后活动相配合。在非洲有些国家由于地域文化差异,吃个饭、送个礼都会对授标有影响,特别是找到影响授标的关键人物一句话就把事情搞定。对于这些在河边走的事我们要知晓对方国家的法律,知道底线在哪里,不要触碰红线给国家给公司也给自己带来麻烦。

第六章　国际承包工程合同条款、合同谈判和签约

中标后,业主给予承包商授标书,自此就进入合同签约阶段,为节省谈判和草拟合同的时间,国际上通常采用标准的格式合同,而这些格式合同中最常用最权威的就是国际咨询工程师协会(FIDIC)编制的 FIDIC 条款。像世界银行项目,亚洲开发银行项目,非洲发展银行项目,亚洲投资银行项目无一例外都是采取 FIDIC 条款。如有人比喻 FIDIC 条款是国际承包界的"圣经"绝不为过。下面我们重点来介绍 FIDIC 条款。

第一节　FIDIC 条款沿革

国际咨询工程师联合会（Fédération Internationale Des Ingénieurs Conseils,简称 FIDIC）是国际公认的承包工程咨询的权威机构,是世界银行及其下属组织及地区性银行如亚洲开发银行推荐的权威咨询机构,它于 1913 年由英国等三国在英国发起设立。第二次世界大战结束后 FIDIC 发展迅速,至今已有 60 多个国家和地区成为其成员。我国于 1996 年正式加入。FIDIC 是世界上多数独立的咨询工程师的代表,是最具权威的咨询工程师组织,它推动全球范围内高质量、高水平的工程咨询服务业的发展。

FIDIC 条款包括《土木工程施工合同条件》(俗称"红皮书"),该条件分为两部分,第一部分是通用合同条件,第二部分为专用合同条件;《电气与机械工程标准合同条件格式》(俗称

黄皮书);《设计—建造和交钥匙合同条件》(俗称橘皮书);《招标程序》(蓝皮书);《顾客/咨询工程师模式服务协议》(白皮书);《EPC/交钥匙项目合同条件》(俗称银皮书);适合于小规模项目的《简明合同格式》(绿皮书)等七色书形成。FIDIC 彩虹族系列合同文件,还有《联合承包协议》《咨询服务分包协议》及《土木工程施工合同—分合同条件》共十个合同文件。

　　下面我们重点介绍《土木工程施工合同条件》(红皮书)的演变史。1957 年出版了该合同条件的第一版;1969 年,红皮书出了第二版。这版本增加了第三部分,疏浚和填筑工程专用条件。1977 年 FIDIC 和欧洲国际建筑联合会(FIEC)联合编写 FIDIC(巴黎)第三版。1987 年 9 月在瑞士洛桑的 FIDIC 年会上通过并发行了 FIDIC 合同条件的第四版。这一版本直至今日都为国际承包市场普遍采用。1999 年 9 月 FIDIC 出版了一套全新的标准合同条件:由业主设计的房屋和工程施工合同条件(新红皮书);《设备与设计－建造合同》(新黄色书),由承包商设计的合同条件:银皮书和绿皮书组成,一套四本。由于新红皮书是由业主设计,承包商还是倾向采用 1987 年第四版的红皮书的合同条件。

　　FIDIC 合同条件虽是国际承包活动的指导性文件,但同样适用我国国内的承包工程项目,像小浪底水电站建设、鲁布革水电站和二滩水电站建设都采用 FIDIC 条件,取得了良好效果和可贵的经验。我们可以预计随着我国法制体系的完善完备,FIDIC 条款将可以在国内建设发挥更大的作用,取得更好的效益。在国内应用 FIDIC 条款主要解决接地气,服水土的问题,这个问题解决得好,FIDIC 条款在我国会获得更广泛的应用;我国在 FIDIC 的话语权也会提升,在修订版中也会采用我们中国的方案。

为了使国际承包工程的业主、工程师、承包商更准确理解FIDIC 条款,更完美地使用 FIDIC 条款,国际咨询工程师联合会于 1988 年根据第四版的"红皮书"编写了一本《土木工程施工合同条件应用指南》。该书包含了两方面的内容:第一方面介绍了按照国际惯例如何编制招标文件,以及投标、评标直至签署合同的全过程;介绍了招标文件中的有关要求和规定,并对业主、承包商和工程师三者的权利、义务和职责作了介绍;第二方面是对土木工程施工合同条件的注释,介绍了编制每一条条款的目的及在不同条件下如何对条款进行修改,同时给出了范例。

这本《应用指南》是在充分听取合同三方当事人的意见,反复斟酌修改而成,对承包工程活动中出现的各种问题及其解决方法作了具体规定,所持立场公正无私,不偏不倚得到各方认可和好评,尽管"红皮书"已出了 1999 年新版以及其后的修订版,但 1988 年的《应用指南》仍为合同当事的三方所采用所认可所喜爱。下一节我们将重点介绍它。

第二节　《土木工程施工合同应用指南》介绍

《土木工程施工合同应用指南》(以下简称应用指南)是一本解释 FIDIC 条款的准法律性文件。该文件规定了国际承包工程自招投标始至工程移交,结算、合同终止全过程所涉及的几乎所有问题的解决办法和具体要求。它对承包工程中可能出现的问题考虑得周密细致,提出公平合理、切实可行的解决办法,特别是顾及了承包商的关切和利益。

该书的第一部分 72 项通用条件,194 款和 5 条补充条件,第二部分为专用条件,即指导性条款,为各国际组织、各国编撰合同提供原则性指导,是通用条件的具体化。

第一部分分为以下 7 个方向：法律条款、商务条款、技术条款、权利义务条款、违约惩罚与索赔条款、附件和补充条款。

一、一般性条款

1. 招标程序：

招标书包括合同条件、规范、图纸、工程量清单、投标书、投标者须知。

做标、投标、评标、授予合同、签合同、程序流程图、合同当事人、监理工程师等。

2. 合同文件中的名词定义及解释；

3. 工程师及其代表和他们各自的职责权力；

4. 合同的组成文件、优先顺序和有关图纸的规定；

5. 招投标及履约期间的通知形式与发往地址；

6. 有关证书的要求；

7. 合同使用语言；

8. 合同协议书。

二、法律条款

1. 合同适用法律；

2. 劳务人员的聘用、工资标准、食宿条件和社会保险等方面的法规；

3. 合同的争议与仲裁和工程师的裁决；

4. 解除履约；

5. 保密要求；

6. 防止行贿；

7. 设备进口与再出口；

8. 强制险；

9. 专利权与特许权；

10. 合同的转让与工程分包；

11. 税收;

12. 提前竣工与延误工期;

13. 施工用材料的采购地。

三、商务条款

商务条款系指以承包工程的一切财务、财产所有权密切相关的条款。包括:

1. 承包商的设备、临时设施和材料的归属重新归属及撤离;

2. 设备材料的保管及损坏或损失责任;

3. 设备的租用条件;

4. 暂定金额;

5. 支付条款,特别是:(1)工程月报表;(2)每月的支付;(3)保留金的支付;(4)证书的修改:(5)竣工报表;(6)尾款的结清;(7)支付时间;(8)支付货币;(9)付款地点。

6. 预付款的支付与回扣;

7. 保函 – 投标保函、预付款保函、履约保函、质量担保保函。

8. 合同终止日的工程及材料估价;

9. 解除履约时的付款;

10. 合同终止时的付款;

11. 提前竣工奖的计算;

12. 延期罚款的计算;

13. 费用的增减条款;

14. 调价条款;

15. 支付货币及货币比例;

16. 汇率及保值条款。

四、技术条款

技术条款是指对承包工程的施工质量要求,材料检验及施工监督、检验测量及验收等环节而设立的条款,包括:

1. 对承包商的设施的要求；

2. 施工规范；

3. 现场作业和施工方法；

4. 现场视察；

5. 资料的查阅；

6. 投标书完备性；

7. 施工制约；

8. 工程进度；

9. 放线要求；

10. 钻孔及勘探开挖；

11. 安全、保卫和环境保护；

12. 工地的照管；

13. 材料或工程设备的运输；

14. 现场的整洁；

15. 材料及设备的质量要求和检验；

16. 检验及检验的日期与检验费用负担；

17. 工程覆盖前的检查；

18. 工税覆盖后的检查；

19. 进度控制；

20. 缺陷维修；

21. 工程量的计算与测量方法；

22. 紧急补救工作；

五、权利与义务条款

1. 承包商的权利和义务

（1）承包商的权利

①有权领取提前竣工费；②收款权；③索赔权；④因工程量变更超过合同规定极限而享有补偿权；⑤暂停施工或延缓工程

进展速度；⑥停工或终止受雇；⑦不承担雇主风险；⑧反对或拒不接受指定分包商；⑨待定情况下的合同转让与工程分包；⑩特定情况下有权要求延长工期；⑪特定情况下有权要求补偿损失；⑫有权要求合同调价；⑬有权要求工程师书面确认口头指示；⑭有权反对雇主随意更换监理工程师。

（2）承包商的义务

①遵守合同规定，保质保量完成工程任务，并负责保修期内的各种维修；②提交各种要求的担保，③遵守各项投标规定；④提交工程进度计划；⑤提交现金流量估算；⑥负责工地的安全和材料的看管；⑦对由其完成的设计图纸的任何错误和遗漏负责；⑧遵守有关法规；⑨为其他和承包商提供机会和方便，⑩保持现场整洁；⑪保证施工人员安全和健康；⑫执行工程师的指令；⑬向雇主支付应付款项（包括归还预付款）；⑭承担第三国的风险；⑮为雇主保密；⑯按时缴纳税款；⑰按时投保各种强制险；⑱按时接收检查和验收。

（3）雇主的权利和义务

1）雇主的权利：

①雇主有权不接受最低价标；②有权指定分包商；③在一定条件下可直接付款给指定的分包商；④有权决定工程暂停或复工；⑤在承包商违约时，雇主有权接管工程或没收各种保函或保证金；⑥有权决定在一定幅度内增减工程量；⑦不承担承包商因发生在工程所在国以外的任何地方的不可抗力事件所遭受的损失（因炮弹、导弹等所造成的损失例外）；⑧有权拒绝承包商分包或转让工程（应有充分理由）。

2. 雇主的义务

①向承包商提供完整准确可靠的信息资料和图纸，并对其准确性负完全责任；②承担由雇主风险所造成的损失或损坏；③

保障承包商免于承担属于承包商义务例外情况的一切索赔、诉讼损害赔偿费、诉讼费、指控费及其他费用;④在多家独立的承包商受雇于同一工程或属于分阶段移交的工程情况下,雇主负责办理保险;⑤按时支付承包商应得款项,包括预付款;⑥为承包商办理各种许可,如现场占有许可,道路可通行许可,材料设备进口许可、劳务进口许可;⑦承担疏浚工程竣工移交后的任何调查费用;⑧支付超过一定限度的工程变更所导致的费用增加部分,⑨承担在工程所在国发生的特殊风险以及任何其他地区因炮弹、导弹对承包商造成的损失的赔偿和补偿;⑩承担因后继法规所导致的工程费用增加额。

3. 监理工程师(以下简称工程师)的权利和义务

1)工程师的权力。工程师可以行使合同规定的或合同中必然隐含的权力。具体有:

①有权拒绝承认承包商的代表;②有权要求承包商撤走不称职人员;③有权决定工程量的增减及相关费用,有权决定增加工程成本或延长工期,有权确定费率;④有权下达开工令、停工令、复工令(因业主违约而导致承包商停工情况除外);⑤有权对工程的各个阶段进行检查,包括业主已掩埋覆盖的工程;⑥如发现施工不合格情况,工程师有权要求承包商如期修复缺陷验收工程;⑦承包商的设备、材料必须经工程师检查,工程师有权拒绝接收不符合规定标准的材料和设备;⑧在紧急情况下,工程师有权要求承包商采取紧急措施;⑨审核批准承包商的工程报表的权力属于工程师,付款证书由工程师开出;⑩当业主与承包商发生争端时,工程师有权裁决,虽然其决定不是最终的。

2)工程师的义务

工程师是业主聘用的人员,除了必须履行其与业主签订的服务协议书中规定的义务外,还必须履行作为承包商的工程监理人而应尽的职责。FIDIC 条款对工程师规定了以下义务：

①必须根据服务协议书委托的权力工作；②处事必须公正、公平、合理，不能偏听偏信，偏袒任何一方；③应认真全面听取业主和承包商双方的意见，基于事实和 FIDIC 条款做出决定；④发出的指示应该是书面的，特殊条件下来不及发出书面指示可以发出口头指示，但随后应立即以书面形式予以确认；⑤应认真履行职责。根据承包商的要求及时对已完工的工程进行检查验收，对承包商的工程报表进行及时审核；⑥应及时审核承包商在履约期间所做的各种记录，特别是承包商提交的作为索赔依据的各种材料；⑦应实事求是地确定工程费用的增减和工期延长和缩短；⑧如因技术原因需同分包商打交道时，须征得总承包商的同意，并将处理结果告诉总承包商。

六、违约惩罚和索赔条款

违约惩罚和索赔条款是 FIDIC 条款的一项重要内容，也是国际承包工程得以成功实施的有效手段之一。按照这种制度，当事人各方责任明确、奖惩分明。该条款包括两部分，即业主对承包商行使的惩罚措施和承包商对业主拥有的索赔权。

1. 惩罚措施

承包商违约或履约不到位，业主可采取以下惩罚措施：

1）没收有关保函或保证金；

2）误期罚金；

3）由业主接管工程并终止承包合同；

2. 索赔条款

索赔条款是关于承包商享有的因业主履约不力或违约，或因意外因素（包括不可抗力情况）蒙受损失（时间和金钱），而向业主要求赔偿或补偿的权利的契约条款。该条款包括：

1）索赔的前提条件或索赔原因；

2）索赔程序：索赔通知，当期原始记录，索赔的依据、索赔的时效和索赔款项的支付等。

七、附件和补充条款

FIDIC 条款还规定了作为招标文件的文件内容和格式，以及在各种合同中可能出现的补充条款。

1. 附件条款

包括投标书及其附件、合同协议书。

2. 补充条款

包括防止贿赂，保密要求，支出限制，联合承包下的各承包人的各自责任及连带责任，税收条款等。这些补充条款列在 FIDIC 条款的第二部分中。

第三节　FIDIC 条款的应用

FIDIC 条款其核心内容是规定业主、承包商和工程师三者各自的权利、义务和职责，针对承包工程行为可能遇到或必然导致的各种情况制定预防措施和规定相应的解决办法。承包商应该认真理解并掌握实质性条款并在实践中灵活运用。既要认真履行其法定义务，又要充分行使 FIDIC 条款赋予承包商的合法利权，以保护自身利益，避免各种风险，提高承包工程经济效益。

一、FIDIC 条款规定承包商的义务

按照条款，承包商的义务主要表现在以下四方面：即承包商与工程师的关系；承包商的契约义务；承包商的一般义务；有关工程分包方面的义务。

1. 承包商与工程师的关系

工程师与承包商的关系是指令人与执行人的关系，监督与被监督的关系。工程师有权给承包商下达指令，承包商必须接

受工程师的监督,承包商完成的工程必须接受工程师验收。

《应用指南》第14.2条款规定:在合同实施中,如果在工程师看来,承包商不能根据计划保持令人满意的进度,工程师可要求承包商提交一份修订的进度计划,并说明为保证工程按期竣工,而对原进度计划所做的修改。

第15.1条规定:工程师有否决一个人作为承包商代表的权力。如果工程师发出指示,承包商必须执行。

但是,承包商是承包合同的当事人,而工程师则是受业主聘用的工程监理人,工程技术负责人,与承包商二者之间并不存在雇佣关系。因此,工程师的决定并不具有最终效力,承包商有权抗争。只是对于抗争的行使不应在发生矛盾和冲突的当时,而应在随后的一定时间内通过一定的程序行使。处理的模式可见以下的条款:

《应用指南》第2.1.b条(款)规定,工程师可行使合同中规定的或隐含的权力。第2.5款规定:"工程师应以书面形式发出指示。如果工程师认为由于某种原因有必要以口头形式发出任何此类指示,承包商应该遵守该指示。工程师可在该指示执行之前或之后,用书面形式对其口头指示加以确认。在这种情况下应认为此类指示是符合本款规定的。"

实践中经常碰到这种情况:工程师有意或无意不予书面确认其口头指示,怎么办?针对此种情况,条款的2.5条注解规定:"如果工程师对发给承包商的一项口头指示不予书面确认,那么承包商可以自己向工程师确认他已收到了这样一项指示。如果工程师在7天之内未以书面形式加以否定,此指示应视为是工程师向承包商发出的指示"。

《应用指南》关于招标程序部分中规定:"工程师的职责是解释书面合同。当业主和承包商发生争议时,业主和承包商均不受工程师的解释或决定的约束"。

第14.1条款注释中规定:"工程师代表业主监督工程进度,但无权改变或干预承包商安全地、恰当地、准时地完成工程的义务。"

第2.6条款注解中规定:"凡合同要求工程师须应用自己的判断表明决定、意见或同意,表示满意或批准,确定价值或采取任何别的行动时,他都应公正行事。行为公正就意味着乐于倾听和考虑业主和承包商双方的观点,然后基于事实做出决定。"尽管承包商可能不同意工程师颁发的某项指示,除法律上或实际上不可能做到的外,他必须执行该指示。如果他书面记录下他对该项指示的不同意见以及提出不同意见的原因,将是明智之举。

2. 承包商的契约性义务

契约性义务系指承包商同业主之间签订的合同要求承包商应予承担的义务。《应用指南》规定,承包商的义务就是在合同规定的时间内,自己投标的工程进行施工,并保证圆满竣工。另外,他有义务修补在质量担保期内出现的任何缺陷。然而,事实上承包商的契约性义务远非如此。他还要对与其工程实施或合同履行有关的一系列事件承担义务。

《应用指南》第20.3条款规定。"承包商有责任修复由业主风险引起的损坏。"

第29.1条款规定:在符合合同要求所许可的范围内,在进行工程的施工,竣工以及修补其任何缺陷所必需的一切操作时,不应给下列各方带来不必要和不适当的干扰;

(1)公众的便利;

(2)公用道路或私人道路,以及通往或属于业主或任何其他人所有财产的人行道的进入、使用或占用。

承包商应保护或保障业主免于承担由承包商负责的上述事项导致的或与之有关的一切索赔、诉讼、损害赔偿费，指控费及其他费用。

第46.1条款规定"由于承包商根据工程师的通知加速施工的措施导致业主付出任何额外的监理费用，则业主可以从承包商处得到补偿。"

第28.3条款规定："如果承包商无正当理由延误检验，工程师可通知承包商要求他在收到该通知后21天内进行检验.如果承包商未能在21天进行检验，工程师可单独进行检验。工程师如此进行检验的所有风险和费用应由承包商承担。"

第28.5条款规定："如果工程或任何区段未能通过检验，工程师或承包商可要求按相同的条款和条件重复此类检验。由此导致业主的所有费用应从合同价格中扣除。"

第28.7条款规定："承包商应承担未能通过竣工检验的后果。"

3.承包商的一般义务

一般义务是指承包商因承包工程而必须遵守东道国当地的有关法规，如有关劳动、工资，税收、保险等法规，这方面的义务可见以下条款：

《应用指南》第34条款规定："承包商所付给劳务人员的工资标准遵守的劳动条件应不低于其从事承包工程的地区同类商业或工业现行标准和条件。在无当地固定标准可参照的情况下，承包商所付工资标准及应遵守的劳动条件应不低于从事商业或工业的其他雇主在与本工程相似的环境下所付的一般工资标准及遵守的劳动条件。"

第21.1条款规定："承包商应按全部重置成本对工程、连同材料和工程配套设备进行保险。"

第21.2条款规定"承包商应对可投保的所有风险投保。工程保险要以业主和承包商的联合名义办理,以重置成本的15%的附加金额或专用条件中规定金额投保以补偿修复损失和损害的任何附加费用;以及由此修复引起的额外费用,包括业务费以及拆除和迁移的任何部分,迁移任何性质的废弃物的费用;投保运至现场的设备和其他物品,以得到一笔足够在现场重置这些设备和物品的金额。"

第43.3条款规定:"承包商应为其雇员投保人身伤亡险。"

《应用指南》补充条件中规定:"关于地方税收、关税和应付款项等,合同可以规定任何豁免均不允许。"

4.有关工程分包和合同转让方面的义务

条款强调工程的分包或合同的转让必须事先取得业主或工程师的同意;承包商应负责分包(包括指定分包商)合同的管理和协调。

《应用指南》第3.1条款规定:"无业主的事先同意承包商不得将合同或合同的任何部分,或合同中或合同名下的任何好处或利益进行转让。"

第4.1条款规定:"承包商不得将整个工程分包出去,除合同另有规定外,无工程师的事先同意,承包商不得将工程的任何部分分包出去,任何这类同意均不应解除合同规定的承包商的任何责任和义务,承包商应将任何分包商、分包商的代理人、雇员或工人的行为、违约或疏忽,完全视为承包商自己及其代理人、雇员或工人的行为、违约或疏忽一样,并为之负完全责任。"

第4.2条款规定:"当分包商在所进行的工作,或其提供的货物、材料、工程设备或服务等方面,为承包商承担了合同规定的维修责任期结束后的任何延长期间须继续承担的任何连续义务时,承包商应根据业主的要求和在业主承担费用的情况下,在维修责任期届满之后的任何时间,将上述未终止的此类义务的权益转让给业主。"

二、FIDIC 条款赋予承包商的权利

承包商的合法权利概括起来有 9 个方面:

1. 索赔权

索赔是承包商弥补损失,获取利润的最重要手段,FIDIC 条款针对索赔作了明确且具体的规定。

《应用指南》第 6.4 条款规定:"任何情况下如因工程师未曾或不能在一个合理时间内发出承包商所需要的图纸或作出相应的指示,致使工程误期或费用增加,则工程师在与业主和承包商进行必要协商后,应做出以下规定:'给予承包商延长工期的权力,增加相应的费用'。"

第 12.2 条款规定:"如果工程师认为承包商遇到的现场气候条件以外的外界障碍或条件是一个有经验的承包商无法合理地预见到的,在与业主和承包商协商后,他可以决定允许承包商延长工期以及在合同价格上增加额外费用。"

第 17.1 条款规定:"工程师向承包商提供进行工程放线的基本资料。如果因工程师提供的数据不准确而招致修改,则其费用可以从业主处得到补偿。

第 20.3 条款规定:"承包商有责任修复由业主风险引起的损坏,但修复费用可以从业主处得到补偿。"

第 40.1 条款规定:"如果暂时停工不是属于下情况所引起:

1)在合同中别有规定者;

2)由于承包商一方某种违约或违反合同引起的或由他负责的必要的停工;

3)由于现场天气条件导致的必要的停工;

4)为工程的合理施工或为工程或其任何部分的安全所必

须的停工(不包括因工程师或业主的任何行动或过失或由业主风险引起的暂停),则承包商不对暂时停工负责。

这种情况下,工程师在与业主和承包商进行适当的协商后,应做出如下的规定:

1)给予承包商延长工期的权力;

2)在合同价格中增加由此类暂时停工引起的承包商支出的费用款额。

第42.2条款规定:"如果由于业主方面未能按照合同规定及时给予承包商现场占有权而导致延长工期和增加费用。"

第60.10条款规定:"在临时付款证书递交业主后28天之内,或最终付款证书送交业主后56天之内,业主必须向承包商付款。如果业主未能在规定的时间内付款,则承包商有权索要逾期付款利息。"

2.不承担额外费用

《应用指南》第36.4条款规定:"工程师可能要求承包商进行规范规定以外的检验。如果检验不能表明承包商的工作有缺陷,那么承包商不承担检验费用。"

第38.2条款规定:"由于后来才发现问题,工程师可以要求对已覆盖的工程剥露并进行检查和检验。如果查明施工符合合同要求,则承包商不承担此笔费用。"

第49.5条款规定:"承担疏竣工程的承包商在工程移交证书中规定的日期之后不负责补救缺陷"。

第50.1条款规定:"在保修期内,如果出现缺陷,承包商可按工程师指示进行调查。如果证明责任不属于承包商,则承包商不承担调查费用。"

第65.1条款规定:"承包商对于工程所在国发生的任何特殊风险所造成的后果均不负赔偿或其他责任。"

3. 有权不接受指定分包商

《应用指南》第 59.2 条款规定:业主或工程师不应要求承包商或认为承包商有任何义务去雇用承包商有理由反对雇用的任何指定的分包商或去雇用任何拒绝按下述规定与承包商签订分包合同的指定的分包商:

1)有关分包合同涉及的工作、货物、材料、工程设备或是服务的问题,指定的分包商应对承包商承担此类义务和责任,以使承包商可以按照此合同条款免除他自己对业主承担的义务和责任,指定分包商还应在上述义务和责任方面以及由之引起的或是与此相关联的一切索赔、诉讼、损害赔偿费、诉讼费、指控费和其他费用方面,或是与任何未能履行上述义务或完成上述责任引起的,或是与此相关联的方面保护或保障承包商。

2)指定的分包商应保护并保障承包商免于承担由分包商、其代理人、工人和服务人员的任何疏忽造成的损失,以及免于承担分包商及其所属上述人员对承包商为实施合同所提供的任何临时工程的任何误用造成的损失,以及免于承担上述的一切索赔。

4. 不承担业主风险和特殊风险

《应用指南》第 20.4 条款对业主风险规定了明确的定义:"业主风险"是指:

1)战争、敌对行动(不论宣战与否)、外敌入侵;

2)叛乱、政治变革、暴动,或军事政变或篡夺政权或内战:

3)由于任何核燃料或核燃料燃烧后的核废物、放射性毒气爆炸,或任何爆炸性核装置或核成分的其他危险性能所引起的离子辐射或放射性污染;

4)由音速或超音速飞行的飞机或其他飞行装置产生的压力波;

5)暴乱、骚乱或混乱,但对于完全局限在承包商或其他分包商雇用人员中间且是由于从事工程而引起的此类事件除外;

6)由于业主使用或占用合同规定提供给他的以外的任何永久工程的区段或部分而造成的损失或损害;

7)因工程设计不当而造成的损失或损坏。而这类设计又不是由承包商提供或由承包商负责的;

8)一个有经验的承包商通常无法预测和防范的任何自然力的作用。

关于特殊风险,FIDIC条款规定的定义如下:

1)上款的第1)、第3)、第4)及第5)段定义的风险;

2)上款的第2)段所定义的,在工程所在国有关风险。

此外,在第65.4条款中还规定。"不论何时何地发生任何因地雷、炸弹、爆破筒、手榴弹或是其他炮弹、导弹或战争用爆炸物的爆炸或冲击波引起的破坏、损害、人身伤亡,均视为上述特殊风险的后果。"

《电气与机械工程合同条件》第44.8条款中规定了因不可抗力而终止合同时的支付内容:

"如果因不可抗力而终止合同,则应将已完的工程的价值支付给承包商。"

承包商还应有权收到下列款项:

1)有关任何准备项目的应付金额(只要该类项目所包含的工作或服务业已完成)以及有关其中任何一个项目的适当比例的应付金额(如果该项目所包含的工作或服务仅完成了一部分);

2)为了工程或为了与工程相关的使用订购的且已交付承包商或承包商具有法定的义务去接受交货的材料或物品的费用,当业主为之付款后,此类材料或物品应成为业主的财产并由

业主对之承担风险,承包商应将此类材料或物品交由业主处置;

3)为了完成整个工程,承包商在某些情况下合理支出的任何其他费用的总额;

4)将承包商的设备撤离现场并运回承包商本国厂房或任何其他目的地(运费不超过运回承包商本国厂房的运费)的合理费用;

5)在合同终止日期将完全是为工程雇用的承包商的职员和工人遣返回国的合理费用。"

5.终止受雇

在业主违约的特定情况下,承包商享有终止合同的权利。

《应用指南》第69.1条款规定:"在发生以下事件时,承包商有权根据合同终止其受雇:

1)业主在规定的应付款时间期满后28天之内,未能按工程师的任何证书向承包商支付应支付的款项;

2)干涉、阻挠或拒绝为颁发任何支付证书所需要的批准;

3)破产,或作为一家公司宣告停业清理,但此清理不是由于重建或合并计划的目的;

4)通知承包商由于不可预见的原因,或由经济混乱,使他不能继续履行合同义务。

这一终止在发出通知后14天生效。

第69.3条款规定:"如果发生上述终止,业主除应向承包商支付应付款项外,还应支付承包商由于该终止引起的或与之有关的或由其后果造成的对承包商的任何损失或损害所发生的金额,还应包括对承包商的利润损失的补偿。

6)对义务的例外情况不承担责任

《应用指南》第22.2条款关于"承包商的义务例外"规定如下:

1）工程或工程的任何部分永久使用或占有土地；

2）业主在任何土地上、越过该土地、在该土地之下、之内或穿过其间实施工程或工程的任何部分；

3）按合同规定实施或完成工程以及修补其任何缺陷所导致的无法避免的对财产的损害；

4）由业主、业主的代理人、雇员或不是该承包商雇用的其他承包商的任何行为或疏忽造成的人员死亡或损伤或财产的损失或损害，为此或与此有关的任何索赔、诉讼、损害赔偿费、诉讼费、指控费及其他费用，或者是当承包商、其雇员或代理人也对这类损伤或损害负有部分责任时，应公平合理地考虑到与业主、其雇员或代理人，或其他承包商对该项损伤项目所负责任程度相应的那一部分损伤或损害。"

第 22.3 条款规定："凡是可归于例外情况者，业主应保障承包商免于承担第三方可能向他提出的任何索赔。"

7. 有权要求价格调整和价格调值。

《应用指南》第 70.1 条款规定应根据劳务费和（或）材料费或影响工程施工费用的任何其他事项的费用的涨落对合同价格以增加或扣除相应的金额。

尤其是在通货膨胀和货币兑换率不稳定的时期，为了业主的利益 特别是对于长期合同来说，业主不应要求投标者做不带有调整规定的固定价格的报价。至少在工程施工所在国不要这样做。

第 70.2 条款规定："如果是在呈递合同投标截止日期前的 28 天以后，在工程施工或预期施工的所在国中，国家和州（省）的任何法规、法令、政令或其他法律和或规章，或任何地方或其他合法机构的法规细则发生了变更，或由于任何上述州（省）的法规、法令、政令、法律、规章或细则等的采用，使得承包商在实施合同中发生了除第70.1条款规定以外的费用的增加或减少，此类增加或减少的费用应由工程师与业主和承包商适当协商之后确定，并加入合同价格或从中扣除。"

第70.2条款注解中还规定："对于长期合同，应允许价格调整。"

关于工程变更的费用调整，《应用指南》第51.1条款规定："承包商没有义务实施任何不能用承包商目前使用的或计划使用的工程设备实施的工程。"该款注解中提及："如果需要增加工程，就要涉及将承包商的主要设备运到或运回现场，这时则有理由将此作为一项新合同，而不应作为原合同的变更。"

第52.3条款规定："如果工程变更导致费用增加或减少超过原始合同价15%时，承包商可要求对其应收款项予以调整。"这一条款在承包工程的实施中常常使用。承包商应收集所有有关资料保证索赔工作顺利进行。

8. 要求给予汇率保值。

《应用指南》第72.1条款规定："如果合同规定将全部或部分款额以一种或几种外币支付，且承包商也已声明他要求支付的另一种或几种货币的比例或数额，则运用于计算该比例或款额的一种或多种汇率应为合同投标书递交截止日期前28日的当日、并由业主在标书送交之前通知承包商或在标书中予以规定。

其兑换的比率在合同期间应为固定在投标期间业主向投标商通报的比率。

9. 特定情况下有权单独进行验收和竣工检验。

《电气与机械工程合同条件》第28.2条款规定，"如果工程师没有在承包商要求之后指定检验时间，或未在指定的时间和地点参加检验，承包商应有权在工程师不在场的情况下着手进行检验。该检验应被视为是在工程师在场的情况下进行的,并且检验结果应被认为是准确的。"

三、对业主和工程师的权利限制

FIDIC 条款对业主和工程师的权利作了某些限制。这些限制性条款除反映在承包商的权利和业主的义务条款外,还表现在以下两个方面:

1.履约担保的索赔程序

《应用指南》第 10.3 条款规定:"在任何情况下,业主在根据履约担保提出索赔之前,皆应通知承包商,说明导致索赔的违约性质。"

FIDIC 不提倡使用"首次索赔即付"保函,因为这种担保不需要正当理由就能随时索取赔偿。对于承包商来说,"首次索赔即付保函是一种风险,承包商为了避免这种风险,常常以提高标价作为防范措施,这对业主和承包商皆不利。

《电气与机械工程合同条件》第 10.3 条款规定:不论履约保证的条款是否规定在业主要求时应予支付,只有在符合下述条件之一时,业主才能根据履约担保提出索赔:

1)承包商不履行合同,并在收到业主要求其补救此违约后果的书面通知后 42 天内没有照办。该通知应说明业主打算按履约担保索取赔偿的意图,欲索赔的数额及所依据的承包商的违约事实。

2)业主和承包商业已书面同意将要求支付的数额支付给业主,而该数额在此后 42 天内并未支付;

3)经过仲裁判给业主的一笔款额在判决后 42 天内未予支付;

4)承包商已停业清理或业已破产。

在上述情况下,业主在向担保银行发出索赔通知时应递交承包商一份副本。"

2. 妨碍竣工验收情况下的移交

《应用指南》第48.5条款规定:"如果由于业主或工程师及业主雇佣的其他承包商负责的原因致使承包商不能按时交付竣工验收,则应认为业主已在本该进行但因上述原因而未曾进行竣工检验的日期接收了工程。工程师随时签发工程移交证书。除非工程基本上不符合要求。如果出现业主和承包商都无法控制的情况,妨碍进行竣工验收,这种情况下,须经双方具体协商。"

第四节 针对 FIDIC 条款承包商应做好的工作

FIDIC 条款详细全面归纳了国际承包工程的实践经验,综合两大法律体系和各国合同法的精髓,站在公平公正的立场,兼顾业主和承包商双方的利益,几易其稿,形成现在的 FIDIC 条款最新版本,其中1989年的第四版最为承包商所青睐,在与业主商谈合同和形成合同各项条款中常被引用和采用。典型的有关于索赔的要求,履约保函罚没的程序,对工程师现场口头指示的处理办法、承包商对指定分包商拥有的反对权利、合同支付条件中的有关保值要求得到尊重并具体实施的规定,调价公式的运用和汇率波动产生影响的补偿等,都站在公正的角度予以承包商的保护。一般承包商在承包工程活动中处于弱势地位,这些变动就尤为可贵,承包商应该认真学习 FIDIC 条款,全面准确理解各项条款,并在合同管理中遵循条款,在合同实施过程中为应用 FIDIC 条款创造条件,根据条款赋予他的权利和条款要求业主和工程师履行的义务,灵活地、充分地、有意识地运用对其保护的条款,如避开风险、提高收益、取得赔偿和补助,节省项目开

支等条款。对此,承包商应针对性做好以下几项工作:

一、及时收集法律证据

在施工现场,常常因事情急迫,工程师来不及回办公室发出书面指示,而在现场下达口头指示,这是必要而且合情合理的,承包商办必须执行工程师的口头指示,这是承包商的义务。但许多时候承包商忽视了要求工程师补办一个书面指示,只要在月报工作量时工程师认账就行了,殊不知工程最后结算时总会计师审查决算时还是以书面指示为凭据,结果给自己带来麻烦甚至损失。如果当时承包商能按照 FIDIC 条规的规定,执行了工程师的口头指示后又立即补办了书面凭据,或者致函工程师并附上有关执行该口头指示的图片或照片 确认其接到了并执行了这一口头指示,只要发出致函七天内工程师即使不书面确认口头指示或不书面拒绝承认该口头指示,该致函及附件就可确认该口头指示的存在,给自己避免不必要的麻烦。

在工程索赔方面,承包商同样应认真收集诸如发票、收据、工资单等并整理成册。FIDIC 条款要求承包商在发生第一次可导致索赔事件后的 28 天内向工程师发出索赔通知,并接着在该通知发出后的 28 天内向工程师发出索赔的原因、金额和依据的详细材料。这就要求承包商必须重视并做好索赔事件的同期纪录并收集整理相关的证据材料,而不能等到项目完工后再提出索赔要求。FIDIC 条款不支持事后的索赔。做好同期纪录并收集相关凭据可避免日后在索赔谈判时因缺乏证据争论不休甚至索赔无果而终,从而保证承包商得到应得的索赔款项。

二、及时行使合法权利

FIDIC 条款赋予了承包商的合法权利,但同时又限定了行使权利的时间而且限定的时间又很短。承包商因工作忙而纷乱错过了行使权利的时段,则权利自然失效。这是承包商务必要牢记于心的。例如上面谈到的索赔权,如果错过了那两个 28 天,则会丧失索赔的权利和应得的利益。

履约期间,承包商的合法权利还有诸如停工、终止合同或减缓施工进度等等。这些权利的行使往往是针对业主付款拖延不及时,如果承包商不当机立断,而是依然按计划垫资施工,则日后由于业主资金流断裂将会给承包商带来巨大损失。承包商应按照 FIDIC 条款规定的,如业主延迟付款超过 28 天时,采取停工、延迟施工进度甚至终止合同的措施来保护自己的权益。

三、严格履约、避免并及时纠正自己违约行为

为了保证承包合同不折不扣地实施,FIDIC 条款规定了承包商通过银行向业主开具各类保函,担保严格履约、保质保量按时完成承包项目,并规定违约可以向银行索赔保函开具的担保金额。因此,承包商必须严格履约维护业主合理合法的利益。但为了业主适当运用这一权利,FIDIC 条款规定,在保函索偿之前,业主应告知承包商其索偿的理由和数额,这就给承包商一个改正错误的机会,使其有时间通过纠正自己的违约行为和弥补过失以阻止业主的索赔。

根据 1989 年 FIDIC 条款第 4 版修正后的要求,承包商可以不必开出"首次索偿必付"保函,从而可以避免保函风险。

四、坚持自身合法权益

承包商能否规避风险、保障自己的合法权益,关键在于能否在承包合同中写入保护其合法权益的条款,有保值保价条款,调价公式和汇率波动补偿条款等。FIDIC 第四版对此都要明确规定,承包商在合同谈判期间要头脑清醒顶住压力据理力争,不要为业主优势地位所压倒,更不要为业主花言巧语所迷惑掉入其陷阱之中,坚持把 FIDIC 条款保护承包商的条款用到承包合同之中。

五、引用 FIDIC 条款解决承包合同中的未尽事宜

虽然 FIDIC 条款是指导各国拟定国际招标的承包工程合同的原则和范本,特别是世行项目。亚行非行项目。但合同讨论稿都是各国政府部门提供的,各国有各国的国情,各国的经济法合同法,不可避免地站在自己的立场上维护自己的利益,也不可能所有在合同执行过程中出现的问题都设想到都有提及,因此在施工中常常出现承包商与工程师,承包商与业主的分歧和争执。出现这一局面时,承包商应援引 FIDIC 条款中相应的条款为解决这类冲突为指导原则,这是解决困难的最好途径与方法,也是对付项目东道国保护主义的最好武器。

承包商应秉承 FIDIC 条款的精神,坚持 FIDIC 的原则,灵活运用 FIDIC 条款,提高在国际承包工程的管理水平。

第五节　合同的谈判

承包商在拿到业主颁发的授标函之后就进入了合同谈判阶段,合同谈判的基础是招标文件和投标书,承包商在投标书中承诺接受招标文件的所有条件,但再完备的招标文件总有疏漏之处,因此在合同谈判阶段承包商有必要请业主澄清和完善招标书中的疏漏之处,并依据 FIDIC 条款提出保护自身权益的条款,达成协议后形成文字写入合同协议书或补充协议中去。

承包合同是一整套文件的总称,包括合同协议书、授标函、投标书、招标书、合同条件、技术规范、图纸、工程量清单及履约保函等。业主和承包商签订的合同,在业主和承包商之间产生了确定的权利和义务关系,双方的权利和义务受法律保护。国际承包合同是一种跨国合同,当事人分属两个或两个以上的国家,当事人不仅受本国法律的保护,还受到工程所在国法律的监

督和保护,为了解决双方的法律纠纷,双方约定仲裁机构和所适用的法律。

承包工程合同的内容大部分是招标书的内容,再加上在合同谈判中,双方同意对招标文件的某些修改和补充,这一部分一般写入合同协议书补充协议中(或附录)

承包工程合同协议书包括下述内容:

(1)合同当事人

(2)合同标的,包括合同价和实施的工程

(3)合同招标方式

(4)合同的组成文件

(5)合同的计价方式(如单价合同抑或总价合同),应列入调价公式

(6)合同工期

(7)缔约双方的义务、权利及奖惩办法

(8)工程验收条件

(9)合同的支付方式和结算条件

(10)合同废除条件及相应补救措施

(11)合同任一方违约及惩罚措施

(12)合同的签字和生效日期

一、谈判的目的

开标以后,业主有一整套程序进行评标,评标后会选择几家承包商作为入围者,然后分别就报价和技术方案与入围者一一谈判,在进行比较后选择一家承包商进行授标,世行、非行及亚行项目还要报其总行批准。

(1)业主谈判目的

1)了解投标者单价的构成,对不合理的报价提出质疑和降价的要求,特别是采用二阶段报价方式的招标更是如此。

2）进一步了解和审查标书中的施工组织设计、施工计划和各项技术措施是否合理、先进且可行,能否保证施工的进度和施工的质量。负责项目实施的管理力量是否雄厚富有经验能够担当责任。

3）听取参与谈判的承包商的建议和要求,在综合评估后,对设计方案、图纸、技术规范作某些修改,然后对工程报价和工程质量产生的影响做出估量。

（2）投标入围者谈判目的:

1）争取中标,即通过谈判宣传自己的优势,报价的合理且具有竞争优势,技术方案的施工组织设计具有技术的先进性和可操作性、安全性、经济性。对自己向业主所提建议进行解释,说明它对工程施工的积极影响和给业主带来的好处,争取为业主采纳,必要时还可许诺给业主进一步的优惠,为争取中标加分。

2）争取合理的价格,既要应付业主的压价,又要对业主拟增加的子项目、修改设计提高质量标准产生的费用合理提高价格。

3）根据 FIDIC 条款对标书中部分条件的过分偏袒业主不公平的条款和叙述不清楚的条款进行修改,以保护承包商合法的权益。

双方的谈判目的是有矛盾和对立的成分,但在完美地经济地完成工程项目上是一致的。求同存异,充分掌握业主的心理活动,运用谈判技巧争取对方的认同,拿到授标就是谈判终极的目的。

二、谈判前的准备

业主与入围者的谈判主要围绕两方面:一是要求承包商进行技术答辩,像中国江西国际经济技术合作公司投埃塞俄比亚亚尤媒田勘探项目时,业主提出测量要求用全站仪并且要求承包商提供的媒田地质勘探资料要是数字化地图,问承包商是否做得到,由于答辩前作了充分准备,给予业主以肯定满意的答复。二是继续压价格,由于江西国际经济合作公司在标价上留有一定的余地,知道业主会提这一方面的要求,在经过一番博弈后答应了百分之三的降价,使得业主满意,最后此第三标的报价取得了中标。

谈判前的准备有以下几方面:

组织精干的强有力的谈判组,谈判组的组成应有经营、技术、财务、法务和翻译方面人员,一般项目 3 - 5 人。

1)首席谈判代表. 负责主谈,熟悉全面,有组织协调能力,有公司授予的决策权,知识面广专业精湛,参加了做标全过程,一般由部门经理,大型项目甚至由公司管理层领导担任。

2)做经济标的负责人。熟悉做标过程并参与算标和单价分析。

3)做技术标的负责人。主持了施工组织设计的编制,熟悉关键技术和工艺流程。

4)翻译。熟悉经济、技术和法律词汇,口译与笔译俱佳,熟悉东道国国情,最好在该国工作过一段时间。他不仅是双方沟通的桥梁而且关键时候要成为双方冲突的缓冲器、防火墙,为首席谈判代表排忧解难,补分纠错,成为谈判不可或缺的人物。

上述几个角色可以兼任也可专任,视项目和双方具体情况而定。

(1)谈判方案和内容的准备

公司法人代表要对首席谈判代表出具谈判和签字的授权书。并在出国前明确在什么范围内他有权决定,什么范围必须请示公司。

围绕谈判的目的确定谈判的内容,根据谈判内容确定谈判的方案和步骤,有了谈判的方案就要准备谈判的策略和技巧。

先列出与对方谈判的内容,再根据轻重缓急和谈判双方的情况确定谈判的顺序,对每一项内容确定谈判的目标,一般分为最佳目标、努力实现目标和保底目标三种。最佳目标是发盘价,力争实现目标是尽最大努力争取实现目标,保底目标是让步到不能再让的目标,这个目标是决不能泄露的信息,一旦被对方掌握这次谈判必败。此目标只能为谈判组核心成员掌握。

谈判步骤确定之后,对重要的内容要制定谈判方案和策略,如工程总造价对方要压价,我们有几种方案应对,如造价师举例说明我们混凝土的人工取费低廉,一般公司都做不到,也可列举我们搅拌站台班费低,因为我们在贵国有下场设备等等。同意降价也有均等降价,先宽后紧降价和先紧后宽降低,事先准备策略方案,还要设想对方可能提出什么问题我们如何回答。总之关键问题准备越周全越好,否则容易乱了自己阵脚。在运用策略时还要灵活使用谈判的技巧。

(2)谈判资料的准备

要针对谈判的内容和策略准备相应资料,如工、料、机基础费用的询价资料、单价分析表,公司及已完成类似项目的资料等,以及准备向对方索取资料的清单等。资料提供给对方前要经过审定,以免对方提出质疑给自己带来不便。

(3)议程一般由业主提出,征求我们意见后确定,注意不要遗漏我方拟谈判的重要问题,如能争取我方提出议程则更好。

议程要安排紧凑,但要留有余地,留有必要时休会的空间。会议僵持有必要休会一天、半天的,以化解紧张氛围或留有向国内请示的时间,也可留有起草合同协议文稿的时间。

三、谈判的指导思想和技巧的运用

国际承包工程的合同谈判像其他商务谈判一样必须用双赢理论来指导,即在争取己方利益的同时必须站在对方的立场上理解对方的利益诉求并顾及对方的利益让对方一定程度满足其利益需求。这一双赢理论自 20 世纪 60 年代出现以来实践证明这是指导无数谈判取得成功的法宝。这一理论关键之处就是将谈判双方由对手变成合作者,从而携手找共同点把利益蛋糕做大来满足双方的利益需求。双方由怀疑变成相互信任变成战略合作伙伴关系,共同去为承包工程项目的成功实施而努力奋斗。这种关系也为今后项目顺利实施奠定了良好基础,这是大智慧也是谈判者的大格局,值得我们在谈判中践行。

(一)在正确指导思想引导下进入正式谈判阶段,任何一次谈判都大体经历发盘、还盘、成交几个阶段。

1. 发盘阶段的策略:明确阐明自己的立场和目标,弄清对方的目标和意图。集中谈自己的想法和目标,仔细听取对方的发言,在对方发言时不插嘴不反驳,弄清楚对方想要什么,然后提出问题请对方澄清,发表自己的见解。其间对方如果闪烁其词、态度暧昧,说明对方对我方缺乏信任,那我们就以诚相见,逐步消除对方的戒心,建立起相互信任的氛围。

2. 还盘阶段的策略。这是双方从各自利益出发。相互交锋,据理力争的阶段,也即俗称"讨价还价"阶段。这时保持平和的态度,语调音量平稳,切忌采用刺激性的言辞,有理不在言高。由于谈判前已经设想到会出现这种情况,就有条不紊地应用已有的预案去回答去说服去解决分歧和困难。例如,可以肯定对方意见可取之处,找到双方契合点,唤起对方的协作精神和合作态度,进一步扩大共识。如果对方态度激烈,我们可以换一个话题甚至可以暂时休会让双方态度平和下来,吵闹声中决不会有积极成果。如果谈判顺利则一鼓作气扩大战果争取取得更多谈判成果。

3. 达成交易阶段。经过上述艰苦的谈判，双方互谅互让达成一致意见，此时，双方总结一下谈判成果，确认成果，责成协议起草人员去起草协议书，为合同签字作准备。

(二)谈判技巧有许多种，我们根据实践总结归纳出以下几种。

1. 安全回答的策略

1)有的问题不回答或简短回答。这样可以避免让对方摸我们的底。

2)反问法。引导对方自己回答自己的提问

3)避实就虚法。

4)恭维法。满足对方虚荣心。

5)义正词严法。指出对方挑衅有损于谈判的进行。

2. 声东击西法。当价格谈不下来时可转移话题，当对方戒心放下时再轻描淡写地回到价格话题。

3. 打破僵局法

1)休会；

2)短暂旅行放松心情；

3)投其所好，合法合规送对方喜欢的礼品；

4)假设条件策略，探对方底细；

5)由专家小组先去讨论，取得共识后再上会讨论。

4. 让步的策略

1)让步的步伐先大后小；

2)让步的步伐先小后大；

3)让步的步伐等距。

从人的心理活动规律来看第1)种方法更有效。

5. 最后通牒法。即规定成交最后时限,此法对正处手犹豫阶段的对手有推动作用。

6. 红脸白脸的策略。白脸可以是谈判组的一名成员,红脸由首席谈判代表担任,白脸提苛刻条件,最后红脸作好人,作适度让步,争取对方作较大让步,往往能取得效果。

7. 权力有限策略。说明公司授权有限,谈判组只能作这么大的让步,往往能使对方做出让步。

8. 疲劳战术。对气势汹汹的对手,采用太极战术,以柔克刚,用一轮又一轮的拉锯战使其疲劳,当其筋疲力尽时我方就可收获战果。

以上只是诸多谈判战术的几种,还可以列举一些,运用上述战术要因人因时因地制宜切不可墨守成规、生搬硬套,否则会适得其反。

四、谈判中应注意的事项

(一)注意保密,切莫将自己的底牌让对方掌握

1. 对所有涉密人员强调保密纪律,建立保密制度,奖惩分明。

2. 采取技术措施,防止竞标者、业主入侵我们内网、电脑和手机。

3. 在谈判中严防说漏了嘴和让对方套出了我方的底细,谨言慎行。

4. 最关键数字用心记、用口授、专人送。

(二)科学民主决策,遇事集体讨论,发扬集体智慧,实行民主集中制,首席谈判代表负责制。在会谈时,一般由首席代表发言,经首席代表授意后其他专业方可发言,会上形成一个声音对外,有不同意见可递条子或会中休息时交换意见,切不可把内部意见分歧或人员之间的矛盾暴露在谈判对手面前。

（三）会谈中做好笔记，也可用设备录音但不要示于对方，以免对方拘谨。

（四）谈判中态度和蔼，有礼有节，不顶撞对方，不用侮辱言词。但原则要坚持，不卑不亢，对方无理或出言不逊时，我方严正指出对方的失理失态，指出其表现无益于谈判进行。

（五）言简意赅，得要领，不跑题。围绕着谈判纲要有条不紊地进行，不要为枝节小事争论不休，把重要的大事抛在一边，要知道对方也会用声东击西的策略。

（六）同意总标价降一定百分比时，注明我方将对相应的单价作调整，这就为我方的不平衡报价留有余地。并声明此次降价仅限于目前报价并不涉及日后的工程变更。

第六节 合同协议书签订

在谈判结束双方取得一致意见，整理汇总上面提到的所有合同文件，并将谈判中对招标文件的某些修改，对投标书的标价等内容做出的修改形成文字材料——合同协议书附录，双方认真审定后，进入签字程序。双方签字代表为经双方法定代表人书面授权的代表。合同一式双份，甲乙双方各执一份。如需公证则为三份，一份提交公证机关，合同签字后即时生效。

一般要求承包商在收到授标函28天之内开出履约保函，履约保证金为合同标的的百分之十，承包商在合同签约之时向业主递交履约保函。

签订合同协议书并收到履约保函后，业主应尽快将投标保函退还中标者及递送了标书但并未中标的投标人。至此，投授标阶段告一段落，即将开始承包工程的实施阶段。

第七章　银行保函

　　在国际承包工程的投标阶段和实施阶段,当事人的一方为了避免当事人的另一方违约而遭受损失,往往要求对方通过第三方银行开具担保函,这种银行开具的担保函称之为银行保函。本章将就国际承包工程活动中经常开具的几种银行保函的名称、内容、性质,作用、办理程序及应注意的问题逐一做出介绍。

第一节　银行保函的定义、性质和作用

一、银行保函的定义

　　银行保函(Bank guarantee)是指银行应申请人的要求向保函受益人开具的独立的书面保证文件,是有条件地承担经济责任的契约性文件。它担保申请人正常履行合同规定的义务,它是一种备用性质的银行信用。

　　一般情况下,保函申请人都能正常履行合同义务,保证承包合同如期如约完成,则银行不需要履行经济赔偿责任,但如申请人无论是因客观或主观原因不能如约如期履行合同义务,致使保函受益人遭受经济损失,则银行以保函担保金额为限行使向受益人承担经济赔偿的责任。

二、银行保函的作用

　　银行保函其作用是保证受益人的经济利益不受损失。在申请人因种种原因不能履约时,受益人可凭银行保函向银行索取其担保的金额,来补偿自己遭受的经济损失。

　　其实,合同根据 FIDIC 条款已有一些索赔的条款,这仅涉及

合同当事人的双方,属于商业信用,如有一方无力或有意拖延赔偿则要通过法律诉讼加以解决,费时费力费钱,即使胜诉了执行起来尚有困难,不能足额及时弥补自己损失。若有了银行保函的担保,则获得银行信用担保,在商业信用基础上又获得了银行信用,在双重信用的保障下,受益人的经济利益得到双重保障,经济损失受到进一步补偿。所以这是在国际承包工程领域中行之有效地保障承包工程得以顺利实施的措施之一。

三、银行保函的性质

国际承包工程的当事人分属不同国家,相隔千山万水,彼此了解与信任不够,彼此存在疑虑,加之项目金额大,周期长,更使双方踌躇不前。有了银行保函双方解除了顾虑,促使了成交和保障了工程顺利进行,可以形象称之为国际承包工程的定海神针。能否及时足额地开具出银行保函反映出承包公司的信誉和实力。银行保函是最常用、最普遍和易于被各方所接受的备用的信用担保凭证,其实质是使受益人在必要条件下可以索取一定金额钱款的凭证。须注意的是受益人如不当使用该凭证会给申请人带来无辜的损失,所以申请人在办理银行保函时,必须搞清保函文字的含义,要求和使用条件,认真研究合同条款,精准无误地办好各种银行保函,严格履行合同,避免银行保函责任的实际履行。

第二节　银行保函的主要内容

银行保函的主要内容包括:

1. 担保人:指出具保函的银行,全称及法定地址。

2. 被担保人:(申请人)指承包商的全称和法定地址。

3. 受益人:业主、招标机构(对应投标保函)海关(对应设备

临时进口和进口材料的免征进口关税的保函)

4. 担保原因:指申请人与受益人之间存在的契约关系,如于某年某月某日双方签订何种合同,申请人存在何种履约义务,合同编号是多少。

5. 担保金额:为招标书或合同条款中规定的比例或金额。要规定担保最高金额及币种。

6. 担保货币:有业主所在国货币、自由兑换货币,或上述两种货币的组合,按招标书或合同中的规定。

7. 担保责任:这是保函的关键,必须明确责任,以便一旦责任发生,受益人提出索赔要求,即据以偿付,不至发生争执和纠纷。责任要具体说明在什么条件下,承担什么样的赔偿,保证金。这里须特别指出的是,有些受益人在招标书中规定申请人必须开出无条件(Unconditional)保函,即保函不写明担保的责任,而用"无条件"来代替,即受益人只要向担保人提出索赔的要求,哪怕申请人没有违约,担保的责任都得到正常的履行,担保人都必须将担保金额偿付给受益人,而不必做任何说明。毫无疑问,这是很不公平,很不合理的,这在国际案例中已有发生,多见于招标书中的投标保函提供的格式,你一旦提供这种格式的保函,便存在招标方无理没收投标保函的风险,投标方要作充分思想准备应付此种情况发生,当然诉诸法律是我们最后的手段。

8. 索偿兑现的条件。指出现了什么情况发生了什么事情可以证明申请人没有正常履行担保人担保了的履约责任,担保人可以偿付担保金给索偿人(受益人)。因此,事先规定了必需的证明文件。

(1)首次索偿即付(即见索即付),这是上面提到的无条件保函。受益人只需声称申请人违约不必提供任何违约证明,只要索偿金额不超过保函担保金额,提出索偿要求没有超过保函的有效期,银行就须将担保金偿付给受益人。这种"无条件"的索偿条件完全剥夺了申请人申辩的权利,银行也无权以申请人并未违约而拒绝付款。通常业主乐于采用这种保函,主动权完全掌握在自己手中,对其非常有利,而承包商迫于压力接受了这种"见索即付"银行保函则要时刻警惕认真对待了。

（2）受益人必须提供申请人违约证据才可索偿兑现的保函,即有条件的保函。例如应附有工程师或独立的第三人出具的确定承包商违约证明书;或索偿与支付应有一段时间间隔,以便承包商对其违约采取补救措施或协商解决纠纷。具体的索偿条件由业主和承包商在合同谈判期间商洽。

9. 保函的有效期。保函什么时候生效,担保责任什么时候终止,在保函中须明确规定。投标保函一般自开标之日起生效,预付款保函自收到预付款之日起生效,履约保函自业主开始履约之日起生效,要有具体的日期,如未注明生效日,据国际商会1978年第325号出版物规定,则有效期认为是:（1）投标保函,自保函出具日后6个月;（2）履约保函,临时验收日或任何延期终止日后6个月或合同履约期到期后一个月;（3）预付款保函:临时验收日或任何延期终止日后6个月。

银行担保函要收取手续费,它是以其担保的金额和期限来计算的。只要保函的正本未从业主处收回,银行就要继续向申请人收取担保手续费,直至收回保函正本为止。

10. 保函编号:由于具保函银行编制。

银行保函须经开具保函银行的授权人签字盖章,方能生效。

第三节   银行保函的种类

按照银行保函的使用范围和担保责任划分为:投标保函、履约保函、预付款保函、工程维修保函、进口物资免税保函和临时进口设备免税保函等。下面分别一一介绍:

一、投标保函(Bid Bond/Guarantee)

由发包方认可的银行向招标机构出具的一种保单,它保证投标人在决标签约前不撤销其投标书,中标后在约定时间内与业主签约并提交履约保函,如有违反业主可罚没保函。投标保函随同投标书一并递交给业主,保函一旦开出,在其有效期内是不可撤销的。保函金额通常为投标者投标总金额的2%。有的招标书不规定百分比而且直接规定一个固定的金额。我们可以以此金额反向推断出咨询工程师做出的标的金额。

投标保函担保责任如下:

1. 投标人在投标有效期内不得撤回投标,投标有效期一般有90天、120天和180天。

2. 投标人一旦中标,必须在收到授标通知书后一定时间(一般是4周)去业主所在国商行签合同。

3. 签约时(或签约后2周内)必须提交履约保函。

以上如有一条投标人没有履行,业主就有权没收其保函向银行索偿其担保金额。如果递交了履约保函或未中标,则业主在收到履约保函后退还所有投标者的投标保函,投标人将其返还开证行,相应解除担保责任。

如果因业主由于评标时间延长等原因要求投标人延长保函有效期时,投标人可有三种选择:其一放弃投标,收回保函;其二同意延长,到银行办理延期手续;其三同意延长,并办理了延期手续,但同时致函业主声明保留调整报价的权利,承包商要珍惜业主要求延长保函有效期的机会,为自己争得又一次报价机会,努力争取中标。

二、履约保函(Performance Bond/Guarantee)

履约保函是由业主认可的银行出具的担保契约,保证承包商按照合同规定正常履行义务,如发生不能按质、按量、按期完成合同规定义务,业主有权凭该保函向银行索偿其担保金额。履约保函的担保金额一般为合同总金额的10%。

履约保函有效期略长于合同工期,履约保函只有在工程全面竣工并获得工程师签发验收合格证书后递交一份工程维修保函才退还,承包商将履约保函正本交还给开证行,担保责任才予以解除。

如果承包商严重延长工期或工程质量极低或有其他不法行为(贿赂当地官员、纵容工人罢工闹事等),业主警告后仍不改正,业主可以罚没其保函向银行索偿其保函担保金额,并驱逐该承包商出现场,没收其在现场的一切材料设备和临时设施。我国承包工程队伍起初对FIDIC条件中的这一条并未引起足够重视。直至当我国一地方国有承包工程公司在乌干达承揽－水电站由于工期拖延质量低下被该国动用军警驱离现场,罚没保函和大量现场物资,致使遭受不可挽回的损失,才真正认识到国际承包工程合同履约的严肃性。

如发生业主违法向银行索偿时,承包商应立即采取措施,制止事态进一步恶化,将问题解决在萌芽状态。

如果因不论是哪方原因致使工期延长,承包商应当与工程师和业主协商办理同意延长工期的手续,并通知开具银行保函的银行将保函展期,交纳保函延期手续费,以防止业主借故延误工期恶意向银行索偿担保金。

出自各自利益需求,业主要求履约保函是不可撤销的,承包商要求履约保函是不可转让的,主承包商要求分包商开出的履约保函是可以转让的,这样可以将其转给业主,以减少自己向业主开具的保函的担保金额。

三、预付款保函(Advance Payment Guarantee)

开证银行担保承包商按合同规定偿还业主已支付的全部预付款,其担保金额与业主已付的预付款金额相等。

由于预付款都是逐月从工程进度款中逐笔扣还,故预付款的担保金额也应随预付款逐月扣还后所剩余额而减少,银行开出这种保函时,应在保函上注明这一点。承包商在施工期间应按月从业主那取得同意此保函减值的通知,送银行确认,也可凭业主每月付款账单写出预付款保函减值通知书,同时提交业主和银行确认。

四、工程维修保函(Maintenance Guarantee)

工程维修保函并称质量保证金保函。业主通常在合同中会要求承包商提供一笔质量保证金,其金额一般为合同总额的5%,要求承包商在维修期维修其工程缺陷。若承包商未能维修,业主则可动用这笔质量保证金自行维修。一般业主会在每月的工程款中按比例扣下质保金,在维修期满退还质保金。但承包商不愿扣下占合同额百分之五的质保金,可提出开出等额的维修保函来置换,有效期自工程竣工验收合格之日起,一年后终止。其间承包商若未能维修工程缺陷,业主可通知银行提取工程维修保函的担保金额自己组织维修。

在规定的维修期内,承包人按规定完成缺陷维修任务,工程师签发维修合格证书,业主将工程维修保函退还承包商,承包商将其退还银行,解除担保责任。

五、免税工程进口物资关税保函

该保函作用是担保承包人将进口的工程材料设备全部用于国际金融机构提供贷款的免关税的工程项目,该保函担保金额与该物资应报关税金额一致,有效期与工期基本一致。工程竣工后若有剩余材料,可纳税后就地销售或运出该国,或转到下一个免税工程(须对保函延期)。

在保函有效期届满之时,承包商从业主处取得进口物资全部用于该项目的证明,交给税收部门,然后取回税收保函,交银行注销。

海关和税收部门发现有用于非免税项目的情形,可罚没该保函,提取保函所开列的担保金并给予处罚。

六、临时进口施工用设备机具的关税保函

该保函担保承包商在工程竣工后,将免税临时进口的施工用设备机具运出该国,或照章纳税后在当地出售,或办理保函延期后用于另一个在该国的免税项目。该保函提交给工程所在国的海关。其担保金额与该进口设备应纳关税相等,有效期略长于工程工期。保函有效期届满该设备运出该国,或折旧出售后补交关税或取得有关部门证明设备报废,可从海关税收部门取回保函,交银行注销。

如果海关等税收部门发现该设备用于非免税项目,或私自出售获利。可罚没该保函,提取保函的担保金并处罚金。

第四节　办理银行保函的相关手续

大部分的承包工程项目接受中国银行开具的保函,但有些国家只接受本国银行开具的保函,这样承包商只能委托中国银行转托业主指定银行开具保函,这样承包商就要承担两笔手续

费。

请求银行办理保函的手续大致如下：

1. 事先与开具保函的银行进行联系，商讨手续费率和押金的比例。中国银行的手续费率为每年保函值的 1%，每季度为计算单位，外国银行收取的手续费率都大于这个费率，所交押金视公司在银行的存款而定，一般资信好常年客户中国银行都会审定授信额度，只要在额度之内不用交纳押金。

2. 在开具保函前承包商应向担保银行或委托转开保函银行介绍承包工程的情况，并按要求提供有关文件，以供银行审查决定是否同意开具保函。

提供项目的一般情况：合同编号（或招标序号）；项目名称；受益人（业主或发包人）；申请人（承包商）；合同总金额（或投标金额）；工期；担保的内容；担保金额；保函有效期。中国银行审查担保申请时还需要以下资料：

1）投标须知，关于保函的合同条款，保函格式，担保金的支付条款和法律条款；

2）填写中国银行提供的表格，有"要求开具保函申请书和承包、设备工程概算表"，一式三份。

3）写一份项目的详细说明材料。主要内容包括：工程介绍，如工程量、工期、技术标准；项目资金来源、支付能力、本外币比例、支付方式、预付款金额；简要工程经济分析，如利润、成本、用汇等。

3. 如有的国家规定保函要交印花税，可委托银行代办。

4. 交纳保函手续费，可一次性交纳也可分次交纳。保函的失效，退还或被没收索偿担保金根据保函的种类和条件而定。

第五节 开具银行保函应注意的问题

银行保函关系到国际承包工程顺利签约并正常履行的必要条件之一,保函的内容、条件、金额、有效期等是否妥当直接关乎银行保函的效力从而影响合同当事人的切身利益,必须严肃认真对待。

1. 对标书和合同条款认真审查。如担保金额是否合规,有效期是否合理,是否是"见索即赔"的保函,承包人还应调查业主的财力状况、资信情况,项目资金来源及可靠程度。如有负面情况极需认真慎重处理,或修改担保函的内容或终止开具保函。对私营项目在同业主提供履约保函的同时,也应要求业主提供银行的付款保函或支付信用证。对政府的项目,如果是带资承包或延期付款的项目亦应如此。

2. 银行保函的适用法律问题。

一般应以开具保函的银行所在国法律为适用法律。如受益人坚持用本国法律,则可按国际商法和第三国法律解释。

3. 避免开"可转让"的保函。

银行保函所担保的责任仅限于承包商与业主之间,是不可转让的。如保函发生转让并转让成立则第三方介入到合同纠纷当中,使得问题变得复杂更难控制,所以承包商应尽量避免"可转让"的银行保函。

4. 对待某些预付款保函的加息条款。

如果业主一定要加付偿付预付款的利息,则应在保函上列明何时何地以何种利率计算,以免日后再发生争议。

5. 预付款保函递减条款。

合同中应列明预付款担保金额随业主分期扣还预付款而递

减,承包商要定期将递减值让业主签字承认,然后递交给银行,这样合乎实际并可逐步降低保函手续费。预付款扣完之日就是预付款保函的失效之时。

6. 担保银行的选择。

应尽量争取在中国银行开具银行保函,中国银行是我国最主要的外汇专业银行,在外设立了许多分行,在国际上资信很好,享有很高的声誉,应尽量说服对方接受中国银行开具的银行保函。如受益人坚持不接受那我们就要找一家第三国的银行。它担保条件不苛刻、资信好、收费合理、办事效率高、对中国友好。

7. 保函有效期的延期和到时撤销。

保函延期颇为常见,应在保函到期前办理展期手续。说明理由并明确延长的起止时间。保函到期如不及时办理撤销手续,仍承担被索偿的风险,还要交纳拖延期的手续费。所以要到时即办理撤销手续,撤销按申请同样形式办理(信开或电开)。

8. 对"见索即付"保函的保护措施

"见索即付"的保函对承包商极为不利,承担被业主无理索偿的巨大风险,承包商在洽谈合同时应据理力争极力避免。但由于有时招标书规定了这种保函格式,迫使承包商无奈接受这种保函。但我们可采取以下几个措施来尽力降低业主恶意索赔的风险:

(1)对"见索即付"的内容仔细研究,尽可能在书面索偿和付款之间留有一段时间,以利银行通知承包商,使其与受益人协商,采取补救措施,收回成命。

(2)承包商就保函风险向保险公司投保,保费计入项目成本。承包人与银行和保险公司保持经常联系并搞好关系,让他们及时了解工程进展和承包商守约的实际。

（3）如果发生了业主恶意索偿的情况,承包商应立即向法院提出紧急申诉,请求法院采取程序保全措施,出证暂时冻结保函,以防损失实际发生、随后进入协商调解阶段,采取补救措施缓和双方矛盾。

9. 加强对保函的管理

许多公司由于项目多、工期长,保函常出现延期的未及时办理延期手续,该撤销的未及时办理撤销,该减额的未办理减额手续,结果给人钻了空子索偿了担保金,造成不该有的损失。因此,承包公司应设立专人保管银行保函,建立保函的管理台账,该申请的申请,该延期的延期,该撤销的撤销,该减额的减额,与前方工地保持联系,与后方项目管理部门清理台账,防患于未然,杜绝由于保函保管不善带来的损失。

第八章　国际承包工程的保险

　　国际承包工程业务是一项高风险的经济活动。由于承包商投入了大量的人力、物力和财力。又由于项目所在国的政府更迭，政治动乱、民族冲突、内乱等政治风险；汇率变动、通货膨胀，人工费用和原材料上涨等经济风险；由于地震、风暴、洪水、雷雨等自然灾害造成的影响；施工中由于外来的、突如其来的因素如火灾、爆炸、停电停水造成的建筑物和设备的损坏，人员的伤亡；由于业主不守诚信等诸多不确定因素都可能给承包商带来巨大的不可挽回的损失。而保险是抗御风险的有力措施之一。

第一节　保险和保险的一般原则

　　保险是保险人吸纳各类投保人的资金而建立的一种基金，在投保人遭遇风险时在保险范围内由保险人予以经济补偿的一种防范风险的手段。它具有分散风险、补偿损失的功能，实质是用经济手段挽救经济损失。

　　保险活动必须遵循一定的原则。

一、诚信原则

　　任何保险合同的签订与实施都必须以当事人的诚信作为基础。

　　基于诚信的原则，投保人在申请保险时，必须向保险人诚实陈述情况，凡与危险有关的实质性事实都要如实呈报。所谓实质性事实是指对保险人接受这一危险对决定费率起作用的情况，如：

（一）超出正常的情况；

（二）对道德危险的详细陈述；

（三）说明保险人所负责任的事实；

（四）有关申请人本人的事实。

呈报事实应在签订保险合同之前，如在保单有效期间，在保险期续期期间，如前述危险情况有所改变也须如实告知。

凡对于事实呈报不实，不遵守被保险人的保证条款都被看作违反诚信原则，会影响合同的效力。

二、可保利益原则

可保利益原则是指保险人要求被保险人对其投保的保险标的具有可保利益，这是保险的又一项重要原则。被保险人的可保利益要为法律所承认，是客观存在的对某一财产所具有的某种权利或利害关系。不仅对财产的物质具有可保利益，而且，对于一种预期的，非物质的利益也同样具有可保利益。

可保利益的产生和存在有三方面的来源：一是所有权；二是据有权；三是按合同规定产生的利益。

（一）所有权

1. 所有人。财产不论是独有还是与他人共有，甚至不为他所据有，仍具有可保利益。

2. 受托人、受益人。这两种人都对财产具有可得利益。

（二）据有权

1. 对财产的安全负有责任的人，如旅店老板对住客的行李。保险人只在他负责的限度内赔付。

2. 对财产享有留置权的人，对该项财产也有可保利益。

（三）按合同规定产生的利益

1. 对财产享有抵押权的人，对该受抵押的财产具有可保利益。一般由抵押人和受押人联名投保，或由抵押人投保全部财产,并贴上"赔款支付"条款,说明在债权利益范围内应先赔款给受押人。

2. 房屋承租人,对承租房屋有一定的可保利益。

3. 在承包工程合同中,承包商、业主、原材料供应商、设备租赁人对于建造和安装的工程都有各自可保的利益。

4. 在信用保证保险中,承包商对业主的信用,雇主对雇员的信用都有可保利益。

可保利益的作用有以下三点:

(一)可防止变保险为诈骗,骗取保险人的赔款。

(二)可以防止变保险为赌博,脱离保险设立的宗旨。

(三)可以将可保利益设定为保险赔偿的最高限额。财产保险以补偿为原则,故其赔偿金额不能超过受保人在保险标的上的全部利益。

三、赔偿责任履行的原则

1. 对承包商按所遭受的实际损失给予赔偿(最高不超过保险金额),以使承包商在经济上恰好能恢复至保险事故发生前的状态。

2. 保险人对赔偿金额有一定限度

(1)不超过该项财产损失的市价。

(2)不能超过保险金额。

(3)索赔金额以被保险人的对这项财产的可保利益为限。

但对于定值保险上述第(1)条并不适用,应以保单上约定的价值予以赔付。

3. 保险人对赔偿的方式可以选择,如货币支付、修复至原状或置换被损物件。

4. 被保险人不能通过保险人赔偿而得到额外利益,否则会产生被保险人故意损坏财物而获利,增加欺诈损失公共道德,也会使保险人亏损而无法经营下去。

（1）如果事故由第三人引起，则保险人赔付后，被保险人对第三人的追索权转移至保险人。

（2）被保险人如果对某项财物在多处投保，但赔付总额不得超过该财物的总值。

5.不足额投保赔偿方式

如果确定的保险金额低于投保财产的实际价值，称为不足额投保。不足额投保不能得到足额赔偿，不足额保险的赔偿金额如下式计算：

$$不足额保险赔偿金额 = \frac{保险金额}{财产实际价值} \times 损失金额$$

例：投保人投保的家庭财产实际价值为二百万元，投保人保险金额为一百万元，保险人核准的损失金额为一百四十万元，计算后投保人获赔七十万元。

6.第一危险赔偿方式

在处理赔款时，不考虑保险金额与实际价值的比例，在保险金额限度内，按实际损失全数予以赔偿，此方式称为第一危险方式。此法用于信誉较好的企业，由于保险金额总是小于实际价值，而又是按百分之百损失赔付，故保险费率应高于不足额投保方式的费率，且投保人必须以其全部财产的账面价值参加保险。

7.定值保险赔偿方式

定值保险指保险人按约定价值承保，赔偿时不管损失财物当时的市价是多少，在保险金额限度内，按约定的保险价值赔付。

四、权益转让的原则

权益转让就是被保险人因财产受损而取得保险人的赔偿后，将其原应享有的向事故责任方索赔的权益转让给保险人。保险人取得该项权益，即可以被保险人的名义向事故责任方追偿。权益转让还包括以下含义：

（一）被保险人从保险人以外的任何方面得到的赔偿和收益都得转让,慈善性的捐款除外。

（二）权益转让一般在给付了赔款之后,但也有在保单上注明,不论在给付赔款前后,保险人都可应用权益转让的规定。

（三）保险人在权益转让中享有的权益不能超过自己赔偿的金额,超出的部分应转交给被保险人。

在权益转让后,被保险人对原应享受的保险上的利益及向第三方索赔的利益均无影响。

如在汽车保险中,被保险人租用的汽车因汽车被撞发生了应由碰撞对方负责的两种损失。一是汽车本身的损失,二是自己已交给租车公司租车费的损失。如果保险人所保的只是汽车的车身险,则只对车身损失负责赔偿,被保险人将车身损失索赔的权益转给了保险人,被保险人取得了车身赔款之后,对丧失使用的租车费损失仍可向交通肇事方索赔。

五、重复保险分摊的原则

被保险人以同一保险标的,同时向两个保险公司或两个以上的保险公司投保同一危险,就构成重复保险,其保险金额的总和有可能超过保险标的的可保价值。在发生损失时,根据保险赔偿的原则,被保险人所能获得的赔款总和不能超过可保价值,通常都采取各保险人分摊可保价值的办法,或禁止他保的规定。

分摊的方式有：

（一）比例责任。将各保险公司的保险金额加总,求得各家应分摊的比例,然后按比例分摊损失金额。

（二）限额责任。将各保险公司责任限额加总求得各家应负担的比例,然后按比例分摊损失金额。

（三）顺序责任。按出单先后顺序承担损失的赔付责任,只有前一家赔付额不足以赔付损失额时,下一家才参与赔付。

(四)拒赔责任。美英保险公司在保单内列有"他保"条款,有的列明禁止任何他保,如有他保,拒绝赔付。

第二节　国际承包工程保险

国际承包工程之所以要买保险是因为工期长、专业复杂、涉及面广,最主要的是对项目所在国的环境条件知之甚少,不确定因素多,为了规避和减轻各种风险的影响,承包商购买保险不失为是好的举措之一。

承包工程保险是财险和人身保险的结合。它出自上述两险但有自己鲜明的特点,它有以下三个特点:

1. 有特定的险别和保险内容,保险人通过保险法规条例和签订保单承担保险项目的责任和对被保险人给予补偿。

2. 分项分段保险,在承包商实施工程项目的整个合同期间,保险人分险别和分时段对整个工程项目进行保险,保险人与被保险人根据项目实施的各个阶段具体情况讨论并签订各种险别和各个阶段的保险合同,一方面有利于分散风险,又一方面能提高保险的效能与作用,精准施保。

3. 保险费率不是一成不变的。工程保险的收费原则、计算程序和方法是既定的,但每个项目要根据所处的地区和环境,工程的风险程度,承保的年限,双方合作的历史,当地保险的条例和国际通行做法现场提出保险费率。

国际承包工程涉及的保险有两大类型,强制性保险和选择性保险。

一、强制性保险

强制性保险系指业主国家要求承包商在指定的保险公司投

保的险种。它具有以下特点:①具有全面性。在保险范围内,不管承包商是否愿意,都必须保险;②保险责任是自动产生的,不论投保人有没有履行投保手续,凡属于承保责任范围以内的标的,保险责任自动开始;③保险费率由国家统一规定标准,必须足额投保;④保险责任并不因被保险人未履行缴纳保险费的义务而终止,保险人对被保险标的仍担负责任,但对被保险人征收保费滞纳金。

强制性保险对被保险人的投保有强制性,否则承包商就不能从事法律所许可的业务或活动。但是,向谁投保,保费怎么收,保险金额怎么定并不强制,承包商可以在工程所在国内自由选择保险公司。

强制保险在承包工程领域通常有以下险别:

1. 建筑工程一切险,包括建筑工程第三者责任险;

2. 安装工程一切险,包括安装工程第三者责任险;

3. 机动车辆险;

4. 十年责任险(房屋建筑的主体工程)和两年责任险(细小工程);

5. 社会保险。

(一)建筑工程一切险

建筑工程一切险既对在施工期间工程本身,施工机具或工地设备所遭受的损失予以赔偿,又对因施工而给第三者造成的财物损失或人员伤亡承担赔偿责任。被保险人可以包括:

1. 业主

2. 承包商

3. 工程师

为了避免被保险人之间相互追偿责任,保险单都加贴共保交叉责任条款。根据这一条款,如果各个被保险人发生相互之间的责任事故,每一个责任的被保险人都可在各自的保单项下获得保障,而无须根据责任在相互之间追偿。

建筑工程一切险承保的内容有:

1. 工程本身:指由承包商为履行合同而实施的全部工程,包括安装工程的建筑项目。如果安装部分费用低于整个工程费用50%,则投保包括安装工程的建筑工程一切险;如果超过整个工程费用的50%,则单独投保安装工程一切险。

2. 施工用设施和设备。

3. 施工机具。

4. 场地清理费,这是指在发生火灾害事故后清理工地现场支付的费用。

5. 第三者责任,指应由承包商负责的工地上及邻近地区的第三者人身伤亡、疾病或财产损失负赔偿责任。

6. 由被保险人停放于工地的财产。

建筑工程一切险的保险范围:

(1)火灾、爆炸、雷击、飞机坠毁所造成的损失;

(2)海啸、洪水、地震、暴雨等自然灾害;

(3)一般性偷盗和抢劫;

(4)工人的过失和恶意行为造成的损失;

(5)其他意外事故;

(6)工地范围内运输过程中建筑材料和机具设备遭受的损失。

除外情况有:

1. 军事行动、罢工、骚乱造成的损失;

2. 严重失职或蓄意破坏造成的损失;

3. 核裂变造成的损失;

4. 合同罚款;

5. 施工机具本身原因造成的损失(导致的建筑事故除外);

6. 设计错误造成的损失;

7. 因纠正或修复工程差错增加的支出。

建筑工程一切险的保险金额的确定:

1. 合同标的工程建成的总价值。

2. 施工机具和设备的重置价值(包括出厂价、运费、关税、安装费等)。

3. 安装工程项目。一般不超过整个工程项目保险金额的20%,如果超过20%,则这一部分按安装工程保险费率计算保费。如果超过50%则应按安装工程险另行投保。

4. 场地清理费一般不超过工程总保险金额5%(最大工程)或10%(小型工程)。

5. 第三者责任险投保金额根据万一发生意外事故对第三者可能造成的最大损害情况确定。

工程一切险要求被保险人自负一定的责任,即免赔额。根据情况为保险金额的0.5%~5%不等。

保险费率并无统一的标准,由保险人确定。第三者责任险的费率通常由国家统一规定。

6. 保险费费率保险人根据风险大小而定,衡量风险的主要因素如下:

① 风险性质(地质构造、气候、地震、洪水等);

② 工程技术特征及所用的材料;

③ 建筑方法(传统的还是现代的);

④ 工期可否延长;

⑤ 工程安全及采取的措施等。

工程所需设备和施工机具的费率通常以年度确定(考虑设备折旧)。

工程一切险承保期可包括一年的质保期,但担任责任仅限于:

1. 承包人为履约而造成保险标的的损失。

2. 因施工期的原因导致在担保期间发生的损失。

(二)安装工程一切险

安装工程险为机器安装和钢结构工程的实施提供保险。

安装工程险与建筑一切险的区别:

建筑工程一切险的保险金额逐步增加,而安装工程一切险保险额在保险期内不变;

安装工程一切险被保险人一般是:机器与构件的制造商;安装机器的承包商;信贷金融机构;待安装构件的业主。

安装工程一切险的保险标的有:

1. 安装的机器、工人及安装费用等;

2. 承包商使用的机器设备;

3. 安装机器设备的土木建筑项目;

4. 场地清理费用;

5. 业主和承包商在工地上的其他财产;

6. 第三者责任险。

安装工程一切险的保险金额等于合同中列举项目的总价值,机器设备构件为重置价格。保险费率无法规定一个统一的标准,但其费率要比建筑工程一切险的费率高,特别是试车和考核阶段,其他的规定基本同建筑工程一切险。

(三)十年责任险

有些国家要求承建楼房的承包商就承建工程的主体工程部分投保十年责任险,主体以外的细小工程要求投保两年,要求承包商和设计师对其建造和设计的建筑物自最后验收之日起十年内因建筑缺陷造成的损失承担责任。因此,承包商和建筑设计师在工程最后验收之日前必须办理投保手续。否则工程不能如期验收还要处罚金。

十年责任险承保的损害和危险主要是建筑物的全部和部分倒塌及设计或施工缺陷导致的建筑物或第三者遭受的财产损失和人身伤亡,被保险人是业主及第三者,不是承包商和设计师。

十年责任险的费率根据有关法令确定(可达投保金额的5%),保险费在工程验收前一次交清。

(四)社会责任险

社会保险是社会政策之保险,主要目标在于推动社会政策之实施,以全体国民为保险对象,包括对劳动的保险和对资本的保险。它与商业保险不同,有以下特点:

1. 以社会大多数人为对象;

2. 保费由国家、企业和个人共同承担(我国对外承包公司在国外投保的社会保险全部由公司承担);

3. 强制性质;

4. 社会保险不以盈利为目的;

5. 社会保险经营主体是国有的保险人;

6. 社会保险的保险项目包括:人身意外险;健康险;养老保险和失业险。

1) 人身意外险

基于两种不同原则:即过失赔偿和危险负担。

①过失赔偿即由过失方赔偿,即雇主因未履行其对劳动者应尽的适当的保护义务,致使劳动者受伤,故劳动者可向雇主要求损害赔偿。若劳动者因自己的行为促使伤害发生,则责任自负。

②危险负担,即不论伤害发生是否由于雇主之过失,均系基于职业而发生,应由雇主为之负担。危险负担导致劳动补偿保

险,由雇主投保,绝大多数国家实行基于危险负担原则的劳工补偿保险。

其特点有 4 个:

(1)由雇主负担,不论责任在谁;

(2)保险的给付不基于实际损失,而基于实际需要,考虑伤害发生前所得的报酬、家庭负担及伤害性质为决定补偿的标准;

(3)因伤致死致残的给付以年金方式,不是一次性抚恤;

(4)投保不因雇主之破产和停业而受影响。

2)健康险

健康险又称疾病险,不以执行职务为限。保险费由国家,公司和个人共担。

3)养老保险

养老保险依各国关于养老保险的法律规定。

4)失业保险

社会保险费率的计算大体分为比例保险费制,即按被保险人的收入一定比例计收;和均等保险费制,即不论被保险人和雇主收入多寡,一律等额收取。多数国家采取比例保险费制。

比例保险费制又分为:

1.固定比例制,不管被保险人收入高低,皆以同等费率。

2.等级比例制,按收入划分若干等级,每一等级规定标准收入,按同一百分比率计算保费;

3.累进费率制,将收入分为若干段,每一段规定固定费率,将各段保费累加构成该员工投保保费。

社会保险的保费负担由政府、雇主和被保险人共同负担。一般做法,政府、雇主负担的比例大于被保险人负担的比例。

(五)机动车辆险

机动车辆险的保费占非寿险保费的 60% 以上。

机动车辆险有两种：

1. 机动车本身。

2. 第三者责任：世界上许多国家采用强制保险的形式，不问过失责任，一律由保险公司负责补偿。机动车分私人用汽车和商用汽车。

下面主要介绍与承包商有关的商用汽车。

1) 商用汽车的车身险

车身险的责任范围包括碰撞责任和非碰撞责任。

碰撞责任除驾驶员故意情况外，不论驾驶员有无过失，保险公司均负赔偿责任，不过要求被保险人承担一定免赔额。这笔免赔额一般为车身损失赔偿额的 20%。

非碰撞责任险多指承保由自然灾害如雷电、洪水、地震、雪崩和意外事故如失火、爆炸、自燃以及偷窃、丢失等情况造成的损失赔偿。非碰撞损失赔偿也有免赔额的规定。

车身险的保险费率根据汽车的性能指标和使用记录以及修理费用确定。

2) 商用汽车的第三者责任险

该险是指承保被保险汽车因发生保险事故产生的被保险人对第三者（包括乘客）的人身伤害及其财产损失依法应赔的赔偿责任。此险是汽车险中最重要的部分。

第三者责任险对人身伤亡部分的赔付无限额，而对财产损失的赔付有限额。

第三者责任险的除外情况有：

(1) 故意行为；

(2) 自有的和自己运输的财产；

(3) 被保险人租用、使用或保管的财产；

(4) 被保险人雇用人员的伤亡和他们的财产损失（属于雇

主责任保险的范围）；

（5）未经被保险人允许而擅自驾驶保险汽车时发生的事故；

（6）被保险汽车的司机或工作人员以外的任何人在装卸货时造成的人身伤亡或在车道外引起的人身伤亡；

（7）被保险汽车运送的财产以及因车辆摇晃所损坏的路面，其他车下物件或车上载的货物；

（8）被保险汽车拖曳的已坏车辆本身损害及车上所载财物所遭受的损失。

汽车险有无赔款优待折扣和被保险人自身责任。

无赔款优待折扣是指投保汽车险时，如果被保汽车前一年没有发生赔款的事故，则续保时保费可给予一定比例的优待折扣。连续年度没有赔款折扣可再增加，直至连续五年达到最高折扣限额（一般为50%），也有的国家有发生赔款第二年保费增加，直至增加的保费达到最高限额。

被保险人自负责任是指发生赔付事故后，赔付的损失额被保险人自己承担一部分。这一制度可增加被保险人的责任心，尽力避免事故的发生。

商用汽车第三者责任险的保险费率按汽车马力或引擎的容积及汽车通常入库的地点考虑，赔偿额则根据交警或法院的裁定结果执行。

二、非强制性保险（被保险人自主选择的保险）

1.运输险，负担赔偿与工程项目相关的一切材料和机器设备（含施工设备、机具），从启运地至工地的运途中（包括海、陆、空运），由于外来原因所造成的全部或部分损失，其中按运输方式和承保责任不同，有平安险、水渍险和一切险之分，有的还附加了战争险、罢工险，可据需要选择，运输险的保险金额按投保险特定的方法计算。

2. 施工机械设备险。有的国家从建筑工程一切险中划出，单独投保。它负责施工期间由于操作、管理、人为或自然的各种原因导致施工机械故障损坏所造成的损失，此保险须在工程一切险基础上投保，按年度计算保险金额，为本年度被保险机械的重置价格。

3. 质量保证期责任险。承担工程项目最后验收后正式交付使用起至承包商承担的质量保证期满为止，由于施工原因（须经取证和确认）造成的各种意外损失。保险金额由保险公司与承包商分析风险因素后酌定。

4. 人身保险。多数国家纳入前述的社会保险，但中国及有些国家单列保险。该险负责赔偿保险期内投入该项工程一切人员的人身意外、疾病、伤残、死亡等后果损失，但不包括医药赔偿。

5. 信用保险。这是一项很重要的政策性保险。国家为了支持对外经济的发展，近年来设立了国家出口信用保险，成立了专职的中国出口信用保险公司，专门负责我国外贸、外经公司在出口对外承包工程活动中由于国外买主、业主不信守合同、拖延甚至拒付货款或工程款，造成被保险人的损失的赔付，弥补了投保人的损失，支持了我国外贸外经事业的发展。该机构一方面运用保险机制可减少投保人的损失，另一方面又可以与我国商务部、国际发展合作署、国家进出口银行协调，通过政府间交涉，施加影响，催促欠款的返还。不少事例证明，该信用保险机制的设立和运作对减少我国对外承包公司的风险是有效和有益的，我国的承包工程公司要积极运用这一工具，投保出口信用保险。

上述各种险别的承保责任范围、除外责任、保险期限和保险金额、保险费率以及被保险人义务、索赔与赔偿等具体事宜，均以双方当人签署的保单所附条款为准。

第九章 国际承包工程项目的经营管理

　　承包商投标中标后经过谈判与业主签订了工程项目的承包合同,可以说历经千辛万苦终于取得第一阶段的胜利,用一句常说的话:"这只是万里长征走出了第一步。"更艰巨的任务还在后面,那就是履行合同实施工程项目的建筑安装,保质保量按期完成工程建筑任务,为国家赢得荣誉为企业赢得利润。本章就如何经营管理国际承包工程项目从几个方面进行阐述。

第一节 国际承包工程项目管理的关键环节

　　当今国际承包工程市场竞争异常激烈,要在这个市场中生存下来发展起来实属不易,多少曾经在这个战场上叱咤风云风光一时的公司再也听不到声息,竞争是残酷无情的。市场的竞争说到底就是价格的竞争、质量的竞争、工期的竞争、服务的竞争。业主通过承包合同中的三个文件来约束承包商:一是工程量清单(BQ 表),二是技术规范,三是施工进度表。

　　为了实现业主对造价、质量和工期的要求,承包商要勇于创新善于经营,在施工过程中抓住以下几个关键环节,以保证承包工程项目保质保量按期圆满完成,为公司赢得合理利润,为国家赢得荣誉。

一、按期完工

　　按期完工是业主对承包商在承包合同中提出的一项重要指标,涉及业主的经济利益或政绩,因此一般要求在某年某月某日竣工并投入使用。对承包商而言拖延工期则要承担延期损失赔偿费,以后要赶工期要非常规地投入大量设备和人工费,使得成本超支给项目带来亏损,而且拖延工期对承包商在该国的声誉也会带来负面影响。因此,承包商应克服可预见的困难和各种意外的情况带来的阻碍,保证项目按期完工。

为了按期完工,特别要注意做到以下几点:

(一)加强计划性。在投标书中的施工组织设计中曾提出了一个施工计划,承包商在中标后要重新复核该计划,根据了解施工现场的新情况,工程配备的设备和人员,资金准备情况和建筑材料供应情况和供应地点,修订原施工计划。这次的调整要确定采用的工艺和工艺流程,采用的施工设备品种和数量,投入的技术人员,熟练工人和当地工人的工种和数量,完成每一个工程节点的时间。修正后的施工计划要力争周到、可行,符合工程现场的实际情况,特别要控制好工程难点部位的进度。该计划书要绘制施工网络图和关键路线图(CPM,Critiaol Path Method)、树形图、直方图等图表。这些图表要张挂在墙上,一目了然,便于检查和督促各工种,各施工组的工作,也便于各工种,各施工组施工进度的调度和互助。

(二)施工过程中要及时发现施工中出现的意外困难并力争有前瞻性。如地基开挖过程中遇到电缆、光缆,花岗岩等坚硬岩石,连日暴雨形成泥石流侵入施工现场,工程师突然提出修改设计增加工作量,等等。这时,承包商要及时修改施工计划,采取有力措施保证施工不受影响或少受影响。如果遭遇不可抗力因素影响,或业主、工程师增加工程量提高质量标准,承包商根据 FIDIC 条款可以向业主和工程师提出延长工期的要求,他们有责任采纳承包商的建议,批准适当延长工期,合同竣工日期顺延。

需要强调的一点,大型工程施工中,工期延长并不罕见承包商要熟练运用 FIDIC 条款争取自己合法的权益,不失去争取延长工期的机遇。按期完工并争取合法延长工期的权利。

二、控制成本、降低成本

控制成本,把施工各项开支控制在自己做的投标预算成本之内,并力图通过加强管理改进工艺,采用工人合理化建议把成本降低,力图实现更大利润。为此要实行精细化管理,做大量深入细致的工作。

建筑工程的成本,主要包括施工的直接费和间接费两块。直接费一般指人工费、材料费和设备台班费、运费及发生在施工环节的增值税等。间接费包括工地管理费,分摊的公司总部管理费、投标费用、代理费、保险费、税费、贷款利息等财务费用,不可预见费等。为节省开支、降低成本,主要努力做到以下几点:

(一)实行施工现场严格的定额管理。按单价分析表确定单项工程每单位计量单位所需的人工费、材料、设备台班的定额,将工地完成的单位计量单位所花费的人工费、材料、设备台班费进行对照,超出的找出原因加以控制改进,并力图对定额不断优化,以期节省开支增加效益,将人员收入与定额完成情况挂钩、节约有奖,一般可将节约开支的百分之二十用于奖励有功人员。

(二)做好统计工作,坚持做好工作日志,每日一小统,每月一大统。统计工作是强化管理做到精细化管理的基础。

(三)做好施工进度款的结算工作。可把结算工作比作农民在农作物成熟后收稻子,丰收了不把稻谷颗粒归仓,一年的劳动都白费了。每月月初把上个月的工程结算单做好,报给工程师让他签字确认,然后再报业主,按 FIDIC 条款规定四周后把款拨付下来,以保项目资金周转。

(四)加强财务管理工作,配合项目经理严格控制各项开支。掌握人工、材料、设备台班费的开支情况并项目经理做出财务分析报告，为精细化管理提供基础数据。作好现金流量分析确保项目资金供给，适时购入汇出外汇，获取汇兑收益。

（五）加强施工组织管理工作，每日班前一小会，每周一次调度会，通过严密的组织协商，提高施工效率，防止窝工怠工。

（六）加强合同管理工作，严格掌握合同规定的工作内容、对超出的提交索赔函件，对非承包商过失产生的损失及时提出索赔申请。

三、重视质量

优良的工程质量是一个优秀的国际承包工程企业大格局的体现。一个好的工程优秀的工程是完成这个工程的企业在项目所在国立下的丰碑。因此，对外承包工程企业要努力重视质量做出精品工程。

（一）全面贯彻落实 ISO20000 标准。实行质量的全员全过程管理，企业通过 ISO20000 标准的验收不应是图形式走过场，应该扎扎实实落实到境外工程项目的质量管理工作中去。

（二）把好建筑材料入口关。每批材料入库都要有合格证，都要进行必要检验，进行理化分析。

（三）建立严格的施工质量检验制度和必要检验手段。像混凝土的取样进行压强试验、公路基层的密实度和含水量实验。在每日验收工程量同时检验施工质量。工人上岗前要进行培训，熟悉工艺，熟悉技术规范规程。操作熟练，质量合格才能上岗，质量是做出来的不是检验出来的。

（四）对于工程隐蔽部位，覆盖之前，应经过工程师检查验收。

（五）对于已完工的不合格的工程部分，如果质量低劣，工程师责令拆除重建时，应坚决遵照指令办理，决不姑息。

业主和工程师应按合同规定的质量标准检查验收,不能恣意提高质量标准。

四、安全施工

中国有句俗话"人命关天",用现在时尚语言叫"生命至上",意思都是强调要珍视生命。所以承包工程的施工要十分重视安全生产,严防人身伤亡事故的发生,特别是死亡事故对死者家属会造成无法弥补的伤害,对公司也会造成巨大经济损失和社会影响。应从思想上、制度上、措施上全力防止安全事故。

工地上有些工位易出事故,像脚手架、搅拌机、传送带、隧洞、深挖地基、挖掘机、自卸卡车出事故概率都很高,要重点防范。

安全施工,要采取以下措施:

(一)要制定安全生产的管理制度,加强对工人安全生产的教育和技术培训,从根本上杜绝安全事故发生。

(二)研究工程所在国的劳动保护法等有关法令,并注意遵守。防止违反法令的事故发生,事故一旦发生,争取当地政府协助和理解,以求善后和妥善解决。

(三)在事故易发的工位,树立警示标志和电视监控探头,一旦危险来临发出声光警报信号。严格要求工人穿戴安全防护衣帽,高空作业做上安全吊带,隧道、涵洞作业作好支护装置防止坍塌。对使用炸药的场合,在项目专职人员监督下,严格遵守炸药的搬运、储存、使用的责任制度,防止危险发生。

(四)对施工全体人员办理人身伤亡意外险和第三者责任险。

(五)项目经理、总工程师、各工种各工位的工长,应把安全施工作为自己一项重要职责,经常检查工地上的安全设施,和工人的安全措施安全意识。危险作业时领导亲临一线指挥、检查和监督。

五、争取承包工程项目获得利润，取得好的经济效益

国际承包工程项目经营的不利因素有：

（一）工程所在国的人工费、材料费、台班费不断上涨，当地币不断贬值，导致成本大幅度上升。

（二）工期经常因供电供水不上，设计图纸更改，材料供应不上，工程进度款支付不及时，造成窝工延误工期，使直接费和间接费上升，后期为了赶工期又大量投入人力和设备，导致成本上升。

（三）工程所在国社会动荡，迫使工程停工，引起费用增加。

（四）有的业主不守信用，拖延工程进度款的支付，拒绝承包商合理的索赔请求，增加工程的财务费用和减少承包商合理收入。

承包商要获得好的经济效益，须从"开源""节流""堵漏洞"几方面入手：

"开源"就是做好工程量变更、索赔工作，争取工程款收入增加，利用调价公式对材料上涨、当地币贬值、人工工资上涨、工程量大幅度增加引起成本增加的因素进行单价调整。

在投标报价上运用前述的技巧，既夺到标又能在工程实施过程中增加收入。

在计日工价和不可预见费上争取多收入。

"节流"就是严格定额开支，不该花的钱不花，不该多花的钱一个子也不多花。加强财务管理严格财务制度，项目部领导带头严格执行审批报销制度；会计加强催款和财务费用不合理开支的索赔工作；节省非生产性的开支包括行政性开支；坚持货比三家的物资采购制度压缩生产性开支；提高用人效率实行奖惩制度，少用国内员工培育当地熟练的人力资源，减少人工费开支;租用当地下场设备减少购置设备的开支。

"堵漏洞",防止在国外内外勾结,吃回扣,贪污,挪用公款现象发生。加强廉政教育、树立廉洁奉公的正面典型,严厉打击挖公司墙角的腐败现象和腐败分子。许多事实证明,贪污腐败分子对公司造成的损失比铺张浪费的更大,有的公司就从此一蹶不振甚至倒闭。因此承包公司要树正气加强对员工的教育,同时要建章立制,加强公司纪检监察和审计部门建设,配备得力干部,每年对国外项目组巡视,用硬手段"堵漏洞",防蛀虫。

第二节　承包企业的经营策略

在国际承包工程市场的激烈竞争中,一个承包工程的企业要立稳脚并取得发展实属不易。多少企业曾经叱咤风云现如今已不见踪影,激烈的竞争既是财力物力的竞争,更是人才的竞争技术的竞争、管理水平的竞争。而管理水平的竞争首先体现在企业的经营策略上经营理念上,只有那些理念先进经营策略正确又奋力拼搏的企业才能披荆斩棘杀出一条血路来。笔者效力的中国江西国际经济技术合作公司就是一家这样的公司,1983年成立时只是国际承包工程领域中的一个名不见经传的小公司,近四十年来乘着改革开放的东风,经几代员工的努力已跻身世界承包工程企业 250 强的第 81 位,2019 年国内地方国际公司第一位,在开拓市场和企业经营管理上积累了一些经验。

一、承包企业必须具备的基本条件与素质

参加国际承包工程项目投标的企业必须先过资格预审这一关,审查的内容主要是财务实力、技术资格和施工经历。

(一)满足承包工程所需的经济实力

承包公司应具备足够的流动资金和施工设备,以便在收到

业主预付款之后能及时启动施工。这包括在开工之前施工设备到场、人员到场,前期建筑材料到场,按时开出履约保函和预付款保函。企业准备的启动资金应占合同总金额的百分之十左右。

a. 拥有工程必需的施工机械和设备。它来源于新购、公司内调配和当地租赁。

b. 雇佣分包商时优先吸收那些有施工机械及流动资金的承包商。

c. 在自有流动资金基础上,利用短期借贷资金和早日获取工程预付款增强资金周转能力确保工程用款。

d. 同当地的国际知名银行建立合作关系,以便在急需时获得贷款支持。

e. 同业主和工程师建立良好的工作关系,以使他们能按合同规定按时付工程款和支付索赔款。

f. 如业主需要,组织好工程的实施,力争提前竣工。缩短资金占用时间和施工机械使用时间,支持公司中标的其他工程,并争取业主按合同规定颁发提前竣工奖。

(二)配备一批有经验的管理者和工程技术人员。

实践证明,国际承包工程实施过程中,物质条件具备后,人才就是决定的因素。它决定项目是否能成功实施,也决定项目是否能获取可观的利润。

因此,公司要极为重视人才的培养和知人善任。要用事业留人,用待遇留人,用感情留人。始终团结一大批思想好、业务精的优秀人才在公司领导核心的周围,只要项目需要随时可以抽调一批骨干组成项目组用到国外承包项目的一线去。

a. 制定长期的人才培养规划,每年从985、211等高校吸收一批优秀研究生、本科生,进行上岗前培训,把他们放到国外工地一线上去锤炼,做出一批项目精品,培养出一批优秀人才。

b. 给时间、给经费、给机会让公司员工出国进修、国内专业培训,获取更高一级学位。让中高级专业技术骨干考国家一级建造师、国考会计师、审计师等各类专业资格,以利于开展设计咨询、施工监理、会计核算、法律申诉应诉方面的工作。

c. 通过实践磨炼,培养出一批投标报价市场开拓的专家,他们既有专业知识又有项目所在国编标定价的丰富经验和良好的人脉,能使公司在国外竞标活动中脱颖而出。

d. 参加工程项目实施全过程,培养出一批施工管理专家,通过辛勤努力为项目争得优良经济效益,为公司在项目所在国赢得良好口碑。

(三)良好的企业信誉

良好的企业形象对在项目所在国获得项目、在老业主处获得议标项目有很大的促进作用,金奖银奖不如业主的口碑。承包公司上下都要为公司创立一个良好的企业形象,为维护公司的声誉而努力,主要坚持做好以下几点:

a. 把项目质量视为企业生命。优质施工提供优良的竣工后服务,在业主处在项目国政府争取获得施工优质证书、建筑大奖。

b. 恪守合同,讲究信用。一口唾沫一个钉,答应了业主的事就一定要做到,哪怕要遭受一定经济损失。这样才能在业主和工程师那里为自己树立"讲诚信"的好印象。

c. 同业主、工程师、分包商、国际金融组织的代表建立良好的工作关系。紧密协作、通情达理,增进相互之间的理解与支持,以保证工程项目顺利建成。

(四)建立承包企业自身先进的企业文化

企业文化是指企业在生产经营实践中逐步形成的,为整体团队所认同并遵守的价值观、经营理念和企业精神,以及在此基础上形成的行为规范的总称。企业文化是企业的灵魂,渗透于企业的一切经营活动之中,是推动企业持续发展的不竭动力。

作为一个国际承包工程公司,应该通过长期的承包业务实践,培育出为企业员工共同认同的价值观、经营理念和企业精神、行为规范。正因为企业文化是长期形成,植根于本企业的土地之中的、为全体员工共同认可的并共同遵守的价值观、理念、精神和行为规范,所以它不会因时间推移、人事变动而发生变化。

先进的对外承包企业文化应该包括以下内容:

1)爱国、爱公司、爱员工;

2)拼搏、进取、争创一流的工作;

3)清正、廉洁,在企业发展中成就自我。

二、承包企业经营成功的策略

参与国际承包工程市场的竞争,需要一整套正确而有效的策略。通过数十年来海外承包工程的实践,我国的对外承包工程公司都积累了丰富的经验,当然也包括反面的教训,对于指导我们今后的工作都是十分宝贵的。这一套经营策略概括如下几个方面:

(一)重视市场政策的制定

市场政策的制定关系到企业在未来一段时间内企业在什么国家,什么地区发展,重点开拓什么产业,什么专业的承包工程项目。选择得对,符合世界和时代的需求也符合企业自己的特质,今后一段时间企业就能飞速发展,否则劳民伤财,导致企业亏损。

a. 不要涉足那些风险大的国家。例如:内战、内乱、政局不稳、与邻国对立严重有可能发生战事的国家;业主国家政府对我国敌对情绪严重;业主国家陷入财政危机,项目资金有可能中断供给;业主诚信不好,有拖欠甚至拒付工程款的先例,等等。

b. 在条件正常的国家和地区,争取承担时间较长的不同的项目,这样可以在一国范围内调度施工设备、人力和资金,以使它们发挥最大效益。

c. 向老市场邻近国家开拓新市场时,小步快进,稳扎稳打,一步一个脚印,以便条件不成熟时进退自如。

d. 随着海外市场形势的变化,及时做出反映,果断进行调整。

e. 加强与国际金融组织驻外办事处联系,提前了解项目可行性研究及投资意向,提早占位做好投标前的准备工作。

f. 注意掌握项目的支付方式。重点追踪现汇支付、美元支付比重大的世行、非行和亚行、亚投行项目。

g. 对带资承包项目、延期支付项目谨慎参与,通过风险评估合同项目可少量介入。

(二)慎重争取项目

要根据项目所在国的情况、业主的资信情况、项目的具体情况慎重地编标报价及夺标竞争。

a. 对准备投标的项目,应尽量详细地搜集信息资料。如项目的资金来源和资金落实的情况;过去几年该国物价的走势和今后几年的预判;工程进度款支付方式;项目的设计咨询公司和监理公司情况,及派出工程师的情况;有哪些公司买了标书;他们的实力和做标的习惯;是否有高难技术问题;业主的情况和诚信表现;工程所在国政府的外交、内政情况;税收、海关、保险、劳动等方面的法律法规等。

b. 不要见标就投。只有那些经济效益预计好,技术上拿得下,支付条件好的项目才值得花力气去投标。所以在买来标书后先作一个机会分析,进行筛选。

c.收集真实准确的数据进行单价分析,在得出较为正确成本基础上,适当选择不可预见费率和利润率,选择时既要保证有利可图又要有竞争力能够中标。即使在进入新市场时为了提高中标率做低利润但决不做亏损标。

d.在做标前一定要对施工现场进行踏勘,对施工风险和施工难度有一个清晰而准确的认识。因为标书的描述总是不够或者是故意掩饰的,否则做出的标价不能反映真实的成本,中标后给自己带来很大的困难。

e.利用自己企业的优势和联合体的优势,探索 BOT,EPC,PPP 等新的承包工程的方式。议标方式存在于熟悉的业主和承包商之间,一般是后续工程和附加工程,这种方式对承包商和业主都有好处,承包商应尽力争取。交钥匙工程(Design and Build Contract),由于设计是自己做的,减少了磨合与纠纷,有利于施工和降低成本。

(三)建设优质工程

是否能优质完成工程项目,关于到是否能在业主那里留下好的印象,在项目所在国的声誉。也直接决定今后能否在该国业主处继续承接项目,也就是所说的"建一个优质工程给公司树一座丰碑"。所以公司要组建一个强有力的项目领导班子,精心经营管理,优质、按期、高效地完成承包工程。

(四)在当前新冠疫情新形势下,充分发挥我国超大规模基建市场优势和内需潜力,构建国内国际双循环相互促进的新发展格局。

2020 年突如其来的新冠病毒,给全球和我国的经济带来很大打击,特别是国外承包工程市场急剧萎缩,在这种形势下对外承包企业要眼睛向内,积极开拓国内承包工程市场,利用国际承包工程积累的管理优势、技术优势、资金优势、人才优势参与国内经济大循环,危中求机、求生存、求发展。

a. 同时开拓国内外工程市场,有利于公司资源在国内外优化配置,避免闲置浪费。

b. 有利于培训锻炼新入职的员工。

c. 在国内承接世行、亚行等国际金融组织贷款的项目能发挥对外承包公司独有的优势。

d. 资金在国内国外融通、使用、调度可以使公司的本外币发挥更大的效益,对人民币国际化有益。

（五）公司单独承包与联合体承包相结合

现今的承包项目规模越来越大,技术越来越复杂,公司新签合同额越来越高,要适应这种新形势,靠一个公司单打独斗已不胜负担,走联合经营之路是唯一出路,联合承包可破解资金瓶颈、人才瓶颈、技术瓶颈,分散风险,利益共沾,做到优势互补、合作共赢。许多案例表明,走联合承包、联合经营对合作各方均有好处,大企业可迅速占领市场份额,小企业可借船出海。但联合经营要摒弃错误思维,如所有风险推给别人,所有利益自己独占,以大欺小,以强凌弱,不平等待人。事实证明,凡是不以双赢理念指导合作经营的,合作之途坎坷,矛盾纠纷不断,一锤子买卖没有了下次。所以,"优势互补、合作共赢、利益共享、风险共担"应该成为联合经营、联合承包的指导原则,而不是口头说辞。

（六）一业为主,多种经营

承包工程涉及专业面广、技术性强、资金投入量大。2020年全球最大250家承包商榜单出炉,西班牙企业 ACS 以 389.5亿美元营业额排名榜首,德国企业 HOCHTIEF 以 293.03 亿美元排第 2 名、法国 VINCI 以 244.99 亿美元位居第 3 位。中国交通集团以 233.04 亿美元排第四名,这些企业以建筑业为主涉足了其他产业形成了强大的企业集团。以西班牙 ACS 集团为例,自1993 年的企业合并开始,当年营业额只有 7.22 亿欧元,之后经过几次兼并重组,卖掉手中的马德里乐园和一间保安公司,开始进入民用交通、环境保护、能源和通信行业,与西班牙著名财团Cobra 合并,与西班牙最大的银行集团桑坦德银行几度合作,几乎收购了建筑业的西班牙所有对手,成长为今天国际承包工程界的巨无霸。ACS 集团的历程证明了承包企业"一业为主,多种经营、资产重组兼并"对于公司的发展壮大有至关重要的作用。

多种经营应结合企业的承包工程主业,根据企业的特点和优势来确定,一般考虑与承包业关系密切的行业,如:

a. 设计咨询业。它是建筑行业的上下游产业,与建筑业密不可分,业务可互相促进,现代承包工程业就包括设计、监理、咨询。企业集团包含设计咨询公司是必然的选择。

b. 工程监理。这是联系业主的纽带,通过它可以建立与业主的合作关系。

c. 房地产业。由于房屋建设是承包企业的熟悉业务,开发成本低是承包企业优势所在,可以收获较大的利润。

d. 国际贸易业。承包工程要带动材料,设备出口,自营出口可以降低成本提高项目的效益。

e. 金融投资业。可以为项目融资,为企业兼并重组提供资金。资本经营可以为企业增加收入,壮大实力。

承包公司还可以投资工业产业、商业业态等等。需要注意的是企业扩张速度不能过快,不相关不熟悉的行业不要轻易涉足。

(七)严格财务管理

承包企业应建立和完善财务管理制度,严格控制开支,保证资金供给,堵塞贪污浪费的漏洞。

以项目的单价分析为依据,严格控制项目的开支,使施工总成本不超出报价的范围。要求各项目组财务人员做到:

a. 建立完善的财务活动记录,随时分析该项目的财务收支状况,如果发现成本超支,配合项目组长采取相应措施纠正。

b. 坚持每月一次的定期报告制度,向公司业务管理部门和财务部门报告,取得上级的指示。

c. 催促该项目的工程师和业主,按合同规定期支付工程进度款和索赔款。

d. 合理调度资金、办理向银行借贷资金,确保公司资金供应。

(八)加强信息搜集、管理工作

优秀的承包工程企业必须十分重视信息收集、分析、整理工作,随时掌握全球承包工程市场的动态、形势,及时了解各国工程项目的招标动态、前期项目的可行性研究动态,向公司业务部门和领导报告,收集竞标对手的情况和做标的习惯特点,为确定标价提供参考意见。建立档案室,将历年来项目资料归档存放,收集各国有关的法律法规和国际技术规范和标准,为公司的国际承包工程业务提供资料的保障。成立公司信息办公室,负责公司网站和内网的建立和管理,网站和电脑的维护修理,保证公司电子信息传输和贮存的安全,负责公司电子文档的分类和贮存。

(九)做好公关工作,树立公司在国内外良好形象

公关工作包括同业主、工程师、兄弟承包工程公司建立和维持良好关系;同世行、亚行、非行官员加强联系与了解,建立信任关系;同项目所在国政府官员、海关、税务人员建立友谊;同当地

报纸、电视、广播、网站加强联系宣传企业形象破解公关危机（最好不要发生）。

（十）培养各方面人才、吸纳精英、知人善任。

（十一）善于总结经验与教训，不提断提高国际承包工程的管理水平。

国际承包工程事业对我国大多数企业来说还是一个全新的事业，要不断学习新专业、新技术，在干中学，边干边学，经常总结国外施工中的得失，找到成功的经验和失败的教训。国外项目组每月对工作做一小结，按公司要求写出书面文字报告报送公司。每年作一份详尽总结，认真总结经验和教训。项目竣工后项目组按公司规定格式写出一份项目总结，存入公司档案室。公司就项目施工的完成情况按公司制度规定给予奖惩。

三、保证项目成功实施的措施

总结国外项目施工经验可以找到圆满完成项目的途径。

根据大量实践证明，要搞好每个工程项目做到按期、保质、盈利，要采取以下措施：

（一）实行项目经理负责制，配备强有力的项目组领导班子。

项目经理是否优秀，直接决定项目实施的成败。项目经理必须德才兼备，思想好，作风正，组织能力强，能团结项目组一班人，善于处理公司内外的关系。专业强，有广博精深的专业知识，有丰富的工地现场实际经历，经验丰富。项目组还要配套技术、财务、物资供应、劳动工资、后勤服务、外语等各方面人才，项目不大一人可兼数职。

实现项目经理负责制。公司要充分授权，使经理有职有权，有权处理施工中出现的各种问题，只是在资金、财务，人事等重大问题上根据制度向公司请示，公司及时给予批复。

（二）按质量标准和施工计划组织施工，及时处理出现的质量和进度问题。

如果业主在施工时临时提出高于合同要求的质量标准时，承包商有权提出相应的质量索赔。如果在施工中出现非承包商原因的工期延误时承包商有权提出工期延长和索赔的请求，业主和工程师应予批准。

（三）严格控制成本。及时处理涉及超出成本和计划外开支的情况。

严格按单价分析表和成本计划监督成本开支和控制开支。一旦超支符合合同规定索赔条件，留下索赔证据提出索赔申请。

对业主和工程师提出合同范围之外的施工任务，或遇到超出合同描述的意外恶劣施工条件时，留下证据提出书面索赔申请。

如果遇到业主严重拖延承付工程进度款情况，可按合同规定要求业主支付延期利息。

项目组要抓紧月度进度款申报，工程竣工结算款的申报，平时做好现金流量计划与执行情况分析，确保工程用款和各项开支。

（四）抓好建筑材料及时供应，劳动力配备、施工机械的调度和保障，以免影响施工计划的执行。施工机械要做好维护保养，做到即要即到即可使用。

（五）同业主和工程师建立正常的融洽的关系与分包商及时沟通协调，保证工序之间顺利衔接。

项目顺利实施，需要合同各方当事人同心协力、互相配合，按合同办事，出现问题互谅互让，各自找自己的问题，形成一个和谐的工作氛围。反之，各方如果只顾自己的利益，不按合同办事，破坏了正常的合同关系，互相推诿指责，闹无原则的纠纷，扯不完的皮,打不完的仗,最后诉诸法院和国际仲裁机构,劳民伤财,各自都伤痕累累,得不偿失。

应当指出业主、工程师和承包商三方关系。业主是主导方,应当及时规劝业主遵守合同,及时主动处理问题解决争端,诉诸公堂对谁都没有好处。

(六)项目组定期向公司汇报,重大问题及时请示,公司应规定在几个工作日内处理完毕及时回复。

承包公司要制定电子邮件标准化的收文处理表格,程序走完由项目组的主管部门把公司处理意见通知项目组,同时将电子文档储存于公司信息中心,纸质文档存公司档案室。

项目组对业主、工程师提出的问题,属于自己权限范围内的及时回复及时处理留下文字依据,处理不了的及时请示公司按公司批示办理,办理的情况和结果用文字记载后存项目档案。

(七)关心境外项目组人员的生活和安全。关心他们在国内的家属有没有困难有没有需要帮助的地方,稳定境外人员的情绪,调动他们工作的积极性。古语说的有道理"士为知己者死"公司关心了战斗在国外施工一线的员工的一切,境外员工就一定会为公司利益奋力拼搏。

第三节 工程项目经理制度和项目经理部制度

为加强国际承包工程项目的管理,提高项目施工管理水平,按期、保质、盈利完成工程项目,适应境外工程市场竞争的需要,与国际惯例接轨,促进国际承包工程项目管理的科学化、规范化、制度化,有必要制定工程项目经理责任制和项目经理部制度。

一、项目经理

项目经理是受公司委托,在公司相关业务主管部门和驻外办事处领导下开展工作,接受公司业务主管部门的指导、检查和帮助,对工程项目施工过程全面负责的项目管理者,是公司法定代表人在该项目上的代表。项目经理根据公司授权的范围、时间和内容对施工项目自施工准备至竣工验收、质量保证期,实施全过程、全面管理。

项目经理由业务主管部门商公司人力资源部提名,或者采用公开竞聘方式选拔,经公司分管副总经理同意后,由公司法定代表人决定任命。

(一)任职条件

1.取得建设工程施工项目经理资质。

2.具有中级以上专业技术职称,本科以上学历。

3.品行端正、作风正派。

4.身体健康、能适应在国外长期工作。

(二)素质和技能要求

1.具有合格的政治思想素质、遵纪守法,认真执行公司的指示决定,有良好的职业道德和敬业精神。

2.熟练掌握工程项目投标报价的知识与技巧,熟悉 FIDIC 条款、与承包工程相关的惯例和国际商法的知识。

3.熟悉目前国内外通行的承包工程管理方法,并能结合实际、创新项目管理。

4.熟悉工程施工的主要设备和主要建筑材料的型号、规格、性能和特点,具有正确评价、选择和使用的能力。

5.具备较强的组织管理能力,团结项目组一班人。能合理有效地安排项目经理部的工作,合理调配生产要素。对工作中出现的困难和问题能做出正确的分析和判断,提出解决办法,进行正确的处置。

6. 具备较强的沟通能力,能够妥善地处理好与监理工程师、业主、供应商的关系,建立良好的工作氛围。能赢得我国大使馆经商处的支持、帮助,接受大使馆的领导。具有较强的商务谈判能力,维护公司的利益。

7. 具备基本的财会知识,能指导工程索赔、项目成本控制和催款工作。

8. 具备外贸知识,能正确处理物资转运、清关、报税,报检、申办免税、索赔等工作。

9. 具备一定的领导能力和正确的工作方法,能有效调动项目经理部一班人的积极性,形成团队战斗力。

10. 具有运用电脑做标和办公的能力。

11. 能用英语进行沟通和交流。

(三)项目经理的责、权、利

1. 项目经理应履行的责任

(1)贯彻执行我国的法律、法规,公司制定的文件和制度,遵守驻在国的法规和建管部门的规定。

(2)按照公司的指示和目标要求,负责指挥施工,承担项目经理部的管理工作,正确履行承包工程合同,实现公司下达的项目管理目标,为公司取得经济利益和社会效益。

(3)科学组织施工生产,合理配置生产要素根据公司授权签订对外承包工程合同,签订工程分包、材料采购、机械设备租赁等施工所必要的合同并负责组织正确的实施。

(4)项目经理是公司派驻项目的代表,负责与业主、监理工程师、设计代表、分包商、供应商、当地政府主管部门及监督部门、社区等有关方面进行联络、沟通、协调、谈判,在权限范围内处理有关工程的经济、技术、商务事务;或将有关情况、信息报告公司,请示处理的意见并遵照执行。

（5）按照公司的工作规范确定项目经理部的组织结构和岗位设置,制定各项规章制度并监督执行。明确项目经理部各岗位的职责和考核标准,运用激励机制和奖惩制度,调动员工的积极性及规范其行为,定期对员工进行考评、兑现。

（6）负责项目合同管理,组织索赔工作。

（7）开展全面质量管理小组的活动,鼓励技术革新和改进工艺,认真进行经验总结,不断提高管理和技术水平。

（8）按规定组织项目的质量检验评定和竣工验收,办理工程项目及其技术档案资料的移交。做好建筑物及其设备的使用说明和交底,落实工程质量保修的责任。

2.项目经理具有下列权限:

（1）参与项目投标,参与标书、合同的制作与评审。根据授权代表公司对外订立承包工程合同。签订工程现场物资采购合同和工程分包合同,签署对外交涉的函电。

（2）负责审批当地物资材料采购、设备租赁、工资、劳务费用和管理费的开支。

（3）有权决定项目经理部的岗位设置,人员配备、使用、调动和辞退。

（4）决定工程分包、劳务人员和外籍工人的聘用和辞退、材料采购、设备租赁等生产要素的配置。

（5）在合同的施工组织设计文件和项目管理实施方案的指导下,统一部署和指挥工程施工。主持施工例会和生产调度会,检查施工质量、成本控制、工期和安全生产的状况并做出决策。

（6）有权制定项目奖金的分配方案并报业务主管部门批准后执行。有权对项目经理部的各岗位人员进行考评,决定其工资与奖金。

3. 项目经理享有的权益和承担的责任：

（1）按照公司关于驻外机构人员工资待遇的规定，享受国外工资和补贴。

（2）按"项目管理目标责任书"（见附件）的规定，获取物质奖励和精神鼓励。

（3）经公司考核和审计，未完成"项目管理目标责任书"确定的责任目标造成亏损的，按其中有关条款承担责任并接受罚款和行政处分。

二、项目经理部

（一）一般规定

1. 项目经理部是承包工程的工作班子，受项目经理的领导，接受业务主管部门和职能部门的指导、监督、检查和考核。项目经理部由公司业务主管部门提出申请经公司批准后成立，项目竣工后经公司审计完成后解散。

2. 项目经理部的组织形式根据施工项目的规模、技术复杂程度和项目所在国的情况确定，其人员配置应满足施工项目管理的需要，本着高效、精干的原则，一人多岗，一专多能，做到既覆盖项目施工全领域全过程，又避免职责重叠、含混不清。

3. 项目经理部设置的岗位有：项目经理、总工程师、专业工程师、翻译、会计、出纳、施工员、预算员、材料员、质检员、安全员等。根据项目情况，一人可身兼多职。

（二）项目经理部成员任职条件

项目经理部所有成员均应具有良好的政治思想素质、职业道德和敬业精神。

1. 总工程师

（1）有较高的专业技术水平，丰富的业务和质量管理知识，有较强的处理技术问题的能力。承担过相当规模项目的技术领导职务。

（2）具有高级专业技术任职资格,具有质量内审员资格证书,有十年以上专业技术工作经验。

（3）熟悉 FIDIC 合同条款和常用国际工程技术规范。

2. 专业工程师

（1）较高的本专业技术水平、丰富的专业知识、能独立组织本专业的施工。

（2）有中级以上专业技术任职资格,有五年以上本专业技术工作经历。

（3）对 FIDIC 条款及标书的技术条款有一定的了解。

3. 翻译

（1）具有大学本科学历,二年以上工作经验。

（2）能流利地进行口译和文字翻译。

（3）有较强的对外交往、公关能力。

（4）掌握一定的进出口贸易知识。

4. 会计、出纳

（1）有一定的会计专业知识和国际金融法律知识。

（2）具有助理会计师以上专业技术任职资格,有二年以上会计工作经验和编制符合国际规范的财务报表。

5. 质检、试验员

（1）熟悉质检、试验的工作规章和规范,具有较丰富的质检、试验的工作经验,有 5 年以上工作经历。

（2）中级以上专业技术任职资格,持有建筑专业质检员、试验员上岗证。

（3）援外工程项目的质检试验员必须熟悉援外规章和管理办法。

6. 材料员

（1）具有国家规定的职业资格证书。

（2）有五年以上本岗位工作经验。

（3）对材料采购业务熟悉，了解建筑材料性能和技术指标。

7. 施工员、安全员、预算员

（1）具有国家规定的职业资格证书。

（2）有 5 年以上本岗位工作经验。

三、项目经理部各岗位职责

（一）总工程师岗位职责

1. 学习贯彻对外合同所要求的当地或国际的技术规范、规程、技术标准；

2. 为实现本项目的质量目标，合理配置施工资源，对工程质量、安全、施工进度负责。

3. 对项目负全面的技术责任。组织贯彻执行合同规定的技术规范、规程、质量标准。制定施工组织设计和施工方案、作业指导书，会审图纸，负责项目的定位、放线、测量工作。

4. 主持分项分部工程的内部验收。

5. 主持内部图纸会审，负责依据施工组织设计、项目质量计划、施工图纸，有关规范、标准、工艺向施工员进行技术交底、质量交底，并组织实施。

6. 合理计算与确定各种物资、材料、设备、工具等的需求计划，经项目经理批准后交材料员采购，以确保施工生产所需。

7. 质量贯标工作

（1）负责对项目存在的不合格项进行控制，会同施工员对不合格品进行评审，并制定纠正预防措施，报项目经理审报后组织实施。

（2）负责项目文件和资料的管理工作。

（3）负责本项目的产品标识和可追溯性的各项工作的落

实。

（4）主管项目施工过程的检验和试验,负责委托当地有资质的检验试验机构的送检和配合工作。负责施工过程中质量试验记录的收集、整理、归档。

（5）负责 试验设备、仪器、计量器具台账的建立和上述设备、器具的管理。

（6）负责项目的检验和试验管理工作。

（7）负责一般不合格品的评价和处置工作,制订纠正和预防措施,并实验验证直至合格。

（8）对分部、分项工程进行质量等级评定和参加单位工程竣工验收工作。

（9）负责质量记录的收集、整理、分析、保管、归档和移交。

（10）指导项目的统计技术应用工作。

（11）做好项目经理交办的其他工作。

（二）专业工程师岗位职责

1.对本专业技术和质量负责。认真实施质量保证计划,执行施工组织设计和施工方案。编制本专业的作业指导书,贯彻执行有关的技术规程、施工规范和质量标准。

2.负责本专业工人的培训,安全生产和文明施工。

3.负责本专业分部分项工程的技术交底,指导施工班组严格按照设计图纸及有关规范施工。

4.负责本专业文件、资料和质量记录的收集和管理。

5.负责本专业施工过程的检验和试验,提出不合格品的处置方案、纠正和预防措施。

6.参与本专业分项分部工程的内部验收,参加对单位工程质量评定和竣工验收工作。

（三）翻译岗位职责

1. 负责对外联络工作,按项目经理的要求与业主、监理工程师、设计方和当地政府部门和机构进行沟通和交涉。

2. 负责合同、图纸、往来函电、相关资料的翻译工作。负责施工过程中的谈判和交流的口笔译工作。

3. 负责办理项目组成员的工作许可、签证等事宜。

4. 严守机密,遵守外事纪律和国家安全规定。

5. 负责当地材料、设备、劳务的询价工作,协助寻找当地合格的分包商。

(四)材料员

1. 负责对供应商的资信资料的收集,经评审后建立合格供货商备选名单,并对其实施控制。

2. 根据项目部批准的物资、材料、工具、设备的采购计划按采购程序进行采购,并及时送达工地。

3. 严格执行采购产品的验证验收,索取质保书、合格证,落实有关材料的入库材料检测。

4. 负责采购物资的建账、入库、标识工作。负责填写验货记录,建立物资台账,收集验证凭证、发货单、装箱单等质量记录,负责整理、保存、归档,以便今后追溯。

5. 负责检查工地、库房中材料、设备的存放、标识、建账工作。

6. 负责材料、设备的文字资料的收集,整理、存档,满足可追溯性的要求。

7. 负责业主提供物资的验证、入库、建账、标识工作,满足可追溯性要求。

8. 负责对施工人员物资接收反馈意见的处理。

9. 协助项目经理部合理地组织原材料的供应与储存。检查原材料的合理使用、节约使用,确保材料节约措施的执行。

10.负责施工人员所需生活物资的采购供应,做到及时、优质,大家满意。

11.做好项目经理交代的其他工作。

(五)会计岗位职责

1.认真执行《会计法》、有关会计制度、会计准则和公司制定的财务制度、会计核算办法和有关规定。组织会计核算,实行会计监督,按期报送会计报表。

2.会计人员应当熟悉并遵守驻在国的《会计法》《税法》,按期向税务机关报送会计报表或配合当地注册会计师制作并报送会计报表,依法依规缴纳税款。

3.按驻在国外汇管理法规和制度要求做好外汇的收付、兑换和汇出工作。

4.妥善保存会计凭证、账簿、财务软件和会计报表等财务资料,依公司要求项目任期结束时办理移交手续,不得隐匿或擅自销毁。

5.会计资料属于商业机密,未经批准不得对外提供。

6.对资金调度、资产处置、支付佣金、对外投资借款、银行借贷,对外担保等重大财务活动进行监督,如发现有违法违规行为进行劝阻,并在劝阻无效后及时向公司财务审计部门报告。

(六)施工员岗位职责

1.负责施工现场工人的管理,负责技术、质量、安全交底,质量贯标落实到每一个施工人员。负责按图纸、工艺、规范的要求组织施工,对进度、成本、质量、安全进行现场监控。

2.熟悉图纸、工艺和工序,接受项目经理和总工程师的指挥,指导工人施工。

3.负责现场施工日志、质量记录的填写。收集后定期交总工程师。负责现场文件和资料的保管,确保施工现场使用有效文件版本。

4. 负责安排工人每日工作计划,并督促其保质保量地完成。

5. 负责施工现场环境的整治。确保现场物料、工具摆放整齐,标识清楚,道路畅通,环境清洁符合文明施工的要求。

6. 负责本项目施工现场的安全保卫工作,杜绝各类事故,确保安全施工。

7. 负责施工设备的调度,维修管理。

8. 组织工人对已完工序的自检自查,不合格的不得进入下道工序,发现疑难问题或质量缺陷及时向工程师反映,并将反馈的意见尽快落实到施工中去。

9. 负责不合格项的整改和施工过程中服务的实施,直至验证合格。

10. 负责工程纠正措施的实施。

11. 协助做好相关要素的其他工作。

12. 做好领导交办的其他工作。

(七)质检员岗位职责

1. 建立质量控制计划。

2. 进行质量检查与控制。

3. 参与组织图纸会审。

4. 完善工序质量控制、建立质量控制点。

5. 参与技术交底和技术复核。

6. 监督执行工序间的互检。

7. 组织核定分项分部工程的质量等级。

(八)安全员岗位职责

1. 贯彻安全生产规章制度、建立安全保证计划。

2. 制定安全生产措施。

3. 严格要求执行安全操作规程。

4. 进行生产现场安全检查。

5. 加强安全教育,做好安全预防工作,开展安全技术培训。

6. 调查安全责任事故,总结经验教训。

(9)预算员岗位职责

1. 编制施工图预算及合同变更后的预算。

2. 收集市场价格信息。

3. 认真进行图纸会审,掌握设计意图。

4. 投标报价前请求设计师解答疑难问题。

5. 复核计算工程量,进行工料机分析。

6. 根据项目总工期,按月编报生产计划,按月做好统计报表。

7. 保存合同评审资料,组织项目组人员学习合同条款,按月对合同履约情况进行分析。

8. 开工前,协助项目经理进行成本预测,编制可比成本降低率计划。做好施工各阶段的成本核算工作,核算各项费用支出,准确提供施工成本情况。

9. 及时做好工程变更设计的签证工作及经济索赔的基础工作,保存好索赔所需的凭证。

10. 负责每月与作业班组结算人工费,做到结账与实际完成工程量相符。

11. 收集整理项目经理部提供的有关资料,编制工程竣工决算。

12. 与业主和监理工程师进行工程量的核对。将核对审查后的工程量整理,编辑后编写决算书。

第四节　国内对应的项目服务组制度

为配合支持国外项目的施工,服务国外项目经理部,在国内的业务分管部门设立项目服务组。组长由公司的业务主管部门经理商项目经理部确定。国内服务组因各项管理活动发生的差旅费、采购费和交际费等费用计入项目成本。国内服务组的管理费由业务主管部门和项目组在商签目标责任书中确认一个数字进入项目成本。

国内服务组的工作职责是:

1. 采购和发运项目所需的国内提供的物资,处理采购合同执行过程中出现的纠纷和索赔事宜。

2. 处理国外项目经理部发来的电子邮件和传真,填写函电处理单,提出拟办意见,报业务主管部门经理会公司相关部门经理审批,重大事项报公司分管领导直至公司总经理批准。将批复意见及时回复国外项目经理部。

3. 选拔、考试或考核报名人员,派遣合格的专业技术人员和熟练工人赴项目经理部工作。

4. 申请项目用款,配合公司财务部办理项目资金汇出和项目收入调回国内的手续。

5. 协调解决项目实施中国内发生的各种问题。

6. 负责与国内项目有关的设计咨询单位联系和协调,解答国外项目经理部提出的需要解答的问题。

7. 为项目经理部提供国内后勤服务,帮助国外项目经理部人员家庭解决生活上遇到的困难,以使项目经理部成员无后顾之忧安心在国外工作。

8. 协助办理项目任务批件,出国人员因公护照签证、出境证明等出国手续。

第五节　项目经理部内外关系的
处理与请示报告制度

一、项目经理部内部内外关系的处理

（一）驻在国的外部环境

项目经理部应时刻关注驻在国的外部环境,包括政治环境、经济环境和法律环境,根据外部环境的变化及时向公司报告并提出调整部署的请示。

（二）与业主的关系

应与业主建立良好的合作关系,取得业主的信任与支持,在不违背法制与原则的前提下,尽可能使业主满意。

（三）与设计代表和监理工程师的关系

充分尊重设计代表和监理工程师,根据合同条款为他们的工作和生活提供便利,争取设计代表和监理工程师的理解和帮助。

（四）与我国大使馆和经商处的关系

项目经理部应接受我国大使馆和经商处的领导,遇有重大事件应会同公司驻外办事处一起向大使馆和经商处报告,争取大使馆和经商处的帮助。参加大使馆和经商处组织的内外事活动并给予帮助。

（五）与公司业务主管部门的关系

公司业务主管部门是项目经理部的国内业务领导部门,项目经理部接受业务主管部门的领导和管理,应定期和不定期向其汇报工作。国内日常后勤事务由国内服务组织负责。

（六）与公司驻在国办事处的关系

国外办事处是公司驻外管理机构,项目经理部在国外应自觉服从办事处的领导,向办事处汇报工作,接受办事处的监督、指导和检查。

(七)与当地雇员和劳动工会组织的关系

项目经理部应做好当地雇员的招聘、培训、解聘和遣散工作。妥善运用好当地法律法规,及时掌握当地雇员的思想动态,处理好劳资纠纷。避免与当地工会组织往来并发生冲突。

二、项目经理部请示报告制度

(一)项目经理部应每月向国内业务主管部门报送施工简报,并同时抄送公司驻在国办事处。简报的主要内容应包括:

1. 工程进度,包括形象进度、实际完成各子项、分项工程的工程量。

2. 施工组织设计执行情况,当月完成的主要工作。

3. 质量保证计划执行情况及项目的质量控制情况。

4. 项目人事管理情况。

5. 项目财务情况,包括工程量结算、项目财务收支项目。

6. 项目物资采购、供应情况。

7. 与业主、监理工程师业务接洽情况。

8. 其他需要报告的重要事项等。

(二)需国内处理办理的事项,由项目经理部与国内服务组联系,由国内业务主管部门负责处理或转请相关部门处理。

(三)需国外办事处协助处理的日常事务,或需以公司名义统一对外的事务,由项目经理部向国外办事处汇报,由国外办事处协调处理。

(四)项目经理部应每年年底向业务主管部门报送年度总结报告,项目竣工之后报送项目总结报告。总结利害得失,以改进公司今后的施工管理。

（五）遇重大和突发事件，或超出项目经理权力之外的事宜，项目经理部应立即向业务主管部门和公司办事处请示报告，

（六）请示报告的方式：电子邮件、传真、电话、信函直至派专人回国报告，报告应及时，注意保密。

第六节　激励与约束机制

一、加强对项目经理的业绩考核与奖惩

实行目标责任管理。根据签订的目标责任书和关于境外工程项目预期利润的考核和奖惩办法进行奖惩。

（一）项目管理目标责任书

项目管理目标责任书由公司业务分管部门与项目经理部签署。

1. 项目经营目标

（1）进度目标：确保工期在合同规定的工期内（包括外方书面确认的索赔延长工期）完成。

（2）质量目标：按照 ISO 质量体系的要求建立项目经理部质量体系，并确保质量体系在项目经理部实施的有效性，确保通过外审。不得出现重大质量事故，保证项目通过外方验收合格，维修期满后对外移交。

（3）安全目标：确保文明施工，安全生产，不出现重大人身伤亡事故。

（4）利润目标：项目经理部上交公司的利润目标最低为合同额的 10%，以认定的到账金额为准。

2. 项目经理部应在完成下述任务后解散。

（1）工程已经竣工验收，完成竣工结算。

（2）与各分包单位、供货商结算完毕。

（3）各项善后工作与有关部门协商一致并办理了有关手续。

（4）现场清理完毕。

3. 项目经理部的责任和义务

（1）保质、保量按时完工施工任务，通过业主验收合格，完成对外移交。

（2）遵守中外法律法规，公司规章制度。处理好与这些主、监理工程师的关系。保守国家和公司秘密。

（3）建立质量管理体系，并确保其实施的有效性，不得出现重大质量事故，确保通过外审。

（4）编制单位工程施工进度计划，安全保证计划，建立安全文明施工制度，不得出现重大人身伤亡和财产损失的事故。

（5）制定项目经理部内部的各项管理规章制度，报公司批准后执行。

（6）提出项目经理部岗位设置和建议人选，按月将项目经理部工资表报公司审批后，支付国外工资及津贴。

（7）招聘和管理当地工人，妥善处理好与当地政府、社区和居民的关系，妥善处理劳资纠纷，遵守当地法律法规，遵守外事纪律。

（8）制定物资供应进度计划，办理国内发来物资的提货、验货、索赔取证及当地物资的采购，进行物资的仓储、领用和核销管理。按公司规定做好下场物资的清点、保管和处理。

（9）编制项目施工预算，进行成本分析，制定成本控制措施，并加以实施。

（10）向公司每月报送简报和财务报表，年末报送年度总结报告，遇重大问题及时报告。项目竣工后编写竣工报告，项目成本分析报告和项目总结。

（11）严格执行公司财务制度，抓紧抓实工程款回笼，办理对外结算，向公司交纳利润，妥善调度使用资金，避免汇兑损失，确保资金安全，对金额较大的资金操作应事先报公司批准。

（12）做好工程竣工决算。工程资料整理，立卷移交公司档案室归档。接受公司审计，做好项目经理部解体后的善后工作。

（13）指定专人负责合同及合同文档管理，吃透合同文件，充分利用合同条款，注意收集有关证据和资料，做好合同索赔。

4. 项目经理的权力与责任

（1）项目经理对本项目施工全面负责，对项目承包合同直接承担责任，是项目经营目标全面实现的责任人。

（2）项目经理的权限：

a. 参与项目投标。参与标书、内外合同的制作和评审。签订对外承包合同，国外现场的物资采购合同和分包合同，签署对外联系函电。

b. 主持项目经理部的生产经营管理活动。决定工程现场人、机、料的配置和现场施工管理决策。

c. 主持项目经理部的财务活动。审批当地物资采购、设备租赁、工资、劳务费和项目管理费的支出。

d. 决定成员的分配形式、业绩考评和奖惩、奖金的发放，控制加班费的发放（不得超过工资总额的20%）。

（3）项目经理的责任和义务：

a. 组建项目经理部，提出人员建议名单。

b. 主持实施项目的施工组织设计和质量保证计划，确保各项规章制度得以贯彻执行。保证按期完成工程施工任务，交付合格项目和服务。

c. 确得安全生产、文明施工。

d. 负责本项目 ISO 相关标准的贯彻实施。

e. 负责成本控制,实现项目利润指标。组织工程变更索赔工作,负责工程款催收、结算,主持办理工程决算,主持项目的竣工、验收和移交工作。

f. 正确处理与业主、监理工程师和当地政府、社区、工会的关系,解决各种急、重、难的问题。

g. 做好公司上情下达,下情上报。

h. 编制下场物资清单,根据公司指示组织下场物资移交和处理。

i. 负责项目经理部人员的思想政治工作。团结好一班人。

j. 接受公司的领导,督促和检查,业绩考核,接受公司审计。

5. 公司业务分管部门的责任和义务

(1)协助项目经理部选派和培训外派劳务人员,与外派劳务人员签订外派劳务人员聘用合同。

(2)及时办理出国劳务人员的出国手续和人身意外险,协助解决乙方人员国内家属的生活困难。

(3)负责项目的管理。国内有关单位和部门的协调、公共关系和后勤工作,处理项目经理部发来的请示及请求解决的问题。

(4)组织项目经理部所需国内物资的采购、发运,制定国外的公司所属设备调度计划。

(5)向项目经理部通报国内项目的开支情况。根据项目需要,向项目经理部拨付资金。

(6)向项目经理部传达公司的文件精神,协助国外人员申请评聘技术职称,办理升职事宜。

(二)关于境外工程项目预期利润的考核及奖惩办法

为了完善对境外工程项目的管理,建立项目经理激励机制和约束机制,必须加强对境外工程项目经理的业绩考核,实行切实的目标管理。项目经理业绩考核指标主要包括预期利润、工程质量、安全生产、合同工期等。其中,预期利润指标是奖惩依据的主要指标,合同工期是基础指标,工程质量和安全生产是关键指标,实行一票否决制度。本章仅对预期利润目标考核及奖惩做出介绍。

1. 预期利润的定义

预期利润是指境外工程项目收入扣除项目直接成本和费用后的目标利润。扣除费用包括分摊的国内主管部门管理费用和国外驻在国公司办事处费用的分摊数。

2. 预期利润基数的确定

预期利润基数原则上根据项目投标预留和效益潜能的分析,按合同总价的一定比例确定。预期利润率的最低值为该类规模工程项目目标利润率的确保值。

项目经理部预期利润基数由项目国内主管部门征求项目经理意见后确定,在项目责任书中列明。

3. 超额完成预期利润基数提成奖金的确定

对超额完成预期利润部分,根据超额利润绝对值的大小按15%~25%比例给项目经理部计提奖金。对项目经理部提成的奖金,按对项目部人员考核结果依贡献大小合理分配。其中,项目经理奖金由公司分管业务部门报公司领导批准确定,占奖金总额的30%~50%。国内服务小组按10%比例发放。

4. 超额完成预期利润基数提成奖金的兑现发放

对项目经理部的提成奖金在符合下列条件后予以兑现发放:

(1)项目保修期已结束;

(2)已完成项目竣工决算;

(3)全部工程款已到账、利润已汇回国内公司;

(4)完成计奖条件的各项指标;

（5）不存在未了事项。

5.对项目经理部未完成预期利润指标的惩罚。

项目经理部虽实现利润但未完成已确定的预期利润率。则项目经理部管理人员的国外艰苦地区补贴照发,国外工资照发,加班费不得超过工资总额的 20%。

如发生项目经营亏损,则加班费全部扣发,国外工资项目经理按 60%,其他人员按 80% 发放,同时追究项目经理和有关人员的责任。

项目经理部管理人员发放国外工资、艰苦地区补贴和加班费,先按全额计入项目成本。个人领取部分工资作为生活费(不超过工资额 50%),待项目决算后视完成利润情况按奖惩规定补齐。

二、实行对新开拓项目有功人员奖励的办法

为了激励员工开拓新市场、新项目的积极性,对中标的项目的有功人员实行奖励。

1.计奖范围

（1）已中标并签约的境外承包工程项目

（2）已中标并签约的援外工程项目

2.计奖比例

境外承包工程和援外工程项目,按与业主所签合同总价,实行分级累进比例提取,具体比例如下:

100 万美元以下（含 100 万美元）	提 1%
100～200 万元美元（含 200 万美元）	提 0.8%
200 万～300 万美元（含 300 万美元）	提 0.6%
300 万～500 万美元（含 500 万美克）	提 0.4%
500 万～1000 万美元（含 1000 万美元）	提 0.3%
1000 万美元以上	提 0.2%

2. 奖金的提取

(1)按上述规定项目计提的奖金,计入该项目的成本。

(2)属于合作性质项目,奖金的提取按合同中明确我方比例计提。

3. 奖金的发放

(1)凡申报该奖的均应填写"承揽开发项目专项奖金审批表",并附项目合同,经公司财务部核准,公司领导批准后发放。

(2)奖金在国内以人民币发放,以美元计算提取的按合同签字之日中国银行公布的基准汇率折算成人民币发放。

(3)获奖者的奖金收入由财务部计算并代扣代缴个人所得税。

(4)提取的奖金用于奖励开拓项目有功人员和参与人员,应根据贡献大小合理分配。由承揽项目的主要单位提出方案报分管部门的副总经理批准。批准后报人力资源部备案。

4. 其他规定

奖金首次发放 30% 在合同签订后兑现。其余部分待项目完成时清算。清算时,工程项目实施中发现投标文件有明显缺陷并严重影响到经济效益,致使项目未完成预期利润的,不再兑现该项奖金余额。

第七节　项目经理部解散

工程竣工验收后,国外承包工程合同执行基本完成,项目经理部的历史使命已经完成,正式进入了项目经理部解散阶段。

一、项目经理部解散应具备的条件

1. 工程已经竣工验收。

2. 与各工程分包商、物资供应商等已结算完毕。

3.安排妥当维修期的维修人员和维修工作。

4.各项善后工作已与各有关部门协商一致并办理了有关手续。

5.施工现场清理完毕。

二、项目经理部解散的程序及善后工作

1.业务主管部门是项目经理部解散善后工作的主管部门，负责项目经理部解散后工程项目在保修期间的善后工作的处理。

2.项目经理部具备解体条件后，项目经理根据工作程序向工程业务主管部门提出项目经理部解散申请，填写申请表格，同时提出项目经理部解散后善后工作的方案，经业务主管部门审核批准后执行，同时报公司备案。

3.所有人员回归原建制单位，所有资金汇回公司，财务资料整理完整后交公司财务部，所有项目档案整理完备后交公司档案室。

4.施工项目保修期满，以及善后工作全部完成后，由公司直接与业主进行竣工决算结清该项目所有钱款。项目经理部的奖惩在公司财务和审计部对项目进行核算和审计后依据签署的项目奖惩方案兑现执行。

5.善后工作的处理发生的费用进入项目经理部的成本。

第十章　承包工程项目的施工管理

第一节　施工进度计划

一、施工进度计划的重要性

施工进度计划是保证项目工期、质量和成本的关键,科学而符合实际的施工进度要求,有利于确保工期,控制工程成本和工程质量。进度计划与确保工期之关系是直接的,而前松后紧的赶工,往往在工程后期投入大量人力和设备,造成成本大幅度增加,给承包商造成亏损。工中出错,粗制滥造又造成质量低劣。

事实上,在项目实施过程中先后出现二个施工进度计划。一个是承包商在投标书中报出的施工进度计划,这是业主接受了的作为授标的根据;第二个是中标后又报送给工程师的进度计划,它是在标书中进度计划基础上进行图纸审核,进一步复核工程量,确定施工工艺和工艺规程后编制的更为详细更切实可行的施工进度计划,使工程关键节点的进度符合标书的要求,在取得工程师批准后,作为施工过程中双方必须遵守的合同文件之一。今后,工程师必须按进度要求提供图纸,承包商应按它组织施工,以达到按期完工的目标。如果工程师图纸提供不及时,影响了工期,他就要承担赔偿工期和工程成本增加的责任;如果是承包商延误了工期,他就要自费追赶工期或承担延期损失赔偿费(Liquidated Damages)。因此编制一个切实可行的施工进度计划势在必行。

二、施工进度与成本的关系

制定施工进度计划应抓住质量、工期和成本这三个基本要素,做好质量控制、工期控制和成本控制。

质量、工期和成本三要素是互相影响的。这种相互影响的关系,可用图 10 – 1 来表示。

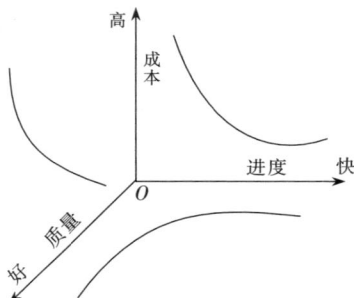

图 10 – 1   工程造价、工期、质量关系示意图

1. 承包施工收支关系的分析

在项目施工中,质量标准是固定的,它体现在合同文件的施工技术规程(Specifications)和施工图等文件中。适当地调整工期(施工进度)和成本之间的关系,使工程项目具有较好的经济性、

工程项目的成本分为固定成本和可变成本。固定成本与完成的工程量无关,如施工机械的折旧费、管理费和财务费用。可变成本与完成的工程量正相关,如每天浇筑的混凝土数量越大,则石料、水泥等建筑材料的消耗费用就越多,施工机械的台班费就越高。

图 10 – 2 研究它在施工过程中承包商收支款额的关系。

从图中可以看出:

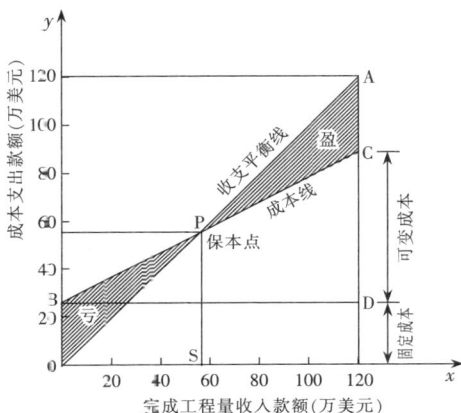

图 10－2　承包施工收支关系分析图

（1）在正常情况下，完成工程量所收入的款额，等于该部分工程量的成本款额，即直线 OA 所表示的收支关系，$x = y$ 称为收支平衡线。

（2）固定成本线 BD，在施工期间是一个常数。

（3）成本线 BC，它是固定成本和可变成本之和

（4）图中 P 为收支平衡点，亦称保本点，在该点承包商的收入等于施工成本（固定成本和可变成本之和）。

（5）x 轴上的 S 点，代表收支平衡时承包商完成的工程款额。< S，承包商亏损。> S，承包商盈利。经营管理的目的，是使 S 点尽早出现。

（6）工程项目承包施工的亏损部分，在图上用 BOP 表示；盈余部分以 APC 表示。如果 APC 面积大于 BOP 的面积，则整个工程盈利，如果 BOP 的面积大于 APC 的面积，则整个项目亏损。

2　最优工期分析

每一个工程项目的工期，都是由所有作业项目所需的时间相加而成。要根据每个作业的工程量、施工特点，以及所需要的人工、材料、施工机械，安排它的施工顺序及施工时间，使成本最

低、工期最短、质量优良,这就是施工进度计划安排的课题。

　　每项作业的成本费总有一个最低的限度,少于它该作业不能完成。这个最低的费用,称为"正常成本"(Norma Cost),与此对应的施工时间称为"正常施工时间"(Normal time).这两个概念就是施工组织设计寻求的数据,安排每项作业时都达到正常成本和正常施工时间,则整个工程的造价和工期都能达到经济又合理。这种工期与成本之间的函数关系,可用图 10-3 示意。

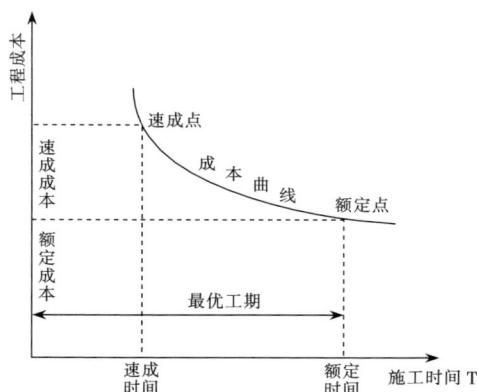

图 10-3　工期与成本关系分析图

　　从图 10-3 可以看出,速成费用随着施工时间的增加而下降,到额定点时施工成本降到最低,即正常成本,与此对应的时间即是最优工期。

　　每个工程项目的工期都是经过经济分析确定下来的。业主在招标文件中已规定完工日期作为招标的一个条件。为此,承包商要在自己的施工组织设计中,合理安排每个作业项目的工期及施工顺序,挖掘潜力作为最优工期安排,使自己付出的成本最小。

三、编制施工进度表

　　首先要制定整个工程的总进度计划,由每个施工单元严格遵照执行;其次,要靠总工程师及时协调,解决在总进度方面发生的每一个问题。

对每一个施工单元而言,他也须编制自己施工范围内的施工进度表,以使自己以最小成本按总进度表规定的完工时间完成施工任务。

施工进度表是施工进度计划的集中体现,又是施工日程表的制作基础。由于存在工程变更的可能,因此工程进度表要能随实际情况的变化而即时调整,以便真正发挥它对工程的指导作用。

施工进度表有多种形式,常用的有横道图表法(Bar chart Method)关键路线法(Critical Path Method 简称 CPM)、进度评估法(简称 PERT)和顺序作业法(T – SPM)等方法。下面重点介绍横道图表法和关键路线法。

1. 横道图表法

横道图表法简单醒目,易于编制,至今仍广泛采用。它平行排列工程各个部分的所有作业项目,用粗横道线标志出每一作业项目的起始和终止的时间,使人一目了然,随时发现施工进度是否拖后,以便采取相应的措施,保证该项作业按计划时间完成,则整个工程的竣工期就有保障。

图 10 – 4 列举一个工程的横道图表,展示所有作业的持续施工时段,以及不同作业的施工顺序。在每个作业栏中,有两个线段表示该作业的进展情况:上边的条状线表示作业计划的施工时间;其中的阴影线段表示已经完成的工程量(按照比例);下边的粗线表示该项作业完成后实际持续的时段。

心理学概论
- 人类心理学现象
  - 个体心理系统 —— 个体心理是指个人具有的或在个人身上发生的心理现象。个体心理可以分为以下四个方面
    - 心理动力
    - 心理过程
    - 心理状态
    - 心理特征
  - 个体心理与行为
    - 行为指有机体的反应系统。它由一系列反应动作和活动构成。任何行为总是在一定的情况下产生的,引起行为的各种因素称为刺激
    - 行为和心理密切相关。人的行为的复杂性缘于心理活动的复杂性。相同刺激可引起不同的反应,不同刺激也可能引起相同的反应
  - 个体心理与群体心理
    - 群体心理是在群体的共同生活条件和环境中产生的,它是该群体内个体心理特征的典型表现,而不是个体心理特征的简单总和
    - 群体心理不能离开个体心理,它对生活在其中的个体来讲,是一种重要的社会现实,直接影响着个体心理的形成与发展
- 心理学的过去和现在
  - 心理学产生的哲学背景
    - 唯理论
    - 经验论
  - 西方心理学的理论流派
    - 构造主义
    - 机能主义
    - 行为主义
    - 格式塔心理学
    - 精神分析学派
  - 心理学的主要发展趋势
    - 认知心理学
    - 人本主义心理学

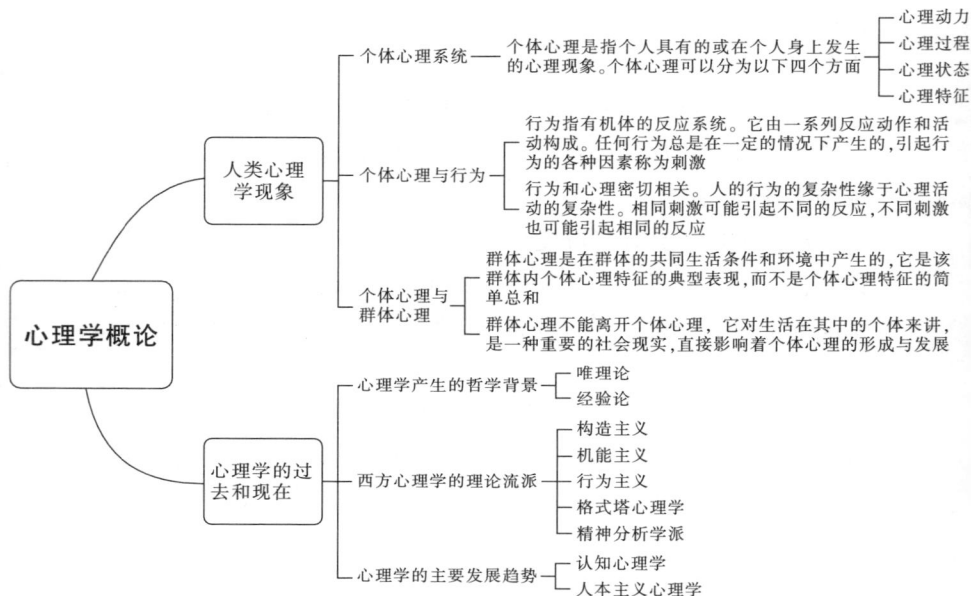

图 10 - 4　横道图表法施工进度表

2. 关键路线法

关键路线法 CPM 是利用网络编制施工进度计划的一种方法,有些项目业主在合同文件中明确要求承包商采用此法安排施工,甚至在决定是否给承包商以工期延长时,以此为依据。

关键路线法的优点有:

(1)它以图表形式把施工进展情况明确地展示出来,并预先确定哪些作业在衔接上有富裕时间,哪些作业没有富裕时间处在关键路线上的作业,要更加小心安排施工,因为它的任何一点拖延都会耽搁整个工期。

(2)关键路线法可以利用计算机进行设计(CAD)计算和调整,从而将施工管理提高了一个层次。

关键路线法制定施工进度计划的工作步骤:

①划分作业项目

在每个工程项目中包含着各种各样的作业,如除草挖树、场地平整、基坑开挖、拌和楼组装、轧钢筋、钉模板、混凝土浇筑、混凝土养护、拆模板、土方回填等。首先把施工中的作业划分成一个个的单元,计算每个单元所需施工时间,并安排它们的施工顺序。

划分作业单元的原则,是使每一项作业均属于独立操作的施工单元,各个单元之间可以前后衔接,形成网络图。划分不能过粗,过粗不易发现施工中的不同作业的衔接关系,从而使该网络图失去使用价值。也不要过细,它会使工序衔接环节过多,引起烦琐的工时计算和网络编制,反而不容易发现关键性的工序衔接,起不到关键路线法的作用。而作业单元的最优划分要靠施工经验和路线图的编制经验。

②确定施工顺序

施工顺序即各个作业单元在施工中的先后次序。要统揽工程全局,使各工序紧密相连。

在安排施工顺序过程中,要会发现施工进度中的"卡点",即工序时间上的相互制约。如装修工程中,水电装置的布置没安排好,刻槽布管线、墙地面的平整、水电材料的采购、网线的安装都要等待。

施工顺序确定以后,应根据各个工序顺序,安排每一道工序所需的施工机械、人力、建筑材料、施工图纸等,逐项落实,以保证该作业能计划日期开工。

任何一个作业单元,都有它的先期作业和它的后续作业,也可能有平行作业。在确定了每一作业的先期、后续、平行的流程关系后,就可以将作业单元的工序图表化,用箭线表示作业(Activities),用结点(Event 或 Node)表示作业之间的衔接,如图

10 - 5 所示.

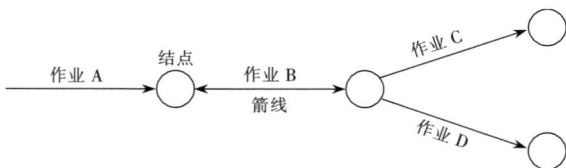

图 10 - 5　关键路线法箭线图

③计算每一作业所需的时间

计算每一作业单元所需的施工时间时,需要以下基础数据和资料:该作业的工程量;所使用的施工机械的种类和数量;设备的生产效能;所需建筑材料的品种和数量;所需劳动力的数量及专业技术要求;劳动力的定额。计算机可缩烦琐计算所需的时间。

计时单位一般以"日"为单位,每一作业工序所需的施工天数,一般写在网络图箭线的下方,作业的名称写在箭线的上方。

(1)如实地计算每个作业所需的时间,按照施工顺序编制网络图,从网络图上寻找关键路线。

(2)将关键路线上所有作业的天数累加,然后与整个工程的合同工期相比,如果二者吻合则属理想状况。如大于合同工期,则需对各作业天数调整,直至吻合为止。

(3)如果关键路线所需的施工时间小于合同工期,即存在富裕时间,可考虑采用现关键路线的施工时间,以节约成本。

④绘制关键路线网络图

通用的网络图的时间顺序是自左向右排列,开工在左,完工在右。注意按作业的施工顺序自左向右排列,不断修改图形,直至得到一张简明清晰正确的关键路线网络图为止。

具体做法是:首先把一些主要的作业项目按施工顺序自左向右排列成一条骨干网络线。然后以骨干线为中心将其余的作业项目排列在其上、下两边。

每一个作业项目的箭头线应按水平方向排列。如果出现斜线，那也必须引出一段水平线，以便在其上边标注作业项目的名称代号，在其下边标注所需的天数。有时出现虚箭头线，它只是表示两个作业之间有逻辑的顺序关系，但所需天数为零，被称为虚拟作业项目。在网络图中不需要水平方向的线段。

为了表示网络图中所有作业项目的施工顺序，可在每个结点的圆圈中，从左向右，顺序标出作业顺序号码，表示整个工程一共存在着多少作业工序。在绘成的关键网络图上可以形成数条甚至数十条由项目箭头线和结点组成的路线，但其中只有一条路线的施工天数之和最长，这就是整个工程项目施工进度图的"关键路线"（Critical Path）。施工管理就是如何使这条关键路线时间最短，并保证按计划的时间实现，从而使整个工程最快又最省地完成。

⑤定施工进度日程表

在关键路线网络图的基础上，施工管理人员最终制定整个工程项目的施工进度日程表，明确规定每个作业应该开始或完成的具体日期。

不处于关键路线上的作业项目，紧接的两个作业之间都有一定的富裕时间，在网络图中统称为"浮动时间"，它又可划分为"总浮动时间"和"自由浮动时间"两种。"总浮动时间"是指任何一作业项目的最早开始和最晚开始之间的时差。"自由浮动时差"是指任一作业项目的最早完成时间同它紧随的一个作业项目的最早开始时间之间的时差。

值得注意的是，处于非关键路线上的某一作业项目遭遇主客观因素的影响，致使其完成的日期大为延后，从而使这一作业处于施工进度的关键路线上来，施工管理人员就应把关注的目

光放到这条新的控制工期的关键路线上来,确保总的工期不被
延误。

作业明细表

表 10 - 1

作业序号	作业代号	先行作业	后续作业
1	A	—	B
2	B	A	C,G
3	C	B	E,D
4	D	C	F,I,J
5	E	C	F,G
6	F	D,E	H
7	G	B,E	H
8	H	G,F	I,J
9	I	D,H	K
10	J	D,H	K
11	K	I,J	L
12	L	K	M
13	M	L	N
14	N	M	–

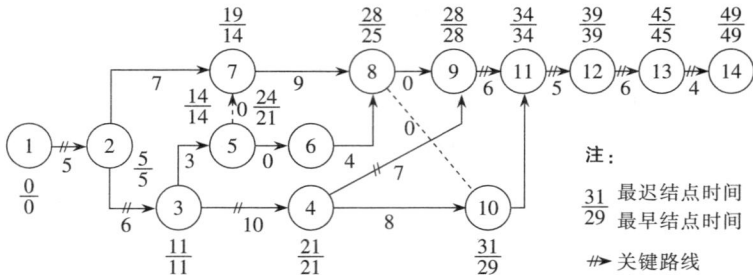

注:
$\dfrac{31}{29}$ 最迟结点时间 最早结点时间

⊬► 关键路线

图 10 -6 关键路线网络[引自《土木工程估算与工程进度管理》]

关键路线计算表

表 10 - 2

序号	箭头线头尾	作业时间（天）	作业开始		作业完成		浮动(机动)时间		关键路线
			最早	最晚	最早	最晚	总浮动	自由浮动	
1	1 - 2	5	0	0	5	5	0	0	☆
2	2 - 3	6	5	5	11	11	0	0	☆
3	2 - 7	7	5	5	12	19	7	2	
4	3 - 4	10	11	11	21	21	0	0	☆
5	3 - 5	3	11	16	14	19	5	0	
6	4 - 6	0	21	24	21	24	3	0	
7	4 - 9	7	21	21	28	28	0	0	☆
8	4 - 10	8	21	23	29	31	2	0	
9	5 - 6	0	14	24	14	24	10	7	
10	5 - 7	0	14	19	14	19	5	0	
11	6 - 8	4	21	24	25	28	3	0	
12	7 - 8	9	14	19	23	28	5	2	
13	8 - 9	0	25	28	25	28	3	3	
14	8 - 10	0	25	31	25	31	6	4	
15	9 - 11	6	28	28	34	34	0	0	☆
16	10 - 11	3	29	31	32	34	2	2	
17	11 - 12	5	34	34	39	39	0	0	☆
18	12 - 13	6	39	39	45	45	0	0	☆
19	13 - 14	4	45	45	49	49	0	0	☆

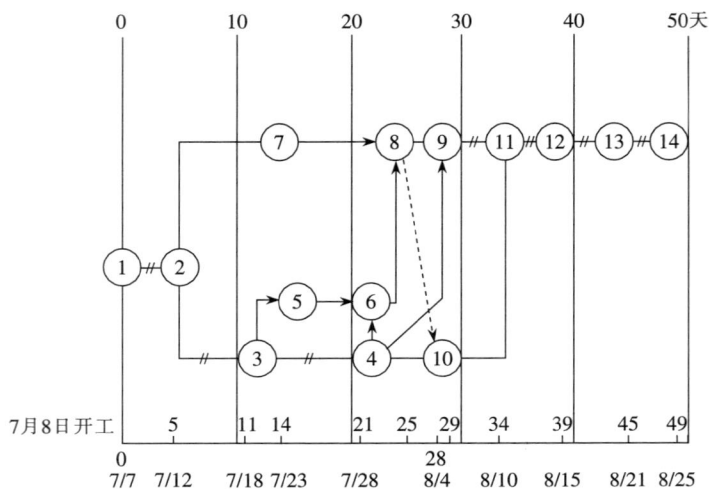

图 10 - 7　带日程表的箭线图(月/日)

3. 进度评估法

进度评估法(PERT)也是控制施工进度的一项网络技术,其基本原理和做法,在许多方面类似关键路线法。

进度评估法是以使用表示作业起点、终点的结点为中心的概率系统为出发点,其目的是预测在某个目标日期完成工程项目的概率。此一评估技术要求大量的计算工作,步骤繁复,只有在特别复杂而庞大的工程项目上才值得使用,在土木工程施工管理上极少采用。

四、编制全面的施工计划

(1)月、周施工计划

在每个工程项目的施工进度计划制定以后,应该由月、周施工计划来落实,以保证总进度计划的实现。月、周计划应具体且周密,包括以下内容:计划完成的工程量指标;单位工程形象进度;主要实物工程量计划,如土方、石方、混凝土、预制构件的工作量;单项工程的开工、竣工计划;作业项目保证完成的工程量等。

(2)物资供应计划

为了实现月、周施工计划,对需要的机械、物资必须要落实。主要包括:需要机械的名称数量、工作地点、进场时间等;主要建筑材料计划,如钢筋、水泥、木材、沥青、砂石料等的规格、品种、数量;主要预制件供应计划,如屋架、梁、门、窗、木制品等的规格、品种和数量等等。

(3)劳动力调配计划

包括各个时段、各个工程部位所需劳动力的工种、人数、工日数等。

(4)资金计划

详细安排计划期间现金流,包括工程款收入计划,固定资产折旧计划,台班费、人工费、材料等支出计划,以及专用资金收支计划等。

(5)技术组织措施计划

根据施工进度计划及施工组织设计的要求,编制技术组织措施方面的具体工作计划,如保证完成高难作业的措施,保证施工质量,提高生产效率,节约能耗等方面的技术措施。

(6)附属企业的生产计划

附属企业有预制件厂,骨料筛分厂、钢筋加工厂、门窗加工厂、建筑材料加工厂等,他们的生产计划必须保证施工的进度月、周计划实施,不能断档影响施工。

第二节　施工技术管理

一、标书中涉及施工技术的内容

每个工程的招标文件,都包含了各方面的技术要求,只有达到规定的技术要求,工程项目才能实现其规划的效益。

项目的工作范围、总平面图、施工详图、施工技术规范、工程量清单等合同文件,从各个角度提出了明确而严格的技术要求,要求承包商遵照执行。

合同文件涉及施工技术要求的,有四个方面。

(一)合同条款

1. 承包商应对施工技术的完善性、稳定性和安全性负全责。

2. 工程师有权发布工程变更指令,发出补充的施工图纸,提出新的施工质量标准,承包商必须遵照执行。

3. 承包商按照工程师书面指定的基准点、基准线和参考标高进行放线,保证工程各部分的位置、标高、尺寸和基准线的正确。

4. 承包商应严格按合同进行施工,建成工程,进行维修,使工程师满意。

5. 承包商提供的设备、材料、施工工艺,应接受工程师的随时检查,如果工程师检查其不符合合同规定,承包商应另行提供合格的设备、材料和施工工艺,并承担试验费用。

(二)施工技术规程

施工技术规程规定了工程的工作范围、尺寸,施工方法、材料和工艺的质量标准。

技术规程包括下面内容:

1. 一般要求。说明工程概况,工地道路。工期和施工顺序,工地水、电、压缩空气的供应,营房位置、工程师办公和生活设施。

2. 施工进度及工序要求,说明工程总进度和完工日期,各部分完工日期,各个承包商在进度方面的协调和要求、履约保函、奖惩办法,等等。

3.施工的特殊要求。说明施工时的特别注意事项及应达到的具体标准。如碾压路面的土料要求及碾压的强度,隧道的岩石稳定性观测,海港工程的防海水腐蚀要求,等等。

4.对建筑材料及工艺的要求。规定建筑材料的品种、规格、强度等各项技术指标。说明施工的工艺标准,如:沥青防渗工艺的要求,基坑支护及排水的要求,油漆的品种及涂敷工艺的要求,等等。承包商应特别注意施工技术规程中的高质量和高工艺标准的要求。

(三)施工图纸

承包商要严格按施工图纸规定的尺寸和说明进行施工。由承包商绘制的施工图和部分工程图,要经工程师批准后才能施工,如果工程师提供图纸或审批施工图延误了工期,承包商有权索赔和延长施工时间。

工程竣工后,要求承包商绘制竣工图纸,报工程师和业主。

(四)工程量清单

在标价过程中,工程量清单是估算标价的主要依据,在施工过程中它是结算工程款的依据。也是划分合同范围内外工作的依据。施工技术管理人员要十分熟悉工程量清单的内容,并应注意以下问题:

1.如果业主和工程师要改变工作内容或工程量变化很大,要重新确定单价。

2.清单中包括一些包干项目,如场地清理、进场道路等,报的是总价,如果实际的工作范围与标书标明的工作范围有很大不同,包干价应重新确定。

3.清单中的按日计工项目用于工程施工过程中临时增加的,原工程量清单没有列入的工作项目,工程师指定按日计工计价,承包商要每日报送工日、设备、材料数,作为结算的依据。

4. 工程量清单有的安排了备用金,由工程师决定使用,承包商根据工程师指令进行的工作,从备用金中支取工程款。

二、承包商的技术管理措施

承包商根据合同文件和业主、工程师的指示,应采用下列技术管理措施。

（一）编制施工组织设计

承包商应在中标后制定详细的施工组织设计,报工程师审核同意,作为施工的总体计划。编制该文件应注意做到:

1. 做好调查研究。对投标报价时没有仔细了解的问题要深入调查落实,使施工措施更加可靠符合实际情况,如当地土、砂、石子的储量、性能、位置;劳动力的工资;工作效率;水,电供应条件;海关清关程序及关税规定等。

2. 落实施工进度。按上面已介绍的方法制定施工进度计划。

3. 采用先进技术。采用先进高效的施工机械,先进的施工工艺(如隧洞施工的"新奥法")和新的管理软件 APP。

（二）进行技术培训

1. 培训施工技术员和班组长,着重合同技术条款,技术规范,工艺,质量标准,进度要求等。

2. 培训工人。着重施工工序,工艺,施工安全、质量标准,新技术的操作方法。

3. 录用当地工人。着重技术考核,上岗前技术培训。

4. 技术考核与工人的奖惩挂钩。

（三）对施工图纸进行认真审核

1. 检查图纸上的尺寸、部位、高程、材料标准等数据是否正确、准确。发现问题,要求工程师更正.

2. 检查图纸是否与标书的图纸有差异,如有重大差异会影响造价与工期,应向工程师提出变更请求,改变工期和单价。

(四)建立技术质量检查系统

1.建立工地试验室。检查材料、半成品的质量是否符合合同要求。

2.对水泥、钢筋、焊条、钢结构件、混凝土构件进行合格证检查并抽样检验。

3.对施工现场的混凝土,路基等应按规定在相应部位取样制作试块进行检查。

4.对进口的设备、材料、半成品应检查合格证和生产国商检机关的质检证明,按提货单逐单检查验收。

5.建立完工部位逐日验收制度。包括数量,质量。由验收各方承包商、工程师或业主的检查人员签字认可。

(五)完善施工现场会议制度

会议有内部和外部两种。这里着重谈外部的会议。外部会议由工程师主持,业主和承包商代表参加,讨论协商施工中发现的问题,决定采取解决问题的措施,并以会议纪要的方式印发各方,成为合同文件的组成部分。

施工会议的议题有:

1.检查上次施工会议决议执行情况,确定下一阶段具体施工计划。

2.讨论决定施工中出现的问题和解决之策。

3.工程师对施工进度及质量提出意见,回答设计图纸中的问题。

4.承包商对工程进度款的结算及支付方面出现的问题提出意见和要求。

5.业主通报有关工程项目的重大事项和决定。

6.检查安全事故的原因,并采取有力措施防止类似事故发生。

（六）建立施工技术档案。

根据合同要求工程师要在工程竣工后向业主提供完整的工程档案，以帮助业主正确使用和维护项目。

承包商从财务决算和以利今后工作起见，也需要整理出一整套完整的项目技术档案，备案公司档案室。

施工技术档案包括以下内容：

1.全套合同文件：包括招标书、投标书、协议书。通用和专用的合同条件、施工技术规范，工程量清单，图纸，授标通知书等。

2.施工过程中合同当事人往来的函电及会议纪要，工程变更指令，施工索赔申请及所附的资料，工作会议的纪要，当事人之间的电话记录。

3.技术资料及记录：包括施工组织设计，质量和安全事故分析及处理措施的记录，施工重要部位（如隧道掘进、隐蔽工程）的观察记录资料，处理重大技术问题的决策记录，等等。

4.施工质量记录及试验资料：包括施工各部分质量检验记录，质量事故处理记录，隐蔽工程验收记录，原材料质量试验的记录，设备质量合格证，主体结构重要部位的检验记录，等等。

5.全套竣工图纸，包括施工详细具体的实施记录，改动后的工程图纸，图纸会审记录，地质勘探资料等，承包商报送业主和工程师。

6.重要的财务及成本资料：包括施工成本预算，实际支出记录，月进度款申报表，月付款记录，经济索赔的报告资料，竣工财务报表，工程结算单，等等。

7.施工进度记录及资料：包括施工进度计划和实施记录，天气及意外事件对施工进度影响的记录，申请工期延期的报告及批复件，工程师延期交付图纸的记录，业主对施工进度影响的记录。

8.项目组内部资料(不对外提供):项目组与公司往来的函电,包括项目部的请示,公司的复函和指示,项目部工作月报和年度总结。

9.项目施工日志。它将为工程项目编写大事记、工程结算、索赔、合同纠纷的处理、工程总结提供素材和依据。

下面对施工日志提供一个范本供参考。

工程项目施工日志

1.要事

(1)天气和气温.异常天气记述

(2)工程所在国重大新闻(与工程相关的)

(3)政府官员与业主老板视察工地纪要

(4)新闻媒体对项目的报道和反映

2.施工现场

(1)上班的工人人数和工种

(2)出勤设备的品种和数量

(3)当日完成作业项目的名称和数量

(4)意外事故及后果

(5)拖延进度的部位和数量

(6)当日收到的指示,函电和图纸

(7)当日收到的设备、建筑材料品种和数量

(8)当地工人当日的表现

3.与工程师的联系

(1)同业主和工程师会谈的纪要

(2)同工程师来往信函的主要内容

(3)工程师口头和书面指示的主要内容.

(4)请工程师确认口头指示的内容

（5）测量已完工的作业项目的工程量，工程师是否到场，作何指示。

（6）测量重要施工部位，工程师是否到场

（7）工程师是否签发付款证书、结算表

（8）与业主和工程师发生重大分歧的记录

4. 与分包商和供应商的联系

（1）与他们讨论的重大事项

（2）与他们的往来函电主要内容

（3）向分包商发出的书面和口头指令

（4）分包商是否到场测量工程量

（5）分包商是否到场检查施工质量

（6）向分包商付款情况

（7）供应商供货质量情况

5. 与公司的联系

（1）同公司来人讨论要事情况

（2）同公司往来函电的主要内容

（3）收到公司文件主要内容

（4）关于收支款项的报告

上述内容制作简明表格由项目经理或其指定人员按日填报，有话则报无话空白。填报人审阅人须签字确认。

第三节　施工质量管理

工程施工质量管理关系到工程的质量，工程的质量关系到工程的效益关系到人身安全，它直接影响到承包商的声誉，影响到承包商的成本和经济效益，影响到承包商能否在激烈的承包工程市场上能否站稳脚跟是否能生存，因此承包商应视施工质量为生命,努力做好每一个工程,有句话说得好"在一个国家建好一个工程就如同树立起一个丰碑。"

一、推行全面质量管理

现在许多国际重点工程对承包商要求通过 ISO9000 质量体系的论证,即达到 ISO9000:2015 的论证标准。

全面质量管理的含义是,进行施工的全过程质量管理,对全体施工人员的全员管理,对施工企业所有部门的全面管理。

全面质量管理的基本观点有以下几点:

1.质量第一的观点

质量第一的观点就是要求施工质量必须达到设计要求和标准规范的规定,符合承包合同文件的要求。

2.预防为主的观点

坚持把事故隐患消灭于萌芽状态,研究施工方法和工艺是否符合技术规范,建筑材料是否符合质量标准,工人操作水平是否达到岗位要求的标准

3.为用户服务的观点

把下道工序视作"用户",把本工序工作做好,再交给下道工序。例如混凝土拌和站的工人,拌和出合格的混凝土再交给浇筑混凝土的工人生产。

4.一切用数据说话的观点

评价一个工序的质量,都要用数据来表明,量化了的概念才能准确反映事物的本质。因此取样,化验,检测都要用科学的仪器设备精确计量后取得准确数据,对照合格的质量标准后确定质量合格与否。

二 项目质量控制循环

应坚持"计划、执行、检查、处理"循环的工作方法,在循环中不断改进质量控制、提高产品的质量。

三、质量管理的目标

严格按合同规定和施工技术规程施工,确保工程达到预定的质量标准,实现预期的工程效益。

四、影响质量的因素

影响质量的因素应包括人、材料、设备、方法、环境,

五、质量控制的程序:

1. 确定项目质量目标;

2. 编制项目质量计划;

3. 实施项目质量计划;

(1)施工准备阶段质量控制;

(2)施工阶段质量控制;

(3)竣工验收阶段质量控制。

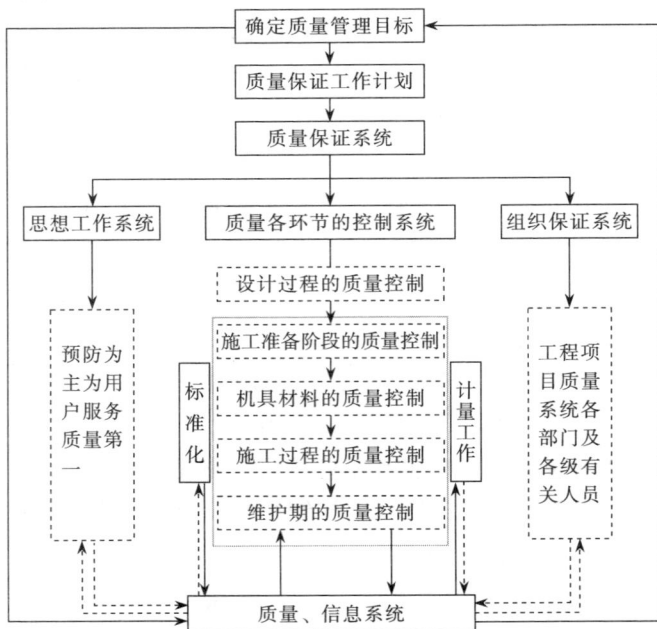

图 10-8　工程项目质量管理系统的办事程序

六、质量计划的编制与实施

(一)质量计划的编制应做到:

1. 由项目经理主持编制项目质量计划;

2. 质量计划应体现从工序,分项工程、子工程到项目工程的过程控制,应体现从资源投入到完成工程的最后质量检验和试验的全过程控制;

3. 质量计划是对外质量保证和对内质量控制的依据。

(二)质量计划应包括:

1. 编制计划的依据

承包合同、图纸、技术规程,业主的要求;施工人员的素质和技术水平,施工的环境和条件,设备状况和所采用的建筑材料等。

2. 项目概况。

3. 质量目标(本节第三条)。

4. 组织机构。

成立项目全面质量管理领导小组。

5. 质量控制及管理组织协调的系统描述。

6. 必要的质量控制手段。施工过程、服务、检验和试验的程序等。

7. 确定关键工序和特殊过程及作业的操作指导书。

8. 与施工相适应的检验、试验、测量、验证的要求。

9. 更改和完善本计划的程序。

(三)质量计划的贯彻实施应符合下列规定:

1. 质量管理人员应按分工控制质量计划的实施,按规定做好记录并保存归档。

2. 当发生质量缺陷或事故时,必须分析原因、分清责任、进行改正。

（四）质量计划的验证应符合下面的规定：

1.项目总工程师应定期组织合格的质检人员和内部质量审核员验证质量计划的实施效果。当反映项目质量控制中存在问题或隐患时，应提出解决措施。

2.当重复出现产品不合格和质量问题，相应责任人应按规定承担责任，并依据验证评价的结果给予罚款、行政警告、记过、降级降薪的处分。

七、施工准备阶段的质量控制

1.承包合同签订后，项目经理部应向业主和监理工程师索取设计图纸和技术资料，指定专人管理并向有关人员公布有效文件清单。

2.项目实施前应依据设计文件和设计交底的工程控制点进行复测。当发现问题时，应与设计人员交涉处理，处理的结果做好记录并存档。

3.项目总工程师应主持对图纸会审，会审结果形成会审记录。

4.项目经理应按质量计划中关于工程分包和物资采购的规定，评价并选择分包人和物资供应人，并应保存评价记录。

5.企业应对全体施工人员进行岗前质量知识培训，并应保存培训记录。

八、施工阶段的质量控制

（一）技术交底应符合下列规定：

1.项目工程、分部工程和分项工程开工前，项目总工程师应向承担施工的负责人或分包人进行书面技术交底。技术交底资料应办理签收手续并存档。施工人员应向当地工人进行技术交底，严格按图纸和技术要求施工。

2.在施工过程中，项目总工程师对业主和监理工程师提出的有关施工方案、技术措施及设计变更的要求,应在执行前向执行人员进行书面技术交底。

（二）工程测量应符合下列规定：

1. 在项目开工前应编制测量控制方案,经项目总工程师批准后方可实施,测量记录应存档保存。

2. 在施工过程中,应对测量点线妥善保护,严禁移动。

（三）材料的质量控制应做到以下要求：

1. 项目经理部应在质量计划确定的合格材料供应人名单中按计划招标采购材料、半成品和构配件。

2. 材料搬运和储存应按搬运储存的制度执行,应建立台账。

3. 项目经理部应对材料、半成品、构配件有序摆放并进行标识。

4. 未经检验和检验不合格的材料、半成品、构配件和工程设备等,不得投入使用,违规使用者对后果承担相应责任。

5. 对业主提供的材料、半成品、构配件、工程设备和检验设备等,必须按规定进行检验和验收。不合格者退还业主。

6. 监理工程师应对承包商采购的物资进行验证、承包商通知验证而其未到场验证视同已委托承包商验证。

（四）机械设备的质量控制注意掌握：

1. 应按设备进场计划进行施工设备的调配。

2. 施工机械应满足施工之需要。

3. 对机械设备操作人员的资格进行认真确认,无证或资格不符合要求者不用。

（五）计量人员应考核上岗,按规定控制计量器具的校验、使用、保管、维修。计量器具应符合建筑工地所需的计量等级要求。

（六）工序控制应严格按下列规定实施：

1. 施工人员应按规定经考核后持证上岗。

2. 施工人员、作业人员应按操作规程、作业指导书和技术交底文件进行施工。

3. 工序的检验和试验符合过程检验和试验的要求,对查出的质量缺陷按不合格控制程序及时处置。

4. 施工质量人员应记录工序施工情况和检验结果,记录按规定留存。

（七）特殊过程控制亦有下列规定:

1. 对在项目质量计划中列明的特殊过程,应设置工序质量控制点进行控制。

2. 对特殊过程的控制,除应执行一般过程控制的规定外,还应由专业技术人员编制专门的作业指导书,经项目技术负责人审批后执行。

（八）工程变更后应严格执行工程变更程序,经项目经理部批准后实施。

（九）建筑成品或半成品采取有效措施妥善保护。

（十）施工中发生的质量事故,按照"三不放过"的原则进行处理,对工作失职或违反操作规程造成损失的直接责任者,要根据情节,按一定比例赔偿经济损失或给予纪律处分,情节严重者遣送回国,回国发生的费用由个人承担。

九、竣工验收阶段的质量控制

（一）单位工程竣工后,必须进行最终检验所需的试验。项目技术负责人按编制竣工资料的要求收集、整理质量记录。

（二）项目总工程师组织各有关专业技术人员按最终检验和试验规程,根据合同对项目要全面验证。

（三）对查出的施工质量缺陷,应按不合格控制程序进行处理。

（四）项目经理部组织各有关专业技术人员按合同要求编制工程竣工文件,并做好工程移交准备。

（五）在最终检验和试验合格后,对建筑产品采取防护措施。工程完工后,项目经理编制符合文明施工和环境保护要求的撤场计划。

十、质量持续改进

（一）项目经理部应分析和评价项目管理现状,识别质量持续改进区域,确定改进目标,实施选定的解决办法。

（二）质量持续改进应按全面质量管理的方法进行。

（三）项目经理部对不合格控制应做到:

1. 应按企业的不合格控制程序,控制不合格物资进入项目施工现场,严禁不合格工序未经处理而转入下道工序。

2. 对验证中发现的不合格产品和过程,应按规定进行鉴别、标识、记录、评价、隔离和处置。

3. 进行不合格评审。

4. 不合格处置应根据不合格严重程度,按返工、返修或让步接收、降级使用、拒收或报废四种情况进行处理。构成等级质量事故的不合格,应按法律法规进行处理。

5. 对返修或返工后的产品,应按规定重新进行检验或试验,并应保存记录。

6. 进行不合格接收时,项目经理部应向业主提出书面让步申请,记录不合格程度和返修的情况,双方签字确认让步接收协议和接收标准。

7. 对影响建筑主体结构安全和使用功能的不合格,应邀请业主或其代表监理工程师、设计人员共同确定处理方案,报建设主管部门批准。

8. 检验人员必须按规定保存不合格控制的记录。

（四）关于纠正措施做出以下规定：

1. 对业主或监理工程师、设计人、质监部门提出的质量问题，应分析原因，制定纠正措施。

2. 对已发生的或潜在的不合格信息，应分析并记录结果。

3. 对检验发现的工程质量问题或不合格报告提及的问题，应由总工程师组织有关人员判定不合格的程度，制定出纠正措施。

4. 对严重不合格或重大质量事故，必须实施纠正措施。

5. 实施纠正措施的结果应由总工程师验证并记录；对严重不合格或等级质量事故的纠正措施和实施效果应验证，并报公司管理层。

6. 项目经理部或责任单位应定期评价纠正措施的有效性。

（五）预防措施对保证质量很重要，做出以下规定：

1. 项目经理部应每月召开质量分析会，对影响工程质量的潜在因素，采取预防措施。

2. 对可能出现的不合格，应制定防止再发生的措施并组织实施。

3. 对质量通病应采取预防措施，如编写作业指导书，进行上岗培训等。

4. 对潜在的不合格，应实施预防措施控制程序。

5. 项目经理部应定期评价预防措施的有效性。

十一、检查，验证

（一）项目经理部对项目质量计划执行情况组织检查，对工程质量检查的方法，经大量的实践归纳为：看、摸、敲、照、靠、吊、量、套八种。

1. 目测检查方法：

（1）看：对外观进行目测，对照有关质量标准进行观察评定。

（2）摸：对装饰工程的某些项目用手摸，凭手感检查评定。

（3）敲：运用小锤敲击听声音检查评定。

（4）照：对于人眼难以看到的部位，用小镜反射检查评定。

2．实测检查方法

（1）靠：用靠尺对平整度检查评定。

（2）吊：用吊锤，靠尺对垂直度检查评定。

（3）量：用米尺对物体尺寸检查评定。

（4）套：用方尺套方，辅之以塞尺检查评定。

3．激光测距仪检查

（1）测尺寸

（2）测水平平整度

（3）测垂直度

4．取样送检

（二）分部分项工程质量检查，应由施工人员为主，协同质量检验人员进行抽查。基础工程、轴线定位、水平标高、隐蔽工程等由技术人员主持，监理工程师等检查人员亲自参加，并做好完整记录。

1．质检员应经常深入现场进行检查，督促施工人员严格执行标书规定的施工技术规范。工作中坚持原则，对违反操作规程，不按图纸施工的有权加以制止，并应立即向项目经理报告。

2．严格遵守施工程序和操作规范，以及标书规定的各种施工技术验收规范，要求做好以下几项工作。

（1）分项分部工程完工后，监理工程师和项目总工程师检查合格后，方可继续施工。

（2）地基土方开挖后，其土质、标高需经技术人员会同监理工程师检查验收后，方可进行下一道工序。

（3）模板、支模和钢筋安装、预埋件、预留孔要经施工人员检查合格经检验人员复检认可并在砼浇通知单上签字后方可浇捣砼。

（4）拆模时间应以标书规定的规范要求为准，特殊情况需提前拆模，必须总工程师签字批准。

（5）各种砼和木材预制构件必须出具检验合格证方可使用。

（6）隐蔽工程在隐蔽前必须认真检查、及时填好隐蔽记录交监理工程师验收、签字。

（三）项目经理部应对项目质量计划执行情况进行内部审检和考核评价，验证实施效果。项目经理应依据考核中发现的问题、缺陷或不合格，召开有关专业人员参加的质量分析会，分析问题产生的原因，并制定整改措施。之后对采取整改措施后的效果进行复查。

第四节　施工安全管理

在国际承包工程项目的管理中，细算一下大致有九项管理，安全管理是其中一项，表面看来它与三大要素——成本、进度、质量没有直接关系，但在特殊条件下安全问题会引起形势剧变直接影响到工程项目的三大要素的实现，不得不让我们重视。

一、安全生产的重要性

工程建筑部门的工伤事故率较高，往往造成巨大的经济损失和社会的震荡。处理安全问题的开支和赔偿金额，据不完全统计大约占项目收入的百分之一至百分之二。建筑工程的死亡率是全部工伤事故死亡率的 4 倍，不可谓不高。有人说每一幢高楼下面都躺着一具工伤者的尸体，令人震惊。每一例伤亡都给受伤者的肉体和精神带来极大的痛苦,给亡者的家人带来不可忘却的震撼和痛楚,对工地上工作的人们的情绪造成很大的影响,直接影响工作效能,承包公司要为伤亡事故付出沉重的经济代价。笔者记得有一次有一家国有建筑公司改制,其征求收购条件很优惠,可另一家国有企业发现其有数十位伤亡者的本人和家属需要抚恤和负担。不胜负担只得作罢。

生存权是最大的人权。尊重生命、生命至上是最高道德准则,也是国际承包工程公司领导必须肩负的责任。在国外发生的每一起工伤事故都是一个敏感的问题,如果是由于我们失职失责容易引起当地工人的义愤、引起工潮、引起轩然大波,甚至引起外交纠纷。反之如果我们善待当地工人的生命与健康,就会受到当地工人的欢迎和支持,为工程顺利实施奠定良好基础,创造良好的经济效益。

安全生产的要求,已体现在 FIDIC 合同条款中,有不少的条款涉及安全施工和工人的健康与安全问题,重视安全生产就是遵守 FIDIC 合同条款的表现。

二、影响施工安全的主要问题

为了确保施工安全,应该找出影响施工安全的因素,采取预防措施,防止安全事故发生,一旦安全事故发生,立即采取处置措施,控制和减轻事故的危害。

(一)施工准备阶段

要注意以下问题

1. 施工区域内有地下电缆、光缆、管线、水管、防空洞、地铁时要请专人进行处理,避免挖断、挖破,绘出所在位置使施工人员回避。

2. 施工区域上空有高压架空电缆时,施工组织设计要采取改道、回避、临时停电等技术措施,并在高压线附近做出醒目的标识。

3. 防止施工机械设备、车辆、塔吊、拌和站对居民、单位人员的住宿和交通造成危险和干扰。

4. 安排施工进度时,防止进度过紧,工人作业时间过长,以避免工人疲劳作业,减少出现安全事故的概率。

(二)基础施工阶段

主要防止塌方、深坑井中窒息、中毒。

1. 在开挖地基时,采取安全的边坡比,在深挖部件,采取支护措施、加固边坡的措施。

2. 雨季施工,要做好基坑支护和排水措施,防止边坡滑坡。

3. 在深基坑内施工,做好通风安排,防止出现有毒有害气体,防止因氧气缺乏出现窒息。

(三)隧洞施工

隧洞施工极易发生人身伤亡事故。主要有:塌方、涌水、窒息、触电、顶部石块脱落等。由于地下施工条件特殊、困难,一旦出事救助困难,往往导致严重人身伤害事故,所以要时刻警惕事故的先兆,认真做好以下工作:

1. 时刻警惕发生塌方,要有专人观察岩层应力变化,以便在岩石发生明显位移和落石时,立即从施工掌子面撤出人员。在已开挖好的隧道上,每隔一定距离设立监测岩石应力释放位变装置,预防已挖路段塌方堵死出口。如果隧道内岩石土质松软,应采取边开挖边砌筑或边支护的工艺,确保施工安全。

2. 防止泉涌。隧道开挖穿过含水层时,经常发生泉涌、高压水流,淹没涵洞,危及工人生命安全。因此,在掘进过程中,使用测试仪器监测地下水的情况,需要时凿孔排水或采用速凝灌浆堵漏处理。

3. 时刻通风,防止窒息。通风设备是隧道施工的必备设备,必须保持正常运转。在放炮爆破区段、在长隧道内掘进还要采用压力送风,管道强力送风。

4.注意防止触电。在隧洞中施工有诸多装置需要送电、电缆错综复杂,运输车辆多,容易使电缆破损漏电,发生触电着火事故,因此要有专人检查线路安全,布线防止车辆碾压破线。

(四)结构施工阶段

在建筑结构施工阶段,建筑物高度不断上升,要特别注意高空作业的安全,防止工人坠落或被坠落物砸伤。工地经常发生人员坠落插在钢筋上的事故。为此,要注意:

1.完善结构施工层的外防护网,预防高处坠落事件。

2.做好结构内各处洞口的防护,防止落人掉物。

3.加强起重作业的管理,预防机械伤害事件。比较常见的有起重机挂物脱落击伤地面人员,挂吊随挂臂移动击伤地面人员。需要保证起重机设备正常稳定,起重机操纵人员和指挥人员要技术熟练、专注细心,在挂钩上方加装一个监控探头以利塔吊上方人员观察地面情况,高空人员与地面指挥人员使用无线对话装置使沟通更方便。

4.特别注意高危作业的安全防护。如超高层建筑、水塔、输变电线路、大型物件的吊装、墙外作业等,要进行严格的人员培训进行安全教育,还要在安全防护设施上有充分的保障。

各类工程的施工管理人员要根据自己工程的特点针对性地制定全面的安全施工制度和提供安全施工的设施,确保施工安全。

三、建立项目安全管理制度

项目安全控制必须坚持"安全第一,预防为主"的方针,项目经理部应建立安全管理体系和安全生产责任制,力争项目无重大安全事故,确保无安全责任事故。安全员持证上岗,保证项目安全目标的实现,项目经理是项目安全生产的总负责人。

项目经理部应根据项目特点,在制定施工组织设计时,应编制项目安全保证措施,由安全员层层交底,加强检查督促、持续改进,兑现安全承诺。

项目经理部针对各工种的特点制定安全事故防范措施,对施工中人的不安全行为,物的不安全状态,作业环境的不安全因素进行相应的安全控制。

在进行施工平面图设计时,充分考虑防火、防爆、防盗抢、防污染的因素,做到分区明确合理定位。

项目经理部必须建立施工安全教育制度,对特殊工种的工人专门培训安全生产知识,普通工种工人上岗前坚持安全生产的教育。

项目经理部为施工人员无论本国的还是当地的一律办理人身意外伤害保险。

把项目安全工作纳入考评奖惩中去,如发生重大安全责任事故实行一票否决制,取消项目经理、总工程师、安全员和直接责任者当年的奖金,并依据情节给予责任者相应的行政纪律处分和经济惩罚。

(一)编制安全保证措施

1.应根据项目安全目标配置必要的人力、物力、财力,确保施工安全。专业性强的施工作业,应编制专项安全施工组织设计。

2.项目安全保证措施应在项目开工前编制。

3.项目安全保证措施的内容包括:工程介绍,控制程序,控制目标,组织结构,职责权限,规章制度,资源配置,安全措施,检查评价,奖惩条例。

4.项目经理部应根据项目特点,采取有效的技术措施,消除安全隐患,保证施工安全。

5.对技术复杂、专业性强的分部分项工程还必须制定专门的安全保证措施,指定专人负责。

6.安全保证的技术措施包括:防火、防有毒有害气体、防爆、防洪、防泥石流、防雷击、防触电、防坍塌、防重物撞击、防车祸、防寒暑、防疫、防环境污染等。

四、安全保证措施的实施

(一)把安全责任的目标分解到岗位,落实到个人,经项目经理批准后实施。

1.项目经理安全职责

贯彻安全生产方针、政策、法规、制度;制定安全保证措施并负责实施;执行安全考核指标和安全生产奖惩办法;组织安全生产形势分析,针对可能产生的安全隐患制定预防措施。当发生安全事故时及时上报和处置,制止此类事故再次发生。

2.安全员安全职责。

落实安全设施的设置,对施工的安全进行监督,纠正违章作业,合作排除安全隐患,组织安全教育。

3.作业组长安全职责

向工人进行安全技术措施的交底;组织实施安全技术措施;对现场安全装置和设施进行验收,对工人进行安全操作规程培训。当发生重大安全事故时保护现场立即报告项目经理部,参与事故的调查、分析和处理。召开班前安全生产会,进行安全讲评。

4.项目经理部对分包商所负安全生产责任:审查分包商的安全施工资格和安全生产保证体系;在分包合同中应明确分包商安全生产责任和义务;并负责监督、检查,统计上报分包商的安全事故,协助分包商处理人身伤亡事故。

5. 工人安全责任

认真学习并严格执行安全生产操作规程,执行安全技术交底和有关安全生产的规定,服从安全员和作业组长的指令和指导,正确使用安全设施和个人防护用具。

（二）安全教育的内容

1. 项目经理部

学习安全生产的本国和当地的法规、法律和制度,公司本部制定有关安全生产的文件和规定。

2. 作业组安全教育内容

学习施工安全基本知识、安全生产制度和本专业安全技术操作规程;学习机械电气、高空和隧洞作业的安全基本知识;学习防火、防毒气、防爆、防洪、防触电、防高空坠落、防坍塌、防交通事故等知识和紧急安全救护和自救的知识,了解防护用具和个人防护用品的使用方法。

3. 工人安全教育的内容

强化工人安全生产的意识,"安全生产,平安回家",掌握个人防护用品的正常使用方法,学习正确的操作方法和操作规程。

（三）安全技术交底的实施,应符合以下规定:

1. 单位工程开工前,项目经理部的总工程师须将工程概况、施工方法、施工工艺、施工程序、安全技术措施向承担施工任务的作业负责人、班组长和相关人员交底。

2. 结构复杂、风险大的分部分项工程施工前,总工程师应针对性地进行全面、详细的安全技术交底。

3. 项目经理部应保存交底双方签字确认的安全技术交底记录。

五、安全检查

（一）项目经理部定期对各分部、分项工程的安全控制计划的执行情况进行检查、考核和评价。对施工中存在的不安全行为和隐患,项目经理部应分析产生的原因并提出整改措施。

（二）根据各分项分部的特点和安全目标的要求,确定安全检查内容。对施工人员的防护用具、用品要经常检查,决不允许不带工作帽、穿拖鞋或赤脚的人进入施工现场。

（三）安全检查应配备必需的设备和器具,确定检查负责人和检查人员。

（四）安全员采取随机抽样、现场巡查、实地检测相结合的方法,并记录检查结果,对现场的违章指挥和违章操作即时纠正。

（五）对检查结果进行分析,找出安全隐患的部位,确定危险等级。

（六）项目经理部每季编写安全检查报告,每月的工作简报中应报告安全情况,向公司本部报告。

六、安全隐患和安全事故的处理

（一）安全隐患应作如下处理

1. 对检查出的隐患立即发出安全隐患整改通知单,通知受检单位和个人查明原因,采取措施、立即纠正。

2. 安全员对查出的违章指挥和违章操作对责任人当场责令其改正。

3. 对纠正和预防措施的实施过程和实施效果进行跟踪查证,保存验证记录。

（二）对安全事故的处理作如下规定:

1. 坚持"四不放过",即事故原因不清楚不放过,责任者和其他员工没有受到教育不放过,事故责任者没有处理不放过,没有制定整改措施不放过。

2. 安全事故按以下程序处理

（1）报告安全事故：安全事故发生后，受伤者或现场人员用最快速度，将事故的时间、地点、伤亡人数、事故初步原因上报至项目经理部。项目经理部接报后将事故伤亡情况和经济损失及时向公司主管部门报告，有人死亡立即向公司总经理报告。

（2）事故处理：抢救伤员、安抚家属、排除险情、防止事故蔓延扩大，保护现场，拍照取证。

（3）事故调查：经理指定技术、安全、质量等人员、会同监理工程师及经参处领导组成调查组，开展调查。

（4）撰写调查报告：调查组把事故发生的经过、原因、性质、事故责任、处理意见、纠正和预防措施写成调查报告，并经调查组全体成员和项目经理签字后报国内公司本部，听候处理。

第十一章 国际承包工程项目财务管理

财务管理是承包工程项目管理的最重要的部分。它是利用货币的形式,对工程项目各项资金的筹集、使用、收入和支出,进行预测。计划、控制、核算、分析和考核、提出改进项目管理的措施,实施奖惩办法,促使工程项目获取最大经济效益的管理过程。

第一节 工程项目所需资金的筹集

工程项目月于生产经营的资金,包括固定资金和流动资金。固定资金用于购置固定资产,流动资金用于购买工程所需的材料,支付工资和机械设备的台班费。在施工过程中不断循环周转,投入→产出,再投入→再产出,周而复始。资金在这种运动中增值,创造经济效益。

一、资金需求额的确定

工程项目的资金需求额正常情况下等于合同金额的30%减去业主的预付款。资金在项目实施过程中是动态变化的,在项目的初期资金的投入是最大的。

如果考虑有的企业在银行开具履约保函和预付金保函需抵押一部分资金,则:

资金需求额≈(合同款×履约、预付款保函占合同额的比例之和×保函抵押金的比例)+(合同额的30% –预付款)

二、资金筹措方式

工程项目所需的资金,既有人民币、美元或其他自由货币和当地货币。

1.要尽量争取较多的预付款。一般国际招标项目预付款为合同额的 10% 至 20% 。

2.合理使用公司的自有资本,满足项目流动资本的需要。

3.高效地利用银行贷款,适时低息适量地贷款,尽量减少融资的成本。

4.超大型项目还可用增发股票、发行债券方式募集项目所需资金。

三、资金成本

资金成本包括:

1.资金使用时间形成的利息支出;

2.承包商面临的各种风险,如投资风险、经营风险产生的成本,即风险补偿收益率;

3.货币贬值时,资金所有者为了补偿通货膨胀的损失,以保持其原先货币的价值会计入一定的成本;

4.银行借款的利息和银行手续费。

第二节　项目的成本管理与控制

项目财务管理的活动有筹集资金,成本管理与控制、支付、工程结算、财务报表的填报与财务报表分析等,但其中最重要的就是项目的成本管理与控制,因为它管住了项目的钱袋子,它的工作效果直接与承包工程的经济效益挂钩,决定了项目是盈利还是亏损,如果盈利能盈多少利。一个项目经理乃至公司总经理都要牢牢抓住项目的成本管理与控制这个牛鼻子。

一、成本管理工作主要内容

（一）成本管理的基础工作

1. 做好定额管理工作。应有一套反映现时的工程所在国水平的先进的工时定额、材料定额和机械台班定额,作为编制施工作业计划和成本计划,计算工程造价和控制项目成本的依据。

承包工程的主要定额有①工时定额②材料定额③机械台班定额④能耗定额⑤周转材料定额⑥各种费用定额。

2. 建立健全的计量和验收制度,设置必要的计量设备和计量标准。它为成本核算提供准确的数据,它是成本核算必要的条件。

3. 建立完整的原始记录。原始记录是编制成本计划、制订各种定额、工程结算和工程成本核算的唯一依据,是成本管理的基础。公司应统一制定各种原始凭证的表格格式内容、计算方法以及填写、签字、报送、传递、存档等制度。承包工程成本管理需要的主要原始记录有:

①合同管理的原始记录:主要有招标文件、图纸、合同,有关往来的函电。

②施工管理的原始记录:主要有施工图纸、施工计划、完成的工程量记录、工程检测书、工程价款结算单、质量检验记录、工程验收记录。

③物资、机械管理原始记录;包括供货合同、海关单证、验收单、领料单、退料单、报废单、物资设备盈亏报告、固定资产卡片、机械维修保养记录、机械台班产量记录、机械能源消耗记录。

④人事劳动工资方面的原始记录:包括考勤表、工资表、人员调动记录、出国人员护照、机票、签证等记录。

⑤财会管理的原始记录:包括各种记账凭证、单据、发票等。

原始记录一定要真实、完整、及时、妥善保管。否则错误的信息会造成错误的决策,错误决策有可能会造成项目不可挽回的损失。

4.正确计价。正确计价是正确计算生产消耗、确定工程成本的基础。公司可根据各种定额、价格、费用制定出台班单价、人工单价、和服务收费价格。

5.编制施工预算。作为公司内部成本核算、制定作业计划、签订分包合同和签发施工任务单的依据。

（二）成本管理的准备工作。首先是吃透合同内容,特别是工期、支付条件及其他规定,考虑计划成本和施工计划,设备配置计划。其次要根据工程进度计划和材料调度计划,编制出工程的现金流量表,其中每月支出预算额是根据计划成本,工程进度表计算出的人工费、材料费、机械台班费、分包商的工程进度款。每月收入的预算额以合同中的工程量清单的单价和工程进度计划表中计划完成工程量进行计算。在制定了施工进度计划、材料供应计划和工程预算之后,应制定工程成本结算科目分类。它是成本管理最基本也是重要的工作,分类过细或过粗皆不妥,应根据工程规模和内容详细研究确定。

（三）工程成本科目分类

1.统一成本科目分类的目的:①统一科目的样式②避免预算成本的漏项③作为计划成本与实际成本比较的手段④作为改进施工方法,提高工作效率,降低建筑成本的比较方法⑤作为同类工程间比较研究的手段。

2.工程成本账目集的分类,应尽量使手续制度简化。例如,全部承包的土建工程,购买工程用的"设备和机械费"不向各项工程账目摊销,是作为从各项工程账目中分离出的一个会计科目核算,使施工预算与实际费用直接比较,方便且有效。

例如,美国土木学会对工程成本的会计科目分类采用如下的六大账集;

①常设的或投标项目明细账号 101－499 总账号 11.100 工

程账

②设备和机械资产账明细账号 501 – 599 总账号 12.500

③居住设施的资产账明细账号 601 – 699 总账号 12.600

④设备和机械的运行明细账号 701 – 799 总账号 11.700

⑤居住设施经营费明细账号 801 – 899 总账号 11.800

⑥其他清算账经费及管理费明细账号 901 – 899 总账号 11.800

NO.101 ~ 499(总账科目 11:100)中,不同序号表示不同的科目:

……

103 挖掘普通砂土

104 挖掘岩石

105 大体积混凝土

……

这些科目还需再组分为细科目,细目在隶属的科目号后写上小数以示区分,例如大体积混凝土里 105,其模板费为 105.5,现场制作的模板费则为 105.51,现场制作模板的加工组装费用为 105.511,模板拆除费为 105.512。

工程成本的会计科目分类决定后,可根据分类按每日、每周、每月,将成本向各科目进行摊销。成本摊销由以下两项工作组成:①根据工资单、材料验收单、运费单及其他原始凭证确定项目分类,并配上数字序号。②在结算中,将暂时汇总起来的各项费用恰当地分摊到其他项目中。

(四)成本预测

它是在成本发生前,根据预计各种变化的情况 测算成本降低的幅度,确定降低成本的目标:

1.确定降低成本的目标

该目标即成本降低率,它保证工程项目利润计划的完成。

工程项目降低成本目标的计算:

工程项目目标成本=工程项目预计的结算收入－税金－计划目标利润。

$$成本降低率=\frac{工程项目预算成本－工程项目目标成本}{工程项目预算成本}\times100\%$$

2.分析和研究降低成本的途径

①改进施工工艺和施工组织。工程中的人工费、材料费、机械台班费以及其他费用的支出与施工方案和施工组织的水平密切相关。所以施工组织设计时要比较不同方案的经济性。

②节约材料费用。从材料数量和购买价两方面着手。从订货、采购、运输、报关、入库、检收、仓库保管、集中加工、回收利用等环节,及合理下料、综合利用等方面下功夫。根据实践经验,预防采购人员虚报购置价、吃回扣对于降低材料费十分重要。该员工吃一分回扣,公司要多付出五分的材料费,防止此贪污现象:一是健全采购制度;二是加强廉政教育,三是表彰正面典型;四是依法依纪严惩贪污现象;五是审批人员、财务人员加强责任心,严格把关;六是建立公司审计部门国外巡回审计制度。多管齐下才能堵住公司财源流失的漏洞。

③节省人工费。关键在于提高工效,节约工时。为此,应实行平均先进的劳动定额,定员定编科学合理,改善劳动组织,开展劳动竞费,以及采用以提高劳动生产率为目的的其他技术组织措施。

④节约机械台班费。合理配备高效适用的设备,安排好设备进场时间下场时间,提高设备利用率和工作效率,选配技术精、体力好、责任心强的操作手,努力降低机械台班费。

⑤实行全面质量管理,提高成品率减少废品率,减少因质量

问题带来的成本损失。

⑥节约管理费用。制定切实可行措施减少费用,杜绝不必要的开支。

3.计算采取措施后的成本降低率这是预测降低成本目标实现的程度。

①由于材料、能源消耗降低的成本降低率

成本降低率=材料、能耗成本占全部成本的比重%×材料能耗等降低%

②由于劳动生产率提高超过平均工资增长率而使成本降低。

$$成本降低率=工资成本占全部成本的比重\% \times \left(1-\frac{1+工资计划增长\%}{1+劳动生产率计划增长\%}\right)$$

③固定费用相对节约而使成本降低。

$$成本降低率=固定费用占全部成本比重\% \times \left(1-\frac{1}{1+完成工作量增长\%}\right)$$

④压缩管理费用而使成本降低。

成本降低率=管理费占全部成本比重%×费用压缩%

⑤由于减少废品、返工损失而使成本降低。

成本降低率=废品、返工损失占全部成本%×废品.返工损失降低%。

将上述①~⑤的成本降低率相加,即为测算的成本降低率。如果它达到成本降低目标线,即可把降低成本的措施落实下来,进行成本计划的编制;如果还有差距,则还需再分析平衡,选择和采用更加有力的降低成本措施,再进行测算比较,直到满足成本降低目标要求为止。

由此可见,成本预测过程在不断动员挖潜以保证达到成本降低目标,并与其他各项技术经济指标平衡、衔接。所以成本预测又称之成本的试算平衡。

(五)成本计划的编制

在投标报价阶段,对各项管理费用,临时设施、机具设备等的计算和分摊方法,往往是凭经验数据估算的,对于税收、利润等等大都采用系数法粗略核算。而编制成本计划则要求细致具体些,要遵守成本会计制度,工程部门和财务部门紧密合作、共同编制。

成本计划是依据签约的合同价格、工程量清单和投标报价计算书等资料编制的,工程量清单中的各项单价不便于进行控制和分析,而进行成本分析,则需要将各项单价及总价按材料、人工费用、机械台班费和管理费进行分解。

并分类汇总。

1. 材料成本控制计划

按投标报价书计算的单价表中的材料用量汇总统计,材料名目的粗细程度根据需要列出。

如表 11-1 所示:

材料成本控制计划表

表 11-1

序号	材料名称	单位	用料量		单 价			总 价			备注
			控制数	发生数	投标估计	控制价	实际发生价	投标计算	控制数	实际发生	
一、	钢材										
1.	钢筋 Φ6-Φ10	t									
2.	钢筋 Φ12-Φ25	t									
3.	钢筋 Φ25以上	t									
4.	型钢	t									
5.	高强度钢丝束	t									

6.	……				
二、	水泥				
1.	普通水泥				
2.	耐酸水泥				
3.	白水泥				
三、	……				
			总 计	××	××	××

　　由于材料是分批购买的,须将实际发生的单价及总价多列几栏,以便在控制过程中根据情况列出业已发生数和今后预测的调整数。

　　2. 生产设备成本控制计划

　　如同材料一样,列出细目进行控制,格式如表 11 - 2 所示。

生产设备成本控制计划表

表 11 - 2

序号	设备名称	规格型号	单位和数量	单　价			总　价			备注
				投标估价	控制价	实际发生数	投标估价	控制价	实际发生数	
一、	××车间									
1、	××机械									
2、	××动力									
	设备									
	……									
二、										
				总　计			××	××	××	

　　3. 施工机具成本控制计划

　　施工机具设备,大致发生两种费用;一是设备本身的费用。

购置的设备则是折旧摊销的费用,租赁的则是租金及其相应的执照费和保险费等。二是机具运转费用,包括能源消耗费零配件和修理费等。至于机具设备操作人员的工资,通常在人工费中开支,不计入机具设备费中。也可以将全部运转费分配到每个单项工程费用中去计算。(见机具设备成本控制表 11 - 3)

施工机具成本控制计划表

表 11 - 3

序号	设备名称	单位和数量	规格型号	单价			总价			备注
				投标估价	控制价	实际发生数	投标估价	控制数	实际发生数	
一、	修配车间									
1、	××车床	××台								
2、	柴油发电机	××台								
⋮										
二、	大坝基础开挖									
1、	推土机	×台								
2、	反铲	×台								
⋮										
				总　计			××	××	××	

4. 人工费成本控制计划

可按投标报价书中的人工工日数及相应的工日人工费用重新核算。控制人工费用的主要措施是合理安排进场和退场人员的时间,减少辅工,提高工效降低劳务成本等。

5. 临时工程费用成本控制计划

这项费用的伸缩性是很大的。工期较长的工程,合理安排各类工人的进场时间和退场时间,可以提高工人住宿营房入住率,减少营房的建筑面积,可利用早期建成外壳的永久性工程存放设备和工具,安排维修车间,构件预制件车间等。如表 11 - 4.

临时工程成本控制计划表

表 11 - 4

序号	内容名称	单位	数 量		单 价		总 价	
			控制计划数	实际数	计划	实际发生	计划	实际发生
一、	营地建设							
1、	临时住房	m^2						
2、	餐厅	m^2						
二、	工地办公室	m^2						
⋮								
三、	临时生产面积							
1、	钢筋加工棚	m^2						
2、	仓库	m^2						
⋮								
四、	临时供水	LM						
五、	临时供电	LM						
六、	临时道路	LM						
⋮								
					总 计			

6. 管理费成本控制计划

投标时管理费用是按系数法估算的,在签订合同后,可以详细地分项核算,编制出较符合实际情况的控制计划,控制计划表如表 11 - 5。

临时工程成本控制计划表

表 11 −5

序号	内　　容	计算方法	费　　用				
			计划数	实际发生数			
				季度 1	季度 2	季度 3	季度 4
一、	直接管理费						
1、	管理人员工资						
	……						
2、	现场办公费						
	……						
3、	资料费、宣传费						
	图纸						
	照相(工地照片)						
	工程广告牌						
	……						
4、	维护修理费						
	……						
5、	设施费用						
	交通费用						
	大型设备(如计算机、复印机、晒图机)						
6、	……						
二、	工程总管理费用						
1、	银行保函手续费						
2、	工程保险费						
3、	法律费用						
4、	银行利息						
5、	税收						
6、	其他						
	捐款						
	摊派费用						
	外事活动						
三、	间接管理费						
1、	地区办事处管理费						
2、	总部管理费						
3、	中间人佣金						
	……						

根据上述各项成本控制计划统计的总数,可以编制成本控制计划总表。总表增列不可预见费和利润两项,总成本加上这两项就是签约的合同额。总成本减少了项目的利润自然就高了。

二、成本管理工作的程序

成本管理分成本事前控制、执行过程中的控制和成本核算和事后分析三阶段,如图 11 - 1 所示

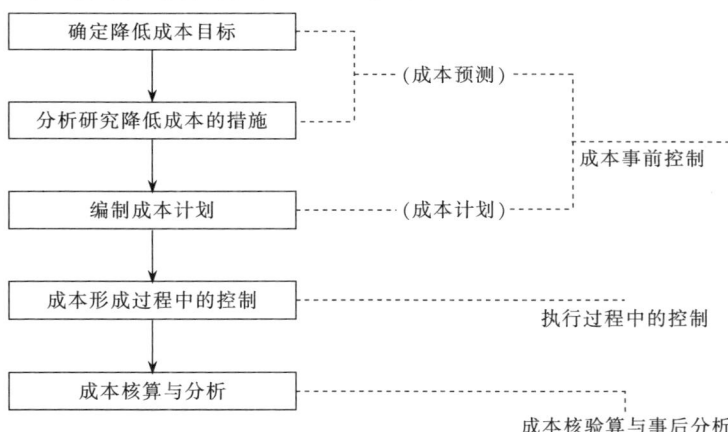

图 11 - 1　成本管理工作的程序

为了有效地实行成本管理,根据管理循环性的原则进行。即计划、执行、比较分析、调整、再执行,周而复始,直至实现满意的成本为止。

三、控制成本的目的和作用

控制成本有如下的作用:

(一)压缩项目开支,实现预期利润

1. 应当使每一笔开支在金额上最合理、最节省,时间上最恰当,控制在计划之内。

2. 使每一笔该收的钱尽数收齐,按时到账。

3.对于计划外开支严加审查、严加控制,审批手续完备。

4.对超出计划数额的开支说明缘由,严加控制,审批手续完备。

5.对低于成本计划的支出节余,加强控制,可用于资金的平衡,以丰补歉。对节约有功人员给予奖励。

(二)有助于盈亏预测,指导工程顺利实施

1.根据单位成本波动的情况,对各分部项目的成本增减情况进行计算,以便对工程的最终盈亏作出预测。

2.对于增大成本的分部项目,如有突破该项成本计划的可能,应及时向项目经理和办事处报告。如有全面突破项目成本计划的前兆,则向公司分管业务部门、财务部直至公司领导层发出警告,以引起领导重视采取必要措施杜绝亏损的发生。

3.根据实施过程中的成本统计资料,分析突破成本计划的原因,指出问题之所在,并提出降低成本的措施和建议,供领导和有关同志参考。

(三)分析收支情况、调整资金流动

根据工程实施过程中成本升降的预测,对于流动资金需求的大小和时间进行调整,使流动资金计划更切合实际,利于筹集资金和偿还贷款。

(四)积累一手资料,为今后该国项目的投标提供切实可行的基础数据。

对实施过程中的成本统计资料进行整理计算出单项工程的实际成本,从而确定实际需要的单价,这为今后在该国承揽新的项目做投标书提供很好的基础,既快又准确。

四、控制成本的程序和方法

(一)下达成本控制计划

根据成本控制总计划再分门别类拟定分部门分岗位的成本

控制计划,再分别下送给各管理部门和施工现场的管理人员。

（二）确定调整计划的权限

任何计划都不可能是完美的,应授予各级管理人员在自己权限范围内调整计划和指标的权利,以使计划在实行过程中实现动态平衡实现更好的效果。

（三）建立成本控制制度

没有规矩不成方圆,完好的计划和相应的权限都需要严格的制度给予保证。

首先,应拟定一系列常用的报表,并规定填报的方法。如每日完成工程量的登记表,材料消耗表,用工记录,设备使用的起止时间,能耗记录、领料记录和工程变更记录。发生的各类费用应有登记、入账和整理填表制度。

其次,应规定涉及成本控制的各级各部门管理人员的职责,既分工明确又相互衔接相互协助。一般采取,原始资料的收集和填报,是现场执行人员职责;资料的整理、分析、计算和填报则是工程技术部门、财会部门和成本控制人员的职责;其中,成本控制人员应定期编写成本控制分析报告,项目盈亏预测报告。

（四）设立成本控制专职岗位

成本控制人员一般从财会部门选任,一开始就参与编制成本计划,选定成本编码和推行各种成本控制的规章制度的施行。搜集和整理已完工的各项工程的实际成本资料,计算分项工程的实际成本并同计划成本进行对比分析,提出调整成本计划的意见和降低成本的措施。成本控制专职人员还有责任参加并协助财会部门、工程技术部门编制工程决算,整理为今后投标所需的工程单价一览表。

五、工程成本核算和分析

工程成本核算,就是记录、汇总和计算工程项目费用的支出,计算承包工程项目的实际成本。成本分析,就是利用有关资料对承包工程项目成本的形成情况、变动原因进行评价和剖析。建立成本信息反馈系统,为改进成本管理奠定基础。

（一）成本核算

应采用正确的原始资料,严格遵守我国和项目所在国关于开支范围和费用划分的规定,按期进行核算。

1. 对外承包工程项目成本开支范围

一切与生产经营有关的支出,如消耗的各种材料物资,人员工资、奖金、津贴和劳动福利等,以及上级主管部门合理分摊的经营管理费用,机械设备的折旧费、修理费、能源消耗费,都应计入项目成本和费用。

计入项目成本和费用的各项支出,应以实际发生数为准。根据权责发生制的原则,凡应由本期负担而尚未支付的费用,应作预提费用计入本期成本或费用;凡已经支付应于本期和以后各期分担的费用,应作为待摊费用,分期摊入成本和费用。

为了确保成本核算的准确性、可比性,并便于对项目成本指标的考核,在做成本核算时:

必须划清以下几个界限:

①分清资本性支出和收益性支出的界限。购建固定资产或支付无形资产的支出属于资本性支出,不能一揽子列入工程成本,应逐月摊入成本费用;属于收益性的支出不能列入购建固定资产的成本;属于非资本性也非收益性的支出,如违法经营或被没收财物的损失滞纳金、罚款等,也不能作为费用,列入成本费用,而应列作营业外支出。

②分清本期成本费用和下期成本费用的界限,应以权责发生制为基础核算成本费用。

③分清不同成本核算对象之间成本的界限。凡是能直接记

入有关的某个成本核算对象的成本费用,直接记入;凡是与几个成本核算对象共同有关的成本费用,必须根据合理分配标准,在各个成本核算对象之间正确分配。

④分清已结算项目成本和未结算项目成本。不得混淆已结算项目和未结算项目的界限,不得任意压低或提高未完项目和已完项目的成本。

2.对承包工程项目成本项目的划分

对外承包工程项目的成本包括如下内容:

①材料费:是指构成工程实体或有助于工程形成而耗用的各种材料物资的费用。

②人员费:是指直接从事承包工程项目生产人员发生的国内外费用,包括出国人员费和当地人员费两部分。出国人员费是指出国人员为执行对外承包合同所发生的所有费用:有工资、差旅费、伙食补贴、人身保险费、各种津贴、税金等费用;当地人员费是指当地雇员的工资.加班费,津贴以及招雇、解雇等费用。

③施工机械使用费:包括设备折旧费、修理费、能源消耗费,施工机械的场外运输费,关税、安装拆除费的及采用租赁方式的设备租赁费。

④物资储运费:包括国内或其他国家采购的各种材料物资所发生的国内外运杂费、仓储、关税、保险费、港口费等。

⑤临时设施费:包括生产和生活用的房屋等临时设施的摊销费、修理费等。

⑥设计费:包括为承包工程等项目进行设计所发生的各种费用。

⑦其他直接费:施工现场的水、电、风、气以及物资二次搬运费,工程保险费,转包工程支出等。

⑧经营管理费:包括业务经营费和管理费两块。业务经营

费包括广告费、考察费、投标费、交际费、资料费、手续费、佣金及其他业务费用等。管理费包括管理人员工资、办公费、差旅费、固定资产使用费、无形资产及其他资产摊销、材料物资盘亏及毁损、国外生活设施使用费、工具用具使用费、劳保费用、检验试验费、坏账准备金、利息支出、汇兑损失、税金、保险费、上级公司管理费及其他管理费等。

（二）成本分析

工程成本分析是项目经济核算的重要内容,是成本管理的重要组成部分。成本分析要以降低成本计划的执行情况为依据,对照成本计划和定额,检查技术组织措施的执行情况,分析成本降低的原因,量差和价差的因素,节约和浪费的情况,从而提出进一步降低成本的措施。

工程成本分析分为工程成本的综合分析和单位工程成本分析两类。

1. 工程成本的综合分析

工程成本的综合分析是按照工程预、决算、降低成本计划和建安工程成本表进行。采用方法有：

①比较预算成本和实际成本。检查完成降低成本任务的情况以及各成本项目的降低和超支情况。

②比较实际成本与计划成本。检查完成降低成本计划以及各成本项目偏离计划情况。检查技术组织措施计划的管理费用计划合理与否及其执行情况。

③与上年同期降低成本情况比较,分析原因,提出改进的方向。

④比较单位工程之间降低成本的情况。查明各单位工程及其各成本项目间的成本降低情况,以便进一步分析成本,改进降低成本的方法措施。

要深入了解降低成本的情况与成因,就要进行对单位工程的每一个成本项目进行具体分析。

2. 单位工程成本分析

①材料费分析。从材料的采购、生产、运输、库存与管理、使用等环节着手,分析材料价差与量差的影响,分析各种组织技术措施对降低成本的效果和管理不到位造成的浪费。

②人工费分析。从月工数量、工时利用、工效高低以及工资水平等方面情况,查明劳动力使用和定额管理中存在的问题。

③施工机械使用费分析。从施工方案的选择、机械化电子化的程度的高低、机械设备工作效率的高低、能源消耗定额及机械维修费、设备完好率、设备利用率等方面,分析台班产量定额的工效差、台班费用的成本差,找到提高台班产量降低台班费用的途径。

④其他直接费分析。分析二次搬运和水、电、风、气等费用节约和浪费的情况。

⑤经营管理费分析。从人员配备的增减、非生产性人员的增减和各项开支的节约和浪费等方面情况分析,找到费用超支的原因和节约的途径。

⑥技术组织措施计划完成情况的分析。找到好的技术路线和组织安排,为今后制订优秀的技术组织措施积累经验。

3. 成本分析的计算公式

成本分析的几个主要计算公式如下:

①年度完工工程成本降低额 = 年度完工工程预算成本 - 年度完工工程实际成本

②年度完工工程成本降低率 = 年度完工工程成本降低额/年度完工工程预算成本 ×100%

③原材料消耗升降影响成本的升降率 = 原材料消耗定额升

降百分比×原材料费用占成本的百分比

④工资费用增加影响成本降低率＝

$\left(1-\dfrac{1+平均工资增长百分比}{1+劳动生产率提高百分比}\right)\times$工资费用占成本的百分比

⑤管理费用变动影响成本降低率＝

$\left(1-\dfrac{1+管理费增加的百分比}{1+完成工作量增长的百分比}\right)\times$管理费用占成本的百分

比

六、项目成本管理制度

（一）总则

1.项目经理出国前,阅读项目合同和投标计算书,对项目成本做出详细的分析,提交成本分析报告,编制成本预算。项目主管部门对项目经理提交的利润指标要充分酝酿、反复研究,慎重决策。成本分析报告包括成本预测、计划、实施措施、成本核算、分析、考核奖惩等内容。

2.公司组织成立项目成本分析"专家委员会"。由总工牵头对项目主管部门提交的成本计划进行评审,确定一个符合项目实际情况的利润指标。公司法定代表人将其签署在《项目管理目标责任书》中,作为考核项目经理部成本控制的依据。

3.项目经理部建立以项目经理为中心的成本控制体系,按岗位和作业层进行成本目标分解,明确成本责任、权限和义务。每月开一次成本分析会,依据项目实施中的原始记录检查成本控制措施落实情况,项目经理进行讲评。

4.项目成本控制负责人为项目经理。

5.项目经理部按规定将项目实施过程中形成的成本资料整理存档。

（二）编制成本计划

1.项目主管部门会项目经理部确定项目经理部的责任目标成本:根据合同价、工程量清单,施工图确定正常情况下的公司管理费、财务费、国内发生的可控成本和项目经理部的国外可控成本,最后形成项目的责任目标成本。

2.项目经理部应通过编制项目管理实施规划寻找降低成本的途径,以施工组织设计为依据,按照现公司的管理水平、现有的定额和市场价格信息进行工料机分析,编制可控的成本预算。

3.项目经理部应按工程部位进行成本分析,做好分部分项工程成本核算,确定人工费、材料费、机械台班费、直接成本、间接成本。对分段作业的工人依据工程部位的成本核算结果确定劳动定额进行考核,决定奖惩。

4.项目经理部应编制"目标成本控制措施表",将分部分项工程成本控制目标和要求,各成本要素的控制目标和要求,落实到成本控制的责任者。并由项目经理部对确定的成本控制措施、方法和效果进行考核、考查、兑现奖惩。

（三）成本控制运行

1.项目经理部应按照全面控制、增收节支责、权、利相结合的原则,根据项目成本控制计划的要求对施工成本进行有效控制,重点抓住采购、优化生产要素配置,提高劳动生产率的环节。

2.项目经理部应加强施工调度,减少窝工。充分利用机械设备提高生产效率。避免物料积压。

3.项目经理部应加强合同管理和施工索赔管理,运用合同条件和有关法律法规保护自身合法权益,及时进行索赔,

4.须从国内采购的物资,价格、数量均由项目经理把关、签字认可。国外现场采购的物资、材料,设备由项目经理部审批。

（四）成本核算

1.项目经理部根据公司的有关规定,建立项目成本核算制,

明确项目成本核算的原则、范围、程序、方法、内容、要求与责任，建立核算台账，记录原始数据。

2.项目成本核算以每月为一核算期，在月末进行。核算对象按单位工程划分，与责任目标成本界定范围一致。应坚持施工形象进度、施工产值统计、实际成本归集"三同步"的原则。施工产值与实际成本的归集，按下述方法进行：

①应按照统计人员提供的当月完成工程量的价值，扣减各项上缴税费后，作为当期工程结算收入。

②人工费应按照管理人员提供的工日数和工资标准进行账务处理，计入工程成本。

③材料费应根据当月材料消耗和实际价格，计算当期材料消耗。计入工程成本的周转材料应实行内部调配制，按照当月使用时间、数量、单价进行计算，计入工程成本。

④台班费按照当月使用该设备的台班数和单价计入工程成本。

⑤其他直接费应根据有关核算资料进行账务处理，计入工程成本。

⑥间接成本应根据发生的间接成本项目的有关资料进行账务处理，计入工程成本。

3.项目成本核算由会计负责。采取会计核算、统计核算和业务核算相结合的方法，应作下列比较分析：

①实际成本与责任目标成本比较分析。

②实际成本与计划目标成本比较分析。

4.项目经理部应在核算分析基础上，编制月度项目成本报告，上报项目的公司管理部门和财务部门

5.项目经理部应在每月分部分项成本偏差累计和相应的计划目标成本余额的基础上，预测后期成本的走势，根据偏差原因

制定改善成本控制的措施,控制下月施工成本。

（五）成本分析与考核

1.项目经理部进行成本分析时,应对照合同验证项目实际成本,用对比法分析影响成本超支的主要原因。包括:实际工程量与预算工程量的对比分析;实际采购价格与计划价格的对比分析,各种费用实际发生额与计划支出额的对比分析。

2.项目经理部应将成本分析的结果形成文字。为成本偏差的纠正与预防、成本控制方法的改进、制定新的降低成本措施、改进成本控制体系提供依据。

3.项目成本考核应分层进行:公司对项目经理部进行成本管理考核;项目经理部对项目作业队、项目经理部各岗位进行成本管理考核。

4.项目成本考核内容应包括:计划目标成本完成情况考核,成本管理工作业绩考核。

5.项目成本考核应按照下列要求进行:

①公司对项目经理部进行考核时,应以确定的责任目标成本为依据。

②项目经理部应以控制过程的考核为重点,控制过程的考核应与竣工考核相结合。

③成本考核应对照《项目管理目标责任书》与施工进度、质量、安全等指标的完成情况相联系。

④项目成本考核结果应形成文件,为奖罚相关责任人提供依据。

第三节　工程款的支付与结算

一、支付方式

1、支付的意义

支付就是指资金的转移。资金在国际的转移，就是国际支付或称国际结算。承包商在国外承包工程就产生结算工程款的国际支付和材料设备款的支付活动。支付的目的是通过货币的收支，进行国际的债权债务结算或清算。

2. 支付的种类

支付方式大体上可以分为有证支付和无证支付两大类。所谓有证，主要是指信用证的支付方式；无证支付主要是指汇付和托收。这些不同的支付方式，从不同角度，在不同程度上，解决了交易双方的当事人在支付和交易问题上的矛盾和信用问题，从而促进了国际经济合作的发展。

二、国际支付中的银行

1. 银行的地位

由于承包工程款的结算和支付需要通过银行办理，所以银行在国际承包工程活动中不可或缺。特别是跟单信用证的广泛应用，发挥了银行的保证作用，而且银行据此押汇，企业的资金融通也越来越方便。

2. 银行的作用

①为承包商和业主提供服务，办理汇款和国际结算、代收费用和货款。

②开立信用证，提供银行各种保函，为承包业务的开展起保证作用。

③进行资金融通，以承做押汇等方式向客户提供借贷资金。

3.国际支付中银行的选择

由于银行在国际支付和结算中起着重要作用,所以在选择一家银行办理业务或作为代理行时,一定要审查这家银行的资信情况,选择资金实力雄厚,信誉好有着开展国际业务的丰富经历和多家合作关系银行。

4.汇款支付方式

①什么是汇付

汇付:指付款人主动通过银行或其他途径将工程款交给收款人。在实际工作中有两种处理方法,一种是由付款方主动将款项支付给收款方,其结算工具的传递方向与资金流动方向相同,称为顺汇;另一种方法是收款人或称债权人主动通过银行向付款人或称债务人收取款项,其结算的传送方向与资金的流动方向相反,称为逆汇,它是银行的托收和信用证业务。我们承包工程通常采用顺汇方式,即业主和工程师审定了承包商报来的工程量后,按合同约定将结算的工程款汇给承包商。

②汇款方式的当事人

汇款人、收款人、汇出行和汇入行是一笔汇款业务中的四个当事人。

汇款人在办理汇款时,要出具汇款申请书。汇出行一经接受申请书,就有义务按照汇款人的指示发出付款委托书,通知其代理行即汇入行解付款项。汇出行与汇入行一般都建立直接账户往来关系,并订有代理契约。

③汇款方式的种类

1)电汇(T/T),汇款人委托汇出行用电报、电传等方式发出付款委托通知汇入行,委托它将款项解付给指定收款人的一种汇款方式。

电汇方式的特点是交款迅速,但费用高。

2)信汇(M/T),信汇指信汇委托书通过邮政用信件方式发给汇入行。均采用航空邮寄。信汇委托书通常有正、副两份,分两次付邮(以防止中途遗失),从而影响交款速度,汇费较低。

3)票汇(D/D)是以银行票据作为结算工具的一种汇款方式。一般是指汇出行应汇款人的申请,开出以汇入行为付款人的银行即期汇票,列明收款人名称、汇款金额等,交由汇款人寄给收款人,以凭票取款的一种汇款方式。

票汇与汇付的区别

a)汇入行无须通知收款人取款。

b)票汇的收款人可以通过背书转让汇票。所以票汇的作用要更广泛一些。收款人在票的背面签字,即代收据。

票汇使用的汇票有效期有的半年、有的一年。所以银行利用汇款资金的平均时间比电汇信汇要长,票汇为银行提供了更多的利润。

④汇款方式的应用

汇付不涉及银行信用,汇付涉及的发货付款全凭交易双方的信用,即商业信用。在国际结算中汇付主要用于货款、工程款的结算和货物从属费用的结算。

1)预付货款:对卖方最安全、最有利。买方可要求卖方在收预付款时开具预付款保函。

2)发货后汇付货款:对买方最安全、最有利。

3)货物从属费用的结算:一般采用汇付,主要有运费、保险费、佣金、罚款等。此外还有广告费、包装费、逾期利息、杂费等。

三、托收支付方式

(一)托收定义

托收是债权人委托当地银行向债务人所在地的分行或代理行收款的方式。债权人根据发票金额开立汇票,连同全套货运单据,填写托收书,委托当地银行向债务人收款。

托收仅次于信用证结算方式的较为常用的结算方式之一。结算工具与资金的流动呈相反方向,称为逆汇。

(二)托收方式的当事人及相互关系

当事人有债权人,债务人,托收银行、代收银行。债权人与托收银行是委托代理关系。托收银行与代收银行也是委托代理关系。委托人与付款人的关系依他们所订合同中的债权债务关系为依据。

(三)托收的种类

1. 光票托收

光票托收是指金融单据的托收,不附商业单据,或仅附发票。

光票托收的程序:委托人将票据、凭证交托收银行办理委托收款的手续,再由代收银行向票据的付款人收款,代收行收妥款后再通知托收银行,托收行即通知委托人取款。

2. 跟单托收

跟单托收是指托收时将金融单据连同货运单据一起交给银行委托代收。国际贸易结算通常采用跟单托收。

跟单托收又分为付款交单和承兑交单两种。常用付款交单。

①付款交单(D/P)指卖方交提货单以买方付款为条件。又分即期付款交单和远期付款交单两种。

远期付款交单是指出口方开具远期汇票,连同货运单据,通过银行向进口方提示,由进口方承兑并于汇票到期日付款赎单。到期前,远期汇票和货运单据保留在代理行。

②承兑交单(简称 D/A)

是指出口商的交单以进口商在汇票上的承兑为条件,出口商开立远期汇票,连同货运单据通过银行向进口商提示,承包商承兑汇票后,即可从代收行取得全部货运单据,待汇票到期时再付款。

(四)跟单托收程序

1. 买卖合同规定货款按跟单托收方式结算;

2. 出口商发货后填写托收申请书、开具汇票,连同货运单据等凭证送托收银行办理委托收款手续;

3. 托收行审查托收申请书和所附单据;

4. 选择代收银行,托收银行办理委托代收手续;

5. 代收银行审查托收委托书以及随附的汇票、单据,无误后填制代收通知书通知进口商,并提示其验单付款或承兑;

6. 进口商收到代收通知书后,即到银行付款赎单或在远期汇票上承兑后,领取提货单。

(五)跟单托收方式的应用

光票托收方式只用于费用的收取,如货款尾数、索赔款、佣金和代垫费用。跟单托收多用于进出口贸易货款的收取。

跟单托收属于商业信用。对出口商而言,存在一些风险,如货已发出,进口商付不出款。由于托收手续简便,费用较少,进出口商在一定条件下还可向银行押汇,融通资金。对进口商来说,比预付款、开立信用证方式要有利得多。对出口商来说,可以争取买主,争夺市场。

采用跟单托收方式,应注意以下几点:

第一、要仔细审查进口商的资信情况;

第二、要熟悉进口国家的贸易法规和外汇管制法规以及商业惯例;

第三、应建立健全管理制度,定期检查,及时催收货款。

四、信用证支付方式

(一)信用证定义

信用证(简称 L/C)是银行应进口商要求开给出口商的一种有条件的书面付款保证。开证银行保证在收到出口商交付的全部符合信用证规定的单据条件下,向出口商履行付款的责任和义务。

信用证属于银行信用。这种支付方式在很大程度上解决了进出口双方在交货和付款上的互不信任,所以,信用证方式成为国际结算中的一种主要的付款方式。

(二)信用证的当事人及其关系

1.开证人,是指向银行申请开立信用证的人,通常是进口商。

2.开证行,是指接收开证人的委托开出信用证的银行,它承担按信用证规定条件付款。

3.受益人,是信用证指明有权使用该证的人,指出口商。

4.通知行,是指受开证行委托将信用证交出口商的银行,它只证明信用证的真实性。

5.议付行,又称押汇行,是指愿意购买或贴现受益人交来的跟单汇票的银行,它可以是通知行。

6.付款行,又称代付行,通常为开证行。它必须对受益人履行付款责任。

7.保兑行,是应开证行的请求在信用证上加批保证兑付的银行,它承担不可撤销的付款责任。

8.偿付行,又称清算银行,是指接受开证行在信用证中委托代开证行偿还垫款的银行。

各当事人之间的关系是:

1.开证人与受益人是买卖货物的双方。

2. 开证行与开证人的关系是由开证申请书确定的。开证行承担在一定条件下向受益人付款的责任。

3. 开证行与受益人的关系是在开证行开立信用证而受益人接受后确定的,双方均受信用证的约束。

4. 通知行与开证行是委托代理关系,只负责传递信用证,只有在通知行愿意充当议付行时它们的关系才以信用证来确定,并从议付时开始。

(三)信用证支付的程序

1. 进口商向开证行提出开证申请。

2. 开证行将信用证寄给出口商在当地代理银行办理通知事宜。

3. 通知行核对信用证上的印鉴或密押后将信用证传递给受益人。

4. 出口商核对无误后,备货装运,备齐各种单据,并开具汇票,在有效期内向议付行议付。

5. 议付行核对信用证和单据无误后,按汇票金额扣除邮程利息和手续费后垫付货款给出口商。所谓议付是指议付行买下出口商的汇票和单据。由于出口商以随付的各种单据作抵押,故又称"押汇"。

6. 议付行议付后,将汇票和各种单据寄给开证行进行索偿。

7. 开证行审核汇票、单据无误后,偿付给议付行。

8. 开证行通知进口商付款赎单。

(四)信用证的主要内容

1. 信用证的类别。如不可撤销、保兑、可转让等。

2. 信用证的当事人。如开证人、开证行、通知行、受益人等。

3. 汇票条款。如汇票种类、付款人、收款人、汇票期限、出票条款及出票日期等。

4. 对货物的要求。如名称、规格、数量、包装、贸易条件和单价、总价等。

5. 使用的货币和金额。金额要大小写。

6. 对运输的要求,如装运港,目的港、装运期限,可否分批、可否转运。

7. 对货运单据的要求。如商业发票、运输单据、保险单据。

8. 特殊要求。

9. 开证行负责条款,表示开证行付款的承诺。

10. 信用证到期地点。如受益人所在地等。

11. 对议付行的指示条款。如议付金额背书偿付方法、寄单方法等。

（五）信用证支付的特点

1. 开证行以自己的信用作为付款保证,负第一性付款责任。

2. 申请开出信用证是以贸易合同为基础,但只要信用证一经开出就脱离合同而独立存在。

3. 信用证纯属单据业务。只审单据是否与信用证条款相符,以决定是否付款。因此,在信用证支付条件下,银行对单据实行"严格相符"的原则:单、证一致,单、单相符。

（六）信用证的作用

1. 货款安全保证作用

2. 资金融通作用,出口商可用信用证向当地银行"打包贷款"。

（七）信用证的种类

1. 跟单信用证和光票信用证

2. 可撤销信用证和不可撤销信用证。不可撤销信用证指信用证一经开出,在其有效期内未经受益人同意,开证行不得片面撤销或修改的信用证。不可撤销信用证被广泛采用。

3. 保兑信用证和不保兑信用证

4. 议付信用证、付款信用证、承兑信用证

5. 即期信用证、远期信用证、迟期付款信用证和预支信用证。

6. 循环信用证、对背信用证、对开信用证和可转让信用证。

7. 备用信用证。开证人违约才被使用的信用证。

五、其他支付方式

银行保函:是一种担保凭证,是由银行开立的。在承包工程业务中有投标保函、履约保函、预付款保函、质保金保函、进口材料关税保函、进口设备关税保函等。银行保函属于银行信用,是属于第二性的保证,在保函方式下,银行一般只在承包商的信用发生问题时,银行才负责付款。承包商一般在银行存有押金或银行给予资信良好企业的授信额度,在承包商提交申请,经银行审核后才会开立银行保函。

六、工程结算

(一)工程结算的意义

1. 什么是工程结算

工程结算是指对外承包工程在国外实施过程中,根据承包合同条款的有关规定和按照工程进度计划实际完成的阶段工程量,依据合同中的数量单价表(BOQ 表)来编制已完工程结算表,报经监理工程师确认,由业主签字认可后支付给承包商工程款的全过程。

2. 工程项目的执行过程,就是工程款的结算过程。

3. 工程结算是考核项目经济效益的重要手段。

4. 工程结算的特点。

①头绪多,工程结算复杂。

②周期长,贯彻工程项目实施的始终。

③风险大,由于周期长,所承担的风险就大。主要有货币贬值的风险、汇率风险、拖欠付款的风险以及业主破产的风险。

(二)工程结算货币的选择

1.投标报价和结算支付的货币

按照招标文件的通行做法,投标人可以用美元进行报价,注明支付美元和项目所在国货币的比例,并按项目所在国中央银行颁布的汇率(标书指定了某年某月某日的),折算成项目所在国的货币,便于在开标之日进行报价的比较。所以承包商就要考虑当地货币和美元在总报价中的比例,考虑当地货币与美元的收支平衡和预算中的美元结余。人民币在走向国际化,承包公司要努力开拓用人民币结算的项目,降低汇率的风险。一般项目所在国的货币的汇率在项目期都会贬值,所以尽量加大硬通货付款比例,并把贬值的风险考虑进报价中去。

2.工程结算货币的汇率和保值

要对当地币兑换美元汇率的变化趋势进行研究,对今后的走势进行预测,并考虑如何进行货币保值。保值的方法有在合同中明确固定汇率兑付美元;争取加大硬通货付款比例;向保险公司投保汇率风险;运用期汇、期权交易等方式保持汇率。

3.争取较高的自由外汇支付比例

世行、非行项目美元支付比例一般从30% – 70%不等,要尽量争取高的硬通货比例。这样就是当地币不够用时,用美元兑换当地币也是划算的。

(三)工程结算的程序

1.工程结算的基本程序

基本程序是:先进行已完工工程量的测量统计,这些工程量是经过监理工程师"临时验收"的;再由项目经理部合同工程师按工程量和相应单价编制工程结算账单,报监理工程师和业主确认后付款。

2. 工程结算的办法

主要有两种，一种是按计划月工程进度结算，待业主和监理认可后，签发"月进度支付证书"据以支付。另一种是按工程施工的阶段进行结算。业主和监理签发"阶段结算证书"据此付款。

3. 工程结算账单的主要内容

①已完工程量总额。

②应从上述中扣除的款项（有预付款、合同税、所得税、质保金和其他违约罚款等。)

③本次结算实付金额。

4. 工程款的最终结算

最终结算，是指由业主扣留的质量保证金的结算，当工程完成全部"临时验收"后，工程进入维修期。承包商应及时向业主提交工程价款的最终结算账单，同时附上按合同完成的工程总价值的证明文件及承包商认为按合同规定应结算的其他款项。承包商在维护期开始之时，可以要求业主支付所扣质保金的50%，所剩的50%待维修期满，办理工程移交时支付。也可开出50%质保金的质保金保函将余款置换出去。

5. 工程款的支付方式

工程款支付一般用支票或电汇等支付方式。设备供应部分大多用信用证方式结算支付，安装部分按工程进度结算支付。

6. 工程预付款的支付

承包商首先要开给业主预付款保函，收到后，业主据此向承包商支付相等金额的工程预付款。工程预付款金额通常是合同总价的10%～20%，承包商在开工以后每次工程结算账单中，分期分批按比例扣还给业主，一直到扣完为止。随着每次的扣还,预付款保函的担保金额也相应随之减少。

7. 工程项目的延期付款

由于业主经济困难,要求采用延期支付方式。工程结算款在竣工后若干年内,根据延期付款支付协议分期支付。这种付款方式通常也叫"卖方信贷",是受到承包商政府和银行支持的,支持仅表现为承包商同其贷款银行的信贷关系。这种支持加大了承包商承揽项目的竞争力。延期支付业主要支付延期贷款的利息。

(四)工程结算中应注意的问题

这是细节问题但也不能忽略。

1. 工期款的支付期限

一般是在账单签发后的 14 天、21 天或 28 天内办完付款手续,逾期承包商有权索赔利息。

2. 业主迟付工程款的索赔条款

一 拖延期间应付利息或进行利息索赔。利率一般按当地中央银行的放款利息计息,或按国际金融市场上同业拆息计算。

计算公式如下:

$$业主应付本息 = 业主应付款项 \times \left(1 + \frac{年利率}{365} \times 延付天数\right)$$

3. 汇率变化

业主付给承包商的工程款必须接合同条款中规定的汇率兑换成外汇如数付给。

4. 材料物资的价格变动

材料由于价格上涨,可在施工期内按物价调整公式计算调价幅度,并在每次工程结算时一并支付。

5、工程量的增减变动

工程量的变化达到一定幅度,需按合同规定调整工程单价。

（五）加快工程结算的办法

加快工程结算,使投入的资金及时收回,对加强项目的资金管理、加速资金周转、提高经济效益,具有重要的意义。

1. 把工程结算作为考核项目经理部的指标与奖惩挂钩。

2. 专人负责工程结算工作,要派熟悉业务,责任心强,办事效率高的人从事该项工作。

3. 熟悉合同条款

要研究支付条件和价格条款,要做好工程统计报表、工程量日、月报,价格变动和汇率变动等基础资料的收集和整理,为及时进行工程结算创造良好条件。

4. 抓紧工程索赔

工程索赔,也是工程结算的重要组成部分。索赔工作也要运用工程结算方面的知识和经验,索赔工作顺到进行也会加快工程结算工作的完成。

工程结算账单格式如下

程结算账单

表 11 - 6　　　　　　　　　　　　　　　　　　金额:元

序次	项目	至上期累计	本期	至本期累计	备注
1、	完成工程量金额				
	其中:当地币部分				
	外汇部分				
2、	扣除预付款				
	其中:当地币部分				
	外汇部分				
3、	扣除保留金				
	其中:当地币部分				
	外汇部分				

4、	扣除合同税			
	当地币			
5、	预扣所得税			
	当地币			
6、	其他扣除			
	其中:当地币部分			
	外汇部分			
7、	扣除小计			
	其中:当地币部分			
	外汇部分			
8、	本期支付款			
	其中:当地币部分			
	外汇部分			

批准　　　　　　　　证明:　　　　　　　　制表

(业主签字)　　　　　(咨询签字)　　　　　(承包商签字)

第四节　承包工程财务报表与财务报表分析

　　一个企业的财务状况,可以通过企业的资产负债表和损益表得到全面地反映。了解企业的资信情况,主要是依靠和分析企业的资产负债表和损益表,并对其实施项目的技术、设备、人员和类似工程的经验进行综合审查。

一、资产负债表

(一)资产负债表的性质与用途

　　资产负债表是反映企业在某个时日的财务状况的报表。它提供了有关企业在该时日所控制的经济资源,所承担的债务责任,股东所拥有的权益这三方面的信息。这些信息有助于外界评估企业的变现能力与偿债能力,有助于分析企业的财务实力和资本结构,有助于判断企业的财务风险和预测企业未来的现金流量。

变现能力是指资产转换为现金的能力。了解企业的现金及现金等价物与负债之间的对比关系以及评估企业偿还流动负债和到期长期负债的能力。预测企业分派股利和扩大经营所需的现金流量。变现能力越大,企业的财务风险就越小。

财务实力是指企业采取有效措施来改变现金流量的金额和时间分布,以便对付意外事件和利用有利机会的能力。财务实力是由企业的资本结构所决定的。如果企业负债过重,则缺乏财务实力。

一般来说,企业的财务状况由变现能力和财务实力来反映,分析一定时间点的资产负债表可以得到结论,

(二)资产负债表的格式

通常,资产负债表都包括表首标题和报表主体。表首标题包括企业的名称、报表的名称以及报表编制的日期;报表主体则包括资产、负债和股东权益的构成项目及其余额。并以"资产=负债+股东权益"这一基本的会计恒等式为编制基础。这种表现形式便于使用者一目了然地了解企业所控制的资源以及这些资源的资金来源。

资产负债表有两种常见的格式:即账户式和报告式。在账户式下,资产列示在资产负债表的左方,负债和股东权益列示在右方见下表:

资产负债表的账户式

表 11 – 7

流动资产	$ × × ×	流动负债	$ × × ×
长期资产	× × ×	长期负债	× × ×
		股东权益	× × ×
资产总额	$ × × ×	权益总额	$ × × ×

在报告式下,资产列示在资产负债表上方,负债和股东权益列示在资产的下面,基本格式如下:

资产负债表的报告式

表 11 – 8

流动资产	$ X X X
长期资产	X X X
资产总额	$ X X X
流动负债	$ X X X
长期负债	X X X
股东权益	X X X
权益总额	$ X X X

下面分别列示某公司资产负债表账户式和报告式。

XXX 公司

资产负债表(账户式)

表 11 – 9　　　　　　　　　　　　　　　　　　　　2020/12/31

资 产			负债及股东权益	
流动资金			流动负债	$ 198,000
现金/银行存款		$ 42,000	应付账款	
有价证券—按成本 (市价 $ 30,000)		$ 28,000	应付票据	$ 50,000
应收账款	$ 165,000		应付税金	$ 62,000
减:备抵坏账	$ 2,000	$ 163,000	预收收入	$ 40,000
应收票据		$ 23,000	流动负债合计	$ 350,000

存货	$490,000	长期负债	
预计款项	$16,000	应负公司债	$530,000
流动资金合计	$762,000	减:应付公司债折价	$30,000
长期投资		负债合计	$850,000
长期债券投资	$88,000	股东权益	
财产、厂场及设备		普通股面值值$30,	
土地	$125,000	额定20000股 发行	
房屋	$976,000	在外15000股	$450,000
减:累计折旧 $341,000	$635,000		
设备 $300,000		普通股溢价	$50,000
减:累计折旧 $100,000	$200,000	留存收益	$500,000
财产、厂场及设备合计	$960,000	股东权益合计	$1,000,000
无形资产			
商誉	$40,000	负债及股东	
资产总计	$1,850,000	权益总计	$1,850,000

×××公司资产负债表(报告式)

表 11-10   2020/12/31

资 产		
流动资产		
现金/银行存款		$42,000
有价证券—按成本(市价$30,000)		$28,000
应收账款	$165,000	
减:备抵坏账	$2,000	$163,000
应收票据		$23,000
存货		$490,000
预付款项		$16,000
流动资产合计		$762,000
长期投资		
长期债券投资		$88,000

财产、厂场及设备		
土地	$ 125,000	
房屋	$ 976,000	
减：累计折旧	$ 341,000	$ 635,000
设备	$ 300,000	
减：累计折旧	$ 1,000,000	$ 200,000
财产、厂场及设备合计		$ 960,000
无形资产		
商誉		$ 40,000
资产总计		$ 1,850,000

负债及股东权益

流动负债		
应付账款	$ 198,000	
应付票据	$ 50,000	
应付税金	$ 62,000	
预收收入	$ 40,000	
流动负债合计		$ 350,000
长期负债		
应付公司债	$ 530,000	
减：应付公司债折价	$ 30,000	$ 500,000
负债合计		$ 850,000
股东权益		
普通股面值值 $ 30，额定 20000 股，发行在外 15000 股	$ 450,000	
普通股溢价	$ 50,000	
留存收益	$ 500,000	
股东权益合计		$ 1,000,000
负债及股东权益总计		$ 1,850,000

（三）资产负债表的项目分类和编制方法

企业资产通常分为流动资产、长期投资、厂场设备（即固定资产）以及无形资产。流动资产是指现金、银行存款或预计将在一年或一个经营周期内耗用掉或转化为现金的资产项目。流动性较高的项目最先列示,流动性较低的项目最后列示,顺序一般为:现金、银行存款、有价证券、应收账款、应收票据、存货和预付款项。有价证券按成本和市价孰低原则计价。因此,除了列示有价证券的成本外,还要附带列示其市价。应收账款应按照其可收回净额（面额扣除备抵坏账）列示。应收票据以面值列示,贴现时则应单独列示。存货也是按成本与市价孰低的原则予以反映。预付款项包括预付保险费、预付租金、预付税金等。

长期投资是企业准备长期持有的债券投资和股票投资。反映长期投资的方法包括成本法和权益法,在资产负债表上应说明长期投资的计价基础和核算方法。

厂场及设备资产土地最先列示、机器设备最后列示。对于应折旧资产,先列示它们的历史成本,然后从中扣除累计折旧。

无形资产指不具有实物形态的长期资产项目,一般按成本的摊后余额加以列示。

负债分为流动负债和长期负债两类。流动负债将在一年或一个经营周期之内须动用流动资产来加以清偿的债务。一般按偿付日期的先后顺序予以列示,包括应付账款、应付票据、长期负债的本期到期部分、应付税金、应付租金、应付工薪和应付利息等,按面值列示。长期负债主要是应付公司债和应付抵押贷款和长期银行借款。通常是按其现值计价,应付公司债一般按面值加上溢价或减去折价列示。

股东权益代表股东的原始投资和他们的剩余权益。一般分为股本和留存收益两部分,股本账户除了列示其金额外,还必须列示有关面值,额定股份和在市场发行的股份数。留存收益划分为已分拨留存收益和未分拨留存收益两部分,说明已分拨留存收益的限定用途。

二、损益表

(一)损益表的性质与用途

损益表并称收益表,是反映企业在某一个特定会计期间的经营成果的基本报表。损益表主要是根据收入实现原则和配比原则编制的。首先确定营业收入中哪些属于当期的营业收入,哪些应递延到以后会计期间。会计人员还必须依照收入与费用的因果关系,把一个会计期间的营业收入与同一期间的营业费用进行配比,据以确定报告期净收益。损益表有助于投资者评估投资的获利能力,而且有助于债权人评估企业的偿债能力,损益表还作为考核企业管理者的管理绩效,政府征所得税和工资谈判的依据。

(二)损益表的格式

损益表的常见格式包括单步式和多步式。在单步式下,首先列示当期的所有收入项目,然后再列示所有的费用项目,两者相减,就可以得出净收益。其基本格式如下所示:

×××公司损益表(单步式)

表 11 −11　　　　　　　　　　　　　　　　　　　　　2020/12/31

营业及其他收入和利用	
承包工程收入	$3,000,000
利息收入	$150,000
出售旧设备利得	$50,000
收入总额	$3,200,000
营业费用与损失	
承包工程支出	$2,000,000

销售及管理费	$ 775,000	
利息费用	$ 25,000	
出售债券投资损失	$ 10,000	
所得税费用	$ 90,000	
营业费用与损失合计		$ 2,900,000
净收益		$ 300,000
每股收益额($ 300.000 ÷ $ 15.000 股)		$ 20

单步式损益表的优点是简明易懂,由于这种格式对一切收入和费用一视同仁,不分彼此先后,从而可避免使人误以为收入与费用的配比有先后顺序。但是,单步式的损益表提供的资料较少,不利于前后各期相应项目的对比。

多步式损益表比较难理解,但它把收入与费用项目加以归类、列入一些中间性收益指标分步反映净收益的计算过程,可以提供比单步式损益表更丰富的信息,而且有助于不同企业或同一企业不同年份相应项目的对比。多步式损益表的格式如下所示:

×××公司损益表(多步式)

表 11 – 12		1991/12/31
承包工程收入		$ 3,000,000
承包工程支出		$ 2,000,000
承包工程毛利		$ 1,000,000
管理费用		
施工现场管理费用(包括折旧)	$ 400,000	
上级管理费用(包括折旧)	$ 375,000	
利息费用	$ 25,000	
管理费用合计		$ 800,000
承包工程净收益		$ 200,000
非营业项目		

加:利息收入	$150,000	
出售旧设备利得	$50,000	$200,000
减:出售债券投资损失	$10,000	$190,000
税前净收益		$390,000
减:所得税费用(45%×200 000)		$90,000
净收益		$300,000
每股净收益($300.000÷$15.000股)		$20

三、财务报表分析

上述两种基本财务报表可以向企业所有者、管理者、股东、债权人、财务人员、企业职工、政府部门和工会组织他们所需要的信息,得出他们的结论,从而做出自己的决策,有的关心近期的,有的关心长远的,正所谓,仁者见仁智者见智。一个有水准的财会人员,不仅能编制财务报表,而且能做出深刻的有见地的财务报表分析,向企业高层发出预警信号,提出极具价值的改善企业经营管理的中肯的建议。从财务报表分析报告中发现人才是企业负责人知人善任的途径之一。

财务报表的分析方法很多,比较有用的是比率分析法,它是借助于财务报表中两个相关数值的比率以判断公司财务状况及经营成果的分析方式。常用的财务比率有十几个,根据所反映的经济内容不同,大致分为下述四大类:变现力比率、杠杆比率、经营能力比率和获得能力比率。

1.变现力比率

又称流动性比率,反映公司支付其短期债务能力的财务比率。

(1)流动比率,它是变现力比率中最常用的比率之一。

其计算公式是:

$$流动比率 = \frac{流动资产}{流动负债}$$

二者之比在一定程度上反映企业流动资产可在一年内转化为现金以使用于偿还流动负债。通常认为,流动比率等于2比较适宜。如果低于1,表明偿债能力弱;如果大于3,则说明公司管理政策过于保守,从而放弃了有利的长期投资获利的机会。公司的流动比率与同业平均数相比相差太大,都是公司管理存在问题的信号。

(2)速动比率。又称酸性检验比率,将流动资产中扣除存货部分后的数字与流动负债相比。其计算公式如下:

$$速动比率 = \frac{流动资产 - 存货}{流动负债} = \frac{流动资产}{流动负债}$$

$$= \frac{现金(银行存款) + 有价证券 + 应收账款 + 应收票据}{流动负债}$$

此比率同样用于衡量企业偿还流动负债的能力,速动比率至少需要1:1。若与同业平均数相比过高,则表明公司低收益资产过多,或应收账款的收回上存在问题。

(二)杠杆比率

它表明一个公司偿付其长期负债的能力,并衡量它举债经营的程度,杠杆的存在,很可能会提高盈利水平,但也会使财务风险增加,

(1)负债比率。它是负债总额被资产总额所除之商,

$$负债比率 = \frac{负债总额}{资产总额} \times 100\%$$

负债比率说明对债权人之债权的保障程度。

另外,计算长期负债率也很有意义。

$$长期负债比率 = \frac{长期负债}{长期资本总额} \times 100\%$$

$$= \frac{\text{长期负债}}{\text{长期负债} + \text{普通股} + \text{优先股} + \text{资本公积金} + \text{保留盈余}}$$

（2）涵盖比率。它反映一个公司负担其财务支出的能力。

$$\text{利息涵盖比率} = \frac{\text{息、税前盈余}}{\text{负债的利息}}$$

此比率越高，说明其支付利息的能力越强

$$\text{负债偿还涵盖比率} = \frac{\text{息、税前盈余}}{\text{利息} + \dfrac{\text{本金}}{1 - \text{税率}}}$$

此比率越高，说明企业偿还本金和利息的能力越强。

（三）经营能力比率

经营能力比率衡量一个公司使用其资源的效率。

（1）固定资产周期率。它衡量一个公司对其固定资产的使用效率是否良好和投入固定资产之资金是否恰当。这个比率需横向比与同业平均数比，又要纵向比与本企业前些年的该率比。其计算公式如下：

$$\text{固定资产周转率} = \frac{\text{营业总收入}}{\text{固定资产}}$$

这个比率反映固定资产平均净值的周转次数。

（2）总资产周转次数。

$$\text{总资产周转次数} = \frac{\text{总收入}}{\text{有形资产总额}}$$

式中，有形资产总额等于资产总额减去商誉等无形资产，建筑行业以大于 1 为宜。

（3）股东权益周转率。

$$\text{股东权益周转率} = \frac{\text{营业总收入}}{\text{股东权益（或净值）}}$$

它反映股本和留存收益的年周转次数。建筑行业以大于 3 为宜。

（四）获利能力比率

它是衡量公司财务成果的尺度，借助于对该比率之长期趋势的分析，可以判断一个公司的价值。

（1）资产收益率

$$资产收益率 = \frac{税前利润}{净流动资产}$$

其评判标准以 8 为宜。

$$（2）营运资本收益率 = \frac{税前利润}{投入资本}$$

营运资本收益率一般相当于资产收益率的 50%。

（3）普通股的报酬率

其计算公式如下：

$$普通股报酬率 = \frac{税后净利 - 优先股股利}{股票净值 - 优先股的面额} \times 100\%$$

普通股报酬率一般应高于同期银行贷款利率两个百分点以上为宜。

（4）资产报酬率。又称之总有形资产收益力，反映一个公司使其全部资源的获利能力。计算公式如下：

$$资产报酬率 = \frac{税后净利}{有形资产总额} \times 100\%$$

该指标综合反映了一个公司的营业效率。对于一个公司的获利能力，投资者必须把它与同行业的其他公司的比率比较。另外，投资者还应该将一个公司各年的财务比率，按时间序列进行比较，以了解一个公司的经营成效和财务状况的长期趋势，以作出正确的决策。

第十二章 国际承包工程项目的物资管理

物资管理对承包工程项目取得经济效益至关重要,一般而言,建筑材料、机械设备、机具工具、备品备件的采购费用约占到合同总额的百分之五十到百分之七十,而且采购的物资直接决定着工程的质量,也影响二程的进度。虽然表面看起来物资的计划、采购、储存、运输、调配和使用技术含量不高,但在承包工程管理的诸环节中实在不能掉以轻心,稍有放松,就有可能大意失荆州了。

第一节 施工的物资供应

一、物资计划

在做标阶段,物资管理工作就已开始。要为投标组提供大型施工机械、运输车辆及各种工程机械设备搜集主要经济技术指标、生产厂家、交货期、价格;建筑材料(水泥、钢材、木材)的价格、交货期、运输条件、运输价格、所需的时间等等。这些资料的确实可靠,决定标价的可信,中标与否,也决定着工程的质量、进度和项目的经济效益。这些要求公司的物资部门在日常工作中注意搜集国内外的相关资料,做好询价,了解海运和海关方面的情况。只要投标组需要就可立即提供,一旦中标,迅即开展物资准备工作。

中标后,项目经理部应立即编制正式的施工组织设计,编制物资需求总计划,交给物资部门组织供应。

物资部门接到计划后,分析研究计划的内容和要求,明确国内供应部分和国外供应部分,分工负责,组织和落实设备材料的招标、订货和采购等一系列的工作。同时及时安排项目经理部的物资管理人员进国外工程现场,做好开工前的各项物资准备工作。

工程施工过程中,由于条件的变化,业主的需要,施工方案与方法,工序和工种都有可能发生变化,从而带来施工机械型号、品种的变化,追加或削减物资材料,修改物资供应计划,物资管理部门应尽快调整和落实新的物资计划,尽量减少积压与浪费,保证施工顺利进行。

二、物资供应的准备工作

在制定物资供应计划时,应了解以下内容:

1. 工程总金额、工程量清单、开工日期、竣工日期、资金来源、付款方式。

2. 标书对物资供应要求等有关规定。规定的材料性能,有无指定的生产国家和生产厂家,对施工设备指定的技术指标。在标书的一般条款中,规定进口物资纳税的原则、保险的原则以及哪些物资必须在当地采购。

3. 与业主签订的承包合同中,与物资供应有关的条款和规定。

4. 了解与分包商的协议,履行总承包物资部门的权利和义务。

5. 做好申报进口许可证的准备工作。审批进口许可证,项目所在国的政府有关部门需要1-3个月,为了不影响发货造成滞港,必须提前将有关资料递送政府部门和海关审批。

三、物资供应工作的落实

要根据物资供应计划和施工进度,国内外要组织人员、分工负责,逐项落实物资供应工作。贯彻"先调后租赁再采购"、"先购本国、后购国外"的原则。

（一）调拨

项目一签约，一个月之内就要求开工，就需要施工设备和材料。如等待新购，无论是设备制造还是海运、陆运，都需要很多时间，难以满足按合同及时开工的要求，这时可采取调拨本公司在项目国其他工程下场的或邻近国家工程下场的施工设备及各类物资，以应工程开工之急需。调拨设备必须经维修保养达到完好状态，办理公司制度要求的调拨手续和财务手续（属于有偿使用）。如公司在当地无下场设备则采用在当地租赁其他国家其他公司的下场设备。江西国际经济技术合作公司在承揽加纳某市垃圾填埋场项目就近租赁了一家韩国公司刚下场的筑路项目的设备，价格十分优惠，为项目获利奠定了良好的基础。

（二）国内设备的采购

这些年来，由于引进国外先进技术和管理。加上自主创新，还有一批外商独资合资的工程设备厂家，使得我国生产的工程机械设备达到了国际水准，完全可以胜任国外施工的工作要求。而且价格相对便宜，零配件供应和售后服务也很到位。所以，一般情况下施工机械设备机具都在国内采购。

（三）工程所在国建筑材料和建筑机具的采购

凡是在项目当地能采购到的建筑材料，如木材、水泥、钢筋等，只要合乎技术标准、经济、适用，且监理工程师和业主同意，都应在当地采购。这既能满足工程的急需，减少海运和报关进口的手续，还可以使用当地货币，减少自由货币的用量，使项目国政府满意，一举三得，何乐而不为。

（四）第三国产品的采购

有出现上述几种方法都不能解决的施工机械，或出现业主指定用某国某种建筑材料，就采用从第三国采购的方法。

物资部门接到任务,首先要进行:

1.询价或招标。询价的方式可通过函电或口头方式进行,货比三家,得到较好的价格条件。招标则由公司招标办公室负责,制作招标书,在网上发出公开招标通知,应标者从网上下载标书,在规定时间内制作好投标书,特快专递给公司,经评标委员会打分评出得分最高者中标。

五万美元(或人民币 30 万元)以下标的设备用询价比价方式定供应商;5 万美元(30 万元人民币)以上的用网上招标方式确定供应商。

2.签订合同。经过谈判,最后按双方都能接受的条件达成协议,签订书面合同。合同在签字前必须仔细检查每一项内容,准确无误后方才签字。

合同中注意选择有利的付款方式。通常采用信用证(L/C)方式。信用证方式是国际贸易通行的方式,对买卖双方都公平也可靠。经买方审单无误后,付款赎单提货。

四、物资的仓储及发运

项目上许多物资要从国内发运。这就需要有一个仓储、发运的机构和仓库(也有从供应商的仓库直接发运的)。这项业务由公司的项目归口管理部门的项目后勤组办理,其主要任务是:

1.按项目经理部下达的采购计划和要求,买到质量合格价格最优的产品。

2.按国际运输规范进行包装,制作发货标志(唛头)。

3.按工程项目的要求,做好发货订仓计划制作发运的各种单证,将单证委托给船运公司的代理,办理报关出境手续。

4.船只启航后,拿到了提单和发票等单证,立即向合同规定的保险地点进行货物的投保工作。收到保险单后合同提单、发票、保险单、质检证明一起寄国外项目经理部,让其在项目所在国办理通关提货手续。

各个项目经理部确定物资管理人员、租用或修建临时仓库,指派专人负责,将从各地发来的物资进行验收、记账、入车、摆放作标记。按计划按工程进度按审批手续发放,避免物资流失、积压、浪费、变质。工程结灵后,对下场物资进行清点、回收和造册,按指示进行转场或变现。回收和处理的收入款,应冲减该工程的成本。

第二节　物资采购的廉政措施

一、插曲

日前听到一则消息,由于政府采取实行药品采购统一招标措施,同时要求医院药品实行零差价,使得医保范围内的药品降价幅度达到百分之五十二。如降糖药——拜糖平就由原来的四十多元一盒降至 8.9 元,为什么降价幅度这么大,就是把价格中的水分挤出来了,这水分除了层层中间商的成本外,大家心照不宣的就是药品的推销商给医院的有关领导、药剂科、开处方的医师的提成,这些不法的开支都加到普通患者头上,造成了老百姓看病贵、看病难的顽疾。党和政府下大决心解决这一问题,让我们看到曙光享受到实惠,这一英明举措顺民心、得民意。

笔者在此引入的插曲是想说明在工程行业的物资采购环节同样存在类似的问题。据不完全的统计和揭露出来的材料,大概有这么几个数据,承包工程的物资采购额大约占合同额的百分之五十至百分之六十,超出做标时的物资成本约为百分之十至百分之二十,折算成合同额约为百分之五至百分之十。如果不采取措施任由工程物资采购成本超支,则有可能一个原本计划盈利的项目就要变成亏本项目了,最少也要将可获利润降低一大截。超支原因除了物价上涨因素外,私自收取供应商回扣甚至内外勾结挖公司墙脚就是根源。不少案例揭示这一问题,有的国有外经公司的衰落也证明了这一点。

二、要正视工程物资采购中的违法违规行为

上面已谈到吃回扣,内外勾结挖公司墙脚给工程带来的经济损失,情节恶劣的还不至这些,造成工程质量低劣,影响公司在东道国的名声甚至国家的声誉。经济活动中的腐败还是腐蚀剂,使得项目组人心涣散,缺乏战斗力,工程要做好是很难的。吃回扣肥了个别人损害了公司的利益也损害了公司大多数人的利益,与公司优秀的企业文化格格不入,毁掉了好端端的国有企业。所以我们要正视工程物资采购中的违法违规现象不能让它隐于灰色地带之中,睁一只眼闭一只眼,这既是对国家财产不负责任,也是对公司大多数职工不负责任,甚至也是对这些犯错误的人不负责任。堵了漏洞制止了不法的行为等于在悬崖边上把他们拉回来,是真正地关心爱护他们。

三、堵漏洞、引正途,倡导合法合规的工程物资采购行为

1. 树正气、敲警钟,加强反腐倡廉的思想教育。最近,参观了赣东北革命遗址,看到了国民党反动派关押革命志士——方志敏的铁笼,听到了这么一个故事。方志敏领导的红军第十军为了支援中央苏区捐送黄金 300 两,但敌人俘虏方志敏的时候,他身上所有财物只有一块怀表,正如他在"清贫"中写道的,革命者可以一贫如洗,但心中装着的是一个"可爱的中国"。今天的我们共产党员,党政领导干部就应该向方志敏同志学习,不忘初心永葆清正廉明的本色,拒腐蚀永不沾。

2. 扎篱笆、堵漏洞。健全物资采购制度,解决"不能腐"的

问题。

（1）根据合同中工程量清单的单价分析表，编制购买物资和服务的价格计划表，考核与评价采购工作，以此价格计划表的价格为标准。

（2）建立每一物资的供应商名单，确定进入供应商名单的标准：

①产品质量达到国际标准或我国标准；

②经营作风正派，经营手段正规合法；

③在业内有良好声誉和口碑，最好是知名品牌；

④价格合理，有一定市场竞争力；

⑤服务周到，能进行正常沟通；

⑥与本公司有过购销往来，记录良好。

原则上采购物资的供应商应进入供应商名单，进入供应商名单应进行相应的考核和评审程序，通过评审。国内物资供应商名单由各业务主管部门审批，国外物资由公司驻项目所在国办事处审批。名单应是动态的，2－3年微调一次。

（3）根据采购物资的类别和金额确定采购的程序和审批手续：

①施工设备和大型孔具，或采购金额大于五万美元的物资采用公开招标竞标方式，由公司招标办公室负责主持，项目主管部门派人参加。程序：制作招标书→网上发行标书→资格审查→评标→决标→发中标通知书→谈判签约。

②多方询价、比价方式。由业务主管部门对采购全额在两千美元以上五万美元以下的物资采用多方询价、比价方式。询价采用书面方式进行，询价的供应商不少于三家，回函后由业务部门负责人主持比价评定会确定供应商，通知供应商来公司谈判签约。国外的多方询价比价工作由公司驻项目所在国办事处

主持办理。

③小额采购。采购金额在二百美元以上二千美元以下的物资采用小额采购方式。一般由二人经手,通过上门询价或网上询价,货比三家选择质优价廉的供应商,书面报项目部经理批准后实施。

④零星采购。二百美元以下零星物资采购由材料员上门采购。询价后口头报项目经理批准后采购。

以上采购程序的执行由项目经理部财务主管监督执行。如有违规财务可拒绝支付和报销款项。

四、建立廉洁奉公的良好氛围

领导以身作则、一切按程序办,不直接插手干预物资采购的具体事宜。

五、对在物资采购工作中有功人员给予奖励

以计划采购价为标准,节约超出百分之十的部分,按该部分的百分之二十奖励该物资采购人员。

六、惩处违规违法行为

对违规违法在物资采购工作中私自收受回扣,甚至主动索要回扣,或内外勾结虚高价格的人员,根据公司规章制度、党纪国法给予相应的处分直至提交司法部门惩处。

第三节　施工设备的管理

国外土建承包工程的中小型项目,施工机械购置费一般占整个工程造价的 10%～15% 左右。而大型工程项目,由于工期紧技术复杂,要求采用的设备多且智能化水平高。这样施工机械购置费增加了许多,项目施工机械购置费要达到整个工程造价的 15%～20% 。有的还更高。在承包工程中,如何管理好施

工设备,就成为一个重要的工作。

施工设备的管理,要抓好以下几项工作。

一、施工设备的供应

(一)要尽量利用本公司下场的设备,这样既可以做到尽快开工,减少资金的投入,又可以降低工程的成本。

(二)租赁

租赁就是利用别的国家公司的下场设备。相较本公司下场设备多了一些管理费和所取的利润,但其他的好处同用本公司下场设备。但须提醒的是有的专业租赁公司租赁费是不菲的,若使用总租赁费超过新购价格的一半则要慎重。因为加上配件费、维修费还有旧设备作业效率低就不一定划算,只能在赶开工日期时过渡一下。

(三)新购设备。利于提高施工的作业效率,更新技术和工艺。

二、施工设备的现场管理

(一)设专人管理

在项目所在国如果项目多、设备多,可以在该国办事处下面设设备管理组。统一管理公司在该国的设备,集中力量做好机械的保管、维护、修理,更新工作,提高设备的使用效率,项目部与地区设备管理组的关系则成为租赁关系。

(二)建立施工机械台账

台账是施工设备管理的一项重要工作,能使管理者准确掌握设备使用率完好率、出工效率、数量增减的情况,做到设备的科学规范管理。因此,一定要认真填写台账表格内的每项内容。施工机械台账如表 12－1 所示。

施工机械台账

表 12-1

　　国别：　　　　　　　　　　　项目名称：

编　号	机械名称	型　号	规　格	单　价	备　注
生产厂	底盘号	引擎号	出厂日期	卖　方	合同号
到场日期	退场日期	使用小时	完好率	残　值	备　注

　　（三）有计划地做好备品配件供应工作

　　备品配件的供应，决定着施工机械的完好率和作业效率，从而直接影响工程的施工进度。特别在购置国内工程设备去国外施工时，要特别注意购齐备足设备的备品配件。机械管理人员要编制配件计划、提前订货发货，工作做在前面。一般每年要购置相当于主机价百分之五至十的备品配件。编制计划要避免供不应求和浪费的情况。

　　（四）定机定人，机长负责制

　　大型贵重施工机械要实行定机定人、机长负责制，逐台建立施工机械"履历书"。履历书详细记载从购置到运行使用、维护、修理、报废的全部历程，它是该机的"档案"，也是机械调出时随机的重要资料，便于后手接手管理。施工机械履历表大致有以下几部分：

　　1. 机械名称、型号、规格、工厂、出厂年月日、出厂编号

　　2. 主机、辅机

　　3. 技术鉴定情况

　　4. 随机技术资料明细

　　5. 修理记录

6. 事故记录

7. 运行记录

8. 随机附件、工具及备件

9. 转移记录

10. 折旧记录

（五）执行设备管理制度

严格遵守施工机械操作、定期维护保养的规定，加强安全教育，杜绝恶性事故。操作人员未经专门培训不得上机上岗，机器未经磨合期不得满负荷运行，机器未经定期维护保养不得使用。

1. 各种机械设备，都应有成套的安全技术操作规程。

2. 操作人员上机前，必须认真学习技术文件，了解设备的技术性能。掌握操作保养规程和使用要领，通过安全操作技术考试，合格后才能上机。

3. 翻译好外文技术资料，对操作人员进行技术交底和培训工作。

4. 每台设备都应按保养规程，做好清洁、紧固、调整、润滑等工作。特别注意做好发动机的"三滤"和电气部位的清洁工作。对要注入液压系统的油液，必须进行严格的过滤净化，以提高机器的可靠性和寿命。

（六）做好施工机械技术资料和有关单证的保管工作。

这是施工机械维护保养、修理、订购备品配件、转移出关的必备条件。施工设备－开箱就是搜集、清点、保管好上述资料和单证，专人保管、避免遗失。

技术资料主要有：说明书、保养手册、零配件目录。产品图纸、合格证等。

单证主要有：进口许可证、提单、商检证、保险单、发票、原产地证明、发货单和装箱单等。

第四节　施工设备的选型和折旧

目前,世界发达国家的施工机械的技术日新月异,更新换代的周期越来越短。我国工程机械的企业也已跻身世界前十名,像三一重工,柳工,徐工等。工程机械广泛采用液压传动、液力变矩、光电控制、人工智能等先进技术。因此,如何选择适用、高效、耐用、安全、多功能、价格实惠的先进设备,是工程设备管理中又一重要课题。

一、施工设备的选型

(一)施工设备选型的原则

1. 选用的施工设备必须与施工项目,施工环境、施工工艺相适应,力求高效、耐用、节省。

2. 在项目资金允许的条件下,尽量选用先进、高效、多功能的设备。

3. 要注重经济效益。设备要经久耐用,效率要高,费用和消耗成本要低。即折旧费、安装费、运输费、维修费等要相对低,汽柴油、机油,液压油,电费等消耗要低。即

$$综合效率 = \frac{年产值}{年作业成本}$$

单机选用的考虑因素有:

①生产效率高,舒适、安全、易操作;

②经济、购置费用低,综合效率高;

③可靠、出勤率高、故障率低。

④节能,能耗低。

⑤维修方便,简单易修,维修费用低。

⑥耐用。零配件易购,便宜,整机寿命长。

⑦机动灵活、操作方便、机动性大,适应多种场地使用。

⑧环保。环境污染少,有净化装置,排放的废气符合环保指标,噪声小。

⑨成套性强,辅机辅件齐全、配套。具有多功能的性能。

4.所选用的施工机械,整机性能优良。工序之间互相衔接,能进行流水配套作业。

5.在满足施工需要的前提下,选用价格低廉的产品。

(二)施工设备选型要做到以下各点

1.要了解标书技术条款中对采用施工机械的具体要求。

2.要了解工程的工程量,施工方法,施工的具体要求。

3.要了解施工总进度、最高月施工强度及施工组织设计,施工计划表。

从宏观上掌握了上述情况,就可以进行具体的选型工作。

二、施工设备的折旧

施工过程中,施工机械、运输机械、动力设备等这些固定资产由于损耗而转移到工程上去的那部分价值,即是固定资产折旧。

在国际承包工程中,计提施工机械折旧费的方法有很多,各种方法各有其特点。而固定资产折旧的方法直接影响到项目成本、费用的计算,从而影响到项目的利润和向政府缴纳的利得税。因此,对固定资产折旧方法的选用各国都有硬性的规定。比如,我国普通的土方施工机械使用年限,一般规定为5年,运转小时为10000-15000小时。承包公司在确定折旧方法时,一是要遵守东道国和我国的有关规定,二是要根据自己的财力、经营的特点和项目的情况来确定。

(一)计算折旧的方法

1.直线折旧法

直接折旧法也称平均年限法或等值比例法。该法就是将固定资产的折旧平均地分摊到使用期限的各年,其计算公式如下:

$$Z = \frac{P - L}{N}$$

式中:Z—单位时间的折旧费

$\quad\quad P$—设备购置价(也称设备原值)

$\quad\quad L$—使用寿命结束后的设备残值

$\quad\quad N$—使用年限。

这种方法比较简单,被采用的较多。但与设备使用实际情况不太相符合,前一二年设备出力大,减值速度较快,按理应多提折旧费。

2. 年数之和递减法

在机械的使用期内,每年提取的折旧费金额随着使用年限的增多而逐年逆减。

计算公式如下:

$$Z = \frac{2(P - L)(N + 1 - M)}{N(N + 1)}$$

式中:M——年次;其余符号同上。

从实例计算可知,第一年折旧费最高,第二年到第五年逐年递减;比较符合设备出力的实际情况,承包商可以施工前期加速收回设备投资,对承包商的成本控制和投资回笼是必要的。

3. 净值折旧法

净值折旧法也称余额递减法,这种折旧法是先确定年折旧率,用设备每年年初的净值乘以年折旧率,计算出年折旧费。

折旧率是一个固定的百分比,用下式求出:

$$D = 1 - \left(\frac{L}{P}\right)^{\frac{1}{N}} \quad 式中\ D—折旧率$$

其余符号同上。

$$Z_i = (P - Z_1 - Z_2 \cdots \cdots Z_{i-1}) D$$

我国某一地方国际经济技术合作公司,根据多年实践总结出一行之有效的折旧提取方式,折旧年限定为 4 年,从施工第一年起按 4:3:2:1 的比率将设备原值提完。既符合设备出力实际情况,又为中外两地税务部门接受。不失为是一种可取的折旧方法。

(二)计算折旧注意事项

1. 合理选择折旧方式。根据不同设备的价值、用途、寿命分为一次性折旧、一般折旧和个别折旧方式。

①对于专用设备,购置价低的易损设备,有效使用寿命小于其工程使用期限的设备,二手设备、用于非生产性的固定资产(如小车、办公用品等),均应一次性折旧。

②一般通用设备,如土方、石方、混凝土机械,木工、钢筋机械、机修机械等,应作一般性折旧。

③运输车辆、使用寿命长的如盾构机、架桥机、吊车等设备,应根据具体情况作个别折旧处理。

2. 预测设备有效使用寿命和残值的最佳值。

设备的有效使用寿命,首先可以从供货商或生产厂家取得一些资料,再根据自己的经验和网上查阅的有关统计资料,进行综合分析预测。

设备残值定得过低,将会造成参与折旧的工程设备费过高,导致成本加大造成利润过低。如残值定得过高,则影响设备更新,导致设备老旧,能耗高和生产效率低下。因此,要求预测的设备残值尽量与实际情况相近。一般残值取设备原值的 10%~20%。

3. 各种车辆和工程机械的轮胎和易损件,由于消耗快,不应采取与主机同样的投资回收形式,而应作为耗材及零配件作一次性折旧处理。

4.折旧方式要适应法律的约束。施工机械折旧方式在承包工程管理中不仅受资金管理、成本管理、利润水平等方面的制约。还要受项目所在国法律和本国法律的制约。由于折旧可以进成本,减少利润从而降低工程所得税,故采用的折旧计算方法,还需得到项目所在国税务部门的认可。

第五节　物资的运输、清关、保险和索赔

一、运输

将购置和准备好的各类物资,迅速、经济、安全发运到工地,满足施工进度的要求,是物资运输工作的基本任务。

（一）选择最优的运输方式

物资管理人员要了解各国进关、过境的有关规定和费用,海运,陆运的条件、道路情况如何,沿途是否安全,运输公司的信誉,自己派车运输是否可行,集装箱运输是否具备条件,在调查研究之后,在诸多运输方案中选择最快捷、最经济、最安全、最方便的运输方式和路线。

（二）物资运输的必备条件

发货必须准确了解以下内容:

1.工程项目的名称(中、英文全称);

2.发货标记(唛头);

3.到达港(内陆国家要标明最终目的地);

4.收货人的全称、简称、通讯地址(中、英文)电话、电传、传真、Email、邮政信箱号;

5.运输代理人全称、简称(中、英文)、通讯地址(中、英文)、电话、电传、传算、Email,邮政信箱。

6.各种发货单证(提单、发票、发货单、装箱单、保险单、产地证明、商检证明)的要求和份数等。

项目经理以最快的方式书面通知给物资部门。物资部门收到审核后编写"关于 xx 项目的发货通知"文件,发运工作就此启动。

(三)转口物资的运输

当转口合同的成交价是 CIF 或 CNF 时,意味着卖方负责租船、订舱、投保(CIF)、报验、报关、装船发运的全过程。这有利于监督卖方按时发货,出了问题也便于办理索赔。

二、清关

承包商能否按当地海关法和有关规定迅速办好清关的各种手续,关系到物资提货的速度和是否会被罚款,从而影响工程的进度和经济效益。

清关的关键是选好当地的清关代理人和办理进口许可证两件事。

(一)清关代理人

为了使清关顺利,必须聘请在当地注册持有营业执照的清关代理人。有些国家甚至规定清关必须通过清关代理人。清关代理人办理承包工程的物资的进口、出口、转关、延期、报废、取得项目清白证书等一系列涉及海关的手续。清关代理人自身素质及工作效率,直接影响到承包商的利益。选择清关代理人应注意以下几个问题:

1.选择有经验、组织机构健全、资金较为雄厚、信誉好、通关能力强,有一定知名度的代理运输公司做我们的清关代理人。

2.收费合理公道。

3.签订清关代理协议,明确收费标准、对方的责任和罚则。第一次打交道先签一个短期协议,表现好再续签。

4.清关代理协议列明,当一切手续齐全时,不能按期清关造成的延误罚款由代理人负责。

5.清关完结后,代理人把申请单、报关单、进口许可证、发票、保险单、提单等全套单证交给货主——承包商保存,以供物资再出关时使用。

承包商的物资部门必须配备一至两名清关专职人员、配合和监督清关代理人的工作。其职责是:

1.努力学习海关法规和清关业务。

2.参与或直接办理物资进口许可证和支持信的申请工作。

3.向代理人递送清关单证,索取已办完清关手续的清关文件,并审核文件的正确性。

4.监督清关代理人完美按时完成清关任务。

5.支付清关各种费用和清关代理费,按时交纳税金和保险金等。

6.建立清关文件档案,为工程完工的物资再出口和退税做好准备。

(二)进口许可证

提货出港,要预先办好以下几项手续:

1.进口批件;

2.进口许可证;

3.货物保险(有的国家要求当地保险);

4.缴纳过市税(指有此规定的国家);

5.码头海关检验;

各国港口,对提货都有一定的限期,一般5~7天,超过要罚滞港费。时间是很紧的。

申请进口批件的程序:

1.承包商致函业主,附上进口物资一览表;

2. 业主向负责进口批件的主管部门写一封支持信；

3. 承包商将上述两信及进口物资清单交审批主管部门审核，需时三周至四周时间；

4. 批准后，持进口批件和承包合同到负责审批进口许可证的主管部门办现进口许可证，需时 4 - 5 天；

5. 物资到港后，持进口许可证和有关单证办理提货；

进口许可证分永久性进口许可证和临时进口许可证。永久性进口物资系指这些物资在工程进口后，产权属于业主或消耗在工程上，不必再运出境。如安装在工程上的永久设备、金属构件，永久建筑物需要的各种材料，消耗品、施工设备的零配件等。临时进口物资系指物资仍于属于承包商，工程竣工后，必须再出口，如施工机械、各种车辆、板房、家具等。

临时进口许可证有时间限制，一般不超过承包合同的总工期。工程完工，必须出境，否则加倍罚款。出境不太现实，要就补办补交设备残留价值的进口关税，要就办理设备报废手续。

办进口许可证时，每到一批货，就要办一次进口许可证。为了缩短申请批准的时间，在第一次申领许可证时，将要进口物资的总计划列表呈报，这样今后分批发货办理进口许可证就省事多了，只需将今后批次的提单、发票交给进口主管部门，他们核对已批准的进口物资计划，发现无误后，就可立即核发该批次的进口许可证了。

三、运输保险

承包商为了弥补在运输过程中遭受的损失，当货物离港后，持提单，发票立即到保险公司办理投保手续。

运输保险分为：海上运输保险，陆上运输保险，航空运输保险及邮包运输保险等。其中业务量最大的是海上运输保险。承包商货运绝大多数是采用海上运输，现仅就海上运输险作一介绍。

海上运输保险的险别主要有三种:平安险(简称 F. P. A)、水渍险(简称 W. A)、一切险(简称 A. R)

(一)平安险

平安险(F. P. A)是国际海洋运输的一种基本险,主要责任范围包括:

1. 被保险货物在海上,包括陆上运输过程中,由于恶劣气候、雷电、海啸、地震、洪水等自然灾害造成整批货物的全部损失(实际全损或推定全损)。

2. 由于运输工具(包括船舶、火车、汽车)搁浅、触礁、沉没、相撞、与流冰或其他物体碰撞以及失火、爆炸等意外事故所造成的货物全部损失(实际全损或推定全损)或部分损失。

3. 在装卸或转运时一件或数件货物落海造成的全损或部分损失等。

(二)水渍险

水渍险(W. A)也是海上运输货物保险的主要险别之一,其责任范围大于平安险。除了要负平安险的各种责任外,还要负责由于恶劣气候、雷电、海啸、地震、洪水等自然灾害所造成的部分损失。

(三)一切险

一切险(A. R)其责任范围最为广泛,它除了承保平安险和水渍险的各项责任之外,还负责承保货物在运输途中由于外来原因所造成的全部或部分损失,即不论损失程度如何,均负赔偿责任。

我国承包工程,物资发运一般采用海洋运输,多数投保一切险,也有个别项目投保水渍险。保险费计算公式是:

保险费 = 保险金额 × 保险费率

投保不同险别的不同货物,发运的目的地不同,不同的保险公司,其保险费率是不同的。因此,要挑选资信好、实力强、费率低的保险公司。我们承包工程货物运输保险,一般在中国各大保险公司投保。可有的国家规定,物资保险必须在项目所在国投保,如巴基斯坦、中东的一些国家,那就必须客随主便了。

四、运输索赔

物资管理方面的索赔主要涉及在货物运输方面和货物与采购合同的要求不符等方面。

（一）运输的索赔

运输的索赔发生在运输途中由于自然灾害、运输工具,人为等原因造成的全部或部分损失,遭受损失后向运输公司或保险公司索赔,因为投了保。

索赔是有期限的,一般都有明确规定。港口部门为港口编制货运记录之日起 180 天内有效。运输公司、装卸公司的索赔期一般为 6 个月至 2 年,向投保的保险公司索赔有效期,规定为卸离运输工具之日起 2 年。过期不受理索赔。

索赔必须以文字形式提出,详细明确,并经有关当事人证明。如商检机构出具货损检验证明,船长签字的残损证明和索赔清单,同时列出索赔的根据和索赔金额。此外,还要有海运提单、发票、保险单、装箱单、磅码单等一应单据,持上述资料,就可依索赔的程序办理索赔。

（二）物资采购后的索赔

这方面的索赔,有以下几方面:

1. 卖方没有按合同规定的时间供货,拖延了交货日期,要进行罚款。

2. 由于卖方的原因,货到港后提不出货,造成滞港罚款,买方也应及时向卖方提出索赔。

3. 采购的物资因质量、重量和数量与订货合同不符，要进行索赔。买方把证物证言、照片、视频等证据提供给卖方，卖方一般会派员到现场查实后会维修、更换、补齐。

不论何种原因办理索赔收回的费用，都应冲减工程成本，给项目带来经济效益。所以，此事必须引起足够的重视。

第十三章　国际承包工程项目的合同管理

国际承包工程的合同管理对于确保工期与施工质量、降低施工成本起着保证作用，特别是合同管理中的变更与索赔对于增加施工项目的收入，获取利润更是起着决定性的作用。承包工程业内有这么一句话："中标靠低价，赚钱就要靠变更和索赔"，可见变更和索赔的重要。本章介绍合同管理时将重点介绍这两点，希望引起大家重视、研究和讨论。

第一节　合同管理的主要内容

国际承包工程业务活动涉及业主、工程师、承包商三方，FIDIC"土木工程施工合同条款"第四版影响最大，最为大家所采用。它阐述的就是业主、工程师和承包商三者之间的合同关系，介绍了三者进行合同管理的原则和主要内容。这是我们站在承包商的立场谈谈合同管理的出发点、原则和主要内容。

一、合同的转让与分包

没有业主事先的同意，承包商不得自行将全部或部分合同，包括合同中的任何权益或利益转让给他人。承包工程活动涉及的专业众多，承包人不见得所有的专业都擅长，效率最高，将自己不精通、不熟悉的专业转包出去，以求得完美完成承包工程任务，实属很自然的事。分包可以收取管理费，分散承包的风险何乐而不为。在化解了业主的怀疑和担心之后，业主也是乐见其成。如果在订立承包合同之时已将此事列入，等于业主已经同意。如果在项目东道国当地雇用分包商则必须报告工程师并获其同意批准。

分包商对承包商负责,承包商则应对分包商及雇用人员的行为、违约和造成的后果向业主承担责任。

在承包活动中,经常有业主或工程师指定分包商的事情发生,承包商必须接受。"指定的分包商"对承包商承担他服务的项目的全部义务和责任,以便使承包商免除在这方面对业主承担的义务和责任以及由之引起的各类索赔、诉讼等费用。如果"指定的分包商"不愿承担上述的义务和责任,承包商可以拒绝与之签订合同。给"指定分包商"的支付由承包合同中的暂定金额中开支,但通过承包商支付。"指定分包商"的合同也是承包商与之签署。作为承包商的分包商,由承包商负责对他们的管理和协商有关的工作。

二、工程的开工、延长和暂停

(一)工程的开工

标书中规定了从中标函颁发之后的一段时间,在这段时间内,工程师应向承包商发出开工通知。承包商收到此开工通知的日期即为开工日期。竣工期限是由开工日期算起。

如果由于业主方面的原因未能按承包商的施工进度表的要求做好征地、拆迁工作,导致承包商延误工期或增加开支,此时应给予承包商延长工期的权利并补偿由此引起的开支。

(二)工期的延长

1. 如果由于下列原因,承包商有权得到延长工期。

(1)额外的工作或附加的工作。

额外的工作和附加的工作都属于新增工程。工程师在下达的工程变更指令中,经常有要求承包商实施某种新增工程,新增工程有范围和规模的不同,处理的方法也不同。

a 附加工程

所谓附加工程,就是指建成合同项目所必不可少的工程。缺了它,该工程项目就不能发挥合同预期的作用。无论工程量清单(BOQ)中是否列出该项工作,只要业主或工程师发出工程变更指令,承包商应遵照执行。

附加工程又分为在工程量清单中已列项的工作和未列项的工作两种。

a)在工程量清单中已列项(Items)的工作。承包商必须完成。只是工程量有一定的出入,这是正常的现象,并不需要工程师为此发出工程变更指令。已列项的工作,只要按工程量清单中的单价和实测的工程量计算工程款就行了。

b)在工程单清单中未列项的工作,但是属于工程范围以内的工作,承包商应该完成它,但工程师需要发出工程变更指令,明确为新增工作项目,作为工程款结算的依据。因为是新增的工作项目,必须确定该项工作的施工单价,FIDIC 合同条款第52.2 条将确定单价的权力授予工程师。因此,工程师应与业主和承包商协商确定该项新增工作的单价,并将它在下达的工程变更指令中予以明确。工程师确定该项附加工程的单价,按下列步骤进行:

①如果新增的工作项目在工作性质和施工方法上同已列量单的某个工作项目相似,且新增的工程量不大,则采用已列的该项工作的单价;

②如果采用已列的项目单价不合适,则参照所有近似的已列单价利用外插法或增减一定百分比的方法,确定一个新单价;

③如果没有近似的工作做参考,则根据该新增工作项目的性质、施工工艺和方法,采用单价分析法,确定新单价;

b. 额外工程

所谓额外工程,是指工程项目合同中工程范围未包括的工作。缺少它,原订合同的工程项目仍然可以运行,并发挥效益。因此,对于一项额外工程,应签订新的承包工程合同,独立地议定合同价。在合同程序上,通常有两种方式:

a)签订新的合同,议定新的合同价。合同文件的主要内容,可借用原来的合同条件。

b)将额外工程作为原合同工程范围内的一项新增工程,由业主或工程师发出工程变更指令,双方协商确定施工单价或合同总价,由承商按照原订的合同条件完成施工。

C. 处理措施

延长工期和调整单价。

(2)合同条件提到的导致工期延误的原因,如征地拆迁延误;颁发图纸或指令延误;工程师命令暂时停工;特殊风险引起的对工程的损害或延误等。

(3)异常恶劣的气候条件。

(4)由业主造成的任何延误。

(5)不属于承包商的过失或违约引起的延期。

上述延期是否使承包商有权得到额外支付,要视具体情况而定。

2. 办理延期的程序

承包商必须在导致延长的事件开始发生后 28 天内将要求延期的报告送给工程师(抄送业主),并在上述通知后 28 天内,向工程师提交要求延期的详细申请以便工程师进行调查,否则工程师可以不受理这一要求。

如果导致延期的事件持续发生,则承包商应每 28 天向工程师送一份期中报告,说明事件详情,并于该事件引起的影响结束日起 28 天内递交最终报告。工程师在收到期中报告时,应不拖延地做出关于延长工期的期中决定。在收到最终报告之后,再审核全部过程的情况,提出有关该事件需要延长全部工期的决定。但最后决定延长的全部工期不能少于按分阶段期中决定的延长工期之和。

（三）工程的暂停

在施工过程中,由于客观的原因或合同争端,会造成暂停施工产生暂停的原因

1. 业主要求暂停施工

业主授权工程师发出暂停施工指令,承包商必须遵守执行,并负责暂停期间对工程项目进行保护。

（1）承包商施工质量不符合技术规程的要求,质量不合格,经多次提出而不改。

（2）施工现场气候条件的限制,如暴雨、严寒等。

（3）设计有重大改变,近期内提不出图纸。

（4）业主在支付方面遇到严重困难,无力按规定支付施工进度款,等等。

前二种责任在于承包商,所产生的计划外费用应由承包商承担。后两种责任在业主,所产生的计划外费用由业主承担。

2. 承包商要求暂停施工

根据 FIDIC 合同条款第 4 版第 69.4 分条款提出的"承包商暂停施工的权力",即当业主不按合同规定的期限支付工程进度款,而使承包商资金短缺无法继续施工,承包商有权主动提出暂停施工或放慢施工速度。

需要指出的是,承包商要慎用这一权力,因为容易产生与业主的对立,甚至被业主反诉违反合同。比较妥当的做法是,在采取暂停施工举动之前 28 天,书面正式通知工程师和业主申诉暂停施工的合同依据和理由,提出限期付款要求。如果业主对此合法要求置若罔闻,继续拖欠付款,则承包商可由律师出面正式

通知业主,正式暂停施工。

3. 紧急状况被迫暂停施工

施工中有时出现一些紧急状态,危及到业主和承包商人员的生命财产安全,不得不暂停施工。有以下几种情况:

(1)出现特殊风险,如战争、内战、放射性污染、动乱等。

(2)特大自然灾害,如强烈地震、毁灭性水灾等。

(3)严重的流行性传染病蔓延,威胁现场人员的生命安全,像 2020 年全球蔓延的新冠病毒疫情。

(4)恶性现场施工条件或事故,如隧道塌方,地基沉陷等等。

凡是由于上述紧急状况造成暂停施工,承包商所蒙受的经济损失应得到补偿,工期应予顺延。

出现紧急状况,业主不可能对暂停施工发出正式指令,国际工程合同管理采用"可推定暂停施工"的理论,等同业主已发出暂停施工指令,承包商有权获得补偿。

上述三种情况的暂停施工,只要不是承包商的责任时,承包商都应得到相应的工期延长和经济补偿。

4. 暂停施工的合同处理

当引起暂停施工的原因消灭以后,工程施工应予恢复,合同双方共同努力完成项目建设。

FIDIC 合同条款第 40.3 条规定,在工程师发出暂停施工指令的 84 天之后,当承包商已创造好恢复正常施工的条件时,如果工程师或业主仍不发出复工的通知,则承包商有权发出要求复工的通知,要求工程师在接到通知的 28 天之内发出允许复工的指示。假如工程师在 28 天以内仍不表态,则承包商有权采取进一步的,有合同依据的步骤:如果是部分工程暂停施工,则按 FIDIC 条款第 51 条规定,将这部分工程视作被减掉的一项,通知工程师按"变更工程"处理。如果是全部工程暂时停工,则认为停工是业主违约,根据 69.1 条而终止合同的雇佣关系,可按 69.2 条规定运出自己的设备,按 69.3 条向业主要求取得自己一切应得的经济补偿。

三、工程的移交

(一)当承包商认为他所承包的全部工程实质上已完工(工程能按预定目的交给业主运行使用)。并且已合格通过了合同规定的竣工检验时,他可递交报告向工程师申请颁发移交证书。在申请报告中应保证在缺陷责任期内完成各项扫尾工作。

工程师在上述通知发出后的 21 天内,如果对验收结果表示满意,则应发给承包商一份移交证书,如对某些方面不满意,则可要求承包商进行某些补充工作,待承包商完成这些工作并令工程师满意后,即应在 21 天内发给移交证书。

移交证书应确定竣工日期,以及缺陷责任期开始日期,并应注明缺陷责任期内承包商应完成的扫尾工作,从颁发工程移交证书之日起全部工程的保管责任即移交给了业主。

(二)区段或部分工程的移交。根据投标书附件中的规定、

1. 对有区段完工要求的;

2. 已局部竣工,工程师认为合格且已为业主占有,使用的永久性工程;

3. 在竣工之前已由业主占有,使用的永久性工程。均应根据承包商的申请,由工程师颁发区段或部分工程的移交证书。签发此类移交书后,这些区段或部分工程即进入缺陷责任期,工程保管的责任即移交给业主,但承包商应继续负责完成这些区段或部分工程的各项扫尾工作。

四、缺陷责任期(Defects Liability Period)

缺陷责任期一般也叫作保修期,指正式签发移交证书并将

工程移交给业主后的一段时期,在这段时期内,承包商除应继续完成在移交证书上写明的扫尾工作外,还应对于工程由于施工期所产生的各种缺陷,负责维修。这些缺陷的产生如果是由于承包商未按合同要求施工,或由于承包商负责设计的部分永久工程出现缺陷,或由于承包商疏忽等原因未能履行其义务时,则应由承包商自费修复,否则应由工程师考虑向承包商追加支付。如果承包商未能完成他应自费修复的缺陷,则业主可另行雇人修复,费用由承包商支付。(缺陷责任期维修保函在业主手上)。

缺陷责任期一般由竣工之日(或区段或部分工程竣工之日)起开始计算。缺陷责任期时间长短应在投标书附件中注明,一般为一年,也有长达两年的。

五、变更

上面我们提到变更和索赔是增加工程款收入的重要手段,下面我们会用专用章节进行介绍。

六、工程的计量

投标书中工程量清单所列的工程量都是在图纸和规范基础上估算出来的。工程实施时则要通过测量来统计实际完成的工程并据以支付。工程师测量时应通知承包商派人参加,否则即应承认工程师的测量是正确的。有时也可以在工程师的监理下,由承包商进行测量,工程师审核确认签字。

测量方法应事先在合同中规定。如果合同没有特殊规定,工程均应测量净值。

对于工程量清单中的包干项目,工程师可要求承包商在收到中标函后 28 天内提交一份分解表,将该包干项目内容分解为若干子项,标明每个子项的价格,以便在合同执行过程中,按照该分解表的内容在工程月报表中申请付款。

七、质量检查

（一）质量检查的要求。对于所有的材料、永久工程的设备和施工工艺，均应符合合同要求及工程师的指示。承包商应随时按照工程师的要求，在工地现场以及为工程加工设备的所有场所，为其检查提供方便。

工程师应提前 24 小时将参加检查和检验的计划通知承包商，若工程师或其授权代表未能按期前往（除非事先通知承包商外），承包商可以自己进行检查和验收，工程师应确认此检查和验收结果。如果工程师或其授权代表经过检查认为质量不合格时，承包商应及时补救，直到下一次验收合格为止。

对隐蔽工程、基础工程和工程的任何部位，在工程师检查验收前，均不得覆盖。

（二）检查的费用。

1. 在下列情况下，检查和检验的费用应由承包商一方支付：①合同中明确规定的②合同允许承包商可以在投标书中报价的③由于第一次检验不合格而需要重复检验所导致业主开支的费用；④当工程师对工程的任何部位进行剥露或开孔检查工程质量时，如果该部位经检验不合格时，所有有关的费用；⑤承包商在规定时间内不执行工程师的指示或在违约情况下，业主雇用其他人员来完成此项任务时的有关费用⑥工程师要求检验的项目，在合同中没有规定或合同中虽有规定，但检验地点在现场以外或在材料、设备的制造生产场所以外，如果检验结果不合格时的全部费用。

2. 在下列情况下，检查和检验的费用应由业主支付：①工程师要求检验的项目，但合同中没有规定的；②工程师要求进行检验虽然合同中有说明，但是检验地点在现场以外或在材料、设备的制造生产场所以外，但检验结果合格时的费用；③工程师要求对工程的任何部位进行剥露或开孔以检查工程质量,如果该部位检查合格时,剥露、开孔以及还原的费用。

八、承包商违约

承包商违约是指承包商在实施合同过程中由于破产等原因而不能执行合同,或是无视工程师的指示有意地或无能力去执行合同。发生下述情况即认为是承包商违约:

(一)承包商依法被认为不能到期偿还债务,宣告破产、清偿或解体(不是为了合并或重建而进行的自愿清理),或已失去偿付能力等。

(二)工程师向业主证明,他认为承包商有以下行为:

1.已不再承认合同。

2.无正当理由而不按时开工,或是当工程进度太慢,收到工程师指令后又不积极赶工者。

3.在检查验收材料、设备和工艺不合格时,拒不采取措施纠正缺陷或拒绝用合格的材料和设备替代原来不合格的材料和设备者。

4.无视工程师事先的书面警告,公然无视履行合同中所规定的义务。

5.无视合同中有关分包必须经过批准以及承包商要为其分包商承担责任的规定。

在上述情况下,业主可以进驻现场,终止对承包商的雇用,并可自行或雇用其他承包商完成此工程。业主有使用承包商的设备、材料和临时工程的权利,并罚没履约保函。

当业主终止对原有承包商的雇用之后,工程师应对其已经做完的工作、材料、承包商的设备、临时工程的价值进行估价,并清理各种已经支付的费用。同时,承包商应将为该合同提供材料、货物和服务而签订的有关协议的权益转让给业主。

我国承包商应对上述 FIDIC 条款引起认真足够的重视。有这么一个真实的案例,我国某地方国际经济技术合作公司在乌干达承揽了某水电站项目,将该工程分包给多家公司,又加上管理工作混乱,进度和质量达不到工程师的要求,工程师三次发出警告仍未引起该公司重视,未采取得力措施去补救。结果工程师启用了承包商违约这一合同条款,派大量军警封锁了现场,将中方人员"请"出了工地,遣返回中国。工地的所有建筑材料和施工机械设备罚没,10% 合同款的履约保函罚没。消息传到国内,这家已上市的国际公司股票连着几个跌停板,后来还是该省财政出资托市才勉强在低位稳住了跌势。最终,这家曾经在国内颇有名气的地方国际公司被一家民营企业收购。这个故事说明了法不容情,承包商切莫走上违约这条路。

九、业主的违约

业主的违约主要是业主的支付能力问题,含以下几种情况:

(一)在合同条件中规定的应付款期限期满后 28 天内,未按工程师签署的支付证书向承包商支付。

(二)干扰、阻挠或拒绝批准工程师上报的支付证书。

(三)业主公司宣告破产或停业清理(因经营不善)。

(四)由于不可预见的原因或经济混乱,业主通知承包商他已不能履行合同。

在此情况下,承包商有权通知业主和工程师,在发出此通知 14 天后,业主根据合同对自己的雇用将自动终止,不再受合同的约束,可以从现场撤出所有自己的设备。此时业主应按合同条件有关规定向承包商支付,并赔偿由于业主违约造成的对承包商的各种损失。

由于业主处于强势地位,又占地利优势,终止合同对自己并不有利,不到万不得已不走这步棋。可以采用另一种办法,提前

28 天通知业主和工程师,然后暂停全部或部分工作。或减缓工作速度,不再在项目上投入资金,以免损失扩大。可以与业主进行谈判,敦促业主尽快融资筹资,通知对方,由此导致的费用增加以及工期延迟均应由业主一方承担。如果业主随后支付了应支付的款项(包括利息),则承包商不再发出终止合同的通知,不要主动终止合同,并尽快恢复正常施工。

十、争端的解决

在国际承包工程的活动中,由于项目大、工期长、技术复杂,不同国家的法律体系与法律制度不同,FIDIC 条款又不能面面俱到,包罗万象。业主、工程师和承包商的利益不尽相同,文化理念和价值观不同,出现争端是不可避免的。这些争端如果不及时解决,积累下去必定酿成恶果,正因为此,争端的解决就成为合同管理的一个重要方面,下面准备用一个章节专门阐述它。

十一、施工索赔(详情请见第十四章)

十二、证书与支付

(一)工程月报表

月报表即是每月完成的工程量核算,结算和支付报表。承包商按工程师指定的格式向工程师递交一式六份月报表,每份承包商均要签字,说明承包商认为该月自己应得到的,涉及以下几方面的款:

1.已实施的永久工程的价值。

2.工程量表中的其他项目,如临时工程,计日工等。

3.设备和材料预付款。

4.按价格调整公式计算所得的价格调整所得。

5.按合同规定承包商应得到的其他款项。

月结算报表中应扣除质保金、应偿还的预付款和有的国家要预扣的项目所得税款等。如果工程逾期,还要扣除逾期损害赔偿费。

质保金一般每月按投标书附件中规定的百分比扣除,一直扣到所规定的质保金限额为止。在颁发部分或整个工程的移交证书时,将相应的质保金的一半退还给承包商,另一半在整个工程缺陷责任期期满后退还给承包商。

(二)竣工报表

在颁发整个工程的移交证书之后84天内,承包商应向工程师送交一份竣工报表,该报表应附有按工程师批准的格式所编写的证明文件。应详细说明以下几点。

1.到移交证书注明的日期为止,根据合同完成的全部工作的最终价值。

2.承包商认为应该支付的其他款项,如所要求的索赔款项等。

3.承包商认为根据合同应支付给他的估算总额。所谓估算总额,是因为此金额未经工程师审核同意。

工程师应根据对竣工工程量的核算,对承包商其他支付要求的审核,确定工程竣工报表的支付金额,上报业主批准支付。

(三)最终报表,书面结清单与最终证书。在颁发缺陷责任书后56天之内,承包商应向工程书提交一份最终报表的草案,以及按工程师的要求,提交有关资料,该草案包含:

1.根据合同所完成的全部工作的价值。

2.承包商根据合同认为应支付给他的其他款项。

当承包商和工程师达成一致意见后,则承包商可向工程师提交正式的最终报表,同时向业主提交一份书面结清单,进一步证实最终报表中按照合同最终应支付给承包商的总金额。

在接到正式最终报表及书面结清单之后28天内,工程师应向业主递交一份最终证书,说明:①工程师认为按照合同最终应支付给承包商的款额;②业主以前所有应支付和应得到款额的收支差额。

在最终证书递交业主56天内,业主应向承包商进行支付,否则应按投标书附件中的规定支付利息。

承包商递交最终报表后,就不能再要求任何索赔。

(四)缺陷责任证书。缺陷责任证书应由工程师在缺陷责任期满之后28内颁发,说明承包商已尽其义务完成施工和竣工并修补其中缺陷,达到了工程师满意的程度。至此,承包商与合同有关的实际义务业已完成,但如业主或承包商任一方有未履行的合同义务时,合同仍然有效。

缺陷责任证书发出14天内应将履约保函退还给承包商。

第二节　常见的合同问题及合同变更

在工程项目的实施过程中,由于多方面的原因,会出现工程范围的变化,工作内容的变化,工程量的变化,施工进度的变化,质量要求和标准的变化。这些变化既给合同管理带来了困难和复杂,但也给合同金额带来增加机会我们要学会化不利为有利,创造增加收入的机会。

在工程项目的施工过程中常见的合同问题,可以归纳为以下几个方面。

一、不利的自然障碍与条件

承包商在施工现场遇到的施工条件,与合同文件中描述的施工条件有重大的差异或变化,而这种变化了的施工条件,是无法预见到的。这就是FIDIC条款第12.2条所叙述的"不利的自然障碍与条件",而这种差异就是一个有经验的承包商也难以预料到的。因此,在这种新的施工现场条件下,承包商有权向业主和工程师提出书面要求,请业主和工程师在施工时间和单价方面予以适当地变更,并保留提出索赔要求的权利。

（一）出现不利条件的原因

大型土建工程发生不利的自然条件并不少见,双方应互相谅解,按合同文件的规定合理解决。

出现不利的自然条件的原因,主要有以下几个方面:

1. 从客观上讲,大型土建工程规模大、范围广,工期长,涉及气象、地理和地质的条件变化是很自然的。而往往要进行地下施工,开挖的深度和广度都是前所未有的,极可能遇到复杂的地质环境等等。

2. 从主观上讲,可能是设计咨询部门对施工地区的勘探工作的深度和采点不够。地质钻探和地层调查工作没有做细,因而在招标书中没有正确反映地质条件,数据相差太大。而承包商也对现场复勘工作不够,对业主提供的资料缺乏分析与核查。

（二）两类不同的不利现场条件

土建工程中出现的不利自然条件,一般是指地表以下的异常现象,多属于土壤、地质、地下水、地下障碍、地下填埋文物等方面的问题。最常见的有:基础下发现流沙层或淤泥层,隧道开挖过程中发现新的断层破碎带,水电站具体基础岩石开挖时发现对坝体稳定不利的岩层走向,等等。

国际承包工程界通常将不利的自然条件或不同的现场条件,分为两种类型,以区别其严重程度。

1. 第一类不利的现场条件

这一类不利的现场条件,是指招标文件描述现场条件失误。即在招标文件中对施工现场存在的不利条件虽然已经提出,但严重失实,或其位置差异极大,或其严重程度差异甚大,从而使承包商受到误导。如:

①在开挖现场出现的岩石或砾石,其位置高程与招标文件所述的高程差别甚大;

②招标文件钻孔资料注明坚硬岩石的某一位置或高程上,出现的却是松软材料;

③实际的破碎岩石或其地面障碍物,其实际数量大大超过招标书中给出的数量;

④设计指定的取土场或采石场生产出来的土石料,不能满足强度或其他技术指标,要更换料场;

⑤实际遇到的地下水在位置、深度、水质和水量等方面与招标文件中的数据相差悬殊;

⑥地表高程与设计图纸不符,导致更大量挖填方量;

⑦需要压实的土壤的含水量数值与合同文件中给出的数值差别过大,增加了碾压工作的难度或工作量等等。

2. 第二类不利的现场条件

第二类不利的现场条件是指招标文件没有提出,而且按该项工程实践出乎意料地出现的不利现场条件。例如:

1. 在基础开挖时发现了古墓、土建筑遗址、古化石;

2. 遇到了高腐蚀性的地下水或有毒气体,给施工人员和设备造成了意外的损失;

3. 在隧道开挖过程中遇到强大的暗河,这是隧道施工中罕见的现象。

上述两种类型的不利的施工现场条件,都给承包商的施工带来了严重困难,从而引起施工费用大增或工期延长。从合同责任上讲,不是承包商的过失,因而应给予相应的经济补偿或工期延长。

(三)存在不利现场条件的处理措施

不利现场条件,是一个客观现实,不以人们的主观愿望而改变。处理这一问题,首先是争取及早发现它,力争主动;其次,当发现它的存在后,应客观公平地按合同进行正确处理。

1. 如果在项目筹备阶段承包商就跟踪了该项目,可敦促业主挑选好的设计咨询公司,认真细致地做好地质勘探和土壤调查工作。

2. 承包商认真进行投标前现场考察踏勘。

承包商在编标报价前,对现场的地形土质条件、地下水文地质条件、雨量气象条件,以及社会、交通、劳动力等条件,逐项调查研究,查找档案资料,必要时可作重点勘探核查工作,做到算标前心中有数。

在现场考察过程中,核查招标文件中提供资料和数据,发现有严重失实或错误之处,应及时向工程师提出质疑,并在自己报价中做出恰当的安排。

3. 及时提出索赔要求

当在施工过程中发现不利的现场条件时,承包商应立即向工程师和业主报告,要求他们到现场实地察看,研讨处理措施。如果情况严重,势必导致施工费用增加和工期延长,承包商应按合同条款的规定,及时地向工程师发出索赔通知书,并抄报业主。随着在不利现场条件下施工的进程,向业主和工程师发出索赔报告文件,提出索赔具体要求。

应该注意的是,工程师往往就是设计咨询公司的代表,承认存在不利的现场条件就等于承认自己公司的现场勘探工作存在严重缺陷,不能正确对待自己工作的失误和错误,就会文过饰非,否认不利现场条件的存在。出现了这种情况,承包商应说明地下状况的认识确实很困难,出现勘探资料失实难免,这样他就好下台阶,不会与承包商为难对抗,就有可能较为客观公正调查研究,向业主提出合理的处理意见。

二、工程变更

在国际承包工程施工中,工程变更是最普遍最重要并大量存在的合同管理工作,合同结算价的增加大都源于此,因此要引起项目经理和合同管理人员极大的重视。

工程变更的事项,如设计变更,施工计划变更,施工技术规程技术标准变更,实际工程量变更,施工现场条件变更,工程范围变更等等。FIDIC 合同条款第 51.1 条已经指明五个方面变更具体内容,授予工程师随时指令承包商进行他认为应该实行的工程变更。而承包商则必须执行这些指令,唯一的权利是提出工期延长或经济补偿,提出新的合同价格,并在必要时进行施工索赔。

(一)工程变更发生的原因

1. 出现不利的自然条件,使施工条件恶化。

2. 工程范围发生变化,出现了合同范围以外的工程,使合同管理工作出现了新的内容。

新增工程是属于合同工程范围之内还是之外,经常引起合同双方的争议,因为它在处理施工费用和工期有根本的差异。

确定合同工作范围,通常遵循以下原则:

①按照工程量清单、招标图纸,施工技术规程等文件所指明的工作项目。指明了的是工程范围之内的,否则是工程范围之外的。

②发生的工程变更,是属于"根本性的变更"。通常理解为工程性质改变了,或超出了合同的工程范围。例如合同规定是修建一座土坝,而工程师在以后的书面指令改为混凝土坝;合同规定是盖六层教学大楼,而业主要求改为八层楼;合同规定公路长为 100 公里,业主要求公路延长到 130 公里,等等。

③发生的工程变更数量或款额,超过了一定的界限。

FIDIC 合同条款第 4 版规定将工程变更引起的合同价变更超过 15% 时,允许对有效合同单价进行调整。FIDIC 合同条款第 4 版在专用条款(PartⅡ)中提出了补充规定,即:当某一工作项目涉及的款额超过合同价格的 2% ,且其实际工程量超出或低于工程量清单中规定工程量的 25% 以上时,对有效合同单价进行调整。

3. 业主或工程师发出了"工程变更指令"。

进行工程变更,应根据工程变更指令实施。如果业主和工程师发出的工程变更指令是口头的,应要求他补发书面指令,或在承包商发出"口头变更指令确认函"上签字确认。

有时,工程师要求采用同施工技术规程的描述所不同的施工方法或质量要求;或由于设计图纸的缺陷引起返工,造成额外开支;或由于业主对施工的干扰,而影响施工费用和工期。这些事项形成的工程变更,即使得不到工程师正式书面的变更指令,所导致的施工费用增加或工期延长,承包商仍有权得到补偿。这种形式的工程变更,在合同管理工作中称为"可推定的工程变更"(Constructive Variations),其法律效力等同正式的书面变更指令。

(二)两种不同的新增工程

分为附加工程和额外工程两种。除了在工程量清单中已列项的新增工程外,其余的新增工程工程师皆要发出工程变更指令。凡是发出工程变更指令的工作项目,都要重新确定施工单价。单价由双方商讨确定,由工程师在工程师发出的工程变更指令上写明。

(三)新增工程的处理措施

1. 凡是工程量清单未列入的工作项目,工程师应发出书面的工程变更指令或在承包商发出口头变更指令确认函签字确认。有时工程师对确认函不置可否,在国际承包工程实践中,一般认为,在要求确认函发出的 7 天之内,未接到复函,则认为工程师对要求确认函默认,可作为结算支付的依据。

2. 不排斥承包商对工程师确定的明显不合理的新单价索赔的权利。

3. 对于附加工程,按新定单价在规定的月结算单办理支付。如有争议,承包商可提出索赔要求,以争取获得工程师所定单价的不足部分。对于额外工程,均属于索赔范围,由合同双方议定新单价,按合同程序支付。

对固定总价合同时,合同双方应对合同项目的工程范围,协商取得明确一致的意见。

三、工期调整

在大型土建工程施工中,由于主客观因素,经常发生工期延误,原定的竣工日期往往难以实现。因此,在合同实施中要善于处理工期问题,及时合理地调整施工进度,以保证在符合质量标准的前提下尽早完成施工,发挥效益。

(一)工期调整的原因

影响工程进度的因素很多,主要归纳如下:

1. 客观原因,如:

①异常恶劣的气象条件;

②不可抗御的天灾,如地震、洪水等;

③工人罢工;

④爆发战争、政变内乱;

⑤不利的施工现场条件,等等。

2. 业主方面的原因,如:

①未按合同规定及时提供施工现场及通道;

②提前占用部分工程;

③干扰影响施工进度；

④未按合同规定付款,等等。

3.工程师方面的原因,如：

①修改设计；

②未按规定按期提供图纸；

③未按规定时间做出决定,批复文件,等等。

4.承包商自己的原因,如：

①施工组织能力差,工效低；

②施工设备和建筑材料未跟上进度；

③开工日期拖后；

④施工技术力量和人工不足,等等。

（二）工期方面的重大事项

研究影响施工进度和进行工期调整的一些重大事项,分析其合同责任,找到解决问题的措施。

1.工程拖期

是指由于施工进度落后于合同中的施工进度计划,致使工程不能按原规定的日期建成。这是工程施工中常见的现象,是进行工期调整的根源。

一旦出现施工进度推迟时,应立即引起合同双方的重视,分析拖期的原因,明确合同的责任,采取得力措施扭转局面。

拖延工期分为两类：可原谅的拖期和不可原谅的拖期。可原谅拖期是指非承包商责任的拖期,不可原谅拖期是指承包商责任的拖期,承包商应采取措施加速施工,赶工期,力争按合同规定日期竣工。否则,将承担拖期损失赔偿费。

可原谅的拖期,承包商应得到工期延长。凡是由于客观原因引起的,一般只给延长工期,而不给经济补偿,称为"可原谅但不给予补偿的拖期"。而凡是不利的现场施工条件,及由于

业主或工程师方面的原因引起的施工拖期,则不仅应给承包商
延长工期,还应给相应的经济补偿,称为"可原谅并应给予补偿
的拖期"。

还有"双方责任拖期"是指拖期既有业主、工程师方的责
任,又有承包商的责任。这种责任要双方协商分析,按百分比划
分责任程度,然后决定给承包商的工期延长和经济补偿的具体
数量(对应于业主和工程师方的责任)。

工程拖期的分类及索赔处理

表 13 - 1

索赔原因	是否可原谅	拖期原因	处理原则	索赔结果
工程进度拖延	可原谅的拖期	(1)设计改变; (2)施工条件变化; (3)业主原因拖期; (4)工程师原因拖期;	可延长工期 可补偿损失	工期索赔及经济索赔均成功
		(1)特殊反常天气; (2)工人罢工; (3)天灾;	可延长工期 不补偿损失	工期索赔成功经济索赔不成功
	不可原谅的拖期	(1)工效不高; (2)施工组织不好; (3)设备材料不足;	不延长工期 不补偿损失 承担拖期赔偿费	两种索赔均不成功,还要承担拖期赔偿费

2. 工期延长

承包商得到的工期延长,是该工程拖期的责任不是由于承
包商的失误和低效,而是由于客观原因,或业主,工程师方面的
责任。

FIDIC 合同条款第 44.1 条列举出五种情况,据此应给承包
商延长工期。

承包商获得了工期延长,就免除了承担拖期损失赔偿费的
负担,在一定条件下还有可能获得额外支付的权利。因此,承包
商应熟悉项目的合同文件,在每一项拖期的情况下,获得工期延长。

在国际承包工程施工中,按照惯例,承包商可根据下列八项因素取得延长工期的权利。

①业主未能按合同规定的时间提供施工现场或施工通道;

②工程师未能按合同规定的施工进度表提供施工图纸发出必要的指令;

③施工中遇到不利的自然条件或人为障碍;

④由于业主方的原因,发生暂定施工;

⑤业主和工程师发出因额外工程而产生的工程变更指定;

⑥由于业主风险或特殊风险,引起工程的损害或施工延误;

⑦施工中遇到异常恶劣的气候条件;

⑧由于业主的原因,使施工受到干扰或阻碍,等等。

恶劣气候条件可以经济索赔和延长工期(FIDIC 条款第 44. 1(c)条)。在合同管理工作中,往往由于对气候条件影响程度的理解不同,合同双方在调整工期或索赔工作中发生分歧,形成合同争端。在这方面,合同双方应注意区别以下情况。

第一、区分恶劣气候条件和一般的气候条件,一般的气候条件,属于承包商的风险,即属于承包商的责任。因此,在施工过程中,注意收集气温,降雨量、风速、湿度、河流水位、洪水流量等数据,为申报工期延长准备资料。

第二、区别特别不利的气候条件和不可抗御的自然力。在FIDIC 合同条款第 20.4(h)中提到"不能采取预防措施加以抵御的自然力",这属于业主的风险,业主的责任。承包商在遇到这种情况时,要及时收集证据资料,同业主和工程师协商,取得一致意见。如 2021 年河南郑州的暴雨。

第三、正确处理施工现场水文和气候条件同不利的现场施工条件的关系。

承包商应认真地进行施工现场的水文和气候,地质土壤的调查,核查业主提供现场资料的准确性,如发现业主提供了错误的资料,这种情况就构成第一种类型的施工条件变更——APC Type1,承包商有权提出不同现场条件或不利自然条件的索赔要求。

3. 加速施工

当工程项目的施工遇到可原谅的拖期时,如果该项目的推迟完工会给业主带来重大的经济损失,或导致一系列工程拖期,业主宁可采取加速施工(Acceleration)的措施,令指承包商投入更多的施工设备和人力,或采取加班施工的办法,挽回已失去的工期,仍按合同文件规定的日期完工,投入使用发挥效益。

业主在决定采取加速施工措施后,应向承包商发出书面的"加速施工指令",并承诺承担由此而发生的额外开支。但是遗憾的是业主和工程师并不发出"指令",而是指责承包商拖期了,是口头上催促承包商赶进度。作为承包商,他在接到书面的"加速施工指令"之前,不应也无权采取加速施工措施,而是应严正向业主和工程师指出,双方应坐下来讨论拖期问题,明确拖期的责任,采取公正的解决措施。

在处理加速施工问题时,应正确解决以下两个具体问题。

(1)确定加速施工的持续天数。

项目合同文件中,都列明了计划工期的天数,实际工期同计划工期之间的差别天数,就是业主应给予承包商的工期延长的天数。

如果工程的拖期是施工效率的降低所引起,而工效降低是由客观原因或业主方面的责任时,则承包商应得的工期延长的天数为:

工期延长 = 实际工期 - 计划工期

$$实际工期 = 计划工期 \times (1 + \frac{原定效率 - 实际效率}{原定效率})$$

式中:原定效率——投标文件中所列的施

工效率,$m^3/(HP \cdot h)$ 或 $t/(HP \cdot h)$;

实际效率——施工时受干扰或影响;

后的效率,$m^3/(HP \cdot h)$ 或 $t/(HP \cdot h)$。

如果在施工过程中受到工效降低和工程量增加等因素的影响,工程项目的施工期可能拖延甚久,这一工期被称为理论工期。当采取加速施工措施时,理论工期和实际工期之间的时差,亦即加速工期的天数。即:

加速施工 = 理论工期 – 实际工期,如图 13 – 1 所示

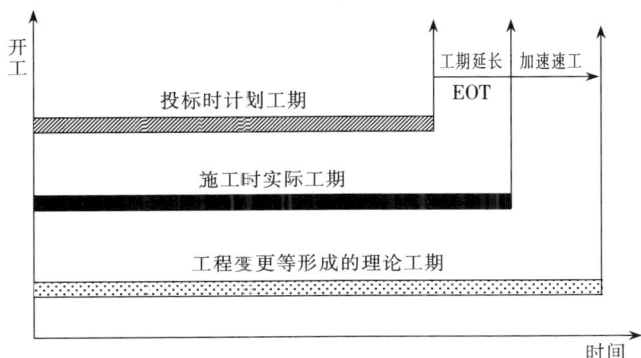

图 13 – 1   各种工期关系示意图

加速施工在合同含义上包括在工程变更范围内,所以,加速施工的费用支付按工程变更的办法进行估价。

在 FIDIC 合同条款第 47.3 条中,间接地提出了加速施工的费用支付方式:即以发放竣工奖的办法,作为对承包商加速施工费用的经济补偿。

比较精确的计算加速施工额外投入的施工设备、人力、加班费、油料、折旧费及管理费才算合理。

(三)处理措施

施工工期调整的基础是合同中的施工进度计划,在此计划

进度上增加一个个的工期延长,最后再采取加速施工的措施,使施工实际工期缩短,构成了施工工期的调整。

工期调整按照如下步骤进行。

1.认真分析研究施工过程中的一个个拖期问题,找到原因,明确拖期的合同责任。在明确各自责任的基础上,业主和承包商各自做好自己的事情。

2.及时明确工期延长

对于非属承包商责任的工程拖期,业主和工程师应及时地给承包商相应的工程延期,以免形成僵持,使工程更加拖期。

在工期调整时,业主应首选工程延长,不要轻易采用加速施工的措施,因为这样会使工程成本大幅度增加,FIDIC 合同条款第51.1 条补充规定:如果工程师指令的工程变更(包括加速施工),需要"另外的"施工机械来实施,承包商没有义务必须实施这项工程变更,即有权拒绝实施,如果业主坚持要求加速施工,则必须为承包商新购的施工机械买单。

3.确实需要时再采取加速施工

加速施工是工期调整的最后一项措施,表明业主将不惜成本也要确保工程如期建成。

在采取加速施工措施时,业主应与承包商仔细制定加速施工的方法和新的施工进度表,研究所需要的新增施工设备、劳动力和费用等问题,以确保工程如期建成。

在实践中,采用如期竣工奖的办法可能比加速施工指令更为简便更节约而更可行。这样可以更充分调动承包商的积极性和挖掘出巨大的潜能,节省大量的时间和成本。

四、合同价的调整

我们之前说过变更和索赔会带来合同价的调整,增加承包商的项目收入,带来实施承包工程的利润,这是我们就来具体研究这一问题。

（一）合同价调整的原因

合同价的变化是工程变更,工期调整、索赔等一系列变化的反映,是一个复杂的系统。引起合同价变化的主要原因,有以下几个方面:

1. 工程量变化

工程量的变化引起合同价的调整,是最普遍的现象在合同价调整中所占比重也较大,实现的难度也不大,最应引起承包商的重视。

工程量的变化一般是由工程变更引起的。工程量清单所列的工程量是工程师根据图纸算得的近似值,实测的工程量一般会有偏差。

如果实际工程量与量单上所列工程量出入过大,根据 FIDIC 条款还要对单价调整.两者都变化,带来该项工作的合同价变化就更明显。

2. 不利的自然条件

施工过程中发现不利的自然条件或外界障碍时,使现场施工条件大为恶化,往往引起工期调整和施工单价调整,引起合同价调整。

3. 额外工程

额外工程超出合同文件的范围,属新的合同范围。不仅单价要新订,工程量也要新订,从而使合同价调整。

即使有时工程师为了方便把额外工程改为"按日计工"。在暂定金额中开支,不列入合同额,但对承包商而言,合同内外都是项目收入,没有区别。

4. 工期调整

工期调整无论是工期延长或加速施工,都带来施工费用的增加,大多数情况还涉及单价的调整。

5.物价上涨

工程所在国物价上涨,货币贬值是大概率事件。物价上涨引起材料、人工工资、台班费上涨,从而使工程成本上涨。在FIDIC 合同条款第二部分中就提出了利用调价公式调整单价的方式,在国际承包工程实践中经常采用。

6.东道国立法变更

FIDIC 合同条款第 70.2 条规定,在投标日以前的 28 天以后,如果工程所在国的法律法规发生变更,使承包商的施工费用增加时,承包商有权得到经济补偿,从而使合同价调整。

7.索赔

除前 6 条外,还有诸如工程所在国货币汇率下调等索赔事项发生,业主在谈判后答应赔偿,这些都会产生合同价调整。

(二)调整施工单价

在承包工程实践中,当工程量、工期、施工条件发生较大变化,使承包商原来承诺的根据有了改变。这时,单价合同中的施工单价是可以变动的,工程师被赋予重新确定单价的权力。

1.单价调整的理由

根据承包商提出改变施工单价的申请和证据,工程师在符合下述情况时,对单价进行调整。

①标书规定的施工顺序或时间发生了变化,使施工难度增大,时间延长,费用增多;

②合同规定的工作性质发生了变化,超出了合同的工作范围;

③施工的连续性被破坏了,引起了施工拖期的波纹效应;

④出现了不利的自然条件,使施工难度大为增加;

⑤实际施工期较合同工期大量增加,引起施工直接费和间接费增加;

⑥施工进度受到外界或业主的干扰,施工效率降低,引起施工费用增加;

⑦实施的工程量与原合同论述的相差基大,使得原定单价显得不合理、不适用,等等。

出现上述情况,工程师有责任同业主和承包商协商,共同确定新单价;如协商不成,由工程师最后确定。对于工程变更或不利的现场施工条件,工程师应在发出变更指令起的 14 天以内,向承包商正式通知施工新单价。否则承包商有权不开始实施该项工程变更。

归纳一下,引起单价调整的主要因素是:工程变更;额外工作,不利的现场施工条件;以及工期延长,如图 13-2 所示。

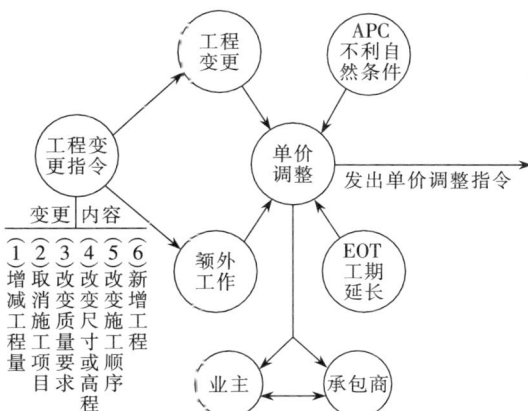

图 13-2 影响单价调整因素示意图

每项单价调整的时限,是在工程变更指令发出后的 14 天以内,由业主和承包商在工程师的主持下协商确定。

在国际承包工程施工的实践中,一系列的变更是不可避免的,而业主和工程师对工期调整和合同价调整是不敏感的,这就要求承包商的合同管理人员,善于捕捉变更把握变更,善于解决变更所引起的一系列合同管理问题,变危为机,保证项目顺利实施,为项目创造更多的利润。

2. 工效降低引起的单价调整

在施工过程,由于客观原因或业主方面的干扰,而使承包商的效率降低,施工费用增加。

一般采用调整施工单价的办法,对承包商进行经济补偿。调整后的单价,可根据下列公式计算:

$$A = a\left(1 + \frac{\propto - \propto'}{\propto}\right)$$

或中　　A—调整后的新单价;

　　　　a—BOQ 表中的原单价;

　　　　$\propto$—投标书中的施工效率,即原定效率

　　　　$\propto'$—实际效率。

3. 合理地确定单价

一个合理的施工单价,应接近实际成本费,并有适当的利润。成本费包括直接费用和间接费用。单价的组成内容如下:

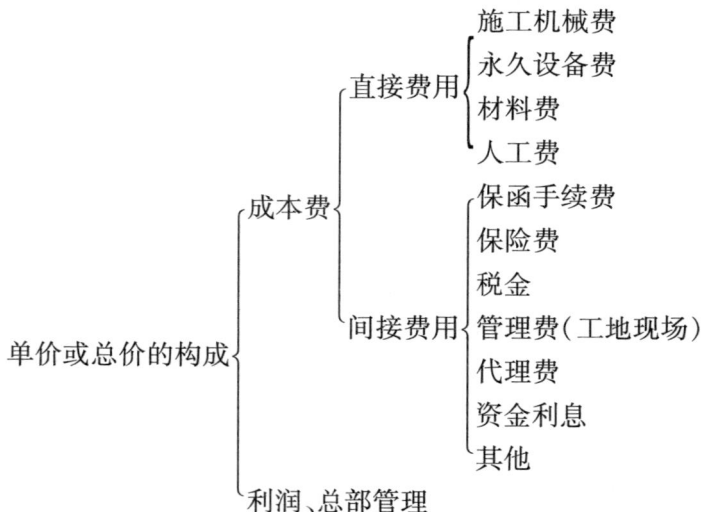

```
                                      ┌ 施工机械费
                            ┌ 直接费用 ┤ 永久设备费
                            │         │ 材料费
                            │         └ 人工费
                    ┌ 成本费 ┤
                    │        │         ┌ 保函手续费
                    │        │         │ 保险费
单价或总价的构成 ┤        │         │ 税金
                    │        └ 间接费用 ┤ 管理费(工地现场)
                    │                  │ 代理费
                    │                  │ 资金利息
                    │                  └ 其他
                    └ 利润、总部管理
```

承包商对工程变更后的各项工作进行单价分析后,向工程师提出调整单价的要求,经工程师审核同意后,作为调整后的新单价。

参照工程量清单中的原定单价确定新单价时,新增工作的性质和施工条件应同原工种的性质和施工条件相似。否则,应根据新增工作的性质和施工条件,独立地计算,协商确定。

当某一工作项目的单价成本较投标单价成本差价达到或超过15%时,应调整单价。

(三)调整合同价

对于总价合同,合同价不能调整,这种合同适用于规模小,工期短的小型工程项目。

对于单价合同,如工程性质变化,施工条件变化,物价大幅上涨的特定条件,施工单价仍是可以调整的。至于调整的范围和幅度,则有相应的合同条款作规定。

1. 影响合同价的因素

在承包工程的实践中,最终结算的合同价与投标时的报价总是不同,如同它的工期总是与标书上的工期总是不同一样。

对于一般的国际工程项目,其合同价的变化受以下因素影响。

(1)施工单价的变化。

(2)工程量的变化

(3)物价上涨。物价上涨引起的合同价调整,通常用调价公式计算,如后面所述。

(4)业主风险及特殊风险。FIDIC 合同条款的第 20.4 条的业主风险以及第 65 条所述的特殊风险,都可能使工程项目的费用大增。由于业主对上述风险承担合同责任,故承包商可获经济补偿,因而使合同价调整。

（5）后续立法和修改法律,如前所述,

由于诸多因素的影响,调整后的合同价要比原合同价高出不少,实践数据表明,大多数的承包项目,这个增值一般可达10% ~20%,考虑业主和工程师掌握着一定量的暂定金额以及公开招标业主获得的中标价的下浮金额,最后这个合同价的增值业主一般是可以承受的。这就是合同价调整的保障。

合同价的调整过程可以用图13-3示意。

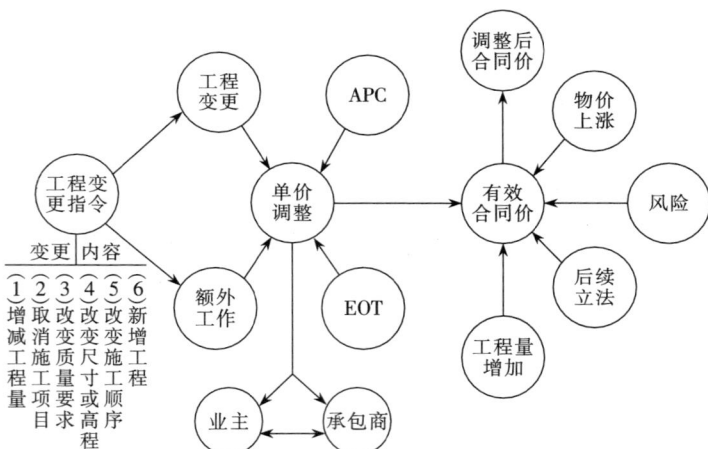

图13-3　合同价调整关系示意图

2.价格调整公式

价格调整是根据各个可调整项目的物价浮动程度。利用公式先求出"物价变化系数",然后利用这个系数计算调整后的合同价。

我们采用的是世界银行发布的价格调整通用公式,它包括的可调整项目,共计11项;并且根据不同性质的工作,提出了建议的各项系数。

世界银行推荐的价格调整通用公式如下:

$$P = X + a\frac{EL}{EL_0} + b\frac{LL}{LL_0} + c\frac{PL}{PL_0} + d\frac{FU}{FU_0} + e\frac{BI}{BI_0} + f\frac{CE}{CE_0} + g\frac{RS}{RS_0}$$
$$+ h\frac{SS}{SS_0} + i\frac{TI}{TI_0} + j\frac{MT}{MT_0} - k\frac{MI}{MI_0}$$

式中　　P—价格调整系数；

　　　　X—固定系数；

　　　　$a,b,\cdots\cdots,k$—可变系数；

　　　　EL—外来工人的现时工资；

　　　　EL_0—外来工人的基础工资，即投标采用的初始工资；

　　$LL、PL、FU、BI、CE、RS、SS、TI、MT、MI$—分别代表当地工人,施工设备、燃料、沥青、水泥、应力钢筋、结构钢筋、木材、海运及其他调整项目的现时价格；

　　$LL_0\cdots\cdots,MI_0$—分别代表它们的初始价格,即投标文件中的价格；

　　关于 $a,b,\cdots\cdots,k$ 等可变系数。根据工作性质的不同,亦应有相应的变化,其目的是使各个调整项目的比重适应于该工作的性质,比较接近实际。世界银行推荐的对于不同性质的工作的可变系数如表 13 - 2 所示。

可变系数表

表 13 - 2

系数\工种	X	a	b	c	d	e	f	g	h	i	j	k	合计
土方工程	0.10	0.13	0.10	0.38	0.15	0.0	0.02	0.02	0.0	0.0	0.05	0.05	1.0
结构工程	0.10	0.16	0.14	0.24	0.15	0.0	0.09	0.06	0.0	0.0	0.08	0.04	1.0
表面修理	0.22	0.12	0.15	0.32	0.10	0.0	0.0	0.0	0.0	0.0	0.05		1.0

例如,对于应力钢筋的调价,用应力钢筋最多的是结构工程,系数取 0.06;土方工程次之,取 0.02;表面修理工作不用应力钢筋,故取 0.00。

在求出价格调整系数 P 以后,即可根据原合同价 P_0,计算出调整后的合同价 P,即:

$$P = \frac{P_0}{100} \times 价格调整系数 P$$

价格调整一般每月一次。有的工程项目规定每季度调整一次,或当价格上涨 5% 以上才允许调整。具体怎么调整要看项目合同的规定。

调价时,现时价格系指调整时段(一月或一季度)的最后一天的市场价格;基础价格系指开标日 28 天前该日的价格。调整后的月结算单经工程师审核签字后,转报业主据以付款。

3. 合同价调整的起点

在国际工程合同价调整的有关条款中,往往对合同价的调整规定一个起点,只有当价格浮动超过一定的比例,才允许进行价格调整。FIDIC 合同条款第 4 版中第 52.3 条规定超过 15% 才允许价格调整。

第三节　合同争议及其解决方法

在项目实施的过程中,业主和承包商不可避免地会产生意见分歧、产生争议、产生对立,如果不及时解决将会影响双方的关系,影响彼此的合作,影响项目的实施,最后影响到合同双方的利益。所以,不能等闲视之,应积极对待。

一、合同争议发生的原因

海外工程项目一般都条件复杂,业主和承包商利益冲突。

而且,任何合同文件都不可能面面俱到,对所有问题都有涉及。对合同条款还有理解和解释的问题。这些就是发生合同争议的根源。

(一)在合同关系上,业主和承包商的地位并不平等,业主属于主导的强势地位,项目的风险都落在承包商身上。承包商为了维护自己的合法利益,减少损失,在施工过程中就会就工程付费和施工期限的问题提出自己的要求,形成合同争议。

(二)合同双方站在各自立场对合同文件的含义有不同的理解和解释,产生争议。FIDIC 条款规定,合同的解释权归于工程师。由于工程师受雇于业主。"端人家的饭碗服人家管",屁股很难坐端正,就不可避免地引起承包商的委屈,忍无可忍之时就提出申诉。

(三)对每月报送的工程量单的项目和数量产生歧义,引起争议。

(四)对质量的认定因对质量标准理解不同产生分歧。

(五)业主因经济困难,以各种借口,不接合同规定的期限向承包商支付工程款,影响了承包商资金的周转。

(六)变更引起的费用增加,工期拖期,就其责任的认定,经费的补偿和工期延期产生争议。

二、合同争议的主要内容

虽然争议的事情很多,争议的激烈程度也有所区别,究其性质和内容,可以分为以下四个方面。

(一)对合同的条款的理解和解释不同。这是合同争端最多的地方。

1.关于施工现场"不利的自然条件"或称"不同的现场条件",并没有定量的具体规定和精确的言辞解释,成为双方争执的焦点。

2. 合同条款中"承包商的一般责任"一条中有要求承包商完成根据合同的"合理推断的工作",什么是合理推断的工作,这里伸缩性很大。

3. 施工过程中遇到风险和特殊困难时,对工期和取费都会产生影响,但在确定该风险或特殊困难由谁承担时,存在理解的差别。

(二)当施工出现工程变更和新增工程时,有的提出为新项目提出新的单价,而且明确由工程师确定新的单价。这里容易产生承包商对新单价不同的意见。

(三)在发生索赔问题时争论不休,索赔是承包工程过程中的正常现象,如双方处理不当,有可能发展为严重的合同争端,诉诸仲裁或司法诉讼。

(四)业主拖期支付工程款引起合同争端。遇成承包商现金流断裂,施工无法正常进行。

三、合同争议的解决途径

(一)通过友好协商,进行谈判解决问题。友好协商是解决合同争端的第一阶段,在这阶段 FIDIC 条款把解决争端的决定权交给了工程师。工程师在接到争端的投诉之后,应把业主和承包商撮合在一起,心平气和地本着友善的态度坦诚地交换意见,力争站在对方立场上换一个角度看问题,力争看到对方立场合理的部分,做出妥协或让步,大多数的分歧和争端通过友好协商谈判,在双方做出让步之后是可以找到解决办法的。这种方法付出最小,争议双方获得最大。

(二)在争议双方协商无果情况下,双方对立情绪大,坐不到一起来。这是合同争议的第二阶段。这时可以通过中间人调解的办法来解决争端。调解又分二个步骤,第一步工程师从中调解,工程师对争议的起因,双方分歧的现状和立场的差距最清楚,一般只要承包商对工程师尚存信任,调解还是容易奏效的。第二步是在工程师调解基础上,请一个双方都熟悉都信任的朋友从中作合,由于此人德高望重说的话有分量有水平有策略,他的调解容易奏效。

(三)在协商、调解都未奏效的情况下,进入了争议解决的第三阶段,工程师做出决定。FIDIC条款规定,如果工程师在接到业主或承包商的任一方争端申诉之后,应在84天之内作决定,并正式通知争议的双方。在他们双方接到这个通知后的70天之内,任何一方均未做出反应(不同意,或有重大分歧意见)时,则工程师的决定自然生效,对争议双方均有约束力。

根据笔者的体验和观察,发生争议是常事,采取协商和调解是上策,这样做花销小,损失小,取得收益大。切忌采取敌对态度,轻易走向仲裁庭和法庭,这样可能会两败俱伤。但这并不是排除仲裁和诉讼的手段。当合同争端关系到重大切身利益或公司信誉时,多次友好协商均不奏效,法律裁决就是剩下的唯一渠道了。

(四)仲裁

FIDIC条款成为许多国际承包工程合同的指导文件,该合同条款对通过友好协商和仲裁方式解决争端,做了详细的规定。这反映了国际上对解决合同争议方式的倾向性,即日益注重仲裁机关的裁决。

争议的任何一方如欲将合同争议提交仲裁时,必须书面通知工程师,否则,仲裁机关不受理仲裁要求,不能开始仲裁工作。

在仲裁机关正式受理合同争议之后,合同争议各方应做到以下几点。

1.工程师对此项合同争议的决定从此失效,而由仲裁机关重新取证和审理后,独立地做出仲裁裁决。

2. 仲裁期间,直至做出仲裁决定为止的整个时段内,承包商仍应努力施工,并保护工程不受损害;业主仍应按原合同规定支付工程进度款。合同各方的义务没有改变。

3. 仲裁机构在受理仲裁申请后,首先进行调解,仍然争取协商解决,经过 56 天的调解期仍不能使争议双方达成一致意见时,才正式开始仲裁。

为了明合同争议的解决过程,即由协商无效转入仲裁阶段的程序,可参阅图 13 - 4

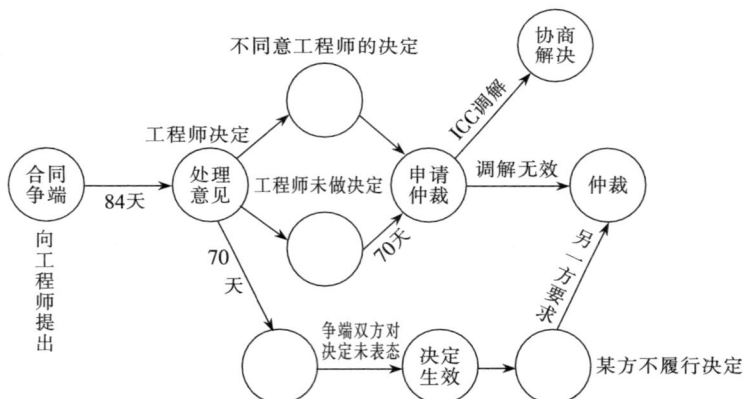

图 13 - 4　合同争议解决过程示意图

关于仲裁机构,多为民间组织,比较有影响的国际仲裁机构有:

瑞典斯德哥尔摩商会仲裁院;

瑞士苏黎世商会仲裁院;

巴黎国际商会仲裁院;

英国伦敦仲裁院;

美国仲裁协会;

日本国际商会仲裁协会;

意大利仲裁协会;

中国国际经济贸易仲裁委员会等。

中国的国际承包工程公司在与国外业主签署合同时,应首选中国的仲裁机构,但有时不为外国业主所接受,退而求其次,可选择瑞典斯德哥尔摩商会仲裁院,它严守中立,裁决公正!已逐渐为中外公司所接受。

关于仲裁的工作程序:

1. 由合同争端的任何一方,按照合同条款规定的仲裁机关,向其提出仲裁申请,并正式通知工程师及争议的另一方。

2. 仲裁机关接收仲裁申请后,先进行调解工作。当调解期满(56 天)而无效时,即正式开始仲裁工作。

3. 要求争议双方各提名一名仲裁员,再由仲裁机构指定一名仲裁员,三人组成仲裁法庭由仲裁机构指定的仲裁员担任主席。仲裁法庭以多数通过的方式做出决定。

4. 制定仲裁工作提纲,写明争议双方的要求和意见,仲裁地点,仲裁初步计划,适用法律,等等。

5. 工作提纲经各方签字,争议双方支付仲裁费用后,进行一次或数次听证会,听取争议双方的意见和证据。

6. 仲裁法庭讨论协商后,做出仲裁决定。此决定对争议双方均有法律效力,是最终裁决,双方必须遵守执行。

7. 仲裁所需时间,一般规定为六个月。但实际上往往在一年以上。

关于仲裁的优缺点:

优点:

1. 仲裁的决定具有法律的强制性,受到各国法律保护。因此,仲裁是有效的,最终的一个解决合同争议的方法。

2. 它有严密的程序,注重证据,并参照国际上类似案例的成功裁决。因此,一般是比较公正的。

缺点:

1. 仲裁费用甚高。即使胜诉,其收入很多都用到支付仲裁费上去了。

2. 耗时大长,历时数年,耗费申请人太多精力。所以,不是万不得已,不要走进仲裁程序。

进行仲裁的注意事项:

1. 要仔细研究工程所在国的法律。只有当仲裁规则符合该国法律时,仲裁的决定才能在该国有效力。

2. 要了解联合国通过的《承认和执行外国仲裁公约》和工程所在国是否参加了此公约。我国已参加此公约。但如对方国家未签字,则裁决决定很难在该国执行。

3. 要选好自己的仲裁员,他必须取得国际仲裁机关的资格,有丰富的仲裁经验,取得本合同选择的仲裁机关的承认。

4. 要充分准备仲裁论证资料,准备好每次听证会的申辩词。聘请有经验的律师为自己服务。

5. 要做好与仲裁法庭的联系工作。

(五)司法诉讼

虽然通过仲裁解决合同争端有其优越性,但仍有些国家不接受仲裁,也有些承包合同中没有列入仲裁条款,发生争议后双方也未补签仲裁协议而不能实行仲裁。还有,有的国家没有在联合国《承认和执行外国仲裁公约》上签字,执行仲裁决定困难;或签字国对仲裁决定动用了拒绝承认和执行外国仲裁裁决的条件,拒不执行仲裁决定,在以上几种情况,承包商最后阶段只有启动司法诉讼程序。为此,在合同中要说明将合同争端提交至某一国家某地的某指定法庭,还要注明适用的法律。需要说明的是司法诉讼费用比仲裁的更高,时间更长。没有胜诉的把握,诉讼标的不大,一般不要采用这种方式解决合同争议。

选择司法诉讼要注意以下几点：

1.熟悉项目所在国相关的实体法和程序法,在起诉前要评估胜诉的可能性。

2.充分收集与整理与诉讼有关的数据、资料和证据。

3.聘请国际或当地知名的律师作为自己的法律代理人。

4.承包商向主管法庭起诉须向业主提交一份预备性诉状。否则,业主可在一审时抗争。

第十四章　施工索赔

第一节　发生施工索赔的原因

一、施工索赔的定义

施工索赔,是指按承包施工合同条款的规定,对合同价进行适当的公正调整,以弥补承包商不应承受的损失,使承包合同的风险分担程度趋于合理。

二、发生施工索赔的原因

(一)风险分担不均引起索赔

承包工程的风险 主要由承包商承担。这是国际承包工程业受"买方市场"规律制约这一客观现实所决定的。在业主与承包商之间,业主始终处于主导地位;合同文件由他起草;工程师是他的雇员;投标者众多谁能中标由他决定,等等。这种地位的不平等,使得工程施工的主要风险由承包商承担,承包商只得依靠 FIDIC 合同条款和东道国的法律,通过施工索赔来减少自己承受的风险,弥补各种风险带来的经济损失。

(二)施工条件变化引起索赔

施工条件会发生变化,如地质条件比合同文件介绍的要复杂多变,气候条件恶化,工程量变化,施工进度变化,物价上涨,等等。这些变化要求承包合同作相应的调整,在合同文件中均有规定,有些由承包商承担责任和损失,有些则属于业主的风险和责任。凡是不属于承包商的责任和风险引起的经济损失和工期延误落在承包商的身上,都属于施工索赔的范围,承包商有权得到合理的经济补偿和工期延长。

（三）工程量变化太大引起索赔

当工程量变化超过 BOQ 表所列工程量的 15% 至 20% 以上时,会引起:

1.机械设备的型号和数量的变化。建筑材料数量和品种的变化,导致经济损失,引起索赔。

2.引起施工进度的改变,进而产生工期延长或加速施工,都涉及工程费用的增加,引起索赔。

3.施工间接费变化。直接的管理费和间接管理费的增加,加重承包商的负担,引起索赔。

（四）施工拖期引起索赔

由于受天气、水文和地质等因素影响,经常出现拖期。由于拖期责任划分不清,使承包商支出的计划外开支得不到补偿,引起索赔。

此外,还有一些引起施工索赔的原因,如物价上涨、汇率变化、业主违约、未按规定时间提供施工场地,不按期支付工程款等等。

三、施工索赔的分类法

施工索赔工作的分类,大致分为以下几类。

（一）按发生索赔的原因分类

按原因分大约有 17 种,主要有以下四种。

1.施工范围变更引起的索赔;

2.工程拖期引起的索赔;

3.施工条件变化引起的索赔;

4.加速施工引起的索赔,等等。

（二）按索赔的合同根据分类

1.合同规定的索赔

是指该索赔要求,在该工程项目的合同文件中有文字根据,可据此提出索赔报告,取得经济补偿。

2.非合同规定的索赔

是指在该项目的合同文件中没有专门的文字叙述,但可以根据该合同文件的某些条款的含义,承包商有权提出索赔要求。这一要求,同样有法律效力,得到经济补偿。例如外汇汇率变化给承包商带来的损失。

3.道义索赔

它是指业主目睹承包商克服了巨大困难,蒙受重大亏损,优质按期完成项目。出自善良意愿,给承包商以适当的经济补偿。

(三)按索赔的有关当事人分类

1.承包商同业主之间的索赔;

2.总承包商同分承包商之间的索赔;

3.承包商同供货商之间的索赔。

(四)按索赔的业务范围分类

1.施工索赔

2.商务索赔

这是指在实施工程项目过程中的物资采购活动引起的索赔事项。

(五)按索赔的对象分类

1.索赔

是指承包商向业主提出的索赔要求。

2.反索赔

是指业主向承包商提出索赔要求。

(六)按索赔的目的分类

1.延长工期索赔

其目的是要求业主延长施工期限,使原定的竣工日期顺延,以避免承担拖期损失赔偿费的风险。

2.经济索赔

其目的是使承包商遭遇到超出计划成本的附加开支得到补偿,以挽回不应由承包商承担的经济损失。

承包商一旦获得了业主给予的工期延长,不但免除了承担拖期损失赔偿费的风险,也获得由于工期延长而得到经济补偿的权利。但按惯例工期索赔与经济索赔分别申报。先报工期索赔,后报经济索赔,尽管这两种报告的合同论证和计算,附有大量的论据资料有重合的地方。

为了在索赔工作中把握关键环节,采用国际上的通用称呼和做法,承包商在进行施工索赔时应采用以下分类原则:

1.以按目的划分索赔为主旨;

2.以按原因划分索赔为切入点;

3.以按合同根据划分索赔为工作重点。

第二节　施工索赔的基本观念和常见的索赔问题

一、施工索赔的基本观念

2019 年,中国对外承包工程国际营业额达到 1200.05 亿美元,同比增长 0.9% ,占全球上榜企业国际营业额的 25.4% ,继续占据最大的市场份额。佢在国际工程的施工索赔业务方面,我国企业还显得缺乏经验,没有形成自己的有经验的施工索赔法律和技术团队,有的领导对施工索赔知之甚少,对施工索赔避之怯之,缺乏自信。因此,有必要在国际承包工程业界普及施工索赔知识,培养索赔意识,建立进行索赔工作的基本观念,大胆进行施工索赔的实践,培养索赔工作本领,为提高承包工程业务的经济效益做贡献。

（一）索赔意识

索赔意识也就是索赔的自觉性,这是达到施工索赔成功的必备条件。国际承包工程人员对任何与施工索赔有关的事件要高度敏感,发现索赔的机会,关心索赔事件发展进程,收集相关证据,进入施工索赔管理程序。而不是等到亏损之后,才想到索赔。

1. 承包公司主要领导,要把索赔工作看作经营管理工作不可分割的一部分,建立主管索赔的机制,配套具有法律和技术两方面知识的人才,把他们培养成索赔专家。在项目所在国聘请具有索赔经验和知识的律师参加索赔工作和法律仲裁。

2. 项目部经理,要把索赔工作列入自己的主要任务,带领技术管理和合同管理人员,熟练掌握合同条款,抓住每一个重要的索赔机会,以维护自己合法的经济利益。

要注意培养索赔意识,决不意味着用索赔为手段去获取分外的收入,也不意味着可不讲诚信,不自始至终地信守合同,以顽劣手段去讹诈业主。动机不纯只会事与愿违把自己推向反面。

（二）成本观念

是指熟悉工程成本并严格控制工程成本的能力。熟悉每项工程的工程范围以及工程成本的各个组成部分,对各项收支要心中有数,经常对下列问题进行调查研究,并严格控制开支。

1. 所做工作,是否超出了合同规定的工程范围。

2. 是否有加班工作,采取了加速施工措施。

3. 是否较投标文件投入了更多的人力、材料、施工设备和流动资金。

4. 是否发现比成本计划超支,为什么超支,应采取什么办法控制。

由于工程规模大、条件复杂,施工期长,合理推断的工作名目繁多,工程师经常以"工程变更指令"方式要求承包商完成新增的工作,承包商实际完成的工程量是"明文规定"工作和"合理准断"工作的总和,再考虑附加工程施工单价的调整,则承包商应该得到的工程款将大幅度超过合同价。对一个具有良好成本观念的承包商,就可能创造较多的经济效益。

因此,项目经理和施工管理人员,应以干练的管理才能和极强的成本观念去处理和记录这些变化,争取合理的工期延长和单价调整,适时提出合乎合同规定的施工索赔要求,来增加工程款收入。

(三)时间观念

对于索赔工作,时间观念就是适时地提出索赔和进行索赔。索赔有严格的时间规定,超过了 FIDIC 合同条款第 53.1 条规定的索赔事项初发时起的 28 天以内这个时限,业主有权拒绝承包商的索赔要求,认为承包商放弃了索赔的权利。

国际工程的承包商应善于掌握以下两点:

1.在每个工程项目建设过程中,索赔工作要有一个总的时间安排。

每个工程项目可能有许多索赔事项。每个事项发生的时间有先有后,应随着整个工程的施工进度,把握每个具体的索赔事项的发现、申报、论证、谈判的阶段,作统一的时间安排,以免混淆和拖延其中任何一个索赔事项的索赔工作,打混仗、打乱仗,顾此失彼。

实践证明,索赔要求应及早提出,抓紧解决。否则,合理的索赔要求会被业主无限期拖延,一旦工程建成,索赔要求则会落空。

发现索赔的苗头,在分析标书内容时就开始了,可以延续到工程建成一半时,再晚就难于解决。解决索赔问题的有效时间是在工程完成 1/4 至 3/4 的这段时间。所有索赔项目的谈判和解决应截止于工程全部完成之时,最迟也不应拖至竣工之日,否则,索赔会以无果而终。

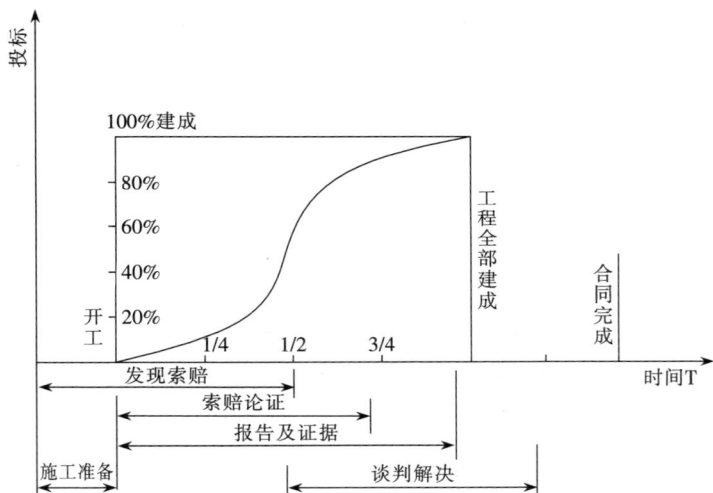

图 14 – 1   索赔与施工进度相结合示意图

2. 在每个具体索赔事项的处理过程中,各阶段的工作要按规定时间进行,谨防失去时效。有的工程项目的合同文件如无具体规定,承包商应要求工程师予以明确,以便合同双方遵照执行。

二、承包工程施工常见的索赔问题

(一)施工现场条件变化索赔

在施工过程中,承包商遇到了一个有经验的承包商不可能预见到的自然条件或人为障碍,因而导致承包商为完成合同项目要花费计划外的额外开支。按 FIDIC 条款第 12.2 条,额外开支应该得到业主方面的补偿。

现场条件变化的表现形式,有以下几种:

1. 在隧洞开挖过程中,发现了地质断层或软弱风化带岩石。

2. 在建筑地基开挖过程中,发现了流沙、淤泥等恶劣地层;或遇到了古迹、化石;或出现涌泉,等等。

3. 从原定的料场开采的土料或石料,其技术指标不能满足要求,被迫重新选定料场。

4. 在标书指定存在坚硬基岩的高程上,并未发现基岩,而仍是风化软土层,等等。

至于水文气象方面的原因造成施工困难,则属于投标施工的风险,不属于施工现场条件变化的范畴,由保险公司负责补偿损失。

(二)工程范围变更索赔

超出合同规定的工作范围的新增工程,它在工程单清单(BOQ)和施工技术规程中都没有列入,因而承包商在采购施工设备和制定施工进度计划时亦没有考虑。对这种额外工程,承包商应遵照工程师的指令予以完成,但应给予延长工期和经济补偿。

关于工程范围变化索赔的计价,应按 FIDIC 合同条款第 52 条第一款办理,单价如何确定,可按第 52.1 及第 52.2 条规定办理:

1. 如果工程师认为:新增加工程在性质和施工条件上与工程量清单(BOQ)中所列的其项工作是相同的,则应采用工程单清单中的这项单价。

2. 如果与原合同文件中所列的工作有差别,且工程量清单中未包括可适用于该新增工程的单价,则可参考工程量清单中近似工作的单价,选定合适的单价。

3. 如果与原合同文件中所列的工作差别很大,且没有可供参考的单价,则应由工程师与承包商协商确定新单价。

4.如果双方协商不能达成一致同意的新单价时,工程师有
权确定他认为合理的单价,经业主审核同意后,正式通知承包商
按此单价进行结算。承包商此时面临两种选择:其一接受此单
价进行结算。其二是一方面按照新单价进行结算,另一方面保
留自己的索赔权,根据自己要求的单价与工程师确定的新单价
之差价,计算出保留索赔权的款额,通知业主和工程师,作为待
处理的索赔款,有待双方协商处理。

(三)加速施工索赔

加速施工索赔的条件是:出现了施工进度拖后,不是承包商
方面的原因或责任,而是由于业主方面的原因,或由于客观的,
业主和承包商都无力扭转的原因,业主为了挽回延误的工期,而
指令承包商采取加速施工措施,以便工程仍按规定日期完成,投
入应用。

加速施工而增加的资源投入有:

1.新增的施工机械或有关设备。

2.增加施工人员,或加班施工。

3.增加建筑材料供应量。

4.发奖金,刺激提高劳动生产率。

5.工地管理费增加,等等。

处理加速施工的正确做法是:一起分析工期拖后的原因,明
确责任。如果不是承包商的责任,而业主又要按原定日期完工
时,则应由工程师发出书面的加速施工指令。承包商接到此指
令后,则应做出加速施工计划,包括新增设备和人力以及施工方
法,报业主与工程师审批。这样既如期完工,又为加速施工索赔
奠定良好基础。

(四)工程拖期索赔

工程拖期索赔的条件是:拖期的责任不是在承包商方面,而

是由于业主方面的或客观影响的原因。这时,如果工程师不下达加速施工的指令,承包商无权主动采取加速施工措施,势必拖长施工期,而给承包商带来额外的施工开支,这些额外的开支,理应得到补偿。

工程拖期索赔在下列诸情况下发生:

1.由于业主的原因引起工期拖延,如未按期提供施工现场和道路;干涉施工进展;大量提出工程变更或额外工程,等等。

2.由于工程师的原因引起工期拖延,如修改设计,不按期向承包商发放施工图,图纸错误引起返工,等等。

3.由于客观原因引起工期拖延,如政局动乱,战事或内战,特殊恶劣的气候,不可预见的施工现场不利自然条件,等等。

出现上述情况,延长了施工时间,增加了人工费和施工机械台班费,增加了承包商的开支,承包商仍有权得到工程施工拖期的经济补偿。

第三节　国际通用合同条款中承包商
可引用的索赔条款

一、FIDIC 合同条款中的施工索赔条款

在 FIDIC 第四版的"摘要"中列举出承包商和业主可引用的索赔条款。其中,承包商可引用的有 24 项,业主可引用的 11 项。这些可引用条款数量上的差别,反映出承包施工风险分配上的差别。承包商在承包施工中承担着大量的风险,

列举的承包商可引用的 24 项索赔条款见表 14 – 1. 并对每一项索赔提出了在哪些方面可以得到补偿或调整。其中分别指出可以调整的合同事项,即:

1.工期调整 T – 承包商有权获得工期延长. 使完工日期顺

延。

2.成本调整 C - 承包商有权获得经济补偿,以弥补计划外施工费用开支。

3.利润调整 P - 承包商有权获得应得的利润,

在成本调整方面,表 14 - 1 列出了 ±C,这表示,在特定索赔事项中,有时要给承包商经济补偿,有时要对承包商扣款。

承包商可引用的索赔条款

表 14 - 1

NO	FIDIC 合同条款号	条款主题内容	可调整的事项
1	5.2	合同论述含糊	工期调整 T + 成本调整 C
2	6.3&6.4	施工图纸拖期交付	T + C
3	12.2	不利的自然条件	T + C
4	17.1	因工程师数据差错,放线错误	C + 利润调整 P
5	18.1	工程师指令钻孔勘探	C + P
6	20.3	业主的风险及修复	C + P
7	27.1	发现化石、古迹等建筑物	T + C
8	31.2	为其他承包商提供服务	C + P
9	36.5	进行试验	T + C
10	38.2	指示剥露或凿开	C
11	40.2	中途暂停施工	T + C
12	42.2	业主未能提供现场	T + C
13	49.3	要求进行修理	C + P
14	50.1	要求检查缺陷	C
15	51.1	工程变更	C + P
16	52.1&52.2	变更指令付款	C + P
17	52.3	合同额增减超过 15%	± C
18	65.3	特殊风险引起的工程破坏	C + P
19	65.5	特殊风险引起其他开支	C

20	65.8	终止合同	C + P
21	69	业主违约	T + C
22	70.1	成本的增减	按调价公式
23	70.2	法规变化	± C
24	71	货币及汇率变化	C + P

注:引自梁锰《国际工程施工经营管理》

二、对承包商可引用索赔条款的分析

从上述承包商可引用的 24 项索赔条款中,可以看出以下规律:

1. 从可索赔条款的主要内容看,有索赔权的事项原因是多方面的。其中属于不利的自然条件有 2 项,属于工程变更的有 6 项,属于工程师工作差错或拖期交图的有 3 项,属于业主违约的有 2 项,属于进行修理或补充勘探的有 5 项,属于特殊风险或业主风险的有 3 项,属于法规或汇率变化的有 2 项,等等。

2. 从可进行调整的三个方面(工期、成本及利润)看,在 24 项中,既可调整工期 T、又可调整成本 C 的共有 8 项,仅可调整成本 C 的有 6 项;既可调整成本 C,又可调整利润 P 的共有 10 项。由此可以看出以下规律:

①凡是可调整工期 T 的索赔事项,都可以调整成本 C,即可以得到经济补偿。也就是说工期索赔往往与经济索赔同时发生,虽然要分别编写报告文件,分别附带证据,分别申报。

②有的索赔事项虽然不涉及工期调整 T,但可以进行成本调整 C. 承包商可引用的 24 项索赔条款中,每一项均可得到成本调整 C,但可以得到工期调整 T 的仅有 8 项。

③调整利润 P 必须与调整成本 C 相结合。这就是说调整利润 P 不能独立进行。有 P 的地方必有 C,但有 C 的地方不一

定有 P。一般来说,利润调整的百分率应等于报价文件中的利润率。

第四节　施工索赔的成败关键

施工索赔是一项复杂,严肃而艰巨的工作,需要具备较全面的知识和实际施工经验,如工程技术知识、成本管理知识、合同管理知识,以及法律知识和商务谈判的能力。还要有较高的外语能力。要发挥集体力量,群策群力,团结一心共同努力去完成索赔任务。

一、施工索赔成功的关键

（一）建好工程项目

这是索赔成功的首要条件,必须把项目建设好,使业主和工程师满意。一般情况下,承包商的索赔要求能得到适当的满足。

为了建好工程项目,承包商应努力做好以下工作:

1. 按照施工技术规程的要求施工,保证工程质量符合合同规定;

2. 坚持议定的施工进度,保证工程按期(包括修定的日期)建成竣工。

3. 按照工程变更指令施工,对由此发生的额外开支提出正当的索赔要求。

4. 努力克服特殊风险或人力不可抗拒的天灾引起的施工困难,坚持施工进度计划,但可提出相应的索赔要求。

（二）做好合同管理

合同管理工作是指导承包商的施工按照合同规定的精神进行,完成合同任务,取得合同规定的经济效益。

为了争取索赔的成功,应认真做好施工索赔管理。

1.熟悉并通晓工程项目全部的合同文件。

2.从投标报价阶段开始,仔细研究合同文件,了解合同中存在的隐蔽风险。

3.明确了解合同的工作范围,能发现超合同的工作问题。

4.会运用合同知识来解释和论证自己的索赔权,并进行索赔款的计价工作。

(三)做好成本管理

成本管理的主要任务,是严格控制工程开支,使施工成本不超过投标报价时的成本,当发现某项目的开支超过计划成本时,采取相应的措施,成本管理做好以下几点:

1.在每月申报工程款的同时,编制索赔款申报表,争取每月都能得到一定数额的索赔款。

2.熟悉索赔款的计价方式,使索赔数额建立在正确的计价法上,不被驳回。

3.熟悉施工单价调整方法,比较准确地确定索赔工程的新单价,使索赔款建立在合理的基础上。

(四)善于进行索赔

索赔工作要持续一个相当长的时间,反复地协商谈判,才能得到解决。

合同双方须信守一个原则,通过谈判协商,友好地解决索赔争端,力戒把谈判引入尖锐对抗的地步。

在索赔谈判中,努力做到以下几点:

1.谈判应严格地按照合同条款的规定展开讨论,不要走题。

2.以理服人,具有灵活性,为谈判解决留有出路,

3.每次谈判前做好充分准备,拟好谈判提纲,对准备达到的目标做到心中有数。

4.善于妥协,在坚持原则基础上学会让步,寻求双方都可能

接受的方案。

5.要有韧性,不首先退出会谈,不首先宣布谈判破裂。

6.深入细致地准备索赔报告文件。

二、施工索赔要注意的问题

1.怕得罪业主,今后还要在这里市场混,得罪了业主以后拿不到标。其实你合理合规合法的索赔,人家反而会信任你、尊重你,证明你是合法经营,靠诚实劳动来获取利润,工期质量、成本都会有保证。再说拿标为什么,还不是为获取经济效益要利润,否则拿再多的标又有什么用。还有一个原因,在有的公司拿项目的是公司驻项目所在国的办事处,而做项目的是项目经理部,对外交涉索赔的是办事处,公司对办事处的考核并没有跟项目的经济指标挂钩,或者说关系不大,而对拿项目的奖励力度大,所以办事处在索赔工作上花的气力不够甚至是应付项目经理部。这是我们公司的奖惩体制和机制上的问题,有待今后改进。如果有个别员工与业主之间存在利益的输送与反输送问题,那就更加不会认真向业主要求索赔。那是个别蛀虫挖公司和国家墙脚的问题了,更加要引起公司管理层的注意,加强员工的反腐教育和反腐的制度建设。

2.在编写标书时,把索赔计价所需要的一些基础数据写入投标文件。如施工设备和劳动力的效率,设备:立方米/马力·小时,吨/马力·小时,人工:立方米/人工·小时,平方米/人工·小时。一旦因业主方面的原因而使投放的资源的效率降低,就可以计算效率降低的索赔款。

效率降低 = 投标书中的效率 ET – 施工时的实际效率 EA

施工时的实际效率(EA),则要靠发生效率降低时"现场施工日志"来证明,用现场记录中当天使用的设备名称和工时,材料和工人数量,以及当天完成的工程量等具体数据,来计算施工时的实际效率。

3. 商签合同时必须加上索赔条款.

有些工程项目的合同条件,不合 FIDIC 条件,没有索赔条款,不交国际仲裁,拖期付款无时限 无利息等。对于这些关系重大的合同条款,承包商应据理力争,要求修改,加上索赔条件,或以"谈判纪要"的形式写出,作为该项目合同文件不可分割的一部分。没有施工索赔的工程项目,承包商将面临重大的亏损危险。

4. 对口头的工程变更指令要求工程师确认。在工程师发出口头的工程变更指令后,承包商应立即要求工程师补充发出书面指令,或正常致函给工程师,要求予以书面确认。在得到工程师的书面指令或书面确认以前,承包商有权不实施该项口头的工程变更指示。在要求书面确认口头的工程变更指令的致函发出七天内,如未接到工程师的复函,则认为该口头指令法律上存在且有效。

5. 要求索赔事项初发时起 28 天以内,向工程师和业主发出"索赔通知书"。否则,业主和工程师认为承包商放弃索赔,拒绝该项索赔要求。

6. 索赔报告陈有的证据要充分有力。证据资料应集中论证该项索赔的发生过程、严重程度,以及造成的损失数据。

7. 要及时申请并获准延长工期,没有得到工期延长,一般很难得到经济补偿。

8. 要及时明确"可推定的工程变更指令"和"可推定的加速施工指令"。虽然业主和工程师没有发出书面的工程变更指令或加速施工指令,但根据他们的口头指示或承包商给他们的书面报告,事实上已经发生了正式指令的作用,形成了"事实上的工程变更指令"或"事实上的加速施工指令",在解释合同时具有正式的指令的意义。

9. 采用反映附加成本的实际费用法计价索赔款。它只计算索赔事项引起的计划外的附加开支、计价项目具体,因而易被业主和工程师接收,可使经济索赔较快得到解决。

承包商在施工索赔中,要使每个计价项目都有据可查,切忌漫天要价。否则,引起业主和工程师反感,导致索赔失败,

10. 拒绝"算总账"的索赔方法,把索赔纳入按月结算的轨道。在每个月报送工程进度款的同时,报送索赔款月结算单。先接受工程师决定的索赔款,把两方索赔款的差额归纳入下一个月的索赔款月结算单,再次申索,就是暂时解决不了,也不会形成巨额的索赔款,使索赔要求难以解决。

11. 采用"清理账目法"的做法,在每月的结算单中,列出累计的索赔款余额,即未予支付的索赔款差额(即承包商要求的索赔款额与业主同意支付的索赔款额之间的差额)

12. 按照国际惯例做法,当业主长期不支付工程款或索赔款时,承包商有权暂停施工或放慢施工速度。

13. 要充分理解索赔工作的艰巨性,即使发生严重的合同争端,也要心平气和,采取耐心细致的工作方法,上善若水,化解矛盾与争端。切忌与业主和工程师发生对抗,根据经验,对抗只能对承包商不利。

第五节 索赔工作的程序

施工索赔实质上是按照 FIDIC 合同条款和国际工程施工索赔的惯例承包商和业主之间在合同风险方面重新分配责任的过程。

总的来说索赔工作分为两个阶段:协商阶段和诉诸仲裁或

诉讼阶段,具体来说又分为五个步骤。

一、提出索赔要求

按照国际通用合同条款的原则规定,凡是由于业主或工程师方面的原因,出现工程范围或工程量的变化,引起工程拖期或成本增加时,承包商有权提出施工索赔。

当出现索赔事项时,承包商一方面提出书面索赔通知书,一方面应遵照工程师的指令进行施工,不影响正常的施工进度。书面索赔通知书应在索赔事项发生后的 28 天以内,向工程师正式提出,并抄送业主。如果索赔事项的影响继续存在,则每隔 28 天向工程师报送中间账单。并在该索赔事项影响结束后的第 28 天以内,提出最终索赔报告,附上最终账单和全部证据资料,要求工程师和业主审定,给予工期延长和经济补偿。

索赔通知书仅说明索赔事项的名称,引证相应的合同条款,提出自己的索赔要求。要求的索赔款额、延长工期的天数,以后再报。

二、报送索赔资料

在索赔通知书发出后 28 天之内,编写索赔报告上报工程师和业主,附上索赔论证资料,计算索赔款额和延长工期的天数,引用的合同条款一并上报。工期索赔和经济索赔分别编写报送,分别附上合同论证、数量计算和证据资料。

索赔报告必须包括三方面的内容:

1. 事实的叙述。对索赔事项的发生及处理过程、造成的影响和损失等事项,进行简明扼要的叙述。

2. 合同根据的论述。即明确指出有关的合同条款,作为提出索赔要求的合同根据,相关的有类似条件的索赔先例,以充分论证自己具有索赔权。如果该索赔事项是属于非合同规定的索赔,则承包商需要更多的合同知识或法律知识,来论证自己索要求的法律根据。

3.索赔数额的计算。

如果是经济索赔,需要引用公认的索赔款计价方法,逐项地计算索赔事项引起的额外开支,并附上有关的发票、开支证明等资料。

如果是工期索赔,需要进行施工进度分析,考虑到影响工期的各意外事项,利用关键路线法或其他施工进度分析法,来论自己有权得到的工期延长天数。

对于索赔款额大或非合同规定的索赔,承包商有必要聘请律师和索赔咨询师,由他们汇总索赔资料,编制索赔损告,参与索赔谈判,帮助索赔要求得到合理的解决。

三、提交会议协商解决

如果索赔要求不能被业主和工程师接受在每月结算付款中得到解决,那就进入协商解决阶段。这种会议,一般由工程师主持,承包商和业主出席。初次协商,双方交换意见,互相探索对方的底线,了解可能的索赔款额争取达成一致的意见,如果需要弥合认识的差距,则要详细论证根据及介绍计算索赔款的过程,通过友好协商争取达成协议,双方在不突破自己底线的前提下作出必要的妥协。采取灵活的战术和态度。如果双方的底线没有重合线,那索赔工作就要由协商进入调解阶段。

四、邀请中间人调解

如果双方直接协商没有达成协议,则可由双方商议邀请中间人进行调解,促成公平合理的解决。特别在双方对立情绪激烈时,中间人的介入有助于双方缓和对立情绪,平静下来认真听取对方的意见,重新回到解决问题的过程中来。中间人一般要是双方熟悉的朋友,品德高尚,双方都对他很尊敬,且熟悉业务,在深入了解双方立场的基础上,提出公正合理的能被双方接受的方案。中间人必须公正,不偏袒任何一方,只站在公理之上,中间人工作方法要灵活,善于与双方沟通且为任何一方保密,能提出有创意的解决方案。即使进入仲裁,诉讼阶段,仲裁者和法庭也是先进行调解,调解无效才进入仲裁阶段或走进法庭。

五、提交仲裁或诉讼

索赔争端的双方,分歧严重,各执己见,不肯妥协,最后只能进入仲裁和诉讼解决。它不是理想的解决方法,但它是最后的解决途径。因为仲裁和诉讼的判决,都具有法律效力,争端的双方都必须服从。如果败诉一方不服从仲裁决定,胜诉一方向败诉方所在的国的法院提出诉讼,由该国法院对仲裁机关的裁决结论认可后,法院将强制败诉的一方实施仲裁结论。

国际承包工程界对索赔争端的常规做法是向仲裁机构提起仲裁,而不是向法院诉讼,这在 FIDIC 合同条款中有所记载。

第六节　索赔文件的编写

一、索赔报告书的内容

索赔报告书的质量和水平,对索赔成败关系极大。每一索赔事项的影响结束之后,承包商应写出该事项总结性的索赔报告书。每个索赔报告必须包括以下四部分。

（一）总论部分

首先概要地论述索赔事项的发生日期和过程;承包商为该索赔事项付出的努力和附加开支;以及承包商的具体索赔要求。

总论部分分以下几个部分:

1.序言;

2.索赔事项概述;

3.具体索赔要求;

4.索赔报告编写及审核人员名单。

总论应简明扼要,以二千字为限。

(二)合同论证部分

合同论证部分是索赔报告关键性的部分,也是报告的主要部分。

合同论证部分的目的,是说明自己有法定的索赔权,这是索赔能否成立的关键。论证的基础是该工程项目的合同文件,并参照业主所在国的法律规定。在这一部分中,承包商应引用合同中有关的具体条款,说明自己理应得到经济补偿或工期延长。因此,索赔人员要通晓合同文件,在合同条款、技术规程、工程量清单、合同函电等文件中,寻找索赔的法律依据。要全文引用有关的合同条款,联系施工实际情况,申述提出索赔要求的根据,证明索赔要求的合法合理性。如有类似成功的索赔案例都可以列举。

要按照索赔事项发生、发展、处理和最终解决的过程编写,使读者能了解索赔事项的始末,知晓承包商所作出的努力,以及付出的努力和开支。在论述处理过程或额外的费用开支时,应指明所附证据资料的名称及编号,以便工程师阅读查证。

对于不利自然条件、合同外的额外工程、特殊风险等等,应做尽量详细的论述,引用有说服力的论证资料,因为这块往往是索赔争议的焦点。

在引用证据资料时,应全盘托出,让业主和工程师一开始就有全面而详细的了解,便于他们作出判断和决策。承包商在陈述时应保持客观平和态度,以免使业主和工程师产生反感和抵触。

合同论证部分包括以下内容:

1.索赔事项发生的情况。

2. 发出索赔通知书。

3. 索赔事项的处理过程。

4. 索赔要求的合同根据,如:

①不利的自然条件;

②合同范围外的工程;

③特殊风险和业主风险;

④工程变更指令;

⑤工期延长;

⑥合同价调整,等等。

5. 指明所附证据资料的名称和编号

(三)索赔款额计算部分

在索赔权论证之后,应计算索赔款额,以具体的计价方法和计算步骤,说明应得到的经济补偿数额。

首先注意采用合适的计价方法,应根据索赔事项的特点和证据资料等因素来确定。其次,应注意每项开支的合理性,并指出相应证据资料的名称和编号。这样,计算出的索赔总款额就有说服力。

索赔款计价的主要组成部分是:由于索赔事项引起的额外开支的直接费和间接费。直接费包括额外开支的人工费、材料费、台班费。间接费包括工地管理费、总部管理费、垫资利息、税收以及利润等。每一项费用开支,都应附以相应的证据或单据。

写法上,首先提出索赔的总款额,再分条论述各组成部分的款额和计算过程,指出所依据的证据资料的名称和编号。

承包商应分项阐明下列问题:

1. 索赔款要求总额。

2. 各项索赔款的计算,额外开支的;

①人工费;

②材料费;

③台班量;

④总部管理费;

⑤工地管理费;

⑥投资利息;

⑦税收;

⑧利润,等等。

3.指明各项开支的证据资料

(四)证据部分

证据是索赔报告的重要组成部分,没有翔实可靠、令人信服的证据,索赔是不可能成功的。

索赔证据资料的范围很广,涉及政治、经济、技术、财务资料,要在整个施工过程中不断搜集整理,分类储存。

1.工程所在国政治经济资料,如:

①重大新闻报道,如罢工,动乱,地震、飓风以及其他重大灾害。

②重要经济政策,如进出口、税收、海关政策,汇率变化,政府发表的工资和物价指数,有关经济的法律。

③政府首脑和工程主导部门领导视察工地时的讲话记录及新闻报道。

④报纸、电视台。网络媒体对工程的采访报道。

⑤发布的天气和气温报道,尤其是异常天气的记述,等等。

2.施工现场记录报表,包括:

①现场施工日志;

②施工质检员的报告;

③工程师的指令和业主的函件、电文;

④每日出勤的工人和设备报表;

⑤每日完工验收记录；

⑥施工事故详细记录；

⑦施工会议记录；

⑧工地风、雨、温度、湿度记录；

⑨施工材料使用记录；

⑩同业主和工程师的电话记录；

⑪施工质量检查记录；

⑫施工进度记录；

⑬施工图纸收发记录；

⑭出现索赔事项的详细记录及摄象；

⑮施工效率降低记录，等等；

3. 工程项目财务报表，包括：

①施工进度款月报表及收款记录；

②索赔款月报表及收款记录；

③工人劳动计时卡及工资表；

④材料、设备及配仵采购单；

⑤付款收据；

⑥收款单据；

⑦工程款及索赔款拖付记录；

⑧拖付款利息报表；

⑨向分包商付款记录；

⑩现金流动计划报表；

⑪会计日报表；

⑫会计总账；

⑬批准的财务报裱；

⑭会计来往信件及文件；

⑮通用货币汇率变化表，等等。

在索赔报告的证据部分,有选择地在上述证据资料清单中选用必要的证据,统一编号列入。

在引用每个证据时,要注意该证据的效力和可信程度。对重要的证据资料附以文字说明,或附以确认件。

除文字报表证据资料外,还应提供直观记录件,如录像和照片等证据资料。

上述四部分主要谈经济索赔,工期索赔报告仍然原则适用,只是第三部分,利用施工进度分析法(如关键路线法等)论证应得的工期延长天数。

工期索赔损告获准并得到工期延长的具体天数以后,都要反映到经济索赔报告中去,经济索赔的数额中须增加因工期延长应得到经济补偿款额。

二、索赔报告的重点

对于重大的索赔事项,或索赔款额巨大的事项,索赔报告要重点做好以下三方面的论证工作:

(一)充分论证索赔权。这是索赔事项能否成立的法律依据。善于在合同条款、施工技术规程、工程量清单、工作范围,合同函电等全部合同文件中寻找索赔的法律依据。

涉及索赔权的一些主要条款,大都包括在"通用条款"部分中,如:工程范围变更、工作项目变更、施工条件变更,施工顺序变更、工期延长、单项调整,等等。对这些条款要研究透彻,以论证索赔要求的合法性、正当性。

1. 报告书中要明确地全文引用有关的合同条款,作为索赔要求的合同依据。有类似情况索赔成功的案例,也可以引以为证。承包商必须熟悉工程所在国的有关法律规定,善于利用这些法律规定条款,来证明索赔要求的合理性、合法性。聘请当地有名的律师可以帮助做到这一点。

2. 充分准备索赔论据,这决定着该项索赔要求能得到多少经济补偿。因此,要建立严密的资料积累制度,以便在需要时从中随意摘取。资料有施工过程的记录资料;财务收支记录资料;施工过程中的会议纪录、会面记录、往来函件以及有关的视频、照片资料。一定要注意数据的准确性,事实根据充分,有现场照片或记录的证明,使人一目了然。

3. 合理计算索赔款。采取合理的计价方法,通过关键路线法分析,精确计算出承包商应取得的工期延长天数和经济补偿总数额。

第七节　索赔款的计价法

实践证明,如果采用不合理的计价方法,没有根据地扩大索赔款,往往给索赔谈判带来困难,让业主和工程师产生反感,甚至导致谈判失败。

一、索赔费用的组成部分

索赔款的主要组成部分,同工程款的计价内容相似,包括直接费、间接费和利润。

直接费主要有工(人工费)、料(材料费)、机(机械设备台班费)三块还有分包费;间接费包括管理费、保险费、财务费用等,这些费用都是由于完成额外的应索赔的工作项目而增加的开支。

不同种类的索赔项目,涉及的索赔费用的组成有所不同。JAdrian 著的《Construction Claims》1988 年一书有很好地划分,常为大家所引用。这里我们仍然引用,作为大家确定费用组成参考。表 14 - 2 列举了 17 种计价的组成部分,是对费用进行详细划分得出的。在四种不同原因引起的索赔中,每一计价费用

成分能否列入,分别以符号√(应列入)、★(有时可列入)和○(一般不应列入)来表示:

施工索赔计价

表 14 - 2

施工索赔计价的组成部分	不同原因引起的索赔			
	工程拖期索赔	施工范围变更索赔	加速施工索赔	施工条件变化索赔
1. 由于工程量增大	○	√	○	√
新增的现场劳动时间				
2. 由于工效降低	√	★	√	★
新增的现场劳动时间				
3. 人工费增长数	√	★	√	★
4. 新增的建筑材料量	○	√	★	★
5. 新增的建筑材料单价	√	√	★	★
6. 新增的分包工程量	○	√	○	★
7. 新增的分包工程成本	√	★	★	√
8. 租赁设备	★	√	√	√
9. 承包商已有设备使用费	√	√	★	√
10. 承包商新增设备费	★	○	★	★
11. 工程管理费(可变部分)	★	√	★	√
12. 工程管理费(固定部分)	√	○	○	★
13. 公司管理费(可变部分)	★	★	★	★
14. 公司管理费(固定部分)	√	★	○	★
15. 利息(投资费用)	√	★	★	★
16. 利润	★	√	★	√
17. 可能的利润损失	★	★	★	★

注:引自 J. Adrian:《施工索赔》

作为一家之言,J. Adrian 提出了索赔成本组成的意见。其实,在施工实践中索赔的原因是多方面的,计价的成分也不只这17项,是否列入,应作具体的分析论证。作者相信,随着索赔案例的不断丰富,表14－1的内容会不断充实,日臻完善。

二、索赔款的计价方法

国际工程施工索赔款的计价方法大致有以下几种。

（一）总费用法

就是计算该项索赔工程的总费用,减去投标报价时预算费用,即为要求补偿的索赔费用。

索赔款额＝实际总费用－投标报价预算费用

此法优点简单方便,缺点是没有剔除因承包商原因造成的费用增加,且投标时报价因为竞价的需要都报得很低。此法业主和工程师不易接受。

（二）修正的总费用法

是对方法（一）的修正。

1. 计算索赔款的时段仅限于受到外界影响的时期（如暴雨期）,而不是整个施工期。

2. 计算受影响时段内某项工作（如地基开挖）所受影响的损失。

3. 工程施工中,使用的人工、设备、材料等资源均有可靠的记录资料。

4. 与该项工作无关的费用,不列入总费用中。

5. 对投标报价时预算费用重新进行核算:按受影响时段期间该项工作的实际单价,乘上实际完成的工程量,得出调整后的报价费用。

据此,按修正后的总费用法计算索赔款的公式是:

索赔款额＝某项工作调整后的实际总费用－该项工作调整前报价费用。

（三）实际费用法

它以承包商为某项索赔工作所支付的实际开支为依据，向业主索要经济补偿。具体做法是以索赔事项的施工引起的附加开支为基础，加上应付的间接费和利润，向业主提出索赔。

它比较切合实际地反映了承包商的额外损失，为经济补偿提供了较为精确合理的依据。这些依据是实际的成本记录或单据，包括工资表、工时记录，设备运转记录、材料消耗记录、工程进度表、工程量清单、开支发票等一系列实际支出证据，反映索赔项目的工作在施工过程中受非承包商责任的原因（如工程变更、不利的自然条件，业主拖延或违约等）所引起的附加开支。

此法客观、较为准确反映了承包商的额外损失，为经济补偿提供了可靠依据。因此，被国际工程界广泛采用。

（四）合理价值法

当施工合同条款没有明确规定时，或当合同已被终止时，承包商有权根据自己已经完成的工程量取得合理的经济补偿。这个理论称之为公正调整理论，它对合同范围外的额外工程或施工条件完全变化了的施工项目比较适用。

（五）审判裁定法

它通过法庭审判，研究承包商的索赔资料和证据，并听取业主一方的申辩，最后确定一个索赔款额，以法庭裁决的形式使承包商得到相应的经济补偿。

此法只是强调了确定经济补偿数额的程序问题，而法庭计算赔偿额值仍可用上述四种方法，特别是实际费用法。

三、几种计价法的比较

基于由于索赔事项引起的实际发生的附加开支的"实际费用法"，因为它以确凿的支付单据为支撑，所以它合理且不易被业主和工程师质疑。因此，在索赔协商中容易被业主和工程师所接受。但是,此法对承包商的管理素质提出了要求,要求管理严格且细致,大量的素材、数据在平日要注意收集、整理、储存,选用时能随时调取。其他几种方法由于不具备此特点,所以使用时容易引起争议,不常被选用。

第八节　工效降低的索赔法

在上述的实际费用法的索赔计价中,人工费的超支是其中一部分,而人工费的超支来自两部分,一部分是工程量的变化;另一部分则来自施工效率的降低。本节就工效降低带来的施工索赔作深一步地研究。

一、工效降低的原因

在土木建筑工程施工过程中,主客观因素,往往给施工带来困难,使施工效率明显降低,引起成本增加,带来索赔问题。

引起工效降低的主要原因:

(一)气候恶劣;

(二)工程变更:如工程量大幅度增减、施工顺序变更,加速施工等,从而引起加班施工、工地拥挤,工序混乱等现象。

(三)地质条件差,影响施工的进度。

(四)施工准备不够:如三通一平不到位,引起人员窝工。

(五)施工供应不及时,影响工人生产积极性。

(六)政局不稳、罢工罢市、传染病流行。

二、工效降低索赔款的计价法

首先要强调两点:

其一,引起工效降低的原因不是承包商自己的责任或风险。如果是属于客观原因(如工人罢工、天灾、地震等),承包商可以取得工期延长,但不能得到经济补偿。

国际承包工程概论

其二,工效降低索赔只涉及人工费用的超支,并不包括台班费、材料费等其他费用。设备的窝工,作为台班费损失,计入相应的索赔款中。

工效降低索赔款的计价方法有三种。

(一)以整个工程为基础的计价法

计算该工程施工实际开支的人工费与投标报价时预算的人工费之差,向业主要求补偿。

即:工效降低索赔款额＝整个工程实际开支的人工费－投标报价预算的人工款

此法缺点,是包含许多令业主难以接受的因素,如:

1. 是否超支的都是业主的责任?

2. 投标报价时预算的人工费是否为了中标而刻意地压低了?

上述问题要回答清楚,且让业主信服基本上不可能。

(二)以部分工程为基础的计价法

此法是以整个工程中某一部分为单位,计算由于工效降低而增加的人工费开支。

工效降低索赔款额＝某项工程实际开支的人工费－该项工程报价预算的人工费

这项工程是整个工程的一部分由于主客观因素影响,工效显著降低,为大家所共识。与业主和工程师的争议大为减少,为顺利解决索赔款的确定创造了条件。剩下的事就是提供这部分工程的工资单、出勤卡和施工进度记录的确凿记录。

(三)时段工效比较计价法

这是选定工效显著降低的时段,以其施工效率同正常状况下的施工效率相比较,计算由于工效降低所受的损失,要求业主补偿。

工效降低索赔款额＝工效降低期间的人工费－正常状况下的人工费。

加上合理的管理费（如 8％）和利润（如 5％），则该项工效降低的索赔款额为：

工效降低索赔数＝（工效降低期间的人工费－正常状况下的人工费）×（1＋8％＋5％）

三、对工效降低索赔款的计价法的比较

在上述三种计价法中，时段工效比较计价法较为准确地反映了工效降低的实况，只要工效记录完整准确，容易为工程师和业主所接受。此法最适用，其次，以部分工程为基础的计价法也可使用，只是其中的一些支出数据需要核实和甄别。以整个工程为基础的计价法只能用于小项目，工期短，整个施工期都受到显著工效降低的影响，因为它不太可能引起争议。

引入工效降低率的概念

$$工效降低率（\%）＝\frac{工效降低期的工时－正常效率时的工时}{正常效率下的工时}$$

就有

工效降低索赔款＝正常状况下的人工费×工效降低率×（1＋8％＋5％）

第九节　承包商要面对索赔和善于索赔

在国际承包工程的施工中，施工索赔事项的发生是经常的，用什么态度和对方法来对待施工索赔，决定着双方的关系和合同是否能正常履行。

一、承包商应勇敢面对索赔，正确对待索赔

经验证明，当索赔事项发生承包商有二种不正确的倾向发

生,一是怕影响与业主的关系,不敢面对索赔,放弃法律给予我们的正常权利。使自己蒙受不该有的损失。二是狮子大开口,提出过高的索赔要求,结果引起业主和工程师的反感,产生合同争端,对立的结果既不利于施工顺利进行,又闹的两败俱伤,双方都承受了巨大损失,正确的态度是不惹事,事情来了又不怕事。相信合同的力量,公理的力量,既然索赔事项已然发生,回避是没有用的。走正确的程序、用正确的方法进行索赔,只要我们索赔的要求公平合理,证据确凿 索赔款会得到补偿,反而会赢得业主和工程师的尊敬。提过高的要求也不对,低估了对手的智商和水平,反而让对方反感和对立,要求中合理的部分也得不到补偿,事与愿违,物极必反。这两种态度都是不对的,都会使自己蒙受损失,都应该避免。

二、友好协商解决问题

在发生索赔事项之后,合同双方应本着实事求是的精神,遵循工程项目的合同文件,通过友好协商和中间人调解,几乎所有的索赔事项都可以获得公正地解决,最终的结果对合同双方都有利,我们何乐而不为呢。

在个别情况下,双方的立场相距甚远,求助于仲裁和诉讼也是一种选择,我们相信法律是公正的,服从法院和仲裁庭的判决,只是这种最后的方法,耗时太长、花销过大,双方都负担不起,应力求避免。

三、承包商要善于采取正确的索赔方法

根据施工索赔的实践,承包商可采取以下的方法:

1. 按合同规定的时限向工程师发出索赔通知。

2. 编好索赔报告书,并按时上报给工程师。充分论证自己的索赔权,正确地计算索赔款额,附上确凿的翔实的证据资料。

3. 采取正确的谈判方针和策略,以事实服人,以理服人,力

争用正确的方法通过友好谈判弥合双方的分歧。

4.在友好协商解决一个个索赔事项,确定施工索赔款后,将该项索赔款在每月支付工程进度款时予以付清。可在每月报送工程进度款月结算单时,同时报送索赔款申请单,要求工程师与业主核批,并按月支付。

如果业主和工程师核准支付的索赔款不足,承包商持反对意见时,承包商在获得已核准索赔款之时,有权要求工程师重新审定,并将上月未付的索赔款并入下一月的索赔款申请单,直至最终结算时,按 FIDIC 合同条款第 60.5 条、第 60.6 条诸分条款,要求支付。这时,业主和工程师与承包商最后磋商,达成双方可接受的索赔款余额,最终解决索赔问题。

3.在业主无理拒绝索赔要求或拒付索赔款成惯例时,承包商可按 FIDIC 合同条款第 69.4 条的规定,采取必要的放慢施工速度或暂停施工的措施,要求业主尽快解决索赔问题。

第十五章 国际承包工程的风险管理

2020 年 11 月 4 日埃塞俄比亚提格雷省爆发冲突,在通讯联络中断后我国驻埃塞大使通过卫星电话与中国能建公司驻提格雷省项目部联系安排撤离,经外交安排我驻该地中国 300 多名员工分乘几十辆匹卡插上中国国旗安全抵达埃塞首都亚的斯西贝巴。这反映了伟大祖国对他在国外的同胞安全无比关怀,但也同时反映了对外承包工程业务的风险存在。同样的事情发生在也门,2015 年我国用军舰在也门撤回处于战火之中的中国员工,也曾在利比亚撤侨二万余名。除了人员生命财产存在风险之外,企业在海外的资产也常常遭受损失,2014 年我国在缅甸的密松水电站项目被新上台的政府叫停,中水电公司遭受巨额损失。还有马来西亚在签约后撕毁新马高铁项目。中国铁建在墨西哥高铁项目在宣布中标后三天被取消了投标结果,中国公司在前期勘探设计方面投入了巨额资金倾刻之间化为乌有。以上几个案例都发生在当地政府换届之时。如此多的例子说明对外承包工程具有很大的不确定性和风险,如果不做好风险评估,采取有力措施预防和减轻风险的损失,将会给企业带来巨大损失,甚至灭顶之灾。

第一节 风险因素分析

分析风险因素是进行风险管理的第一步,必须有强烈的风险意识,用风险分析的方法来分析在国际承包工程过程中遇到的每一个问题,看看这个问题是否有风险? 风险程度有多大?

我们必须对可能遇到的风险因素有全面和深入的了解。

一、政治风险

政治风险是指目标承包市场所处的政治环境可能给承包商带来的危险。政治风险可能给承包商带来巨大损失。无数案例都表明,当前承包商遇到最大的风险就是政治风险,华为公司当前遇到的风险充分证明了这一点,政治风险大致有下面几方面:

1. 民粹主义思想泛滥。当权者或竞选当权者常常为了拉拢选民、获取选票,而把矛头指向国外的企业,国外承包商承揽的项目。像特朗普高喊"让美国再次伟大"把矛头指向中国驻美企业,对中兴、华为痛下杀手,使他们在美国的子公司业务无法开展,只得关张走人。2014 年新当选的缅甸政府以顺应民粹主义的无理要求,强行中止密松水电站的建设,给我国承包企业造成巨大亏损。还有毁约的马来西亚西部海岸铁路,新马高铁项目都是如此,宣扬"债务陷阱",宣传巨额中国债务,让"马来西亚永世不得翻身"等等。

2. 政权更迭,新官不理旧账。对前任签署的政府贷款项目予以推翻、或中止、或断供,造成中国承包商重重困难,严重亏损。像中国在斯里兰卡的港口项目就是如此。

3. 新的冷战思维在一些国家沉渣泛起。挑起意识形态冲突,以国家安全为名封杀我国高科技企业,像美国前任国务卿蓬皮奥跳得很高,也最起劲。"五眼联盟"跟随美国禁用中国的5G技术和设备,还迫使欧盟与之统一步伐。

4. 国与国之间因领土问题和民族问题爆发战争,致使身处两国间的中国承包企业建筑项目停产、人员撤出。像最近的亚美尼亚与阿塞拜疆突然爆发战事,埃塞俄比亚前些年与厄立特尼亚的边境战争。都给中国承包企业造成巨额损失。

5. 战事和内乱。造成国内动乱,建设项目可能被终止或毁约,建设现场直接或间接遭受破坏,工程不得不停止施工,工程被迫拖期,成本加大,我国人员撤离发生大笔费用,滞留现场设备被盗被毁损失更惨重。像 2020 年 11 月 6 日在埃塞俄比亚的提格雷省发生的政府军与地方武装战争,给中能公司造成的损害就是如此。

还有的国家实行国有化政策,强行将承包工程收归国有,政府又不履行业主义务,致使我承包公司求告无门,还有的国家政府兑现竞选承诺,实施高福利政策,致使罢工频频,让中国承包企业为其买单。以上种种,都说明了政治风险是中国承包工程企业面临最大风险之一,正确评估并采取防范措施是当务之急。

二、经济风险

经济风险主要来自承包市场的经济形势、项目所在国的经济实力和项目业主的商业诚信,主要表现在付款方面。

有些经济风险与具体工程项目挂钩,有些并不随工程项目而产生,但两者均给承包商带来经济损失。经济风险主要来自于以下几方面:

1. 外汇风险。一般世行项目,非行项目,项目付款 50% 左右的美元,另有 50% 是当地政府用当地币付款,但结算货币是当地币。美元以开标前 28 天官方汇率换算成当地币,而当地币相对美元大幅度贬值是大概率事件,加上业主在合同中都不写入外汇贬值的调价公式或给予承包商补偿,所有外汇贬值成为承包商最大风险。更不要说当地政府项目付的是 100% 的当地币,风险就更大了。埃塞俄比亚某社保大楼项目 2016 年 11 月开工,2017 年 3 月比尔一次贬值 15%,开工时官方汇率是 1 元人民币兑 3.37 比尔,到项目完工时官方汇率贬至 1:5.70 尔,当地币贬值比例达到 41%.投标时预留的 20% 利润全部用上去还不够弥补当地币贬值带来的亏损,成为该项目亏损最大来源。

2. 通货膨胀

通货膨胀是一个全球性问题,在非洲等发展中国家则尤为突出,比如埃塞俄比亚从 2017 年开始钢材一路上涨,从每吨 2 万多比尔涨到每吨 4 万多比尔,有时甚至涨到 6 万多比尔一吨。人工费也上涨了一倍多,虽然有调价公式,也报了七千多万比尔的索赔报告,至今未获一比尔的索赔款。

3. 索赔风险

由于业主居于优势地位,如果他不讲诚信,再加上我们的承包合同没有保护自己的有力条款,索赔工作的进行是十分困难的。业主会以各种理由否决我们索赔的要求,而我们奈他不何,上面讲的 7000 万比尔索赔款,几经争取工程师口头答应考虑 2000 多万比尔,与业主一接洽最后只考虑几百万比尔的请求,就是这么一点索赔款至今也赖着不给。6 亿比尔的项目 7 千多万比尔索赔款拿不到,等待承包商的结果那是不言而喻的。

4. 税务风险

①许多非洲国家预先从工程进度款中扣除 2% 的所得税款,是一笔很大财务负担,不少项目实际是亏损的。

②莫明其妙的税务罚款。如中方人员机票、办证费、租赁费未附合同等,而且罚款金额巨大,像埃塞社保大楼项目初次税务罚款就达到 2900 万比尔。

③增值税的进项抵扣发票未开或没法开,致使多缴了许多增值税。

以上数项开支使得项目的税务负担平增了一大块,达到合同额的 6% 以上。

5. 保护主义风险。有些发展中国家制订了保护其本国利益的措施,实行歧视外国的差别性政策。

①规定外国公司投标价格必须比当地公司投标价低 7.

5%,或者必须与当地公司联合才能参加投标。这样,外国公司为了中标只得刻意降低投标价,增加了实施项目时的风险。

②差别税收。

③强制外国公司购买保险。

6.业主支付能力差,拖延付款。由于拖延付款,使得承包商现金流受影响,影响对外支付,材料、设备购不进,直接影响施工进程。

7.没收保函,业主要求承包商开出无条件保函。这样业主在向承包商提不合理要求时可以没收保函相威胁,甚至用没收保函来获取不正当收益。

三、技术风险

1.提供设计图纸不及时且有错误,导致窝工以致延误进度,而合同中又没有相应的补偿规定。

2.设计变更和工程量变更。影响承包商的原有的施工计划和安排,造成窝工,工期拖期。如果业主讲诚信有实力,在执行变更的命令过程中,可向业主要求索赔,增加项目收入,把风险转化为利润。

3.技术规范过于苛刻,执行的规范与中国常用规范相距甚远。技术人员和工人熟悉它颇费周析,工作效率降低,成本上升。

4.地质地基条件不明。业主提供了一定数量的地质地基资料,但未负责解释和分析,造成施工工艺和技术规程的更改,加大了施工难度和施工成本,造成工期延误。

5.水文气候条件。一方面是承包商对项目所在地的气候条件估计不足,如严寒、酷暑、多雨对施工的影响;另一方面是,工地出现多年不遇的异常气候,如特大暴雨洪水、泥石流、坍方等,虽按一般的合同条件,对其造成的损失和工期拖延可以申请补偿,但往往很难得到及时和足额的补偿。

6.材料供应,一是质量不合格或没有质检证明,工程师不验收,引起更换材料和返工而拖延工期,二是材料供应不及时,因而引起停工、窝工而造成损失。

7.设备供应,从国内发运或从第三国采购常常遇到设备出现故障、缺乏更换的零配件和供应不及时,造成停工和工效不高情况,致使工期拖延。

8.运输问题。海运压船、压港、海关查验颇费周折,使材料和设备到工地拖期,影响工期,增加费用。陆路运输也同样会发生类似问题。

四、公共关系等方面的风险

1.与业主的关系,如业主实力不足,不讲诚信,不严格履约,拖欠付款,拒不接受索赔补偿承包商的亏欠,延误办理承包商的各种材料。设备、人员的进关手续,拖延签发各种证书。

2.与监理工程师的关系。不按进度计划要求发放施工计划的图纸,不及时确认验收已完工的工程,不及时确认进场材料,不及时审批承包商的索赔报告或拒不确认承包商的索赔款。

3.与分包商的关系。分包商不能及时开出履约保函等关联担保函,分包商自有资金不足影响正常施工,分包商施工质量,施工进度达不到要求拖了后腿。

4.与工程所在国政府部门的关系. 如劳动局、社保局、税务局、海关、保险公司、银行、警察局等,如果关系不好会给项目带来麻烦和风险。

五、管理方面的风险

1.项目部班子不胜任,项目经理不称职,责任心不强、不廉洁奉公,不能及时解决项目所遇到的各类问题,不具备和业主、工程师打交道的能力。

2.工人工作效率低、技术水平差,不具备应有的职业道德。

3.业主在开工前没有做到"三通一平",施工现场狭窄,展不开工作,道路不通畅。

4.当地没有应有的租赁设备,全部靠从国内购置,成本高企,资本占用多,不堪重负。当地不具备设备维修力量和配件。

5.不了解当地可能对生产和生活带来的困难,需要增加许多开支。

需要指出的是,上面提到的仅仅是可能遇到风险的一部分,项目部人员一定要加强风险意识,及时发现风险苗头,及早解决,不让它酿成不可挽回的损失。

第二节　风险分析方法

风险分析是近几十年建立起来的一门综合性边缘学科,起源于可靠性分析。Chapman. C. B 对风险分析作了如此定义:风险分析是分析处理由不确定性产生的各种问题的一整套方法,包括风险的辨识,风险程度的估算和风险的控制与避免。

风险分析广泛应用相关学科的理论与方法,已形成一门独立的学科。目前论及国际承包工程项目的风险分析文章不多,该深入研究的领域和实践的范畴还很多,有待于我们深入研究。

从事国际承包工程,要面对众多风险因素分析和归纳极为困难,我国的国际承包工程业务开展也不过四十年左右,实践尚不丰富,涉及领域也不够广泛,对经验和教训缺少系统的总结,业内互相交流、切磋做得很不够,实务单位与高校、科研单位结合共同攻关尚未起步。国际承包工程项目风险分析尚处于初级阶段、起步阶段,也就是所谓的定性分析阶段,尚缺乏能经受工程实践考验的定量分析的模型和数学方法。本章就专家评分比较法试图提出一个较完整风险因素系统,确定它们各自的权重,计算出各个项目的风险度,建立可接受的风险度标准和预警风险度标准,为控制、规避和化解风险提出一个方向。工作是初步的,愿意与各实务单位、高校和科研单位一起试用。检验该方法的实用性,共同切磋,以使该方法日臻完善可行。

该方法在投标前用于机会分析,以决定是否参加投标。工程实施中用于提示风险之所在,评估风险之大小,便于风险的控制、规避和化解。工程完成后用于总结项目实施之得失及成因,以利于今后承包工程项目的实施。

采用"专家评分评估法"作风险分析的步骤如下:

第一步,公司对进行风险评估的项目组成专家组,专家组由投标组骨干,公司有施工经验的工程师,曾在该国工作过的干部以及负责该项目的成员组成。

第二步,将每个风险因素分为出现可能性很大、比较大、中等、比较小、很小五个等级,分别以 1.0,0.8,0.6,0.4 和 0.2 打分。

第三步,专家组就该项目的风险各个因素的风险程度的有关信息进行沟通,谈自己的认识进行充分讨论,之后各自分别填写风险度测试表。

第四步,对每张表的数据整理和处理。将表中每项风险因素的权数与等级分相乘,求出该项风险因素的得分。表中各项风险因素得分之和即为此工程项目风险因素的总分。专家组各成员表格的总分取平均值得专家组的风险评分值。

第五步,专家组风险评分值在 $0.8 \leqslant \Sigma WC \leqslant 1.0$ 区间为项目风险很大,$0.6 < \Sigma WC \leqslant 0.8$ 为风险较大。$0.4 < \Sigma WC \leqslant 0.6$ 为风险中等,$0.2 < \Sigma WC \leqslant 0.4$ 为风险较小,$0 < \Sigma WC \leqslant 0.2$ 为风险很小。

第六步,风险很大和风险较大,做出不参与,不投标的决策。风险中等为谨慎参与,投标时不可预见费取 6% ~ 8%,风险较小标书中不可预见费率取 4% ~ 6%,风险很小可放心参与,不可预见费率取 2% ~ 4%。

国际承包工程风险度定量分析

表 15 - 1

可能发生的风险	权数（W）	风险因素发生的可能性（C）					WC
		很大 1.0	比较大 0.8	中等 0.6	较小 0.4	很小 0.2	
政治风险 0.27							
1. 民粹主义盛行	0.07						
2. 政权更迭可能性大,更迭后对华态度剧变	0.05						
3. 冷战思维意识形态对立	0.05						
4. 与邻国有领土争端和民族宗教冲突	0.05						
5. 国内有内乱,冲突的可能	0.05						
经济风险 0.30	0.04						
6. 当地币贬值	0.04						
7. 通货膨胀	0.04						
8. 索赔困难	0.07						
9. 税收歧视和摊派	0.04						
10. 保护主义妨碍	0.03						
11. 业主支付能力差,不讲诚信	0.04						
12. 没收保函的威胁	0.04						
技术风险 0.23							
13. 提供图纸不及时屡出错误	0.03						
14. 设计变更和工程量变更多且乱	0.05						
15. 技术规范未与中国对接且苛刻	0.05						
16. 地基资料不全	0.03						
17. 水文气候条件欠佳	0.03						
18. 材料设备供应困难	0.02						
19. 运输受阻	0.02						

公共关系风险(0.10)						
20.业主刁蛮,难于沟通	0.05					
21.监理配合不好	0.02					
22.分包商业主指定	0.01					
23.当地政府部门难打交道	0.02					
管理方面风险(0.10)						
24.难于组建强有力的项目经理部	0.02					
25.工人素质差	0.02					
26.开工前准备工作不到位	0.02					
27.租赁设备难,维修难	0.02					
28.新开拓市场,情况不明	0.02					

上述风险因素中有两个尤为重要,第一个因素是民粹主义严重,第二个因素是索赔困难,正因为它们特别重要,可实行熔断制度。即这两项因子的可能性为1时,立即中断参与中断投标,像我国华为公司在美国的遭遇和某公司在埃塞社保大楼项目索赔未果遭遇重大亏损就是实例。

第三节　风险的防范与化解

风险的管理贯穿于项目实施的全过程,包括投标前、招标过程中、合同谈判与签署、项目实施建设、项目完成后的维护和结算。风险管理的内容有风险的发现、分析与评估、风险的预防、控制、风险的分散与转移、风险的转化等。上面介绍了风险的发现、分析与评估,本节主要介绍风险的预防、控制、分散、转移和转化。

一、风险的预防和控制

(一)风险的产生是有预兆和前兆的,"山雨欲来风满楼"。某公司承揽了埃塞俄比亚首都亚的斯亚贝巴一座足球场项目,业主是当地某足球俱乐部的主席。此项目在执行其间,发现付款开始有拖欠现象,公司调查该业主的资金状况,发现现金流出现问题,存在风险。公司指示项目经理部立即放慢施工进度,有多少付款干多少活,决不垫资。半年之后,中止了施工,通知业主说明了缘由,并告诉他再不付清工程欠款就终止合同。后来确定业主无力支付工程款,就办理了终止合同手续。最终结算打了个平手,避免了可能产生的巨额损失。

(二)商洽并签好合同。对可能出现的风险,争取利用合同有关条款来维护自己的利益,避免承担风险,FIDIC 条款中就有这样一些条款,光索赔可引用的就有 24 处之多。但业主和咨询公司在招标书中提供的合同条款中会抹去一些对自己不利的条款,承包商在合同谈判中要依据 FIDIC 条款据理力争把相应的条款修改、补充上去。

(三)汇率风险是承包商都会面对的一个很大的风险。可以采取固定汇率方法避免当地币贬值或增加汇率变动补偿公式,当汇率变动超过一定比率时,按公式调整其价格。

(四)增设风险合同条款,按 FIDIC 合同条款要求把不可抗力条款写进合同,特别是政府规定增加税收、调增物价的行为应写进不可抗力条款中。

(五)合同中必须列上调价公式,应付物价上涨幅度过大带来的风险,当物价指数上涨 15% 就可应用调价公式调整单价,弥补因物价上涨带来的损失。

(六)尽量减少垫付资金和新购施工机械设备,争取多使用自有的公司下场设备和租赁当地其他公司的下场设备。这样,一旦遇到风险需要终止合同时,自己的损失可以最小。

二、风险的分散和转移

(一)向保险公司投保工程一切险、第三方责任险、货物运输险、汽车险、战争险、人身意外险、医疗险等有关保险。这样虽然增加了一定的成本，但当风险一旦确定，可以从保险公司获得一笔赔偿金。风险转移到保险公司头上。

（二）对技术复杂的施工项目，可以组织联合体。一来可以利用兄弟公司擅长某项技术降低风险，二来可以"风险共担"将风险分散出去。

（三）将风险转移到分包商身上。承包商向业主开各种保函，要求分包商向承包商照单开出其责任下金额的各种保函，承包商向业主承担责任的条款也平移到分包商与承包商签署的合同中去。分包商负责自己承担那部分工程的垫支资金，这样就把承包商承担的风险分散转移到分包商身上。"有福同享、有难同当"。共同把项目施工好、经营好。

三、化危为机

将危机转化为机遇，转化为利益。这是风险管理的最高阶段，最佳境界。风险的出现一般都带来索赔的机会，只要合同中有相应的条款，索赔报告起草得好，有理有据，证据充分有力完整，加上谈判的战略、战术成功得当，不但可以追讨回风险造成的损失。而且可以得到额外的利益，这里应是我们今后研究的课题和追求的目标。

第十六章　国际承包工程企业的建设

　　国际承包工程公司是国际承包工程项目的依托和大本营,公司的建设直接决定项目实施的成败。公司强则项目兴,公司弱则项目废,所以把国际承包工程公司建设好是实施国际承包工程项目的根本,固本才能业兴。无数公司的实践从正反两方面都证明了这个道理。本章就企业文化建设;承包工程队伍的思想建设和组织建设;奖惩制度;精细化管理以及追求项目所在国的社会效益等几方面谈承包工程公司的建设作为本书的收篇之作。

第一节　国际承包工程公司的企业文化建设

　　企业文化是一个企业的灵魂和精神支柱,它看不见摸不着,但它实实在在影响着企业的生存和发展,影响着企业从领导到每一位员工的精神与行动。优秀的企业文化一旦形成会一代一代的传承,领导班子换了一茬又一茬,老员工退休新员工进公司,但公司的优良传统不变优良作风不变,公司业务不断拓展公司面貌不断更新。以中国江西国际经济技术合作公司为例自一九八三年成立以来,植根于红土地的江西国际历经几代人的努力培育出的"爱国、爱公司、奋力拼搏、积极上进、遵纪守法、廉洁奉公、改革创新"的企业精神和文化,深深影响着公司每个员工,形成集体意志,在国际承包工程的业务中发挥着强大的战斗力,由名不见经传的一家地方国际公司到 2019 年在全球承包工程公司 250 强榜单上排第 89 位,在我国对外承包工程公司排行榜上排第 17 位,在地方国际公司排第一位。他们深知这绝不是故步自封的本钱,前面的路还很长,还有很多的高峰须攀登,谦虚谨慎应该成为自己的本色。

一、企业文化的定义和内容

企业文化是在一定条件下,企业生产经营和管理活动中所创造的具有自己特色的意识形态和物质形态,它包括企业愿景、价值观念、企业精神、道德规范、行为准则、企业制度、文化观念、文化环境、企业传统和企业产品等。其中价值观念是企业文化的核心。

企业文化的内容十分广泛,其主要包括以下几点。

1. 价值观念

所谓价值观念,是人们基于物资和精神的追求而对个人、组织本身的存在、行为和行为结果进行评价的基本观点,价值观决定着人生追求的行为。企业价值观决定着企业员工行为的取向,关系着企业的生存和发展。正确价值观应是企业要关心国家的利益和企业自身的利益,在为国家和企业做贡献的同时求得自身的发展和利益。

2. 企业精神

企业精神是指企业基于自身特定的性质、任务、宗旨、时代要求和发展方向,通过精心培养而形成的企业成员群体的观念意识和风貌。它是企业职工思想和心理的外化。企业精神是企业的灵魂,对企业的经营活动起着决定性作用,企业精神也影响着企业在社会上的形象。

3. 企业道德

企业道德是指调整该企业与其他企业之间、企业与顾客之间、企业内部职工之间关系的行为规范的总和。它是从伦理关系的角度,以善与恶、公与私、荣与辱、诚实与虚伪等道德范畴为标准来评价和规范企业。

企业道德不具有法律的强制力,但具有积极的示范作用和感染力,是约束企业和职工行为的重要手段。

4. 团队意识

团体意识是指企业成员的集体观念,它是企业内部凝聚力形成的重要心理因素。企业团队意识使企业的每个成员把企业看成是自己的家,同呼吸共命运,为实现企业的目标而共同奋斗。

5. 企业形象

企业形象是通过外部特征和经营实力表现出来的,被公众所认同的企业总体印象。外部特征有企业徽标、商标、门面、装修环境、广告,员工服饰等表层形象,给人以直观的感觉,容易形成印象;而通过经营实力表现出来的形象称为深层形象,它是企业内部要素的集中体现,如职工素质、生产经营能力、管理水平、资本实力、产品质量等。企业应达到表层形象与深层形象的统一,赢得社会公众的认可。

企业形象还包括企业视觉识别系统 – VIS 系统,这是企业对外宣传的视觉标识。是企业进入现代化管理的标志。

6. 企业制度

企业制度是企业制定的对员工行为带有强制性,并能保障一定权利的各种规定。使企业有序地组织起来为实现企业目标而努力。

7. 企业文化结构

企业文化结构是指企业文化系统内各要素之间的时空顺序,主次地位与结合方式,就是企业文化的构成、形式、层次、内容和类型等的比例关系和位置关系,即企业物质文化、行为文化、制度文化和精神文化形态。

8. 企业使命

企业使命是指企业在社会经济发展中所应担当的角色和责任,在全社会经济领域中所经营的活动范围和层次、扮演的身份与角色。它包括的内容为企业的经营哲学、企业的宗旨和企业的形象。

9. 企业经营哲学

企业经营哲学是一个企业所特有的从事生产经营和管理活动的方法论原则,它是指导企业行为的基础。要求企业有一个科学的方法论来指导,有一套逻辑思维的程序来决定自己的行为。如日本松下公司的经营哲学是"讲求经济效益,重视生存的意志,事事谋求生存和发展"。

二、企业文化的作用和特征

(一)企业文化的作用

1. 企业文化能激发员工的使命感。使命感是全体员工工作的目标和方向,是企业不断发展的动力。

2. 企业文化能凝聚员工的归属感,通过企业价值观的提炼和传播,让来自五湖四海的员工共同追求同一个梦想。

3. 企业文化能加强员工的责任感,企业要给全体员工灌输责任意识,危机意识和团队意识,让大家认识到企业是自己的家是共同的家园。

4. 企业文化能赋予全体员工以荣誉感。每个员工都要在自己的岗位为企业多做贡献,多出成绩,为企业添光采,"我因企业而自豪,企业因我而骄傲"。

5. 企业文化能实现员工的价值,增加成就感。企业为每一个员工实现自身价值提供了舞台。企业繁荣发展了,员工会认识到这里面有一份自己的贡献,引以为自豪,从而更加努力进取,争取更大光荣。

6.企业文化能规范员工的行为,知荣辱,懂规矩、遵纪守法,清正廉洁,在为企业的发展中尽心尽力,从而成就自己。

(二)企业文化的特征

1.独特性

企业文化具有企业自身鲜明的个性与特色,具有相对独立性,每个企业都要与环境相融合,有其独特的文化积淀,这是由企业所处的环境、生产经营管理特色、企业传统、企业目标、企业主要负责人的格局、水平和素质的不同所决定的。

2.延续性

企业在一定的时空条件下产生、生存和发展。企业文化是企业历史的积淀,具有延续性和相对的稳定,企业文化的延续性体现在三个方面:一是继承优秀的民族文化精华。二是继承企业的文化传统,三是继承外部企业的优秀企业文化内容。

3.相融性

企业文化的相融性体现在它与企业所处环境的协调和适应性方面。企业文化反映了地域文化特点和时代精神,与企业所处的政治环境经济环境、文化环境以及地域环境相融合。

4.人本性

企业文化是一种以人为本的文化,最本质的内容就是强调价值观、理想、道德、行为规范在企业管理中的核心作用,强调要理解人、尊重人、关心人。注重人的需求、用理想鼓舞人,用精神凝聚人,用机制激励人,用体制培育人。

5.整体性

企业文化是一个有机的统一整体,企业的发展与员工的发展密不可分,引导员工在追求企业的整体发展和整体意志的实现过程中实现个人理想和奋斗目标。

6.创新性

创新既是时代进步的呼唤,又是企业文化自身的内在要求,优秀的企业文化在继承中创新,又在企业环境的变化中不断改革发展,不断追求卓越、追求成效、追求完美。

三、国际承包工程企业的企业文化建设

企业文化的建设影响着国际承包工程企业的生存和发展,是企业管理的大事必须列上公司高层的议事日程。企业文化建设是一个渐进的过程,要花大气力和长时间的努力才能建成见效果。企业文化建设经历这么几个过程。一是由虚到实的过程。即从精神层面到物质层面,二是由远及近的过程,即从继承优良传统到不断创新的过程。三是由上到下的过程,即从领导凝练到形成员工共识的过程。四是由表及里的过程,即从经济活动的表象到理想、信念的实质问题。五是由外到内的过程。即从外界的评价、印象到企业文化的核心问题。六是由低到高的问题。即不断优化企业的文化,由低级向高级升华的问题,下面介绍企业文化建设的构架和重点。

(一)企业的愿景。企业精神、企业价值观等企业文化核心的凝练。

1.确定企业的方向、目标、规划、任务、宗旨、战略。

2.确定企业的精神。

3.确定企业价值观,进行价值导向。

4.确定企业经营哲学,掌握企业经营管理的方法和思维逻辑。

5.树立企业道德标准,用以调整、评价和规范企业行为。

上述企业文化的核心内容的凝练由公司人力资源部或办公室负责,思想来自公司三要领导,领导的构想来自企业的使命和宗旨,企业发展的历程、企业的环境和企业自身的条件和人员的素质。初步的文字凝练出来后,形成文字稿发给企业全体员工

学习讨论,收集修改补充意见后交给公司领导层定稿决策。这样使得企业文化精神层面内容为企业广大干部员工所知晓所理解所接收,化为集体的精神,贯彻落实物化就有了群众基础。

（二）企业文化的中层建设。制定完整系统的企业管理制度体系和员工行为规范。企业文化的理念、精神和价值观制定出来之后,要靠一系列的制度执行来保证。制度的起草工作由总经理办公室牵头,各部室参加并负责起草涉及本部门职权范围内的各项制度,起草以实践中的经过考验的行之有效的操作规程为基础,以企业文化的核心内容为指导行文,初稿经公司领导初步审定后成为讨论稿发全体干部职工讨论,办公室将修改补充意见汇总后形成修订稿,最后交公司领导层审查定稿,下发公司各部门执行。职工行为规范由公司人力资源部根据国家有关法规和企业文化核心内容的要求起草制定,程序同各项制度的制定,定稿后公司每个员工一册。

（三）企业文化表层的建设

企业文化表层的建设对于企业文化深层的理念、精神、使命感、道德的落地、深入人心化为物质的力量是必不可少的。企业文化表层的建设有以下几点:

1.对企业员工进行企业文化的培训:告诉员工特别是刚入职的员工本企业的使命、任务、规划、宗旨、价值观、企业精神、道德,员工行为准则、企业制度,让这些精神层面的东西深入人心、家喻户晓,成为员工的精神指南、行为规范。

2.树立榜样。企业领导身先士卒、以身作则,作贯彻企业文化的先行者。同时发现群众中的先进人物,宣传他们的精神和模范先进事迹,通过板报、广告栏、宣传栏让他们的事迹人人知晓,成为大家学习榜样。

3.进行企业形象设计,名称,图标、卡通图像、广告语、视频影碟、电台电视台的节目使企业形象生动活泼、深入人心。这需要投资大众媒体和网络媒体,也可借助网红直播把企业和企业产品带出去。这方面像华为、海尔、格力公司就做得非常出色。国际上有苹果手机、可口可乐都值得我们学习。

4.司容司貌的建设。整洁美观,绿色环保。办公场所窗明几净,一尘不染。办公楼雄伟大气,公司内绿树成荫,鲜花盛开,给人愉悦向上的情绪。

总之,结合国家的需要和企业的条件,结合精神层面和物质层面的建设,结合深层和中层、表层的企业文化的建设,牢记企业的社会责任和历史赋予的使命,是可以把属于自己的企业先进文化建设好,继承并发杨光大。

第二节 二手都要硬,建立奖惩制度

国际承包工程企业主要业务在国外,天高皇帝远,不像国内业务随时可以监督、检查。经常听到某某公司由于疏于管理有国外的分支机构领导和项目部经理携款私逃,给公司造成重大损失,甚至致使公司从此一蹶不振。为了杜绝此类恶性事件发生,必须从严格管理入手,建立完善的奖惩制度,一手抓奖励,一手抓惩处。对于为公司创造利润,质量合格、按期完工、安全生产的项目部成员,特别是项目经理按公司的考评结果和奖励制度,坚决兑现奖励并在全公司披红戴花树立典型。这就是所谓把走正道的大门打得大开,只要是你一心为公为国家为公司利益竭尽全力,公司就一定按承包责任制预先确定的比例给项目经理和有功人员兑现奖金,不眼红不反悔。与此同时,对假公济私,内外勾结,贪污受贿,挖公司墙角的人,发现一个打击一个,决不手软、决不容情。给予行政处分,情节严重的上诉给检察院法办。这就是所谓的把旁门左道和所有的老鼠洞一起堵死。非如此正气不得张扬，好人不得扬眉吐气。运用好奖励和惩处要做到以下几点：

1. "打铁还得自身硬"，正人先要正己。公司领导要出于公心，讲党性，讲初心，讲理想、讲抱负，为公司全体员工做出表率。

2. 制定好奖励办法和制度，处理好国家、集体和个人三者之间的关系。国家和公司占利益的大头，个人占小头。奖励个人的部分要做到激励力度要到位，有的公司的经验表明，奖励个人的部分占超额利润的 20% ~30% 较为合适. 奖励办法要论功行赏，不吃大锅饭，不搞平均主义，但也要考虑后方支持人员的功绩。办法可操作性要强，文字上要避免产生歧义。

3. 要把物质奖励与精神鼓励相结合，如评先进，评劳模，上光荣榜，先进事迹宣讲团等。行为学原理证明，精神激励的作用也是很大的。

4. 奖励办法制定过程中，要交公司全体员工讨论，汲取大家有益的建议，这对职工关心企业的发展、争当优秀员工有促进作用。同时也能使得奖金分配办法更公平、更公正，大家心平气顺。

5. 奖金的计算和兑现，要以利润汇回公司总部账户为前提，这样可促使项目部催收应收款，把账面利润变成实际收益。

6. 投标中标奖在收到授标通知书时兑现奖金的 30%，余下的在项目结算完成并实现计划的超额利润后兑现。这样可使投标组不但关心中标，更关心投标书的质量，标书实施后的效益。

7. 奖惩制度的制定也是企业文化建设的一部分，同时也是党风廉政建设的一部分，要把它们很好地结合起来，使之发挥更深远的影响。

8. 奖励制度要把奖金提取与分配和职级晋升、职务提拔结合起来,这样才全面,也能发挥更大的激励效果,也为组织人事工作开拓了发现人才的视野。

9.惩处条例主要作用是规范员工的行为,告诫大家什么不能做,"不敢腐"。主要还是通过廉政教育,正面思想教育使大家"不会腐"。惩处条例包括行政处罚和提交司法诉讼两部分,这主要视情节轻重和违法金额大小而定。行政处罚包括罚没不法收入,减薪降级、行政警告、记过、记大过和开除公职。提交司法诉讼即将案情提交检察院,向法院提起公诉,由法律制裁,起到杀一儆百,以儆效尤的作用。

无论奖励还是惩处都是为了在公司形成一个风清气正的局面,全体职工为公司创效益、谋发展。

第三节　精细化管理出效益

精细化管理之父——泰勒,早年做过学徒,后来不断从杂工、技工、技师、工长一路成长为总工程师。1881年,泰勒通过对工人操作动作的研究和分析,消除不必要的动作,改正错误的动作,确定合理的操作方法,选定合适的工具.这些让泰勒总结出一套合理的操作方法和工具并用之来培训工人,使大多数人都能达到并超过定额。1911年,泰勒发表了《科学管理原理》一书,这是世界上第一本精细化管理著作。

二战之后,企业规模扩大,技术日趋复杂产品更新换代周期缩短,生产协作要求更高。在这种情况下,对企业经营管理提出了更加细化的要求。一是,包括决策理论、运筹学、系统工程在内的很多理论被引入经济管理领域。这些理论和方法以决策过程为着眼点,注重定量分析与数学的应用,以及系统结构与整体协调,所以被称为经济管理科学。

二十世纪五十年代,日本将该理论应用并普及在该国的企业管理和质量管理方面,形成了较为成熟的精细化管理思想和理论,为该国生产企业提高效能和产品质量做出了贡献。丰田汽车用两句通俗的话说出了精细化管理的核心,"准时化就是刚好来得及;自动化就是故障自己停"。这对于缩短工时,减少库存、减少次品、防止再次发生故障起到巨大作用。

丰田把物料、机器和人的作用组合起来,彻底找出无效劳动和浪费现象并予以消除,形成"标准作业"。标准作业有三个要素:

一是周期时间:指生产一件工件需要的时间。

二是作业顺序:指按时间先后排列的工件加工顺序。

三是标准存活量:指作业时一些必要的工程上的在制品以及停留在机台上的物品数量。

上过三个要素确定得好,工作效能最高、材料和资源最省,产品质量有保证。确定这三个要素的过程就是精细化管理的过程。

一、基本含义

精细化管理是一种理念,一种文化。它是源于发达国家的一种企业管理理念,它是社会分工的精细化以及服务质量的精细化对现代管理的必然要求,是建立在常规管理的基础上,将常规管理引向深入的基本思想和管理模式,是一种以最大限度减少管理所占用的资源和降低管理成本为主要目标的管理方式。

精细化管理就是落实管理责任,将管理责任具体化、明确化,它要求每一位管理者都要到位、尽职。第一次就把工作做到位,工作要日结日清,每天都要对当天的情况进行检查,发现问题及时纠正,及时处理等等。

精细管理是整个企业运行的核心工程。企业要做强,需要有效运用企业的文化精华、技术精华、智慧精华等来指导,促进企业的发展。精细化管理的精髓在于:企业需要把握好产品质量精品的特征,处理好质量与零缺陷之间的关系,建立确保质量精品形成的体系,为企业形成核心竞争力和创建品牌奠定基础。

精细化管理的本质在于它是一种对战略和目标进行分解、细化和落实的过程,是让企业的战略规划能有效贯彻到每个环节并发挥作用的过程,也是提升企业整体执行能力的一个重要途径。精细化管理就是要结合企业的现状,按照"精细化"的思路,找准关键问题、薄弱环节,分阶段进行,每阶段性完成一个体系,便实施运转、完善一个体系,并牵动修改相关的体系,最终整合全部体系,实现精细化管理在企业发展中的功能、效果和作用。实施"精细化管理"要有规范性和创新性相结合的意识,规范化管理才能"精细",才能出效益;创新才能顺应社会的发展不断攀登管理科学的高峰,才能不落在时代的后面。

精细化管理涉及企业生产活动的每一个环节。系统通过集中监控从投料到成品入库的全生产过程,采集生产过程中发生的所有数据,并对物料消耗、设备监控、产品检测、人员效能进行管控,营造一个能快速响应、有弹性的精细化管理平台。

二、国际承包工程企业的精细化管理

将精细化管理的原则引入国际承包工程业务,要做到把它贯彻到工程管理的全方位,全过程和全体员工。简单的一句话就是"精打细算+强执行力"如果我们做到精细化管理,国际承包工程企业就能做出正确的投标决策,制作出有竞争力并有盈利空间的标书并夺取中标权、就能高效、优质、按时完成项目的实施,节省人力、材料和机械台班的开支,把各种资源的效能发挥到极致,取得最大的利润和效益。反之就会在施工过程中漏洞百出、效能低下、浪费巨大、质量低劣、工期延误、与业主和监理冲突不断、纠纷层出、官司缠身，就是有人说的那句话"细节决定成败"。所以，国际承包工程企业在项目承揽和实施过程中一定要贯彻精细化管理的理念、原则和措施。

（一）项目投标阶段，在获得招标信息之后要对项目的全貌作全面的细致的调查和了解，项目所在国的国情、政情、经济状况和环境、政策与法规；项目的概况、资金来源和支付状况，现场的条件、劳力、设备、材料的供应情况和价格、气候条件地质条件、专业和技术的难易程度等；本公司在该国的承包工程的经验和经历；投标的竞标对手有哪些，他们投标做标的特点和实力如何。总之，该项目的"亲和力"如何？由公司对口的业务处室写出"项目投标建议书"报告公司，公司召集相关部门的负责人和专家开项目评审会，决定公司参加投标与否。如果决定投标，公司布置投标的各项工作，成立投标组投标，投标组分为经济标小组和技术标小组。经济标小组算标价和填写工程量清单，技术标小组确定施工方案和计划做出施工组织设计。中小规模项目可以在国外做标，大型以上项目一般在国内做标，投标组要吸收在该国有工作经历的骨干参加。必须要进行项目现场的踏勘，要细致收集劳动力、建筑材料、机械设备租赁的书面报价资料，要全面、准确了解税收法规和执行的情况，了解当地律师、会计师、理赔师的收费情况，整理出历年来本公司在该国实施项目的相关数据和经验，为做标做好信息资料的基础工作，为做标提供必备的条件。选拔投标组成员的条件，一是业务精、责任心强，二是有做过该国标书的丰富经验，三是做标所需的专业人员完备，一般情况下，是可以做出能抗御风险、有竞争力又有利润空间的标价来。

（二）中标后项目实施阶段

标书投出后，并不能消极等待评标的结果，要答复业主的问题,探讨适当降低标价的可能性与业主进行讨论,补充相关的资料增强业主授标给自己的信心。许多公关工作要做,夺标的过程风云变幻,跌宕起伏,有时堪比剧情复杂的小说,游走于法律的边缘但又不能触犯当地的法律和国际金融组织的规矩。一句话成功夺标的概率反映了国际承包工程公司的综合实力。曾几何时,一家中国的地方国际公司为了拿标一味投出比别人低许多的标价,几年之后从赞比亚承包工程市场消声匿迹。市场规律就是这么无情,不是您想怎么玩就能怎么玩的。

中标后,精细化管理体现以下几个方面:

1.建章立制。没有规矩不成方圆,精细化管理首先要建立相应规章制度,制度要简单明晰,便于执行与检查,

①项目经理制度

1)总则

2)项目经理

3)项目经理部

4)国内后勤组

5)奖惩制度

6)附件

a)项目管理目标责任书

b)项目经理部各岗位成员任职条件和项目经理部各岗位人员职责。

①项目管理体制、内容和程序

②项目管理实施规划

③项目人事管理制度

④项目进度管理制度

⑤项目质量管理制度

⑥项目安全管理制度

⑦项目成本管理制度

⑧项目现场管理制度

⑨项目例会制度

⑩项目财务管理制度

⑪项目物资材料采购制度

⑫项目仓库保管制度

⑬项目奖惩制度

⑭劳务人员聘用制度与聘用协议书

2. 人力资源的管理

挑选好德才兼备,兼具项目管理经验和国外工作经历的干部为项目经理。组建以项目经理为核心的项目经理部。成员有项目经理、总工程师、会计、施工员、材料采购员、预算员、质检员、安全员、翻译等成员。(根据项目情况可一人多岗)。明确各岗位的职责、权利和义务。建立健全各成员的奖惩办法。

充分利用驻在国的人力资源,积极推行人力资源属地化。凡是在当地可以聘用的人员尽量在当地聘用。要研究当地的"劳动法",依法做好当地人员的招聘和遣散工作,规避法律风险。

选拔思想好,技术过硬、业绩突出的国内聘用人员,建立长期聘用关系,形成一支相对稳定的骨干队伍,关键时候拉得出、顶得上。制订统一的外派聘用人员基本工资标准。为鼓励他们长期驻外工作,推行年功工资制度。

3. 施工进度的管理

项目组抵达工程现场后,根据工期总要求和现场实际情况对原投标书的施工组织设计和施工计划书进行精确复核和调整,编制出一份精确细致可行的施工计划书,明确每一分部工程和子项目的每一工序所需人力,材料和机械台班的数量和到场时间,测算出每一分部工程、每一子项目、每一工序所需成本。工程施工开展后严格按计划书要求控制进度和用工、用料和机械台班的数量,如有差距分析原因找到改进方法确保进度和成本的实现。如确是计划书不符合实际,经必须程序予以调整,计划书编制准确细致可行,每道工序、每个细节都有交待,施工时执行计划强有力,不打折扣,以确保进度和成本控制的实现。

4.建筑材料、施工机具,设备的采购管理

①建立合格供应商档案和名录。对供应商进行调查、考评,定期信誉评估。对信用良好的供应商在走考评程序后建立长期合作关系。规范交易行为,货比三家,择优采购。采购金在限额以上的组织招标,按招投标办法选择合格的供应商,采购活动推行标准合同,严格握住商检、包装、运输、清关、验收、索赔工作环节,确保采购货物质量、控制项目成本。

②做好材料、设备采购的计划编制工作。计划编制要准确,防止采购缺项、供应过量或供应不足。材料、设备采购供应要适时,满足施工进程的要求。

③搞好境外基地建设。搞好机具、设备的养护和保管,建立建筑材料、机具设备的台账和标识。确保设备完好率和出勤率。加强对下场设备的清洗和维护,以备以后项目使用。聘用合格的设备操作人员,编印操作手册,加强对操作手的考核和培训,降低机具损耗。

④要建立建筑材料台账。建立材料采购、验收、入库、领用、核销等各环节的管理制度。建立材料仓库和聘用专职仓库保管人员。

5.项目施工质量的管理

①制订和实施好质量保证计划,将质量管理贯穿于项目施工的全过程。施工前交底、施工中检查、施工后总结;自检、互

检、交检,落实质量保证措施。项目实施过程中,认真研究施工规范、熟悉施工图纸,从总工到施工员、工人,层层做好技术交底工作。对施工作业进行持续不断的检查、评价和调整,及时找出解决质量问题的方法、提出改进质量,组织验收和进行返工的方案。对关键部位、特殊工序、质量难点等重大质量事项,及时召开质量分析会,制定质量保证措施、重点攻关质量难点。如非洲常见的膨胀土的处理、墙面刮瓷的裂缝问题,混凝土屋面雨水渗漏问题,都要作为重要课题,一一解决处理。

②树立全员质量意识,建立质量岗位责任制度。质量管理应是全员的管理、全过程的管理。从项目经理到质检员、操作员、施工员、工程师到材料员,都是质量标准的执行者,每道工序都要进行质量检查,上道工序出现的质量问题不能带到下道工序中去。每一个人要以优良工作质量来确保产品质量、对于有缺陷和不合格的产品要坚决返工。要把质量状况作为评价各道工序施工绩效的重要标准之一,奖优罚劣。

③要认真贯彻 ISO9000 系列标准。它是建立业主对承包商信任的基石。通过常抓不懈的贯彻活动,促进 ISO9000 质量保证体系持续有效的运行,从而提高工程和服务的质量水平,创立公司优质的品牌,在竞争激烈的承包工程市场中取胜,

6.财务和成本管理

①根据项目施工计划书编制好项目的费用预算。预算分解到工程的每一个分部,每一个子项直至每一道工序,用工费用,用材料费用、用机械台班费用,管理费等间接费用,以预算计划来对照开支情况,控制成本支出。

②按照施工计划书掌控工程进度。控制用工用度,材料用度和机械设备台班数,发现编差查找原因,找出解决问题的方法。如确是计划编制偏紧,可经论证后予以调整。但项目总预

算不得突破。按照项目质量计划严把质量关,避免因质量问题造成返工,造成浪费,增加成本。

③严格执行材料采购制度,把好材料采购关、防止"跑、冒、滴、漏"公司资产的流失。该招标的招标,该货比三家的货比三家,限额以上的材料、设备采购的经手人不少于二人,经经手人、验收人、总工程师、项目经理签字程序后办理财务报销手续。国内采购要经公司主管部门经理签字批准,限额以上经公司分管副总经理签字。

④通过选拔、使用、考察、优化筛选,形成相对稳定、技术熟练的国内外派的技术骨干和驻在国当地的工人队伍。降低人力资源管理成本。加强机械设备的统一调度和合理使用,充分利用其他项目下场设备和租赁设备,尽量降低新购设备的费用。

⑤理顺项目组会计的隶属关系。会计由公司委派,接受公司财务部门的领导与业务指导。同时又受项目经理领导,在执行财务制度、费用报销上与项目经理有不同意见时,先按其意见执行,同时向财务部和审计部报告。

⑥项目实行中期审计制度。项目执行至中期,公司审计部派员出国进行现场财务审计,检查项目部执行法律法规的情况,项目成本控制和效益情况,提出审计报告报公司领导并知会项目经理部,责令其整改。

7. 项目合同管理和做好索赔工作

项目合同是处理合同各方权利义务关系的唯一依据,必须熟悉、吃透吃准。

①对于意外干扰或恶劣施工条件造成的施工进度拖延,要提出工期拖延索赔。对于因合同工程量发生变更或工程范围超过合同规定的变更,要提出工程变更索赔。对因业主方面原因延误工期,业主需要赶工时,应要求监理发出"加速施工指令",

并据此提出加速施工索赔。对于因材料、人工工资上涨造成费用增加,汇率变动造成经济损失,根据合同条款的调价公式索赔。

②加强项目文件、资料的管理。收集好索赔所需的所有依据,做好施工日志,需要监理工程师确认的事项应及时取得监理的签字。按 FIDIC 条款规定期限及时提出索赔申请和索赔报告。在申张索赔权、计算索赔款要提出充分、准确的依据。

③要熟练掌握索赔的要领和技巧。要认真履行合同,在工期和质量方面使业主和监理工程师满意,为索赔创造一个良好氛围,施工中出现不利条件时,提出工程调价,说服业主和工程师变更设计,这样往往对我方有利。对于业主和监理工程师恶意地无理拒绝我方正当索赔要求并坚持不改时,我方可依据 FIDIC 条款暂缓或暂停施工直至其改变错误态度时。

8. 做好业务统计管理和项目资料管理。这是精细化管理的基础。项目部向公司按月报送施工简报。涉及项目的合同、图纸、往来函电、监理指令、财务往来,验收移交资料的副本都要立卷,存档于公司总部档案室。

(三)项目完工后的管理

1. 项目竣工验收;竣工结算。

2. 清理各种债权债务,向公司上缴全部利润。

3. 向业主移交项目资料。

4. 处理工程下场设备和物资。

5. 编写上报项目总结和竣工报告。

6. 接受公司审计、考核评价。

7. 保修期按合同约定对项目保修。

8. 公司按《项目管理目标责任书》对项目经理部兑现奖惩。

第四节　追求社会效益,营造和谐的经营环境

企业社会责任(Corporate social responsibility,简称 CSR)是指企业在创造利润、对股东和员工承担法律责任的同时,还要承担对消费者、社区和环境的责任。企业的社会责任要求企业必须超越把利润作为唯一目标的传统理念,强调要在生产过程中对人的价值的关注,强调对环境、消费者、对社会的贡献。

一、对外承包工程企业的社会责任

1. 对政府的责任

自觉按照驻在国政府有关法律、法规的规定,合法经营、照章纳税,承担政府规定的其他责任和义务,并接收政府的监督和依法干预。

2. 对股东的责任

对股东的资金安全和收益负责,力争给股东以丰厚的投资回报。向股东提供真实、可靠的经营和投资方面的信息,不得隐瞒股东有权知晓的信息。

3. 对业主的责任

恪守承包合同的责任和义务,按期完工,保证工程质量达到合同规定的技术标准,做好保修期的售后服务,力求承包工程为业主产生最大的经济和社会效益。

4. 对雇工的责任

劳动资源配置属地化,尽量多地雇佣项目所在国的劳动力,保障劳动者的合法权益,在劳动保护,安全生产,合法待遇,平等地位等方面给予充分保证。

5. 对项目所在地环境保护的责任

保护项目所在地的自然环境,最大限度降低对自然环境的

污染和消耗。对排放的污水、废气和垃圾进行处理,使之达到排放标准。处理好建筑垃圾,不让它污染环境,项目完工后清理好场地,进行必要的绿化,使之整洁、和谐。

6. 对社区的责任

与工程项目所在社区建立和谐融洽的相互关系。尽其所能回馈社区,为社区居民提供就业岗位,为社区的公益事业提供慈善捐助,如修路、打井、建小学中学,医疗机构等,让当地居民有口皆碑,与当地政府和居民建立融洽的关系,为项目施工创造一个安定团结的局面,保证项目顺利实施。

二、企业承担社会责任的意义

1. 有利于改善与项目驻在国政府的关系

企业在驻在国施工遵纪守法、按章纳税。优质圆满完成工程项目,支援了驻在国的建设,增加了驻在国的收入,对增进两国政府和人民之间的友谊,巩固两国友好合作关系有极大促进作用,也建立起企业和该国政府的良好关系,为以后承揽项目,顺利实施项目创造良好条件。

2. 有利于改善与业主之间关系

优质、按期、高效完成工程项目,为业主创造利益,带来实实在在好处,业主自然愿意与承包工程企业发展长期合作关系,也愿意为工程施工提供一切可能的帮助,使得项目实施便利,工程经济效益增加,达到双赢。同时,业主也会主动为承包商扬名,树立良好的社会形象,立下一座丰碑。

3. 有助于凝聚内生动力

尊重当地员工,保障他们合法权益,增加收入,极大改善了与当地工人的关系,激发出他们生产的积极性和主动性,提高了劳动生产率,增加工程的收益。解决当地劳动力就业和生计问题,造福于当地老百姓,口口相传树立起公司在该国的声誉。

4. 有利于环境治理,资源充分利用

环境保护、治理是有利于人类生存发展的大计,企业担起这一重任是有担当、有境界、有格局的表现。有利于全人类,有利于当地老百姓,有利于子孙后代,是功德无量的大事,岂是化费一些环境治理费用成本所能计较的事情。

5. 慈善事业,造福于当地居民,为项目所在地创造一个融洽和谐的社区环境。

修路、打井、建学校捐助当地社区公益事业,符合当地百姓的切身利益,解决他们的困苦,承包工程企业受到当地社区居民真心欢迎。以前由于施工给当地居民带来的困扰和不便都得到理解和谅解,摩擦和纠纷决无发生,施工顺利了,效益上去了。

总之,对外工程企业担起社会责任所产生的当期效益和长远效益,经济效益和社会效益决不是责任成本所能比拟的。我们担起社会责任决不是利益驱使,而是企业的理念、信念、理想和价值观所决定的。一个有良知的企业就必须自觉担起社会责任来。

参考文献

1. 何伯森. 国际工程招标与投标 [M]. 北京:水利电力出版社,1994.

2. 梁镒. 国际工程施工经营管理 [M]. 北京:水利电力出版社,1994.

3. 雷胜强,许文凯. 国际承包工程实务 [M]. 北京:对外贸易教育出版社,1993.

4. 卢谦,张琰,唐连珏,等. 建筑工程招标投标工作手册 [M]. 北京:中国建筑工业出版社,1987.

5. 汤礼智. 国际承包工程实务 [M]. 北京:中国对外经济贸易出版社,1990.

6. 田振郁,黎冰. 工程项目管理实用手册 [M]. 北京:中国建筑工业出版社,1991.

7. 王硕豪,陈雅亭,付达铣. 对外承包业务管理实务 [M]. 北京:中国对外经济贸易出版社,1991.

8. 中华人民共和国财政部. 世界银行贷款项目招标采购文件范本 [S]. 北京:中国财政经济出版社,1992.

9. 佐用泰司,山本安一. 土木工程估算与工程进度管理 [M]. 尹隆森,译. 北京:人民交通出版社,1990.

10. Asian Development Bank. Guide on Prequalification of Civil Works Contractors [Z]. 1992.

11. FIDIC. Conditions of Contract for Works of Civil Engineering Construction:Third Edition [Z]. 1977.

12. FIDIC. Conditions of Contract for Works of Civil Engineering

Construction: Fourth Edition[Z]. 1988.

13. FIDIC. Guide to the Use of FIDIC Conditions of Contract for Works of Civil Engineering Construction: Fourth edition [Z]. 1989.

14. International Chamber of Commerce. Rules of Conciliation and Arbitration[Z]. 1988.

15. SAWYER J G, GILLOTT C A. The FIDIC digest: Contractual claims and responsibilities under the Fourth Edition of the FIDIC conditions: Third edition[M]. Reston, VA: Amer Society of Civil Engineers, 1990.

16. TAKEI M. Dynamic Management of Construction Claims and International Arbitration[M]. 1990.